"十三五"江苏省高等学校重点教材（编号：2020-1-029）
江苏省首批省级一流本科课程配套教材
中国大学MOOC配套教材

审计信息化

（第二版）

陈 伟 编著

SHENJI
XINXIHUA

数字化 网络化 智能化

Audit
Informatization

中国教育出版传媒集团
高等教育出版社·北京

图书在版编目(CIP)数据

审计信息化/陈伟编著.—2版.—北京:高等教育出版社,2022.1(2023.8重印)

ISBN 978-7-04-057268-1

Ⅰ.①审… Ⅱ.①陈… Ⅲ.①审计-信息化-高等学校-教材 Ⅳ.①F239.1

中国版本图书馆 CIP 数据核字(2021)第 273142 号

| 策划编辑 | 张正阳 | 责任编辑 | 张正阳 | 封面设计 | 张文豪 | 责任印制 | 高忠富 |

出版发行	高等教育出版社	网 址	http://www.hep.edu.cn
社 址	北京市西城区德外大街4号		http://www.hep.com.cn
邮政编码	100120	网上订购	http://www.hepmall.com.cn
印 刷	江苏德埔印务有限公司		http://www.hepmall.com
开 本	787 mm×1092 mm 1/16		http://www.hepmall.cn
印 张	20.5	版 次	2017年11月第1版
字 数	474千字		2022年1月第2版
购书热线	010-58581118	印 次	2023年8月第2次印刷
咨询电话	400-810-0598	定 价	42.00元

本书如有缺页、倒页、脱页等质量问题,请到所购图书销售部门联系调换

版权所有 侵权必究

物 料 号 57268-00

教师教学资源服务指南

教师可扫描下方二维码，关注微信公众号"高教财经教学研究"，免费申请课件和样书、下载试卷、观看师资培训课程和直播录像等。

🎯 课件申请

点击导航栏中的"教学服务"，点击子菜单中的"课件申请"，填写相关信息即可免费申请课件。

🎯 样书申请

点击导航栏中的"教学服务"，点击子菜单中的"免费样书"，填写相关信息即可免费申请样书。

🎯 试卷下载

点击导航栏中的"教学服务"，点击子菜单中的"免费试卷"，填写相关信息即可免费下载试卷，试卷涵盖基础会计学、中级财务会计、审计学、税法等多门课程。

🎯 教师培训

点击导航栏中的"教师培训"，点击子菜单中的"培训课程"，即可选择相应课程进行学习：
①点击"培训专栏"可以观看教师培训课程，由名师分享财会类课程的教学重点、难点及经验。
②点击"直播回放"可以回看"名师谈教学与科研直播讲堂"的直播录像。

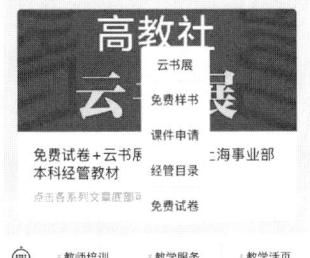

序 一

《国家信息化发展战略纲要》指出:"当今世界,信息技术创新日新月异,以数字化、网络化、智能化为特征的信息化浪潮蓬勃兴起。没有信息化就没有现代化。适应和引领经济发展新常态,增强发展新动力,需要将信息化贯穿我国现代化进程始终,加快释放信息化发展的巨大潜能。"随着信息化的飞速发展和广泛应用,信息技术及其应用已经渗透到经济乃至于整个社会的各个领域。审计作为一种独立性的经济监督活动,一直受到世界各国的重视。审计对象的信息化使得审计信息化成为必然,加快审计信息化建设,创新审计理念、方法与技术越来越重要。

我国高度重视审计信息化。审计署曾指出:中国审计的根本出路在于信息化。早在1998年,审计署党组向国务院提出建设审计信息化系统的建议;2002年国家发改委正式批准"金审工程"开工;随后,"金审工程"被列入国家"十五"期间首先启动的十二个"金"字号电子政务重大工程之一。十多年来,在审计署党组的正确领导和周密部署下,信息技术与审计业务的有机融合不断增强,审计信息技术支持和保障水平快速发展,提升了信息化条件下的审计监督能力。

推进审计信息化,既需要政府的积极推动和引导,也需要广大教育工作者、科技工作者的广泛参与。加强审计信息化理论研究,建设审计信息化教材,培养审计信息化人才,服务于我国的审计信息化建设,是每个审计教育工作者、科技工作者不可推卸的责任。目前,审计信息化相关教材编写人员主要是高校教师群体,审计实务经验一般不够丰富,一些教材落后于我国审计事业的现状发展,特别是国家审计事业的最新发展。另一方面,虽然审计实务工作者编写的审计信息化相关著作具有丰富的应用实践和典型案例，但一般缺少系统的理论体系作为支撑和具体的教学目标加以引领，不能很好地适应和满足高校人才培养的需要。南京审计大学一直重视审计信息化的科研、教学与培训工作。本书作者长期从事审计信息化领域的科研、教学、培训与咨询工作，近年来主持了10多项国家级、省部级审计信息化相关的项目；参与完成了审计署承担的国务院"金审工程"、国家"863"计划"计算机审计数据采集与处理技术"、国家科技支撑计划"审计行业信息智能处理分析与预警系统及其应用"等多项课题；发表了数十篇审计信息化方向的学术论文；研发了多项具有自主知识产权的审计软件；建设了多门审计信息化相关的本科生和研究生课程；在清华大学出版社、中国人民大学出版社等先后出版了多部著作，相关教材被国内众多高校选用，先后被评为江苏省高等学校重点教材、全国电子信息类和财经类优秀教材。

本书作者走出高校，投身广阔的审计实务领域，承担了多项审计实务项目的审计工作，并在审计署挂职工作一年，参与了中央企业经济责任审计、金融审计等多项大型审计项目，把握审计信息化的时代潮流与脉搏。本书作者从计算机科学、系统科学、管理科学等跨学科视角研究审计问题，使得对于审计问题的思考不仅仅局限于传统的审计领域。本书作者出国交流、访学与讲学，用国际视野审视审计信息化的发展，并注重审计信息化理论研究与应用的本土化。

为了更好地普及和推广审计信息化理论与方法，培养信息化时代的审计人才，满足我国审计信息化快速发展的需要，在高等教育出版社的支持下，本书作者撰写了《审计信息化》一书。本书是作者多年从事审计信息化科研、教学和实践工作的系列成果之一，不仅系统地分析了审计信息化的理论体系、相关内容以及最新理论前沿和热点问题，还结合审计实务案例系统地讲解了如何开展审计信息化，设计的实验模块更是体现了国家审计事业的最新发展，诠释了本书的理论内容，可操作性强，满足了实践教学的需要。相信《审计信息化》的出版对我国审计学科的建设与发展，以及对我国一大批信息化时代高素质审计专业人才的培养与造就具有重要意义。

晏维龙　南京审计大学党委书记、教授

序 二

审计在维护国家经济安全和国家利益中发挥着重要的作用。随着信息化的飞速发展,加快审计信息化建设,创新审计理念、方法与技术成为当务之急。中共中央办公厅、国务院办公厅2015年12月印发的《关于实行审计全覆盖的实施意见》中指出"创新审计技术方法是实现审计全覆盖的一个重要手段,要求构建大数据审计工作模式,提高审计能力、质量和效率,扩大审计监督的广度和深度"。中共中央办公厅、国务院办公厅2017年3月印发的《关于深化国有企业和国有资本审计监督的若干意见》也要求"创新审计理念,完善审计监督体制机制,改进审计方式方法"。

长期以来,审计署高度重视审计信息化建设。署党组曾指出"中国审计的根本出路在于信息化"。2017年6月审计署审计长胡泽君在听取审计信息化建设相关情况汇报时指出:"从审计工作面临的形势和任务,从审计事业长远发展的需要,从更好发挥审计在党和国家监督体系中的作用来看,审计信息化建设必须加强,必须与时俱进、驰而不息地大力向前推。这是我们适应国家治理体系和治理能力现代化的要求,努力实现审计技术现代化的重要途径和手段。提高在信息化环境下查核问题的能力,也是审计人员必须具备的基本素质。"

在当前审计信息化事业发展的重要阶段,加强审计信息化理论研究,培养审计信息化人才显得尤为迫切。目前,审计信息化教育呈现出蒸蒸日上、方兴未艾的喜人景象。但同时,新技术、新问题的不断出现使得审计信息化教育面临前所未有的机遇和挑战,审计信息化教育以及审计信息化人才培养任重而道远。

《审计信息化》一书的出版对我国培养审计信息化人才具有积极作用。相比其他著作,本书具有以下特点:一是系统性强、条理清晰。本书作者长期从事审计信息化理论研究与教学工作,具有扎实的理论基础和丰富的教学经验。二是紧密联系审计实务的最新发展。本书作者2017年在我办挂职工作期间,参与了中央企业经济责任审计、金融审计等多个大型审计项目,将理论研究应用于审计实务之中,取得了丰硕的成果。作者丰富的审计实务经验使得本书的内容很好地体现了审计实务的最新发展。三是理论与实务案例互为补充。本书中有针对性地设计了一个审计信息化综合案例,这将有利于深化与增强对审计信息化理论的诠释和操作。四是本书内容与时俱进,紧跟信息化发展步伐。本书在阅读材料中精选了审计信息化的最新理论前沿以及相关审计信息化实务资料,有利于读者熟悉最新的审计信息化理论前沿,掌握审计实务的现状。

最后,衷心希望更多的教育工作者和审计实务工作者投入到审计信息化教育工作中来,期待《审计信息化》这样的好书越来越多!

鲍朔望　审计署驻上海特派员办事处特派员

前　言

审计是党和国家监督体系的重要组成部分，中央审计委员会的成立，强调更好发挥审计在党和国家监督体系中的重要作用。随着信息技术的飞速发展和广泛应用，审计对象的信息化使得审计信息化成为必然。我国一直重视审计信息化工作。早在2002年，金审工程（中国国家审计信息化建设项目）被列为国家"十五"期间首先启动的十二个"金"字号电子政务重大工程之一。审计署先后开展完成了金审工程一期、二期建设。2018年5月，习近平总书记在主持召开的中央审计委员会第一次会议上指出"要坚持科技强审，加强审计信息化建设"。中央审计委员会办公室、审计署2021年6月印发的《"十四五"国家审计工作发展规划》中要求"全面贯彻落实习近平总书记关于科技强审的要求，加强审计技术方法创新，充分运用现代信息技术开展审计，提高审计质量和效率。"

伴随着我国审计信息化的应用与发展，作者近20年的时间里一直致力于审计信息化方向的科研、教学、实践、行业培训与咨询工作，主持了20多项国家级、省部级审计信息化相关的项目；建设了多门"审计信息化"相关的本科生和研究生课程；出版了《审计信息化》《计算机审计》（第2版）、《信息系统审计》《智能审计》《大数据审计》《大数据审计理论、方法与应用》《计算机辅助审计原理及应用——大数据审计基础》（第四版）、《电子数据审计模拟实验》《联网审计技术方法与绩效评价》等10余部著作；注重理论研究与审计实务紧密结合，在审计署挂职工作一年，参与完成了多项大型审计项目。

近年来，大数据、云计算、人工智能等新技术的发展给审计、会计、财务管理等传统文科专业带来了挑战。为了适应我国审计事业发展的需要，满足新文科背景下高等院校开设审计信息化课程、培养审计信息化专业人才的需要，《审计信息化》教材的建设与修订具有重要意义。

《审计信息化》是一本源于我国审计实践的教材，自出版以来，深受广大师生和社会读者喜欢，已被众多高校选作教材，被评为"十三五"江苏省高等学校重点教材。《审计信息化》(第二版)是在充分吸收第一版精华内容的基础上,结合近三年的教材应用经验和审计信息化的最新理论前沿,进一步修改、补充和完善而成的。这次修改是一次较大幅度的修改,新增了"第9章信息系统审计"和"第10章大数据审计",其他一些章节也有较大的修改。《审计信息化》(第二版)紧扣目前国内外审计信息化的研究与应用现状,系统地构建了审计信息化理论体系,并全面地反映该领域国内外最新成果。

内容

审计信息化是一个比较通俗的概念,具体是指现代信息技术在审计作业和审计管理活动中的应用过程,它可以看成是与会计信息化相对应的一个概念,其已成为审计学研究的重要分支领域之一。因此,本书的内容就从审计作业和审计管理活动两个方面出发,并以审计作业为主,系统地介绍审计信息化的理论与应用,包括审计管理信息化、计算机审计(电子数据审计、信息系统审计),以及大数据审计等。

本书紧扣目前我国审计信息化的现状和特点,在介绍了国内外关于审计信息化研究与应用现状的基础上,结合案例,系统地分析了审计信息化的基本概念、原理以及技术方法。在内容安排上:第1—2章内容属于基础篇,供读者掌握审计信息化的基础理论知识,其中,第1章首先分析了为什么要学习审计信息化,然后分析了国内外关于审计信息化的研究与应用现状;第2章介绍了信息化基础知识;在此基础上,第3章介绍了审计管理信息化的内涵与内容;第4章介绍了审计作业信息化的基础知识;第5章讲解了审计信息化软件与工具;第6章讲解了审计作业信息化相关文书;在此基础上,分别从电子数据审计和信息系统审计两个方面出发,系统地介绍了审计作业信息化,其中,第7和第8章结合实际案例重点分析了如何开展电子数据审计,第9章讲解了信息系统审计;结合目前大数据的研究与应用,第10章讲解了大数据审计。附录A中的内容属于实践篇,基于通用软件Excel、Access、SQL Server,以及审计软件IDEA等,设计了4个审计作业信息化的基本技能实验模块,以及1个综合实验模块,从而满足了实践教学的需要。

为了使读者更清晰地理解本书的内容以及各章之间的逻辑关系,作者总结了全书的章节结构及其逻辑关系,如图0-1所示。在后面的章节中,将按该框架结构进行讲述。

特色

本书紧密结合审计实务,以通俗的语言、生动的案例、可行的操作,系统地讲解审计信息化的原理及应用,目的是让即使没有较多专业知识和审计实务经验的读者也能快速地掌握审计信息化的基本理论以及如何开展审计信息化。

作为一本高等学校的教材,仅仅讲解如何应用某一审计软件或某一数据库工具来开展审计工作是不够的,还需要有系统的理论知识以及源于实践的审计案例。本书是作者在主持了多项国家级和省部级课题研究,多年承担高校教学实践与审计行业实务培训,以及参加多项实际审计项目的基础上完成的。本书

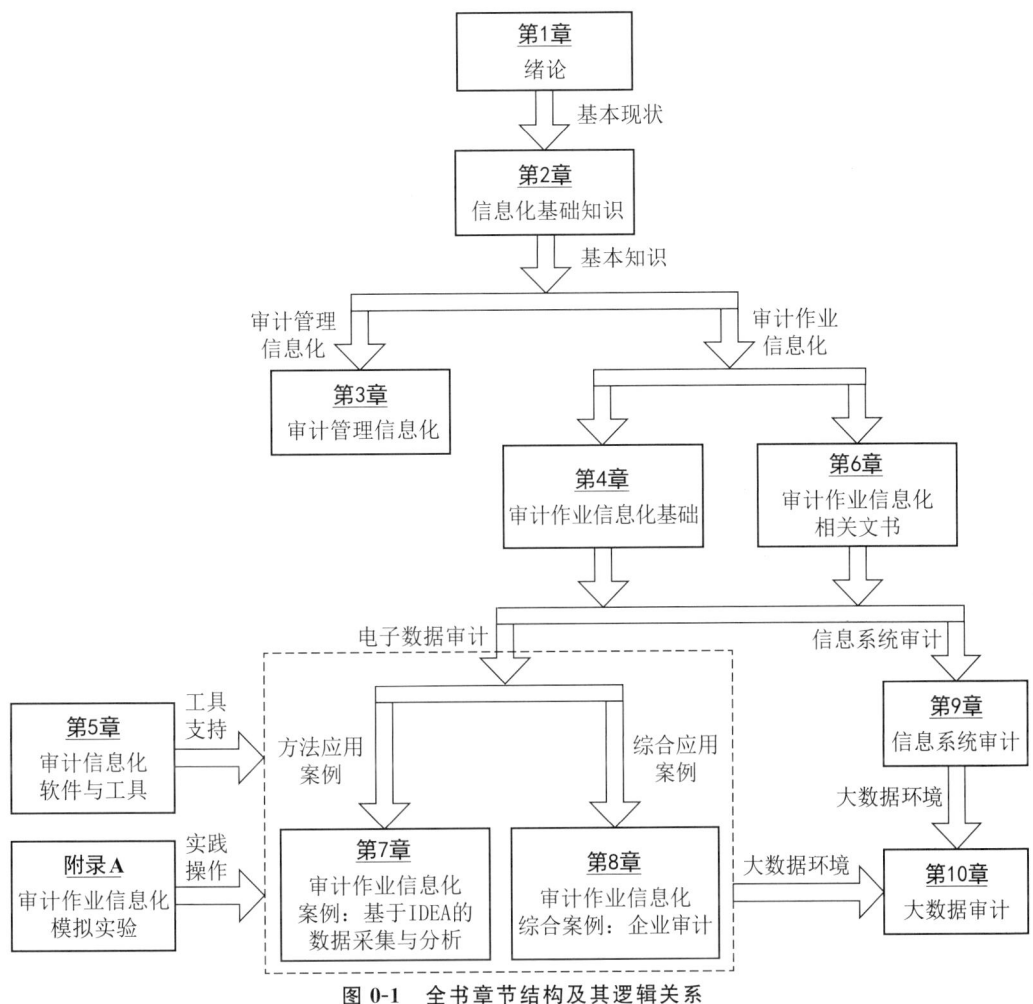

图 0-1 全书章节结构及其逻辑关系

系统地构建了审计信息化理论体系,并全面地反映该领域国内外最新成果;结合书中的理论内容,设计的实验模块满足了各种条件下开设课程实验的需要;每章的阅读材料和测试题便于更好地掌握审计信息化理论知识;配套上线的"审计信息化"中国大学 MOOC,获评江苏省首批一流本科课程,满足了线上教学和课下学习的需要;深入挖掘审计信息化相关思政元素,并与审计信息化专业知识有机融合,为实施课程思政打下了基础。

本书注重理论源于审计实务、服务于审计实务。书中所有案例、相关审计文书等均为作者根据所承担的实际审计项目脱密后加工而成,未经许可,请勿引用。

对象

本书可作为新文科背景下高等学校审计学、会计学、财务管理等专业的教材,可供专科生、本科生、研究生等多个层次的读者使用,同时可作为审计从业人员的专业培训教材和业务学习资料,以及审计专业人士、审计科技工作者的参考书。

致谢

本书第一版和第二版的写作均得到了相关高校以及审计署等审计实务部门有关领导和专家的大力支持。南京审计大学的晏维龙书记、审计署驻上海特派办的鲍朔望特派员百忙之中抽出时间为本书第一版写序。

本书第一版和第二版相关理论内容研究先后得到了国家自然科学基金(项目编号：71572080，70971068，70701018)、国家社会科学基金(项目编号：20FGLB058)、教育部人文社会科学研究项目(项目编号：14YJAZH006，08JC630045)、教育部留学回国人员科研启动基金(项目编号：教外司留[2012]940号)和中国博士科学基金(项目编号：20060390281)、江苏省社会科学基金(项目编号：13GLC016)、江苏省"六大人才高峰"高层次人才项目(项目编号：2014-XXRJ-015)、江苏省高校"青蓝工程"中青年学术带头人项目(项目编号：苏教师[2010]27号)、江苏省"333高层次人才工程"等项目的资助。

本书的相关教学材料、实验数据、教学软件，可与本人联系。本书配套上线的"审计信息化"中国大学MOOC详见以下二维码。本书不足之处，恳请读者不吝赐教指正，作者将在下一版中进一步完善。

陈　伟
2021年6月
Email：chenweich@nau.edu.cn。

"审计信息化"
中国大学MOOC(慕课)

目 录

第1章 绪论 ········· 001

第1节 审计信息化的重要性与内容 / 001

第2节 审计信息化的相关概念 / 003

第3节 国内审计信息化的研究与应用情况 / 006

第4节 国外审计信息化的研究与应用情况 / 007

本章小结 / 016

复习思考题 / 017

练习题 / 017

阅读材料1.1 金审工程简介 / 018

阅读材料1.2 12个"金"字号电子政务工程简介 / 020

第2章 信息化基础知识 ········· 023

第1节 信息化概述 / 023

第2节 硬件与审计信息化 / 024

第3节 软件与审计信息化 / 026

第4节 信息系统与审计信息化 / 027

第5节 数据库与审计信息化 / 028

第6节 SQL语言与审计信息化 / 029

本章小结 / 036

复习思考题 / 037

练习题 / 037

阅读材料 2.1　常见数据文件的类型及后缀名 / 037

阅读材料 2.2　国务院关于加强审计工作的意见
（国发〔2014〕48 号） / 038

第 3 章　审计管理信息化 ········· 043

第 1 节　审计管理信息化简介 / 043

第 2 节　审计管理信息化的主要内容 / 044

本章小结 / 047

复习思考题 / 048

练习题 / 048

阅读材料 3.1　中国注册会计师协会《注册会计师行业信息化建设
规划（2021—2025 年）》（节选） / 049

阅读材料 3.2　华数创智内部审计管理系统 / 050

第 4 章　审计作业信息化基础 ········· 057

第 1 节　审计作业信息化简介 / 057

第 2 节　审计数据采集 / 060

第 3 节　审计数据预处理 / 064

第 4 节　审计数据分析 / 068

第 5 节　审计数据验证 / 071

第 6 节　审计作业信息化实施方法 / 074

本章小结 / 076

复习思考题 / 077

练习题 / 077

阅读材料 4.1　电子数据审计国内现状分析 / 081

阅读材料 4.2　大数据环境下的电子数据审计方法与现有电子数据
审计方法的比较 / 086

第 5 章 审计信息化软件与工具 …………………………… 088

第 1 节　电子表格软件 / 088

第 2 节　数据库工具 / 092

第 3 节　审计软件 / 099

本章小结 / 112

复习思考题 / 113

练习题 / 113

阅读材料 5.1　信息系统审计的特殊专业工具 / 114

阅读材料 5.2　文本文件数据采集方法示例 / 115

第 6 章 审计作业信息化相关文书 …………………………… 117

第 1 节　审前准备阶段 / 117

第 2 节　审计实施阶段 / 121

第 3 节　审计报告阶段 / 124

本章小结 / 132

复习思考题 / 132

练习题 / 132

阅读材料 6.1　中华人民共和国国家审计准则 / 133

阅读材料 6.2　审计署 2016 年第 16 号公告：中国电子信息产业集团有限公司 2014 年度财务收支审计结果 / 133

第 7 章 审计作业信息化案例：基于 IDEA 的数据采集与分析 …… 136

第 1 节　基于 IDEA 的审计数据采集 / 136

第 2 节　基于 IDEA 的审计数据分析 / 150

本章小结 / 170

复习思考题 / 170

练习题 / 170

阅读材料 7.1　基于模糊匹配的审计数据分析方法 / 171

阅读材料 7.2　基于数据可视化技术的电子数据审计方法及其比较分析 / 177

第8章 审计作业信息化综合案例：企业审计 …………………………… 180

第1节 审计案例背景简介 / 180

第2节 审前准备阶段 / 181

第3节 审计实施阶段 / 183

第4节 审计报告阶段 / 231

本章小结 / 238

复习思考题 / 238

练习题 / 239

阅读材料8.1 审计署2018年第41号公告：中国中信集团有限公司 2016年度资产负债损益审计结果 / 239

阅读材料8.2 审计署2018年第11号公告：中国远洋海运集团有限公司 2016年度财务收支等情况审计结果 / 242

第9章 信息系统审计 ………………………………………………… 246

第1节 信息系统审计概述 / 246

第2节 信息系统审计的国内外发展情况 / 248

第3节 信息系统审计的主要内容 / 250

第4节 信息系统审计的基本步骤 / 251

本章小结 / 253

复习思考题 / 253

练习题 / 253

阅读材料9.1 内部审计具体准则——信息系统审计 / 254

阅读材料9.2 基于社会网络分析的金融科技系统用户管理风险审计方法 / 260

第10章 大数据审计 …………………………………………………… 266

第1节 大数据基本知识 / 266

第2节 大数据审计的内涵 / 267

第3节 国内外大数据审计的应用情况 / 268

第 4 节 大数据审计工具与技术 / 269

本章小结 / 273

复习思考题 / 274

练习题 / 274

阅读材料 10.1 基于大数据可视化分析技术的审计线索特征挖掘方法 / 275

阅读材料 10.2 基于大数据可视化分析技术的大气污染防治审计方法 / 279

附录 A 审计作业信息化模拟实验 ……………… 287

A.1 审计作业信息化基本技能练习:基于 Excel / 287

实验一 基于 Excel 的审计数据采集 / 287

实验二 Excel 的基本审计数据分析应用 / 288

实验三 基于 Excel 圈释功能的审计数据分析应用 / 288

实验四 基于 Excel 筛选功能的审计数据分析应用 / 288

实验五 基于 Excel 高级筛选功能的审计数据分析应用 / 289

A.2 审计作业信息化基本技能练习:基于 Access 数据库工具 / 289

实验一 基于 Access 的审计数据采集 / 289

实验二 基于 Access 的审计数据预处理 / 290

实验三 基于 Access 的审计数据分析:以某税收征收数据为例 / 292

实验四 基于 Access 的审计数据分析:以某零售企业商品数据为例 / 292

实验五 基于 Access 的审计数据分析:以某失业保险数据为例 / 293

A.3 审计作业信息化基本技能练习:基于 SQL Server 数据库工具 / 293

实验一 基于 SQL Server 的审计数据采集 / 293

实验二 基于 SQL Server 的审计数据预处理 / 294

实验三　基于 SQL Server 的审计数据分析:以某税收征收数据
　　　　　　为例 / 295

　　　实验四　基于 SQL Server 的审计数据分析:以某零售企业商品
　　　　　　数据为例 / 295

　　　实验五　基于 SQL Server 的审计数据分析:以某失业保险数据
　　　　　　为例 / 296

　A.4　审计作业信息化基本技能练习:基于审计软件 / 296
　　　实验一　基于 IDEA 的审计数据采集 / 296
　　　实验二　基于 IDEA 的审计数据分析 / 297
　　　实验三　基于电子数据审计模拟实验室软件的审计数据
　　　　　　分析(选做) / 298

　A.5　综合实训:某企业审计案例 / 299
　　　实验一　审前准备 / 299
　　　实验二　审计实施 / 299
　　　实验三　审计报告 / 300

附录 B　实验所用数据 ·················· 301

　B.1　某税收征收数据 / 301
　B.2　某失业保险数据 / 303
　B.3　某零售企业商品数据 / 304
　B.4　某税收征收数据(数据预处理练习数据) / 305
　B.5　综合实训案例数据 / 306

附录 C　名词术语中英文对照 ·················· 307

主要参考文献 ·················· 309

第 1 章

绪　论

> **学习目标**
> 1. 理解审计信息化的重要意义
> 2. 熟悉信息技术与组织业务之间的重要关系
> 3. 熟悉审计信息化的相关术语
> 4. 了解国内外审计信息化研究与应用情况
> 5. 熟悉常用的计算机辅助审计技术

本章首先分析了开展审计信息化的重要性，在此基础上，介绍了目前常见审计信息化的相关术语和概念，以及分析了审计信息化的国内外研究与应用现状。通过本章的学习，可以深入理解为什么要学习审计信息化、审计信息化包括哪些内容，以及目前国内外审计信息化的研究与应用现状，从而为后文深入学习审计信息化打下了基础。

第 1 节　审计信息化的重要性与内容

一、审计信息化的重要性

审计作为党和国家监督体系的重要组成部分，在国家经济社会发展中发挥着越来越重要的作用。在我国，20 世纪 80 年代起，金融、财政、海关、税务、民航、铁道等重要行业开始广泛运用计算机、数据库、网络等现代信息技术进行管理，以查账为主要手段的审计职业遇到了来自信息技术的挑战。党的二十大报告提出要加快建设数字中国，国家机关、企事业单位等各行各业信息化、数字化工作开展得越来越深入。信息技术与组织业务的关系如图 1-1 所示。从图中我们可以看到，目前组织业务的运行大多要依靠运行在信息基础设施之上的各个应用系统。

信息技术对一个组织的运行起着至关重要的作用。以银行为例，目前银行常用的相关信息系统包括存款系统、贷款系统、资金交易系统、身份证识别系统、理财资产管理系统、信用风险管理系统，以及目前流行的手机银行系统、直销银行系统、微信银行系统等，都离不开信息技术的支持。银行业务与信息技术的关系如图 1-2 所示。

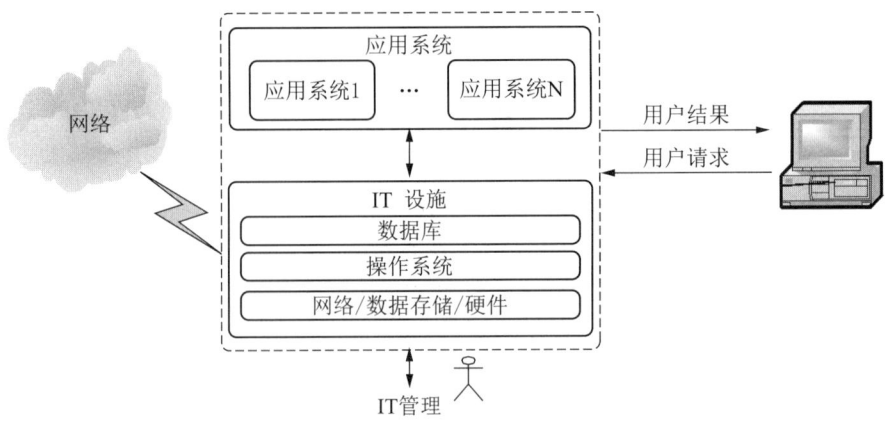

图 1-1　信息技术与组织业务的关系

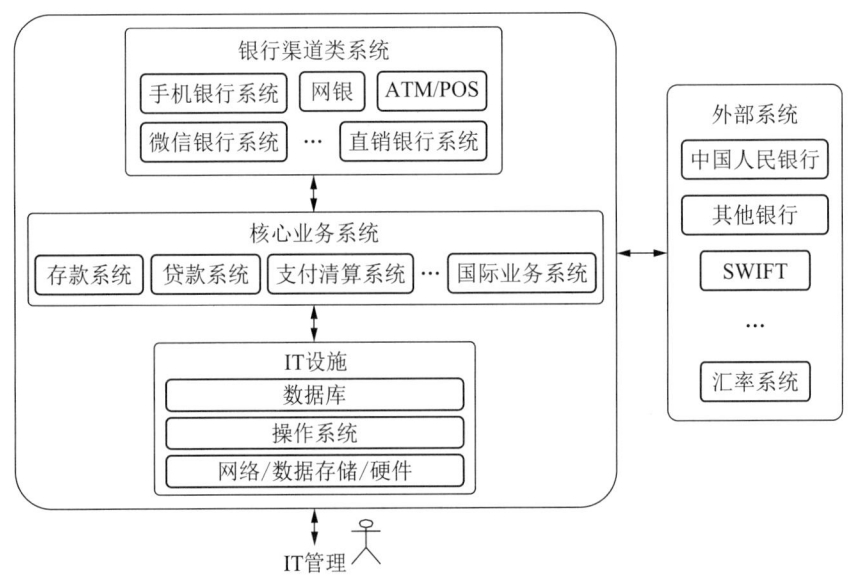

图 1-2　银行业务与信息技术的关系

综上所述,我们不难发现:信息化环境下审计工作发生了巨大的变化,以查账为主要手段的审计工作遇到了来自信息技术的挑战。审计对象的信息化客观上要求审计单位的作业方式必须及时做出相应的调整,要运用信息技术,全面检查被审计单位的经济活动,发挥审计监督的应有作用。因此,利用信息技术开展审计工作成为必然。我国一直重视审计信息化工作。2018 年 5 月 23 日,中共中央总书记、国家主席、中央军委主席、中央审计委员会主任习近平在主持召开的中央审计委员会第一次会议上指出,要坚持科技强审,加强审计信息化建设。

二、审计信息化的内容

信息化环境下,审计证据的获取更多是通过采用信息技术对被审计电子数据的分析来完成的,也就是说,通过对被审计数据的分析,发现可疑数据,并通过对可疑数据进行确认,最终获取审计证据。因此,信息化环境下,电子数据审计成为审计工作一项重要内容。

信息化环境下,除了通过审计电子数据,获得审计证据之外,审计被审计单位的信息系统,即信息系统审计,也是目前开展审计工作的一项重要内容。比如,《中华人民共和国国家审计准则》(2010)第六十二条和第七十六条指出了信息系统审计的重要性。

> **中华人民共和国国家审计准则(2010)(节选)**
>
> 第六十二条 审计人员可以从下列方面调查了解被审计单位信息系统控制情况:
> (一)一般控制,即保障信息系统正常运行的稳定性、有效性、安全性等方面的控制;
> (二)应用控制,即保障信息系统产生的数据的真实性、完整性、可靠性等方面的控制。
>
> 第七十六条 审计人员认为存在下列情形之一的,应当检查相关信息系统的有效性、安全性:
> (一)仅审计电子数据不足以为发现重要问题提供适当、充分的审计证据;
> (二)电子数据中频繁出现某类差异。

另外,审计单位为了提高审计业务管理和行政办公的效率,需要大力推进无纸化办公和信息化管理,审计管理信息化也越来越重要。

目前审计信息化可以主要归纳成以下两部分内容:

(1)审计管理信息化。

(2)审计作业信息化,其内容与计算机审计相似,主要包括:电子数据审计和信息系统审计。

审计信息化的主要内容如图1-3所示。

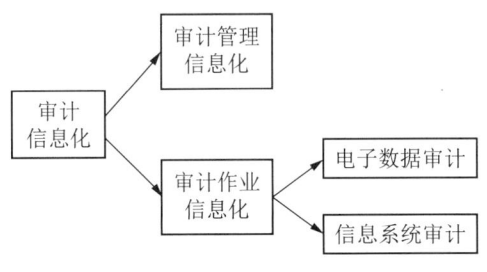

图1-3 审计信息化的主要内容

第2节 审计信息化的相关概念

随着信息技术在审计领域应用的进展,在审计理论界和实务界出现了一系列相应的术语,本节对一些典型的术语进行整理和分析,从而为下面的学习打下基础。

一、IT 审计

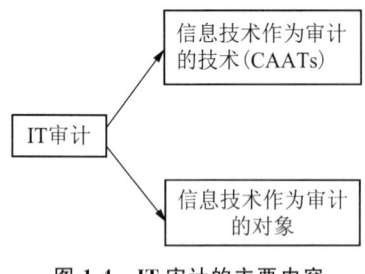

图 1-4 IT 审计的主要内容

随着信息技术的发展,组织的运行越来越依赖于信息技术(information technology,IT)。信息化环境下信息技术不但成为审计的技术,即计算机辅助审计技术(computer assisted audit technologies,CAATs),同时也成为审计的对象,即信息系统审计。因此,IT 审计成为审计领域研究与应用的热点。IT 审计所包括的主要内容如图 1-4 所示。

二、计算机审计

计算机审计是国内审计信息化领域常用的概念术语,有的文献认为计算机审计包括对计算机管理的数据进行检查以及对管理数据的计算机进行检查;有的文献认为,无论是对计算机信息系统进行审计还是利用计算机辅助审计,统称为计算机审计,或者说,计算机审计的含义包括计算机系统作为审计的对象和作为审计的工具。根据国内对"计算机审计"一词的使用情况,可以将计算机审计的含义概括如下:

计算机审计是与传统审计相对称的概念,它是随着计算机技术的发展而产生的一种新的审计方式,其内容包括利用计算机进行审计和对计算机系统进行审计。由此可见,计算机审计的内涵和 IT 审计的内涵相似。

三、审计信息化

相对于 IT 审计、计算机审计等,审计信息化是一个比较通俗的概念。有时也被称为审计电算化、电算化审计等,具体是指现代信息技术在审计作业和审计管理活动中的应用过程,它可以看成是和会计信息化相对应的一个概念,其已成为审计学研究的重要分支领域。如上所述,目前审计信息化主要包括审计作业信息化(电子数据审计、信息系统审计)和审计管理信息化。

四、计算机辅助审计

如同计算机辅助制造(computer aided manufacturing,CAM)、计算机辅助设计(computer aided design,CAD)等概念,计算机在审计领域中的辅助应用被称为计算机辅助审计。中国审计署认为:"计算机辅助审计,是指审计机关、审计人员将计算机作为辅助审计的工具,对被审计单位财政、财务收支及其计算机应用系统实施的审计。"

计算机辅助审计的内容非常广泛,仅仅理解为计算机在审计中的简单应用是不够的。

五、计算机辅助审计技术

简单地讲,计算机辅助审计技术是指用来完成计算机辅助审计的技术。一些文献为了突出实现计算机辅助审计技术的工具,有时也会使用"计算机辅助审计工具与技术"(computer assisted audit tools and techniques,CAATTs)这一术语。一些文献给出了计算机辅助审计技术的定义：

（1）有的文献认为，广义上讲，计算机辅助审计技术是指在帮助完成审计的过程中使用的任何技术。

（2）由于多数关于计算机辅助审计技术的定义仅限于用于审计计算机应用系统以及用于抽取和分析电子数据的技术。因此，有的文献把计算机辅助审计技术描述为，用来直接检测一个应用系统的内部逻辑以及通过检查被应用系统处理的数据来间接地评价一个应用系统逻辑的技术。

（3）有的文献认为，计算机辅助审计技术是基于计算机的技术，它能帮助审计人员提高工作效率。

（4）有的文献认为，简单地讲，计算机辅助审计技术就是指能用来帮助以更有效的、高效的、及时的方式进行审计的技术。

综上所述，计算机辅助审计技术的含义可以概括为：为了满足信息化环境下审计的需要，基于计算机对信息系统，或被信息系统处理的数据进行审计的技术。

后文将分析到，常用的计算机辅助审计技术包括两类：一类是用于验证程序/系统的计算机辅助审计技术，即面向系统的计算机辅助审计技术；另一类是用于分析电子数据的计算机辅助审计技术，即面向数据的计算机辅助审计技术，也可以称为电子数据审计技术。

六、电子数据审计

如前文所述，信息化环境下，审计人员通过对被审计数据的分析，发现可疑数据，并通过对可疑数据进行确认，最终获取审计证据。电子数据审计是目前国内外审计领域关注的重点。对于电子数据审计，目前还没有给出明确的定义。根据目前对该术语的使用情况，电子数据审计一般可以理解为"对被审计单位信息系统中的电子数据进行采集、预处理以及分析，从而发现审计线索，获得审计证据的过程"。

七、信息系统审计

信息系统审计（information system audit，ISA）也是目前常用的概念，一般理解为对计算机系统的审计，信息系统审计的国际权威组织——信息系统审计与控制协会（ISACA）对信息系统审计给出了如下定义：

信息系统审计是收集和评估证据，以确定信息系统与相关资源能否适当地保护资产、维护数据完整、提供相关和可靠的信息、有效完成组织目标、高效率地利用资源并且存在有效的内部控制，以确保满足业务、运作和控制目标，在发生非期望事件的情况下，能够及时地阻止、检测或更正的过程。

八、持续审计

持续审计（continuous auditing，CA）是能在相关事件发生的同时或之后很短的时间内就能产生审计结果的一种审计类型。根据这一定义，把持续审计称为实时审计更为合适。此外，要实现持续审计，需要一个在线的计算机系统把审计部门和被审计部门连接起来，所以，持续审计也被称为持续在线审计（continuous online auditing，COA）。

除了以上概念之外，联网审计、大数据审计等也是审计信息化的重要内容。对于这些内容，将会在本书其他章节具体分析。

第3节　国内审计信息化的研究与应用情况

一、金审工程

如前文所述，到了20世纪80年代，以查账为主要手段的审计职业遇到了来自信息技术的挑战。审计对象的信息化，客观上要求审计的作业方式必须及时做出相应的调整，要运用计算机技术，全面检查被审计单位经济活动，发挥审计监督的应有作用。

1998年，审计署党组根据当时的状况，认真分析了信息化条件下审计工作人员面临的"失去审计资格"的职业风险，于1998年年底向国务院汇报工作时提出建设审计信息化系统的建议，得到了国务院的充分肯定。1999年12月，审计署根据国务院的要求，上报了《审计信息化系统建设规划》。在国务院领导和有关部门的大力支持下，2002年7月28日，国家发改委（时称国家计委）正式批准金审工程开工。2002年8月，《国家信息化领导小组关于我国电子政务建设指导意见》（中办发〔2002〕17号）中，批准了金审工程作为我国电子政务建设的重大业务系统建设工程，列入了国家"十五"期间首先启动的12个"金"字号电子政务重大工程之一[①]。目前，金审工程一期和二期已经顺利完成。

在金审工程一期和二期的基础上，审计署正在开展金审工程三期建设。

审计信息化是审计领域的一场革命。审计信息化的进一步发展，必将促使审计发生重大变革，有着重要的意义，其主要有：

（1）审计信息化象征着审计工作将发生三个转变，即从单一的事后审计变为事后审计与事中审计相结合；从单一的静态审计变为静态审计与动态审计相结合；从单一的现场审计变为现场审计与远程审计相结合。

（2）审计信息化必将推动审计方法的改变。对被审计单位的账目逐笔审计，在过去是不可想象的，但在审计信息化的情况下将轻而易举的实现。

（3）审计信息化必将推动广大审计人员思维方式的转变，增强审计人员的全局意识和宏观意识。

（4）审计信息化必将提高审计质量，降低审计风险。

更多关于金审工程的介绍参见本章阅读材料1.1。

二、联网审计

在"金审工程"一期建设中，为了实现"预算跟踪＋联网核查"的审计模式。2004年国家科技部批复了审计署申请的国家"863"计划项目——"计算机审计数据采集与处理技

---

① 12个"金"字号电子政务工程包括：办公业务资源系统、金关工程、金税工程、金卡工程、金宏工程、金财工程、金盾工程、金审工程、金保工程、金农工程、金质工程、金水工程，详细介绍参见本章阅读材料1.2。

术"研究课题,该项目的研究为我国开展联网审计提供了理论基础和技术支持。

(一)研究目标

"计算机审计数据采集与处理技术"项目的研究目标是,为有效履行信息网络环境下的审计监督,需要对网络环境下计算机审计的数据采集与处理等技术进行科学研究,包括不同网络环境下的审计组网模式、数据采集技术、清理技术、转换技术、存储技术、分析处理技术,以及各技术模型的工程化实验等方面的研究,并取得研究成果的工程化实验数据和工程经验,为"金审工程"二期设计和建设提供科技成果指导和工程建设模型。

(二)研究内容

1. 联网审计系统组网模式研究

针对被审计单位信息系统的数据布局、网络构架、系统结构等方面的不同,需要研究采用何种方式联网,即组网模式,才能有效地采集被审计单位信息系统中的数据。重点研究集中式数据采集组网模式(例如海关大数据集中系统的数据采集)、分布式数据采集组网模式(例如银行以省为单位的数据分布式系统的数据采集)、点对点式数据采集组网模式(例如中央一级预算单位的单点系统的数据采集)等。

2. 审计数据的采集、清理与转换技术研究

审计数据的采集、清理与转换技术主要是针对被审计单位不同的系统结构、网络结构、数据结构和业务特点,研究数据采集接口和数据采集方式,以及对原始数据的识别、转换、清理和验证等技术。

3. 审计数据的存储与处理技术研究

审计数据的存储与处理技术研究,主要是研究海量数据的存储方式和技术、多维数据库和联机分析处理、审计分析模型和构建技术等。

4. 联网审计系统的安全研究

联网审计系统的安全研究主要研究不同组网模式条件下数据采集的安全措施,数据传输、存储和分析处理等方面的安全,应用系统的安全,网络系统的安全,以及联网审计的安全管理等。

5. 联网审计工程化实验环境的研究和建设

为了开展联网审计组网模式、数据采集与转换、数据存储与处理、联网审计安全等技术的研究,需要搭建一个研究和实验的平台或环境,包括网络系统、计算机设备、应用系统及安全系统的建设。

在理论研究的基础上,审计署还选取了一些行业,开展了联网审计应用试点工作。关于国内信息系统审计、大数据审计等方面的研究与应用将在后文介绍。

第4节 国外审计信息化的研究与应用情况

对于审计信息化,国际上一般使用IT审计、计算机辅助审计(技术与工具)、信息系统审计、电子数据审计(审计数据分析)等概念术语。本节将对国外审计信息化的研究与应

用情况进行简单分析。

一、计算机辅助审计技术

国外较早地关注审计信息化的研究与应用。早在 1955 年就提出了"通过计算机审计(auditing through the computer)"的概念。之后,"通过计算机审计"得到越来越多学者的关注。"通过计算机审计"是和"绕过计算机审计(auditing around the computer)"相对立的一个概念。为了实现"通过计算机审计"的思想,一些文献提出了类似于测试数据法(test data)的测试程序叠法(test decks)。一些文献在比较了测试程序叠法的基础上,提出了一种模型法(the model approach)来实现"通过计算机审计",该方法的原理类似于平行模拟法(parallel simulation)。之后,越来越多的计算机辅助审计技术被提出。

使用计算机辅助审计技术,不仅能节省审计时间、降低审计风险,而且能提高审计质量。

(一)计算机辅助审计技术的分类

测试数据法(test data)、集成测试技术(integrated test facility,ITF)、平行模拟法(parallel simulation)、嵌入审计模块(embedded audit module,EAM)以及通用审计软件(generalized audit software,GAS)这五种技术被认为是最典型的计算机辅助审计技术。一些文献认为:测试数据、集成测试和平行模拟这三种技术是用来直接检测应用系统的内部逻辑;嵌入审计模块和通用审计软件这两种技术通过分析应用数据,间接检测应用系统的内部逻辑。

表 1-1 从是动态审计还是静态审计、对被审计信息系统和数据的影响、对专业知识的需要程度以及对被审计单位的依赖程度这四个影响使用的因素出发,比较了以上五种典型计算机辅助审计技术的优缺点。通过比较,便于审计人员在实施审计时选择合适的计算机辅助审计技术。

表 1-1 典型 CAATs 的优缺点分析

CAATs 类型	影响使用的因素			
	动态审计还是静态审计	对被审计信息系统和数据的影响	对专业知识的需要程度	对被审计单位的依赖程度
测试数据法	静态	影响小	不需要	依赖程度高
集成测试技术	动态	影响大	需要	信息获取不依赖被审计单位
平行模拟法	动态或静态	影响小	需要的程度取决于被审计信息系统的复杂程度	审计人员直接获得输出信息,不需要被审计单位的干涉
嵌入审计模块	动态	影响大	在设计和实施嵌入审计模块时需要	依赖程度高
通用审计软件	静态	影响小	相对容易使用。一般不需要技术背景。但在获取一些具有复杂结构的数据时需要 IT 专家的帮助	依赖程度低

根据对文献的研究,结合计算机辅助审计技术的应用现状,计算机辅助审计技术的分类的总结如图 1-5 所示。

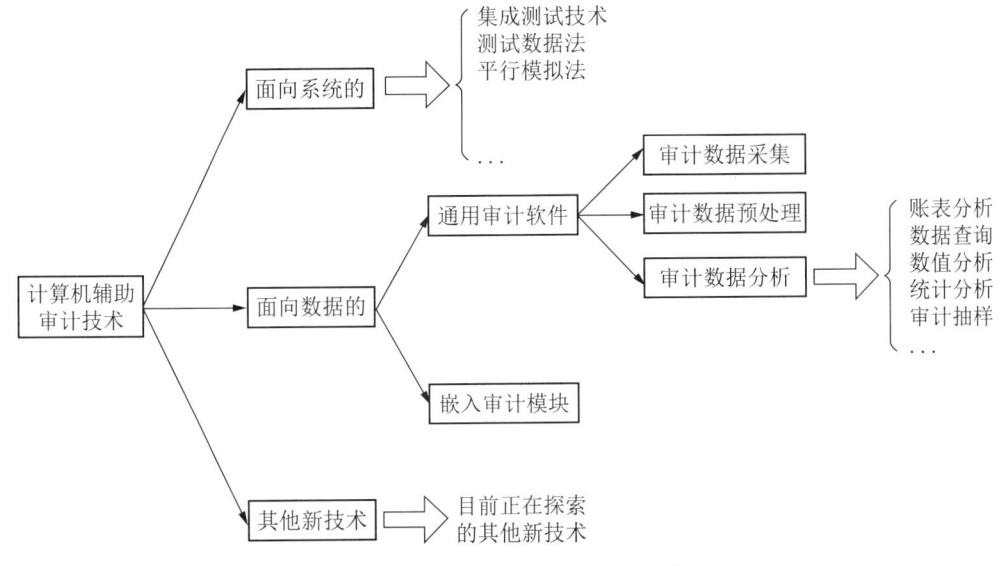

图 1-5 计算机辅助审计技术的分类

(二) 面向系统的计算机辅助审计技术

面向系统的即常见的用于验证程序/系统的计算机辅助审计技术,对该技术分析如下:

1. 平行模拟法

平行模拟法是指针对某一应用程序,审计人员采用一个独立的程序去模拟该程序的部分功能,在输入数据的同时进行并行处理,比较模拟程序处理的结果和该应用程序处理的结果,以验证该应用程序的功能是否正确的方法,其原理如图 1-6 所示。

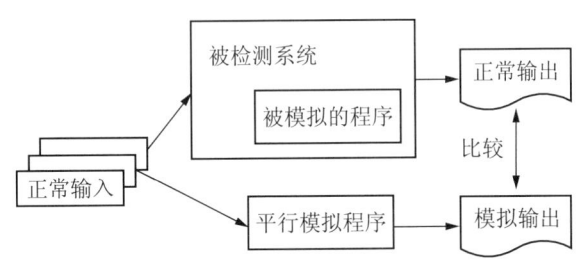

图 1-6 平行模拟法原理

平行模拟法的优点是一旦建立了模拟程序,可以随时对被审系统进行抽查,也可以用模拟系统重新处理全部的真实业务数据,进行比较全面的审查。与抽查相比,可以进行更彻底的测试。其主要缺点是模拟系统的开发通常需要花费较长的时间,开发或购买费用都较高;另外,如果被审计的系统更新,则模拟系统也要随之更新,相应地,费用也要增加。

2. 测试数据法

测试数据法是指采用审计人员准备好的测试数据来检测被审计信息系统,通过将被审计信息系统处理的结果与正确结果进行比较,来检测应用系统的逻辑问题和控制问题的一种方法,其原理如图1-7所示。测试数据法的优点是适用范围广,应用简单易行,对审计人员的计算机技术水平要求不高。因此,它被广泛应用于各种系统的测试和验收。其主要缺点是可能不能发现程序中所有的错弊。

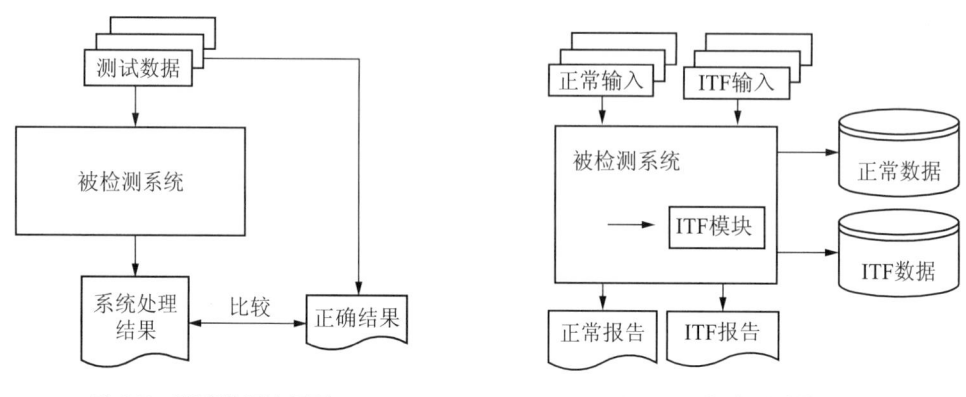

图1-7 测试数据法原理　　　　　图1-8 集成测试技术原理

3. 集成测试技术

集成测试技术是通过在正常的应用系统中创建一个虚拟的部分或分支,从而提供一个内置的测试工具。它一般用来审计复杂的应用系统,其原理如图1-8所示。该技术是在系统正常处理过程中进行测试的,因此可直接测试到被审计信息系统在真实业务处理时的功能是否正确有效。然而,集成测试技术也有弊端。因为测试是在系统真实业务处理过程中进行的,如果未能及时、恰当地处理虚拟的测试数据,这些虚拟的测试数据可能会对被审计单位真实的业务和汇总的信息造成破坏或影响。

4. 程序编码审查

程序编码审查(program code review)是对应用系统的程序编码进行详细审查的一种技术,它一般不被算作真正的计算机辅助审计技术。通过审查程序编码,审计人员可以识别出程序中错误的代码、未被授权的代码、无效的代码、效率低的代码以及不标准的代码。这种技术的优点是审计人员审查的是程序本身,因此能发现程序中存在的任何错弊问题。其缺点是对审计人员的计算机水平要求高,比较费事费时,而且要确认被审计的源程序是真实运行系统的源程序。

5. 程序代码比较

程序代码比较(program code comparison)是指审计人员对程序的两个版本进行比较。审计人员使用这种技术的目的主要有:

(1) 检查被审计单位所给的被审计信息系统和被审计单位所使用的系统是否是同一个软件。

(2) 检查和前一个版本相比,程序代码是否发生了变化,如果发生了变化,是否有程序变更管理程序。

6. 跟踪

审计人员采用跟踪(tracing)技术可以分析一个程序的每一步,从而能发现每一行代码对被处理数据或程序本身的影响。

7. 快照

快照(snapshot)是一种允许审计人员在一个程序或一个系统中在指定的点冻结一个程序,使审计人员能够观察特定点数据的技术。快照技术具有快速、易用的特点,对于识别业务处理中潜在的数学计算错误是非常有用的,其缺点是功能有限,不具有通用性。

(三) 面向数据的计算机辅助审计技术

有些计算机辅助审计技术主要用于分析数据文件,与面向系统的计算机辅助审计技术不同,这些技术不直接测试程序的有效性。常见的用于分析数据文件的计算机辅助审计技术主要包括嵌入审计模块以及通用审计软件。

1. 嵌入审计模块

嵌入审计模块是指在一个应用系统中长久驻存一个审计模块,该模块将检查输入到系统中的每一笔事务数据,并识别出其中不符合预定义规则的事务数据,审计人员可以对这些识别出的事务数据进行实时的或定期的审查,其原理如图 1-9 所示。一些文献的研究表明嵌入审计模块是一种有效的计算机辅助审计技术。需要指出的是,使用嵌入审计模块需要在被审计信息系统开发时就应该考虑。

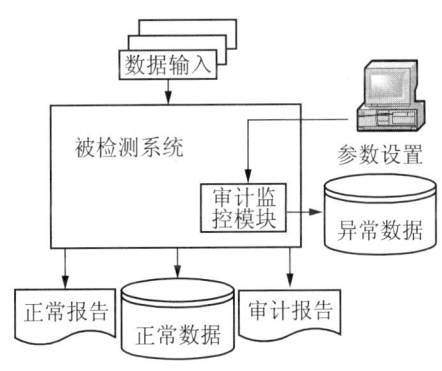

图 1-9 嵌入审计模块原理

2. 通用审计软件

由于对被审计信息系统影响小,对被审计单位依赖程度低,以及相对容易使用等因素,通用审计软件成为目前最常使用的计算机辅助审计技术。目前,我国实施的电子数据审计多是采用这种技术。通用审计软件具有审计数据采集和审计数据分析功能,通过审计数据采集,可以把被审计信息系统中的数据采集到审计软件中来,然后,通过审计数据分析,发现审计线索,从而完成审计任务。

二、信息系统审计

国际上也高度重视信息系统审计的研究与应用。早在计算机进入实用阶段时,美国就开始提出系统审计(system audit)。1969 年,电子数据处理审计师协会(EDP auditor association,EDPAA)在美国洛杉矶成立。1994 年,EDPAA 更名为信息系统审计与控制协会(information systems audit and control association,ISACA),总部设在芝加哥。目

前国际上主要信息系统审计准则与规范简介如下:

(一) SOX 法案

SOX 法案又被称为萨班斯-奥克斯利法案。2002 年,美国爆发了一系列的财务和管理丑闻,如安然(美国最大的能源公司)和世通(世界通信公司)事件,这些丑闻严重破坏了美国金融证券制度,彻底打击了投资者对美国资本市场的信心。为了扭转这一局面,美国国会通过了《2002 年公众公司会计改革和投资者保护法案》。该法案由美国参议院银行委员会主席萨班斯(Paul Sarbanes)和众议院金融服务委员会主席奥克斯利(Mike Oxley)联合提出。该法案对美国《1933 年证券法》《1934 年证券交易法》进行了大幅修订,在公司治理、会计职业监管、证券市场监管等方面制定了许多新规定。2002 年 7 月,美国总统布什将此法案签署为法律。

SOX 法案共分 11 章。其中第 1 至第 6 章主要涉及对会计职业及公司行为的监管,第 8 至第 11 章主要是提高对公司高管及白领犯罪的刑事责任。

SOX 法案第 404 条款的合规性实践,展示了改善 IT 治理和判断 IT 治理成效的一种有效方法。虽然 SOX 法案第 404 条款合规性的要求有其特有的局限性,因为其主要关注的是和财务报告相关的信息系统,但是由此产生的方法论和合规性实践,对 IT 治理的理论发展和实践很有借鉴意义。

SOX 法案第 404 条款要求的 IT 一般性控制的合规性实践一般采用的方法如下:

(1) 首先是进行 IT 一般性控制的现状分析,然后参照信息及相关技术控制目标(CO-BIT)的要求建立公司的 IT 控制目标以便进行差距分析,并在此基础上找出和确定能涵盖这些控制目标的 IT 一般性控制的关键控制点。

(2) 每个关键控制点的控制活动都被清晰地描述和文档化,同时这些控制活动还必须具备可操作性和可检验性,最终形成所谓的 IT 控制矩阵(IT control matrix)。

(3) 相关公司都必须完成一整套与 IT 控制相关的文档,即所谓的 SOX 法案合规性文档,如 IT 政策、IT 控制矩阵、IT 控制活动描述、IT 控制的测试方法等。

(4) 通过细致扎实的工作落实已被确定的 IT 控制点,从而使 IT 控制得到贯彻实施。

根据 SOX 法案第 404 条款的要求,管理层必须每年对这些控制点进行测试和评估,对测试得出的控制缺陷,则需要增设补救和改进措施,并再次测试。如果在规定的期限内,控制缺陷还是不能得到改正,外部审计人员将根据情况,针对控制缺陷和程度发表审计意见。

(二) COSO 内部控制框架

COSO 内部控制框架实际上是 COSO(The Committee of Sponsoring Organizations of the Treadway Commission,全美反舞弊性财务报告委员会发起组织)在 1992 年 9 月发布的一份报告,报告的正式名称是"内部控制——完整框架"。它是美国审计行业最广泛接受并使用的内部控制框架,包括政府审计和会计师事务所的审计都以 COSO 作为检查组织内部控制的标准框架。作为全球最具影响力的内部控制标准,COSO 内部控制框架得到了世界许多国家的一致认可和广泛借鉴。2013 年 5 月,美国 COSO 组织发布了更新后的《内部控制——整合框架》,受到国际内部控制理论界和实务界的广泛关注。2016 年 10 月,COSO 发布 2016 版《全面风险管理框架的修订版》(征求意见稿)。

尽管COSO框架并不是信息技术方面的内部控制框架,但是由于它在审计领域的重要性,几乎所有信息系统审计的框架和指南都会考虑吸取它的主要思想作为内部控制的考虑出发点。特别是2002年《萨班斯-奥克斯利法案》颁布后,美国证券交易管理委员会(SEC)把COSO框架作为组织加强内部控制的唯一参考框架,更进一步提升了COSO框架的重要地位。许多组织为了达到SOX法案对内部控制和信息真实性的要求,纷纷对信息系统进行控制评估和风险测试,开发了各种信息技术控制框架以符合COSO提出的要求,从而把信息技术的一般控制和应用控制方法与COSO框架结合起来。

(三) COBIT

COBIT(control objectives for information and related technology,信息及相关技术控制目标)是由信息系统审计与控制协会在1996年所公布的控制框架,分别在1998年、2000年、2005年以及2012年进行了修订,目前的版本是COBIT 5.0。

COBIT主要目的是研究、发展、宣传权威的、最新的、国际化的公认信息技术控制目标以供企业经理、IT专业人员和审计专业人员日常使用。COBIT框架包括34个IT的流程、四个领域,即:PO(计划与组织)、AI(获取与实施)、DS(交付与支持)和ME(监控与评估)。

2005年,ISACA第三次修订了COBIT 4.0,它与COSO和SOX紧密结合,将IT治理和IT控制纳入组织治理和组织内部控制范畴,该框架的颁布,加速了信息系统审计与内部管理审计的结合。

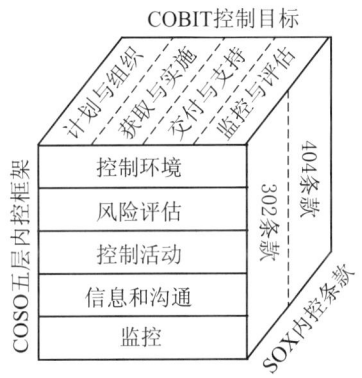

图1-10 SOX、COSO、COBIT之间的关系

SOX、COSO、COBIT三者之间的关系如图1-10所示。

(四) GTAG

国际内部审计师协会(Institute of Internal Auditors,IIA)对信息系统审计的相关内容进行了研究,发布了GTAG(Global Technology Audit Guide,全球技术审计指南),相关内容会在后文进行分析。

三、持续审计

信息技术的发展将使得计算机审计向持续、动态、实时的方向发展。持续审计(continuous auditing,CA)成为计算机审计的一个重要发展方向。在过去的十几年里,持续审计得到国外学术界、审计人员以及软件开发人员的关注,相关持续审计理论与技术实现方法等得到广泛的研究,这使得持续审计的研究与应用得到很大的发展。

CICA/AICPA的研究报告认为持续审计是指能使独立审计师通过使用在委托项目出现相关事件的同时或短时间内生成的一系列审计报告,来对委托项目提供书面鉴证的一种审计方法。Alexander等人(1999)认为:持续审计是能在相关事件发生的同时,或之后很短的时间内就能产生审计结果的一种审计类型。根据这一定义,Alexander等人(1999)认为把持续审计称为实时审计更为合适。此外,Alexander等人(1999)还认为要实现持续审计,需要一个在线的计算机系统把审计部门和被审计部门连接起来,所以,把持续审计称为持续在线审计(continuous online auditing,COA)。随着信息化程度的提高以及计算机网络的广泛使用,目前正在开展的所谓的联网审计也是持续审计的一种实现方式。

四、电子数据审计与大数据审计

尽管国际上高度重视信息系统审计,但同时国际上也高度关注电子数据审计问题,特别是近年由于大数据时代的到来,国际上更重视大数据的审计与分析。

(一)学术研究

研究大数据审计问题具有重要的理论意义和应用价值。目前国外学术界关于大数据的研究较多,但目前大数据审计的相关研究成果还较少,主要研究情况如下:

Earley(2015)分析了大数据技术给审计工作带来的机遇和挑战,研究了大数据技术在 CPA 审计中的应用;Wang(2015)调查发现:数据审计在审计工作中具有重要的作用,但社会审计和内部人员对数据审计的重视和应用还不够。目前对社会审计和内部人员来说,在开展数据审计时存在以下困难:难以获得合适的数据、缺少训练有素的员工、不愿意在数据审计方面投资、不知道从哪里开始、审计收益与成本不确定,并建议学术界从 8 个问题出发,研究数据审计问题。普华永道(PwC,2014)的调查发现:在实际的审计工作中,计算机辅助审计技术(Computer Assisted Audit Techniques,CAATs),特别是数据审计技术的使用要比预期的低。Brown Liburd(2015)认为要多关注审计人员的处理大数据的能力,比如如何对审计人员进行大数据审计方面的培训,如何开发大数据审计工具或借助其他领域的软件工具来开展大数据审计。

大数据时代产生的数字数据量常常会超过许多组织的数据存储能力,另外,在本地存储系统中管理如此大量的数据也是很困难的,因此,云计算成为解决大数据存储与管理的一种重要方式。但由于这种方式使得组织缺乏对其数据的控制和物理占有,因此,这些存储在云计算系统中的外包数据的完整性和安全性仍然是数据所有者担心的主要问题。

(二)实务应用

国外审计实务界高度关注电子数据审计与大数据在审计中的应用,国际内部审计师协会(Institute of Internal Auditors,IIA)于 2011 年 8 月发布了全球技术审计指南——《数据分析技术》,分析了审计数据分析技术,如分类分析、重号分析、断号分析、Benford 定律等(Lambrechts 等,2011)。大数据审计得到了美国注册会计师协会(American Institute of Certified Public Accountants,AICPA)的重视,AICPA 于 2014 年 8 月发布了一份名为"Reimagining auditing in a wired world"(在数字世界里重构审计)的白皮书,分析了大数据环境对审计工作的影响,并指出可以利用相关大数据作为实际被审计数据的辅助数据,通过数据分析技术,识别和发现被审计数据中的关联,从而发现审计线索。比如,报表、会计欺诈、破产或持续经营问题等和从公司的一些文件和数据源得到的一些指标是有关联的,因此,通过分析从公司获得的一些文件和数据源,可以发现相关审计线索。这为开展大数据审计打下了基础。

美国证券交易委员会(The Securities Exchange Commission,SEC)使用大数据分析

来确定内幕交易和会计欺诈,运用大数据策略来监督金融市场活动,例如,他们利用自然语言处理程序和网络分析来帮助识别违规交易活动。美国联邦住房管理局(The Federal Housing Authority,FHA)运用大数据分析来帮助预测违约率、偿还率和索赔率,利用大数据技术为可能出现的场景构建现金流模型,以确定维持正向现金流所需的保费。美国社会保障局(The Social Security Administration,SSA)利用大数据技术来分析海量的非结构化伤残索赔数据,通过更快、更高效地处理医学分类和预期诊断,重塑整个决策过程,更好地识别可疑的不实索赔。

普华永道 2015 年 2 月在《Data Driven: What Students Need to Succeed in a Rapidly Changing Business World》(数据驱动:在瞬息万变的商业世界中取得成功学生需要什么)中指出:高校应该为审计、会计专业的学生提供大数据审计方面的课程,对相关审计人员提供大数据审计方面的培训工作,教会他们使用大数据分析程序语言与工具(如 R 语言、Python、Java 等)、数据可视化分析工具从而满足审计人员开展大数据审计的需要。

麦肯锡认为,目前已有经典技术可用于大数据分析之中,这些技术有:关联规则挖掘、数据聚类、数据挖掘、集成学习、遗传算法、机器学习、自然语言处理、神经网络、模式识别、预测模型、回归、信号处理、空间分析、统计、监督式学习、无监督式学习、时间序列分析、时间序列预测模型等;此外,也有一些可专门用于整合、处理、管理和分析大数据的关键技术,主要包括:Big Table、商业智能、Hadoop、HBase、MapReduce、Mashup、元数据、非关系型数据库、关系型数据库、R 语言、可视化技术等,其中,可视化技术是大数据应用的重点之一。

(三)国外政府开展大数据审计情况

2017 年 4 月 18 日,世界审计组织大数据工作组第一次会议在南京召开。来自美国、中国、英国、印度、巴西、奥地利、挪威、俄罗斯、泰国、印度尼西亚等多个国家的代表分别介绍了本国开展大数据审计的情况,概括如下:

美国审计署(General Accounting Office of USA,GAO)的大数据审计研究了如何对非结构化数据进行分析以及对网页数据进行挖掘。在审计实践中,通过大数据技术将社会死亡人员名单与领取联邦补贴人员名单相关联,来检测潜在的欺诈行为;通过对健康保险数据分析,评估支付机制和分析保健趋势等。

英国审计署(National Audit Office of UK,NAOUK)的大数据审计重点是增加价值,减少成本。目前是借助开源工具 R 语言、Shiny 软件和可视化软件、应用统计、机器学习、文本挖掘和可视化等技术开展大数据审计。

印度审计署(Comptroller and Auditor General of India,CAG)于 2016 年 9 月设立了数据管理和分析中心,广泛使用来自审计署内部、被审计单位和第三方的各类数据,采用统计、可视化等技术开展大数据审计。

巴西联邦审计署(Tribunal de Contas da Uniao,TCU)审计信息管理办公室自 2006 年以来一直注重审计数据的采集与应用工作,目前,已采集了巴西 56 个最重要的政府部门相关数据库,汇总了 7TB 的审计数据,供审计部门根据需要使用这些数据开展审计。审计人员可以使用 SQL、审计软件 ACL、R 语言等软件与工具(CAATs)开展数据分析。

奥地利审计法院（Austrian Court of Audit，ACA）对简单的数据分析使用（标签云）Excel，对于复杂的数据分析、建模和大数据审计则采用R语言进行，对文本分析采用词云技术。

厄瓜多尔审计署（The Office of the Comptroller General of Ecuador，OCGE）从民政局、全国选举委员会、劳动部、财产登记、国内收入服务、社会保障国家机构等部门收集信息，并采用数据挖掘技术和开发相关APP（手机软件）利用这些大数据。

芬兰审计署（National Audit Office of Finland，NAOF）高度重视大数据审计的应用，目前所有国家部门和机构都使用相同的会计系统，会计数据已电子化，审计人员已系统地使用CAATs相关分析工具开展电子数据审计，审计的对象包括传统的财务数据、电子邮件、社交媒体、视频、声音等。今后计划把机器人技术、可视化技术应用于审计之中。

印度尼西亚设计了CRISP-DM系统来开展大数据审计，采用该系统进行数据分析的步骤为：业务理解、数据理解、数据准备、建模、评价、部署。

挪威审计署（Office of the Auditor General of Norway，OAGN）采用IDEA、Excel等工具开展数据审计，目前主要分析结构化数据，下一步准备也对非结构化数据进行分析，今后将使用微软的数据仓库技术（SQL server analysis services）、可视化技术、开源工具R语言、Shiny等开展大数据审计。

泰国目前是采用审计软件ACL来分析从被审计单位采集来的电子数据。

尽管爱沙尼亚审计署（National Audit Office of Estonia，NAOE）在审计中没有使用大数据分析的经验，但该国家的一些大学和科研机构正在开展一些大数据方面的应用研究。

本章小结

1. 信息化环境下审计工作发生了巨大的变化，以查账为主要手段的审计职业遇到了来自信息技术的挑战，利用信息技术开展审计工作成为必然。

2. 审计证据是指审计机关和审计人员获取的用以说明审计事项真相，形成审计结论基础的证明材料。在信息化环境下，审计证据的获取更多是通过采用计算机技术，对被审计电子数据进行分析，从而发现可疑数据，并通过对发现的可疑数据进行确认，最终获取审计证据。

3. 相对于IT审计、计算机审计等，审计信息化是一个比较通俗的概念。有时也被称为审计电算化、电算化审计等，指现代信息技术在审计作业和审计管理活动中的应用过程，它可以看成是和会计信息化相对应的一个概念，其已成为审计学研究的重要分支领域之一。目前审计信息化主要包括审计作业信息化（电子数据审计、信息系统审计）和审计管理信息化。

 **复习思考题**

1. 什么是审计信息化?
2. 为什么审计信息化在我国越来越重要?
3. 审计信息化包括哪些内容?
4. 常用的计算机辅助审计技术有哪些?
5. 审计信息化未来的发展趋势是什么?

 **练习题**

一、单选题

1. 以下哪一项不是目前银行常用的相关信息系统?(　　)
   A. 手机银行系统　　　　　　　　B. 非法集资系统
   C. 直销银行系统　　　　　　　　D. 微信银行系统
2. "金审工程"就是(　　)。
   A. 审计信息化系统　　　　　　　B. 国家重点工程
   C. 大数据审计工程　　　　　　　D. 智能审计工程
3. 以下哪一项不是审计信息化的内容?(　　)
   A. 审计管理信息化　　　　　　　B. 手工审计
   C. 电子数据审计　　　　　　　　D. 信息系统审计

二、多选题

1. "金审工程"建设的意义包括:(　　)。
   A. 审计信息化象征着审计工作将发生三个转变。
   B. 审计信息化必将推动审计方法的改变。
   C. 审计信息化必将推动广大审计人员思维方式的转变,增强审计人员的全局意识和宏观意识。
   D. 审计信息化必将提高审计质量,降低审计风险。
2. 计算机审计内容包括:(　　)。
   A. 利用计算机进行审计　　　　　B. 对计算机系统进行审计
   C. 金财工程　　　　　　　　　　D. 财务共享
3. 审计人员认为存在下列(　　)情形之一的,应当检查相关信息系统的有效性、安全性。
   A. 仅审计电子数据不足以为发现重要问题提供适当、充分的审计证据

B. 审计管理缺少信息化

C. 电子数据中频繁出现某类差异

D. 缺少财务共享

三、判断题

1. 在我国,20 世纪 80 年代,以计算机为主要手段的审计职业遇到了来自信息技术的挑战。（　　）

2. 目前,国家机关、企事业单位等各行各业信息化趋向普及。（　　）

3. 目前组织业务的运行大多是依靠运行在信息基础设施之上的各个应用系统。（　　）

4. 审计对象的信息化使得利用计算器开展审计工作成为必然。（　　）

5. "金审工程"作为我国电子政务建设的重大业务系统建设工程,列入了国家"十五"期间首先启动的 10 个"金"字号电子政务重大工程之一。（　　）

6. 审计信息化是指现代信息技术在审计作业和审计管理活动中的应用过程。（　　）

7. 计算机在审计领域中的辅助应用被称为计算机辅助审计。（　　）

8. CAATTs 就是计算机辅助审计技术。（　　）

四、填空题

1. 审计作为（　　）监督体系的重要组成部分,在国家经济社会发展中发挥着越来越重要的作用。

2. 2018 年 5 月 23 日,中共中央总书记、国家主席、中央军委主席、中央审计委员会主任习近平在主持召开的中央审计委员会第一次会议上指出:要坚持（　　）,加强审计信息化建设。

3. 审计作业信息化的内容与（　　）相似。

阅读材料 1.1　金审工程简介

金审工程是中国国家审计信息化建设项目的简称。对外交流的英文名称为 China's Golden Auditing Project,简称 GAIS。系统建成标志为"六个一",即：

一个满足现场、联网审计需要的审计实施系统；

一个满足业务、管理和支持领导决策相融合的审计管理系统；

一个满足审计业务管理需要的数据中心；

一个满足各级审计机关信息资源共享的网络系统；

一个确保对内对外的安全系统；

一个确保系统运行和不断完善的服务系统。

GAIS 的建设要求是,融入世界审计职业组织的 IT 审计潮流、融入国家电子政务系统、全国各级审计机关和审计人员融入 GAIS。

金审工程是在我国经济改革发展和信息技术日益普及的历史条件下应运而生的。20世纪80年代以来,国家审计遇到了维护国家经济建设秩序和适应信息化的双重挑战。1998年,时任审计署审计长的李金华向全国各级审计机关郑重提出:"审计人员不掌握计算机技术,将失去审计的资格。"之后,李金华审计长又相继提出,审计机关的领导干部不掌握信息技术将失去指挥的资格,审计机关的管理人员不运用计算机技术将失去任职的资格。在国务院领导的高度重视和亲切关怀下,审计署党组作出了建设审计信息化工程的战略决策,于1999年开始编制审计信息化发展规划,并按国家基本建设项目程序组织实施。

2002年7月,国家发展和改革委员会(时称国家计划委员会)批复了审计署申请的金审工程一期项目,成为列入国家基本建设投资计划的第一个电子政务建设项目。2002年8月,《中共中央办公厅、国务院办公厅关于转发〈国家信息化领导小组关于我国电子政务建设指导意见〉的通知》(中办发〔2002〕17号)确定,金审工程列为国家电子政务重点启动的12个重要业务系统之一。

金审工程实施"预算跟踪+联网核查"审计模式。逐步实现审计监督的"三个转变",即从单一的事后审计转变为事后审计与事中审计相结合,从单一的静态审计转变为静态审计与动态审计相结合,从单一的现场审计转变为现场审计与远程审计相结合。增强审计机关在信息网络环境下查错纠弊、规范管理、揭露腐败、打击犯罪的能力,维护经济秩序,促进廉洁高效政府的建设,更好地履行审计法定监督职责。

金审工程由审计署统一规划,实行中央和地方审计机关分级建设。审计署实行统一规划、统一指导、分期建设、分步实施的建设原则。

根据金审工程总体目标和总体框架要求,确定六个方面的建设内容和建设规模。

(1) 应用系统。

根据审计业务和管理的需要,规划了审计管理和审计实施两大系统。

审计管理系统是审计机关管理审计业务和行政办公的信息系统,对外交流英文名称沿用office automation,简称OA系统。审计管理系统具有对审计业务支撑、审计办公管理、领导决策支持、审计信息共享等管理内容和技术功能,以审计计划项目信息为先导,对审计项目实施信息、结果反馈、业务指导、公文流转、审计决策等各环节进行全面管理和技术支持,形成审计业务、管理、决策的一体化。

审计实施系统是审计机关利用计算机技术开展审计项目的信息系统。根据审计实施方式的不同,审计实施系统规划为现场审计实施系统和联网审计实施系统两大部分。

现场审计实施系统是审计人员实施就地审计方式的信息系统,对外交流为审计师办公室,英文名称为auditor office,简称AO系统。现场审计实施系统的业务功能规划为,可以提供对财政、行政事业、固定资产投资、农业与资源环保、社会保障、外资运用、金融、企业和领导干部经济责任等审计项目的专业审计功能技术支持和扩展;其技术功能规划为具有数据采集、数据转换、审计抽样、审计分析、审计取证、审计工作底稿编制、审计报告和统计汇总、审计项目质量控制、审计信息交互共享等技术功能的支持和扩展。现场审计实施系统基于对各行业审计数据采集转换的向导和模板,基于审计准则和专业审计指南的向导模板,基于审计师经验的总结提炼并编制成系统可以识别和执行的计算机审计方法,基于审计抽样理论和实务向导,基于审计分析模型等构建技术的支持,并辅之相应的专业审计功能,实现对各专业审计项目的业务支持和知识共享。

联网审计实施系统是审计机关实施联网审计的信息系统,对外交流英文名称为 on-line auditing,简称 OLA 系统。联网审计是对需要经常性审计且关系国计民生的重要部门和行业实施"预算跟踪＋联网核查"模式的计算机审计。联网审计以确定的采集周期在线获取对方系统中审计所需数据,进行实时的审计处理,及时发现问题并及时反馈,督促被审计单位及时规范管理,采用动态、远程审计的方式,达到事中审计的效果和效益,并对积累的历史数据进行趋势分析和预测评价,提出审计评价意见和审计建议。

(2) 信息资源。

为满足审计业务和管理尤其是联网审计实施的需要,规划建设审计署数据中心,建立审计信息资源目录体系、信息交换标准体系,加强审计业务和管理的数据建设。

(3) 网络系统。

按照国家电子政务网络规划要求,规划了审计内网、审计专网和审计机关门户网。完成了审计署特派办局域网改造,实现了审计署机关与派出审计局的城域连接,与京外特派办和部分省级审计机关的广域连接,与国务院办公厅、中办机要局的密级网络通信系统连接。

(4) 安全系统。

根据国家保密和国家电子政务安全规划的要求,结合审计系统实际,确定审计内网为运行涉及国家秘密和机密信息,审计专网为运行审计工作内部信息,审计机关门户网为运行公开披露信息。规划建设中央审计机关和省级地方审计机关的审计内网和审计专网,地市级和县级审计机关的审计专网。

(5) 运行服务体系。

建立金审工程运行维护服务体系,建立"金审工程服务网站"和呼叫中心,受理各级审计机关的运行服务需求。

(6) 人员培训。

建立全国审计系统的计算机基础知识初级培训、计算机中级水平培训。

阅读材料1.2　12个"金"字号电子政务工程简介

1. 办公业务资源系统

"办公业务资源系统"是指中央和地方党政机关开展的办公自动化(OA)工程,重点是政府各部门的内网及专网建设。

2. 金关工程

"金关工程"即外贸业务处理系统,是国务院确定由外经贸部牵头组织实施的国家重点工程。"金关工程"就是要推动海关报关业务的电子化,取代传统的报关方式,以节省单据传送的时间和成本。

3. 金税工程

"金税工程"是整个税收管理信息系统工程的总称。"金税工程"将建立一个基于统一规范的应用系统平台,依托税务系统计算机广域网,以国家税务总局为主,省局为辅,高度集中处理信息,功能覆盖各级税务机关税收业务、行政管理、决策支持、外部信息应用等所有职能的功能齐全、协调高效、信息共享、监控严密、安全稳定、保障有力的中国电子税务管理信息系统。

4. 金卡工程

"金卡工程"是以发展我国电子货币为目的、以电子货币应用为重点的各类卡基应用系统工程。通过计算机网络系统,以电子信息转账形式实现货币流通,从而提高社会运作效率,方便人民工作生活。

5. 金宏工程

"金宏工程"即宏观经济管理信息系统,它的建设有利于宏观管理部门实现信息资源共享,提高工作效率和质量,增强管理与决策的协调性;有利于党中央、国务院获取及时、准确、全面的宏观经济信息;有利于推进公共服务,增加政府工作的透明度。

6. 金财工程

"金财工程"即政府财政管理信息系统,它的实施要从根本上改变财政系统多年来"粗放"的管理模式,促进财政分配行为的科学化和规范化,提高财政工作效率和财政资金的使用效益,更好地为人民理财。

7. 金盾工程

"金盾工程"是指公安通信网络与计算机信息系统建设工程,目的是实现以全国犯罪信息中心为核心,以各项公安业务应用为基础的信息共享和综合利用,为各项公安工作提供强有力的信息支持。

8. 金审工程

"金审工程"是审计信息化系统建设项目的简称,其目的是建成对财政、银行、税务、海关等部门和重点国有企业事业单位的财务信息系统及相关电子数据进行密切跟踪,对财政收支或者财务收支的真实、合法和效益实施有效审计监督的信息化系统。

9. 金保工程

"金保工程"是全国劳动保障信息系统的总称,可以用"一二三四"来加以概括,即一个工程,二大系统,三层结构,四大功能。在全国范围内建立一个统一、高效、简便、实用的劳动和社会保障信息系统,包括社会保险和劳动力市场两大主要系统,由市、省、中央三层数据分布和网络管理结构组成,具备业务经办、公共服务、基金监管、决策支持四大功能。

10. 金农工程

"金农工程"的目的是加速和推进农业和农村信息化,建立农业综合管理和服务信息系统,向各级农业管理部门、生产单位及农民提供信息。

11. 金质工程

国家质量监督检验检疫总局自2001年4月组建以来,高度重视信息化建设,提出以"金质工程"建设促进信息化发展的战略。"金质工程"的目的是提高质量监督检验检疫执法的透明度,促进质检系统执法电子化、信息化,为生产企业和外经贸企业带来更大的方便与效益,加大打击假冒伪劣的力度,更有效地规范市场经济秩序,促进社会主义市场经济的发展。

12. 金水工程

"金水工程"即水利信息化,指的是充分利用现代信息技术,深入开发和广泛利用水利信息资源,包括水利信息的采集、传输、存储和处理,全面提升水利事业活动的效率和效能。

第 2 章
信息化基础知识

学习目标
1. 掌握计算机硬件的相关知识及其在审计信息化中的作用
2. 掌握计算机软件的相关知识及其在审计信息化中的作用
3. 掌握信息系统的相关知识及其在审计信息化中的作用
4. 掌握数据库的相关知识及其在审计信息化中的作用
5. 掌握 SQL 语言及其在审计信息化中的作用

审计信息化是我国信息化战略的一个重要组成部分,审计信息化的开展离不开相关信息技术知识。本章首先分析信息化的起源及内涵,在此基础上,根据目前开展审计信息化的需要,对相关基础信息技术知识,如计算机硬件、计算机软件、计算机网络、信息系统、数据库、SQL 语言等分别进行介绍,从而为后续内容的学习打下理论基础。

第 1 节　信息化概述

信息技术(information technology,简称 IT)是指利用电子计算机、遥感技术、现代通信技术、智能控制技术、大数据技术、人工智能技术等获取、传递、存储、显示和应用信息的技术,是用于管理和处理信息所采用的各种技术的总称,有时也叫做"现代信息技术"。

"化"是指事物由一个状态向另一个状态发展的过程。

"信息化"(informatization 或 informatisation)是 20 世纪末期以来,中文中使用频率很高的概念之一。"信息化"的概念源于日本。1963 年,日本学者梅倬忠夫在《信息产业论》一书中描绘了"信息革命"和"信息化社会"的前景,预见到信息科学技术的发展和应用将会引起一场全面的社会变革,并将使人类社会进入"信息化社会"。1967 年,日本政府的一个科学、技术、经济研究小组在研究经济发展问题时,依照"工业化"概念,正式提出了"信息化"概念,并从经济学角度把"信息化"定义如下:

"信息化是向信息产业高度发达且在产业结构中占优势地位的社会——信息社会前进的动态过程,它反映了由可触摸的物质产品起主导作用向难以捉摸的信息产品起主导作用的根本性转变"。

法国的西蒙·诺拉（Simon Nora）和阿兰·孟克（Alain Minc）在给法国总统的报告中创造了术语"informatisation（信息化）"。之后，法语、德语和英语的主题文献之中就采纳了这一术语。

我国一直高度重视信息化工作。中共中央办公厅、国务院办公厅印发的《2006—2020年国家信息化发展战略》中指出："信息化是充分利用信息技术，开发利用信息资源，促进信息交流和知识共享，提高经济增长质量，推动经济社会发展转型的历史进程"。

早在20世纪90年代，我国相继启动了以金关、金卡和金税为代表的重大信息化应用工程；1997年，召开了全国信息化工作会议；党的十五届五中全会把信息化提到了国家战略的高度；党的十六大进一步作出了以信息化带动工业化、以工业化促进信息化、走新型工业化道路的战略部署；党的十六届五中全会再一次强调，推进国民经济和社会信息化，加快转变经济增长方式。"十五"期间，国家信息化领导小组对信息化发展重点进行了全面部署，作出了推行电子政务、振兴软件产业、加强信息安全保障、加强信息资源开发利用、加快发展电子商务等一系列重要决策。各地区各部门从实际出发，认真贯彻落实，不断开拓进取，我国信息化建设取得了可喜的进展。

2016年7月27日，中共中央办公厅、国务院办公厅印发了《国家信息化发展战略纲要》，该战略纲要是根据出现的新形势对《2006—2020年国家信息化发展战略》的调整和发展，是规范和指导未来10年国家信息化发展的纲领性文件，是国家战略体系的重要组成部分，是信息化领域规划、政策制定的重要依据。《国家信息化发展战略纲要》指出：当今世界，信息技术创新日新月异，以数字化、网络化、智能化为特征的信息化浪潮蓬勃兴起。没有信息化就没有现代化。

党的十九大报告要求"善于运用互联网技术和信息化手段开展工作"。2018年4月20日至21日，全国网络安全和信息化工作会议在北京召开。中共中央总书记、国家主席、中央军委主席、中央网络安全和信息化委员会主任习近平出席会议并发表重要讲话。习近平总书记强调，信息化为中华民族带来了千载难逢的机遇。

通过以上分析，我们不难发现：信息化是当今世界发展的大趋势，是推动经济社会变革的重要力量。进入21世纪后，信息化对经济和社会发展的影响更加深刻。

第2节　硬件与审计信息化

审计信息化是我国信息化战略的一个重要组成部分，开展审计信息化离不开相关计算机设备等硬件，本节对与审计信息化相关的主要硬件设备进行简单介绍。

一、主要硬件简介

一台完整的计算机必须由硬件和软件两部分组成。计算机硬件一般由中央处理器、存储器、输入设备和输出设备四部分组成。

（一）中央处理器

中央处理器（简称 CPU）是计算机的核心部件,由运算器和控制器组成,是计算机的"中枢神经"。CPU 的好坏、档次高低,基本决定一台计算机的好坏与档次高低。主频是 CPU 的运算速度的标志,数字越大,运算速度越快,即 CPU 越好。

（二）存储器

存储器分为内存储器（简称内存）和外存储器（简称辅存）。

（1）内存储器:由只读存储器（ROM）和随机存储器（RAM）两部分组成。只读存储器（ROM）存储计算机本身特征,不能修改,能长久保存内部数据,容量较小;随机存储器（RAM）是 CPU 吞吐数据的场所,其存储的内容可读可写,关机或停电后,存储内容全部丢失。内存条是计算机主存中的 RAM 部分。

（2）辅助存储器:主要有硬盘、光盘、U 盘、移动硬盘以及早期的软盘等。

存储速度最快而容量最小的是 CPU 内部的寄存器。访问速度由快到慢依次是寄存器、主存、辅存。

（三）输入设备

输入设备一般包括键盘、鼠标、手写笔、麦克风、扫描仪、视频输入设备、条形码扫描器、数码相机、数码摄像机等向计算机输入数据与指令的设备。

（四）输出设备

输出设备一般包括显示器、打印机、绘图仪、音箱等提供输出结果的设备。另外,既属于输入设备又属于输出设备的有:磁盘驱动器、触摸屏显示器等。

二、开展审计信息化过程中常用其他硬件

除了以上基本的计算机硬件设备外,对目前开展审计工作来说,可能用到的相关硬件设备还包括外置硬盘底座、USB 分线器、光盘、刻录机等。

（一）外置硬盘底座

外置硬盘底座是 SATA/USB 接口的配电源适配器,如图 2-1 所示。借助该硬件设备,硬盘可以直接插入外置硬盘底座,接上底座电源,通过 USB 或 SATA 接口连接到正常工作的电脑上,就可以从电脑上读取硬盘中的数据。该硬件设备即插即用,方便操作,无需拆装即可随时读取笔记本硬盘和台式机硬盘中的数据。

图 2-1　外置硬盘底座(示例)

（二）USB 分线器

USB 分线器,一般也叫 USB HUB,它可以将一个 USB 接口扩展为多个,并可以使这些接口同时使用的硬件设备,如图 2-2 所示。USB 分线器根据所属 USB 协议可分为 USB2.0 分线器、

图 2-2　USB 分线器(示例)

USB3.0 分线器等。借助 USB 分线器，审计人员可以方便地连接多个移动硬盘等设备，便于审计数据的采集等工作。

（三）光盘

在数据的采集等过程中，审计人员可以使用光盘来存储被审计单位的相关数据。

（四）刻录机

在数据的采集等过程中，审计人员可以使用刻录机把被审计单位的相关数据刻录到光盘中去，从而方便数据的采集等工作。

第 3 节　软件与审计信息化

开展审计信息化离不开相关硬件，同样，开展审计信息化也离不开相关软件，本节对与审计信息化相关的软件进行简单介绍。

一、系统软件与审计信息化

计算机软件分为系统软件和应用软件两大类。系统软件（systems software）是指控制和协调计算机及外部设备，支持应用软件开发和运行的系统，是无需用户干预的各种程序的集合，主要功能是调度、监控和维护计算机系统，负责管理计算机系统中各种独立的硬件，使得它们可以协调工作。

系统软件使得计算机使用者和其他软件将计算机当作一个整体而不需要顾及到底层每个硬件是如何工作的。系统软件一般是在计算机系统购买时随机携带的，也可以根据需要另行安装。代表性的系统软件主要有：

（一）操作系统

操作系统（operating system，OS）是计算机软件中最重要、最基本、最底层的软件，它管理计算机的硬件设备，使应用软件能方便、高效地使用这些设备，是计算机裸机与应用程序及用户之间的桥梁。如果没有操作系统，用户也就无法使用某些软件或程序。常用的操作系统有 Windows、Unix、OS/2、DOS、Linux、Netware 等。

审计人员开展审计信息化当然也离不开操作系统，例如，审计人员用来分析被审计单位数据时个人电脑上使用 Windows 操作系统，存储数据的小型机上使用 Unix 操作系统等。

（二）数据库管理系统

数据库管理系统的概念将会在本章第 5 节介绍。

常用的数据库管理系统有 Microsoft Access、SQL Server、Oracle、Sybase、DB2 和 Informix 等。

目前，审计人员除了采用数据库管理系统管理采集来的被审计数据之外，也多采用数据库管理系统对采集来的电子数据进行分析。后文将做进一步分析。

二、应用软件与审计信息化

应用软件(application software)是和系统软件相对应的,是用户可以使用的各种程序设计语言,以及用各种程序设计语言编制的应用程序的集合,分为应用软件包和用户程序。其中,应用软件包是利用计算机解决某类问题而设计的程序的集合,供多用户使用。

应用软件是为了满足用户不同领域、不同问题的应用需求而开发的软件。通过应用软件,可以拓宽计算机系统的应用领域,放大硬件的功能。代表性的应用软件有:

(一) 办公软件

办公软件一般是指可以进行文字处理、幻灯片制作、表格制作、简单数据库处理、图形图像处理等方面工作的软件,用来满足日常办公的需要。在审计工作中常常使用的办公软件主要有文字处理软件(如 Microsoft Word 等)、电子表格软件(如 Microsoft Excel、金山 WPS 表格等)。

(二) 互联网软件

互联网软件主要有电子邮件客户端、网页浏览器客户端等。政府审计工作中常用的互联网软件如用来分享相关信息的腾讯通(Real Time eXchange,RTX)软件(见图 2-3)等。腾讯通是腾讯公司推出的企业级即时通信平台,主要提供企业内部、办公沟通的服务,它集成了丰富的沟通方式,包括文本会话、语音/视频交流、手机短信、文件传输。它可以帮助企业提高运作效率、降低沟通成本。

(三) 多媒体软件

多媒体软件主要有媒体播放器、图像编辑软件等。

(四) 审计软件

为了提高工作效率,审计人员在开展审计的过程中会用到各种各样的软件工具,审计软件就是一类常用的审计工具。广义上讲,审计软件是指能用于帮助完成审计工作的各种软件工具,包括各类数据库工具以及电子表格软件等,这类软件工具虽然可以用于帮助完成审计工作,但不是专门为审计工作开发的;狭义上的审计软件指的是专门为审计工作开发的各类软件。对于审计软件,我们将在第 5 章进行详细介绍。

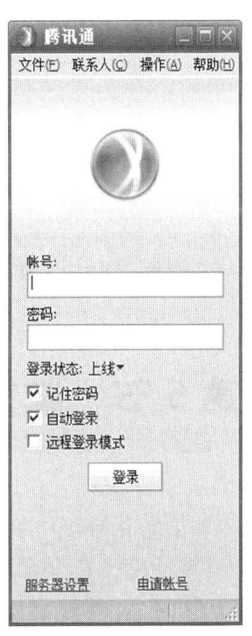

图 2-3 腾讯通软件界面

第 4 节 信息系统与审计信息化

目前,被审计单位在广泛应用的各类信息系统,如银行的相关信息系统有存款系统、贷款系统、资金交易系统、国际业务系统、身份证识别系统、理财资产管理系统、信用风险管理系统、信用卡审批影像平台等,以及目前流行的手机银行系统、直销银行系统、微信银行系统等。因此,对于审计人员来说,为了更好地开展审计信息化,需要掌握一些基本的信息系统知识。

信息系统(information system,IS)是一个由人、计算机等组成的进行信息的收集、传输、处理、存储、维护和使用的系统。它可以支持企业的高层决策、中层控制以及基层运作,从而帮助企业提高效益和效率、增强战略竞争力。广义上说,任何进行信息加工处理的系统都可以理解为信息系统。狭义上说,是一种基于计算机、通信技术等现代信息技术手段服务于管理领域的信息系统,即计算机信息管理系统。

概括来说,信息系统包括四个组成部分,如图 2-4 所示。

(1) 输入。信息系统的输入功能用来收集和获取原始数据。

(2) 存储。信息系统的存储功能用来存储各种信息资料和数据。

(3) 处理。信息系统的处理功能用来把数据转移或转换成有用的输出。

(4) 输出。信息系统的输出功能用来生成有用的信息,通常的形式是文档和报告。

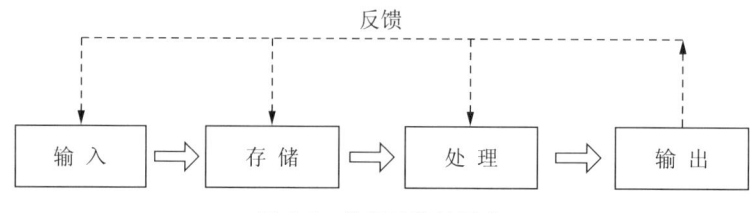

图 2-4　信息系统的组成

因此,在开展信息系统的应用控制审计时,可以从输入、处理、输出等方面进行。

第 5 节　数据库与审计信息化

信息化环境下,一方面,被审计单位的电子数据一般存储在相关的数据库中;另一方面,审计人员也会采用相关数据库工具审计被审计单位的电子数据。因此,熟悉数据库的相关知识对开展审计信息化非常重要。

一、数据库

数据库(database,DB)就是为了实现一定的目的,按某种规则组织起来的"数据"的集合。

二、数据库管理系统

数据库管理系统(database management system,DBMS)是位于用户与操作系统之间的一层数据管理软件,它为用户或应用程序提供访问数据库的方法,包括数据库的创建、查询、更新以及各种数据控制。

数据库管理系统都是基于某种数据模型,可以分为层次模型(hierarchical model)、网状模型(network model)、关系模型(relational model)和面向对象模型(object oriented model)等。

三、数据库系统

数据库系统(database system,DBS)是指引进数据库技术后的计算机系统,包括硬件系统、数据库集合、数据库管理系统及相关软件、数据管理员和用户。

四、关系型数据库

关系型数据库,是指采用了关系模型来组织数据的数据库。关系模型是用二维表格结构来表示实体及实体之间的联系,其概念简单,清晰,用户易懂易用,有严格的数学基础,大多数据库系统都采用关系模型。关系数据库中常用的概念介绍如下:

(1)表。表是组织和存储数据的对象,它由行和列组成。数据库实际上是表的集合,数据库的数据或者信息都存储在表中。

(2)字段。表中的每一列数据就是一个字段,字段具有自己的属性,如字段大小、类型等。

(3)记录。表中的每一行数据叫做一个记录。每一个记录包含这行中的所有信息,但记录在数据库中并没有专门的记录名,常常用它所在的行数表示这是第几个记录。

(4)值。数据库中存放在表的行列交叉处的数据叫做值,它是数据库中最基本的存储单元。

关系数据库中相关概念的实例如图 2-5 所示。

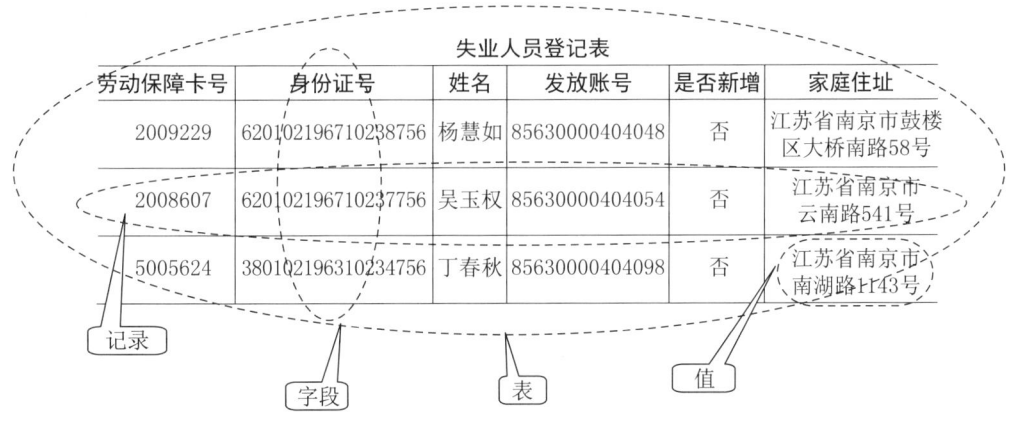

图 2-5　关系数据库中的相关概念实例

第 6 节　SQL 语言与审计信息化

按照美国国家标准协会(ANSI)的规定,结构化查询语言(structured query language,SQL)被作为关系型数据库管理系统的标准语言。SQL 语言可以用来执行各种各样的操作。例如,更新数据库中的数据、从数据库中提取数据等。目前,绝大多数流行的关系型数据库管理系统,如 Oracle、Sybase、Microsoft SQL Server、Microsoft Access 等都采用了 SQL 语言标准。

由于在审计数据分析过程中常常会用到 SQL 语言,因此,本节简要介绍 SQL 的应用。对于如何应用 SQL 语言开展电子数据审计,将在后文介绍。

一、数据定义

(一) 定义基本表

采用 SQL 语言定义基本表的语法如下:

> CREATE TABLE 表名［表约束］
> 列名 1 数据类型［默认值 1,列约束 1］
> 列名 2 数据类型［默认值 2,列约束 2］
> …
> 列名 n 数据类型［默认值 n,列约束 n］

(二) 删除基本表

采用 SQL 语言删除基本表的语法如下:

> DROP TABLE　表名

(三) 修改表

采用 SQL 语言修改表的语法如下:

> ALTER TABLE　表名
> ［ADD ＜新列名＞＜数据类型＞［列级完整性约束条件］］
> ［DROP ＜完整性约束条件＞］
> ［ALTER COLUMN ＜列名＞＜数据类型＞］

其中,"表名"是要修改的基本表;ADD 子句用于增加新列和新的完整性约束条件;DROP 子句用于删除指定的完整性约束条件;ALTER COLUMN 子句用于修改原有的列定义,包括修改列名和数据类型。

二、数据操纵

(一) 插入数据

插入数据的语句语法如下:

> INSERT INTO　表名［(列名 1,…)］
> VALUES (值 1,值 2,…,值 n)

(二) 修改数据

对表中已有数据进行修改,语句语法如下:

> UPDATE　表名
> SET　列名 1=表达式 1,列名 2=表达式 2,…
> WHERE　条件

(三) 删除数据

删除数据的语句语法如下:

```
DELETE FROM   表名
WHERE   条件
```

(四)表结构的修改

在已存在的表中增加新列,语句语法如下:

```
ALTER TABLE   表名
ADD(新列名   数据类型(长度))
```

(五)表的删除

将已经存在的表删除,语句语法如下:

```
DROP TABLE   表名
```

三、数据查询

SELECT 语句在审计中应用较为广泛。SELECT 语句的基本语法如下:

```
SELECT [ALL|DISTINCT]<目标列表达式>[,<目标列表达式>]…
FROM <表名或视图名>[,<表名或视图名>]…
[WHERE <条件表达式>]
[GROUP BY <列名 1>[HAVING <条件表达式>]]
[ORDER BY<列名 2>[ASC|DESC]]
```

以某"税收数据"为例,来介绍 SQL 语句的使用,"税收数据"的"征收表"的表结构见本书附录 B 中的图 B-1。

(一)单表查询

1. 选择表中的若干列

(1) 查询指定列。SQL 语句中要注意","";"等符号必须要在英文状态下输入,否则不能正确执行。

查询征收表中所有的税务登记号与纳税人名称。

```
SELECT   税务登记号,纳税人名称
FROM   征收表;
```

查询征收表中所有的纳税人名称、税务登记号、行业代码、注册类型、隶属关系。

```
SELECT   纳税人名称,税务登记号,行业代码,注册类型,隶属关系
FROM   征收表;
```

(2) 查询全部列。将表中的所有属性列都选出来,有以下两种方法:
① 在 SELECT 关键字后面列出所有列名。
② 如果列的显示顺序与其在被查询表中的顺序相同,可将<目标列表达式>指定为"*"。
查询征收表中所有的记录。

```
SELECT   *
FROM   征收表;
```

(3) 查询经过计算的值。

查询征收表中税务登记号以及应纳税差额。

```
SELECT  税务登记号,应纳税额－实纳税额
FROM    征收表；
```

(4) 指定别名改变查询结果的列标题。

查询征收表中税务登记号以及应纳税差额。

```
SELECT  税务登记号,应纳税额－实纳税额 AS 应纳税差额
FROM    征收表；
```

查询征收表中税务登记号以及应纳税差额,并把税务登记号显示为"swdjh"。

```
SELECT  税务登记号 AS swdjh,应纳税额－实纳税额 AS 应纳税差额
FROM    征收表；
```

注：在对采集来的数据进行分析时,为了便于审计人员理解,需要对字段名称进行更改,如把用字母表示的字段变成汉字等。

2. 选择表中的若干元行

(1) 消除取值重复的行。

查询征收表中的征收类型。

比较以下两个 SQL 语句：

```
SELECT  征收类型
FROM    征收表；
```

和

```
SELECT DISTINCT   征收类型
FROM    征收表；
```

(2) 查询满足条件的元组：WHERE 子句。WHERE 子句的条件表达式中可使用的运算符有：

① 算术比较运算符：＝，＞，＜，＞＝，＜＝，＜＞，！＞，！＜。

查询征收表中"经济性质"为"33"的税务登记号。

```
SELECT  税务登记号
FROM    征收表
WHERE   经济性质＝"33"；
```

查询征收表中"应纳税额"在 100 以下的税务登记号及纳税人名称。

```
SELECT  税务登记号,纳税人名称
FROM    征收表
WHERE   应纳税额＜100；
```

② 确定范围运算符：BETWEEN…AND…和 NOT BETWEEN…AND…。

查询征收表中"应纳税额"在100～1 000(包括100和1 000)之间的税务登记号、纳税人名称及应纳税额。

```
SELECT   税务登记号,纳税人名称,应纳税额
FROM     征收表
WHERE    应纳税额 BETWEEN 100 AND 1 000;
```

查询征收表中"应纳税额"不在100～1000(包括100和1 000)之间的税务登记号、纳税人名称及应纳税额。

```
SELECT   税务登记号,纳税人名称,应纳税额
FROM     征收表
WHERE    应纳税额 NOT BETWEEN 100 AND 1 000;
```

③ 确定集合(集合成员资格确认)运算符:IN 表示查找属性值属于指定集合的元组,NOT IN 表示查找属性值不属于指定集合的元组。

查询征收表中"经济性质"为"33""31""62"的税务登记号、纳税人名称及其经济性质。

```
SELECT   税务登记号,纳税人名称,经济性质
FROM     征收表
WHERE    经济性质 IN ("33", "31", "62");
```

查询征收表中"经济性质"既不是"33""31",也不是"62"的税务登记号、纳税人名称及经济性质。

```
SELECT   税务登记号,纳税人名称,经济性质
FROM     征收表
WHERE    经济性质 NOT IN ("33", "31", "62");
```

④ 字符匹配运算符:LIKE 表示字符串的匹配,其一般语法格式如下:

```
[NOT] LIKE "<匹配串>"
```

其含义是查找指定的属性列值与<匹配串>相匹配的元组。<匹配串>可以是一个完整的字符串,也可以含有通配符"＊"和"?"。其中,"＊"代表任意长度(长度可以为0)的字符串,例如:

a＊b 表示以 a 开头,以 b 结尾的任意长度字符串,如 acb,addgb,ab。

"?"代表任一单个字符,例如:a?b 表示以 a 开头,以 b 结尾、长度为3的任意字符串,如 acb,afb。

查询征收表中"税务登记号"为"3816774"的所有纳税信息。

```
SELECT   *
FROM     征收表
WHERE    税务登记号 LIKE "3816774";
```

等价于:

```
SELECT    *
FROM    征收表
WHERE    税务登记号="3816774";
```

如果 LIKE 后面的匹配串中不含通配符,则可以用"="运算符取代谓词 LIKE,用!=或<>运算符取代谓词 NOT LIKE。

查询征收表中"纳税人名称"里含有"南京"的税务登记号及纳税人名称。

```
SELECT    税务登记号,纳税人名称
FROM    征收表
WHERE    纳税人名称    LIKE    "*南京*";
```

查询征收表中"纳税人名称"里前两个字为"南京"且全名为6个汉字的税务登记号及纳税人名称。

```
SELECT    税务登记号,纳税人名称
FROM    征收表
WHERE    纳税人名称    LIKE    "南京????";
```

查询征收表中"纳税人名称"中第2个字为"通"的税务登记号及纳税人名称。

```
SELECT    税务登记号,纳税人名称
FROM    征收表
WHERE    纳税人名称    LIKE    "?通*";
```

查询征收表中"纳税人名称"里不含有"南京"的税务登记号及纳税人名称。

```
SELECT    税务登记号,纳税人名称
FROM    征收表
WHERE    纳税人名称    NOT LIKE    "*南京*";
```

⑤ 空值运算符:IS NULL。
⑥ 多重条件运算符(逻辑运算符):AND,OR,NOT(可与其他类别运算符联合使用)。

查询征收表中"经济性质"为"33""应纳税额"在100以下的税务登记号及纳税人名称。

```
SELECT    税务登记号,纳税人名称
FROM    征收表
WHERE    经济性质="33" and 应纳税额<100;
```

3. 对查询结果排序

使用 ORDER BY 子句对查询结果按照一个或多个属性列的升序(ASC)或降序(DESC)排列,默认值为升序。

查询征收表中"经济性质"为"33"的税务登记号、纳税人名称及实纳税额,查询结果按"实纳税额"降序排列。

```
SELECT    税务登记号,纳税人名称,实纳税额
FROM    征收表
WHERE    经济性质="33"
ORDER BY    实纳税额 DESC;
```

注意:若按升序排,含空值的元组显示在最后;若按降序排,含空值的元组最先显示。

4. 使用集函数

(1) 统计元组个数。

$$\text{COUNT}([\text{DISTINCT}|\text{ALL}] *)$$

查询征收表中纳税人总数。

```
SELECT COUNT( * )
FROM   征收表;
```

(2) 统计列中值的个数。

$$\text{COUNT}([\text{DISTINCT}|\text{ALL}] <列名>)$$

查询征收表中"经济性质"的个数。

```
SELECT COUNT(DISTINCT 经济性质)
FROM   征收表;
```

(3) 计算列值的总和(此列必须是数值型)。

$$\text{SUM}([\text{DISTINCT}|\text{ALL}] <列名>)$$

查询征收表中"经济性质"为"33"的实纳税额总和。

```
SELECT SUM(实纳税额)
FROM   征收表
WHERE  经济性质="33";
```

(4) 计算列值的平均值(此列必须是数值型)。

$$\text{AVG}([\text{DISTINCT}|\text{ALL}] <列名>)$$

查询征收表中"经济性质"为"33"的实纳税额的平均值。

```
SELECT AVG(实纳税额)
FROM   征收表
WHERE  经济性质="33";
```

(5) 求一列值中的最大值。

$$\text{MAX}([\text{DISTINCT}|\text{ALL}] <列名>)$$

查询征收表中"经济性质"为"33"的实纳税额的最大值。

```
SELECT MAX(实纳税额)
FROM   征收表
WHERE  经济性质="33";
```

(6) 求一列值中的最小值。

$$\text{MIN}([\text{DISTINCT}|\text{ALL}] <列名>)$$

查询征收表中"经济性质"为"33"的实纳税额的最小值。

```
SELECT MIN(实纳税额)
FROM    征收表
WHERE   经济性质="33";
```

5. 对查询结果分组

GROUP BY 子句将查询结果表按某一列或多列值分组,值相等的为一组。

查询征收表中"经济性质"及相应的纳税人数量。

```
SELECT    经济性质,COUNT(经济性质)
FROM    征收表
GROUP BY    经济性质;
```

查询征收表中每一"经济性质"的"实纳税额"的总和。

```
SELECT    经济性质,SUM(实纳税额)
FROM    征收表
GROUP BY    经济性质;
```

(二)多表查询

查询征收表中税务登记号、纳税人名称及级次。

```
SELECT    税务登记号,纳税人名称,级次
FROM    征收表;
```

查询税务登记号、纳税人名称及级次名称。

```
SELECT    征收表.税务登记号,征收表.纳税人名称,级次表.级次名称
FROM    征收表,级次表
WHERE    征收表.级次=级次表.级次代码;
```

本章小结

1. 信息化(informatization 或 informatisation)是 20 世纪末期以来,中文中使用频率较高的概念之一。中共中央办公厅、国务院办公厅印发的《2006—2020 年国家信息化发展战略》中指出:"信息化是充分利用信息技术,开发利用信息资源,促进信息交流和知识共享,提高经济增长质量,推动经济社会发展转型的历史进程。"

2. 审计信息化是我国信息化战略的一个重要组成部分,开展审计信息化离不开相关硬件和软件。

3. 目前,被审计单位在广泛应用各类信息系统,因此,对于审计人员来说,为了更好地开展审计信息化,需要掌握一些基本的信息系统知识。

4. 信息化环境下,一方面被审计单位的电子数据一般存贮在相关的数据库中;另一方

面,审计人员也会采用相关数据库工具审计被审计单位的电子数据。因此,熟悉数据库的相关知识对开展审计信息化非常重要。

5. SQL 语言(structured query language,结构化查询语言)作为关系型数据库管理系统的标准语言,常常在实施电子数据审计过程中用到。

复习思考题

1. 开展审计信息化为什么需要了解基本的计算机软硬件知识?
2. 审计人员在数据采集过程中,会用到哪些相关计算机硬件?
3. 审计人员在数据采集与分析过程中,会使用哪些相关计算机软件?
4. 了解信息系统和数据库的相关知识对开展审计信息化有何作用?
5. 掌握 SQL 语言对开展审计信息化有何作用?

练习题

判断题

1. 信息技术是用于管理和处理信息所采用的各种技术的总称。（　）
2. 信息技术简称 IT。（　）
3. 党的十九大报告要求"善于运用互联网技术和信息化手段开展工作"。（　）
4. 信息系统是一个由人、计算机等组成的进行信息的收集、传输、处理、存储、维护和使用的系统。（　）
5. 数据库就是为了实现一定的目的,按某种规则组织起来的"数据"的"集合"。（　）
6. 数据库管理系统是位于用户与操作系统之间的一层数据管理软件。（　）
7. 开展审计信息化只需要掌握审计理论与方法,不需要了解信息系统、数据库等方面的知识。（　）
8. SQL 意思为结构化查询语言。（　）
9. SQL 与开展审计信息化没有关系。（　）
10. 目前,绝大多数流行的关系型数据库管理系统,如 Oracle、Sybase、Microsoft SQL Server、Microsoft Word 等都采用了 SQL 语言标准。（　）

阅读材料 2.1　常见数据文件的类型及后缀名

了解常用的电子表格软件及数据库产品对于审计人员开展电子数据审计是非常必要

的。例如,各种数据库产品和电子表格软件都有其固定的后缀名,通过后缀名,审计人员可以初步判断出被审计单位使用的是哪一种数据库产品或电子表格软件,这对完成审计数据采集来说是非常重要的。常见数据文件的后缀名如表 2-1 所示。

表 2-1 常见数据文件的类型及后缀名

数据文件类型	后缀名
文本文件	.txt
Excel	.xls .xlsx(2007)
Access	.mdb .accdb(2007)
Sybase	.db
dBASE 系列	.dbf
Paradox	.db
SQL Server	.mdf(主文件) .ldf(日志文件)
Oracle	.dmp(备份文件的后缀名)

阅读材料 2.2　国务院关于加强审计工作的意见（国发〔2014〕48 号）

各省、自治区、直辖市人民政府,国务院各部委、各直属机构:

为切实加强审计工作,推动国家重大决策部署和有关政策措施的贯彻落实,更好地服务改革发展,维护经济秩序,促进经济社会持续健康发展,现提出以下意见:

一、总体要求

（一）指导思想

坚持以邓小平理论、"三个代表"重要思想、科学发展观为指导,深入贯彻落实党的十八大和十八届二中、三中全会精神,依法履行审计职责,加大审计力度,创新审计方式,提高审计效率,对稳增长、促改革、调结构、惠民生、防风险等政策措施落实情况,以及公共资金、国有资产、国有资源、领导干部经济责任履行情况进行审计,实现审计监督全覆盖,促进国家治理现代化和国民经济健康发展。

（二）基本原则

——围绕中心,服务大局。紧紧围绕国家中心工作,服务改革发展,服务改善民生,促进社会公正,为建设廉洁政府、俭朴政府、法治政府提供有力支持。

——发现问题,完善机制。发现国家政策措施执行中存在的主要问题和重大违法违纪案件线索,维护财经法纪,促进廉政建设;发现经济社会运行中的突出矛盾和风险隐患,维护国家经济安全;发现经济运行中好的做法、经验和问题,注重从体制机制制度层面分析原因和提出建议,促进深化改革和创新体制机制。

——依法审计,秉公用权。依法履行宪法和法律赋予的职责,敢于碰硬,勇于担当,严格遵守审计工作纪律和各项廉政、保密规定,注意工作方法,切实做到依法审计、文明审计、廉洁审计。

二、发挥审计促进国家重大决策部署落实的保障作用

(一)推动政策措施贯彻落实

持续组织对国家重大政策措施和宏观调控部署落实情况的跟踪审计,着力监督检查各地区、各部门落实稳增长、促改革、调结构、惠民生、防风险等政策措施的具体部署、执行进度、实际效果等情况,特别是重大项目落地、重点资金保障,以及简政放权推进情况,及时发现和纠正有令不行、有禁不止行为,反映好的做法、经验和新情况、新问题,促进政策落地生根和不断完善。

(二)促进公共资金安全高效使用

要看好公共资金,严防贪污、浪费等违法违规行为,确保公共资金安全。把绩效理念贯穿审计工作始终,加强预算执行和其他财政收支审计,密切关注财政资金的存量和增量,促进减少财政资金沉淀,盘活存量资金,推动财政资金合理配置、高效使用,把钱用在刀刃上。围绕中央八项规定精神和国务院"约法三章"要求,加强"三公"经费、会议费使用和楼堂馆所建设等方面审计,促进厉行节约和规范管理,推动俭朴政府建设。

(三)维护国家经济安全

要加大对经济运行中风险隐患的审计力度,密切关注财政、金融、民生、国有资产、能源、资源和环境保护等方面存在的薄弱环节和风险隐患,以及可能引发的社会不稳定因素,特别是地方政府性债务、区域性金融稳定等情况,注意发现和反映苗头性、倾向性问题,积极提出解决问题和化解风险的建议。

(四)促进改善民生和生态文明建设

加强对"三农"、社会保障、教育、文化、医疗、扶贫、救灾、保障性安居工程等重点民生资金和项目的审计,加强对土地、矿产等自然资源,以及大气、水、固体废物等污染治理和环境保护情况的审计,探索实行自然资源资产离任审计,深入分析财政投入与项目进展、事业发展等情况,推动惠民和资源、环保政策落实到位。

(五)推动深化改革

密切关注各项改革措施的协调配合情况,促进增强改革的系统性、整体性和协调性。正确把握改革和发展中出现的新情况,对不合时宜、制约发展、阻碍改革的制度规定,及时予以反映,推动改进和完善。

三、强化审计的监督作用

(一)促进依法行政、依法办事

要加大对依法行政情况的审计力度,注意发现有法不依、执法不严等问题,促进法治政府建设,切实维护法律尊严。要着力反映严重损害群众利益、妨害公平竞争等问题,维护市场经济秩序和社会公平正义。

(二)推进廉政建设

对审计发现的重大违法违纪问题,要查深查透查实。重点关注财政资金分配、重大投

资决策和项目审批、重大物资采购和招标投标、贷款发放和证券交易、国有资产和股权转让、土地和矿产资源交易等重点领域和关键环节,揭露以权谋私、失职渎职、贪污受贿、内幕交易等问题,促进廉洁政府建设。

（三）推动履职尽责

深化领导干部经济责任审计,着力检查领导干部守法守纪守规尽责情况,促进各级领导干部主动作为、有效作为,切实履职尽责。依法依纪反映不作为、慢作为、乱作为问题,促进健全责任追究和问责机制。

四、完善审计工作机制

（一）依法接受审计监督

凡是涉及管理、分配、使用公共资金、国有资产、国有资源的部门、单位和个人,都要自觉接受审计、配合审计,不得设置障碍。有关部门和单位要依法、及时、全面提供审计所需的财务会计、业务和管理等资料,不得制定限制向审计机关提供资料和开放计算机信息系统查询权限的规定,已经制定的应予修订或废止。对获取的资料,审计机关要严格保密。

（二）提供完整准确真实的电子数据

有关部门、金融机构和国有企事业单位应根据审计工作需要,依法向审计机关提供与本单位、本系统履行职责相关的电子数据信息和必要的技术文档;在确保数据信息安全的前提下,协助审计机关开展联网审计。在现场审计阶段,被审计单位要为审计机关进行电子数据分析提供必要的工作环境。

（三）积极协助审计工作

审计机关履行职责需要协助时,有关部门、单位要积极予以协助和支持,并对有关审计情况严格保密。要建立健全审计与纪检监察、公安、检察以及其他有关主管单位的工作协调机制,对审计移送的违法违纪问题线索,有关部门要认真查处,及时向审计机关反馈查处结果。审计机关要跟踪审计移送事项的查处结果,适时向社会公告。

五、狠抓审计发现问题的整改落实

（一）健全整改责任制

被审计单位的主要负责人作为整改第一责任人,要切实抓好审计发现问题的整改工作,对重大问题要亲自管、亲自抓。对审计发现的问题和提出的审计建议,被审计单位要及时整改和认真研究,整改结果在书面告知审计机关的同时,要向同级政府或主管部门报告,并向社会公告。

（二）加强整改督促检查

各级政府每年要专题研究国家重大决策部署和有关政策措施落实情况审计,以及本级预算执行和其他财政收支审计查出问题的整改工作,将整改纳入督查督办事项。对审计反映的问题,被审计单位主管部门要及时督促整改。审计机关要建立整改检查跟踪机制,必要时可提请有关部门协助落实整改意见。

（三）严肃整改问责

各地区、各部门要把审计结果及其整改情况作为考核、奖惩的重要依据。对审计发现的重大问题,要依法依纪作出处理,严肃追究有关人员责任。对审计反映的典型性、普遍性、倾向性问题,要及时研究,完善制度规定。对整改不到位的,要与被审计单位主要负责人进行约谈。对整改不力、屡审屡犯的,要严格追责问责。

六、提升审计能力

(一)强化审计队伍建设

着力提高审计队伍的专业化水平,推进审计职业化建设,建立审计人员职业保障制度,实行审计专业技术资格制度,完善审计职业教育培训体系,努力建设一支具有较高政治素质和业务素质、作风过硬的审计队伍。审计机关负责人原则上应具备经济、法律、管理等工作背景。招录审计人员可加试审计工作必需的专业知识和技能,部分专业性强的职位可实行聘任制。

(二)推动审计方式创新

加强审计机关审计计划的统筹协调,优化审计资源配置,开展好涉及全局的重大项目审计,探索预算执行项目分阶段组织实施审计的办法,对重大政策措施、重大投资项目、重点专项资金和重大突发事件等可以开展全过程跟踪审计。根据审计项目实施需要,探索向社会购买审计服务。加强上级审计机关对下级审计机关的领导,建立健全工作报告等制度,地方各级审计机关将审计结果和重大案件线索向同级政府报告的同时,必须向上一级审计机关报告。

(三)加快推进审计信息化

推进有关部门、金融机构和国有企事业单位等与审计机关实现信息共享,加大数据集中力度,构建国家审计数据系统。探索在审计实践中运用大数据技术的途径,加大数据综合利用力度,提高运用信息化技术查核问题、评价判断、宏观分析的能力。创新电子审计技术,提高审计工作能力、质量和效率。推进对各部门、单位计算机信息系统安全性、可靠性和经济性的审计。

(四)保证履行审计职责必需的力量和经费

根据审计任务日益增加的实际,合理配置审计力量。按照科学核算、确保必需的原则,在年度财政预算中切实保障本级审计机关履行职责所需经费,为审计机关提供相应的工作条件。加强内部审计工作,充分发挥内部审计作用。

七、加强组织领导

(一)健全审计工作领导机制

地方各级政府主要负责人要依法直接领导本级审计机关,支持审计机关工作,定期听取审计工作汇报,及时研究解决审计工作中遇到的突出问题,把审计结果作为相关决策的重要依据。要加强政府监督检查机关间的沟通交流,充分利用已有的检查结果等信息,避免重复检查。

(二)维护审计的独立性

地方各级政府要保障审计机关依法审计、依法查处问题、依法向社会公告审计结果,不受其他行政机关、社会团体和个人的干涉,定期组织开展对审计法律法规执行情况的监督检查。对拒不接受审计监督,阻挠、干扰和不配合审计工作,或威胁、恐吓、报复审计人员的,要依法依纪查处。

国务院
2014 年 10 月 9 日

资料来源:http://www.gov.cn/zhengce/content/2014-10/27/content_9170.htm。

第 3 章
审计管理信息化

学习目标
1. 熟悉什么是审计管理信息化
2. 掌握开展审计管理信息化的重要意义
3. 熟悉审计管理信息化的主要内容

　　审计管理信息化是审计信息化的重要内容之一。本章首先介绍开展审计管理信息化的重要意义、审计管理信息化的内涵,在此基础上,对审计管理信息化的主要内容进行简单介绍,从而为读者全面了解审计信息化打下理论基础。

第 1 节　审计管理信息化简介

　　审计管理一般包括审计公文与文书处理、被审计单位资料信息管理、审计人员信息管理、项目资料管理、项目计划管理、经费安排、法律法规管理、人员培训等,即除审计作业外的其他审计活动都可以归入审计管理系统。信息化环境下,为了提高审计管理效率,审计管理信息化势在必行。

　　目前,办公自动化(office automation,OA)是管理信息化的重要实现方式,办公自动化主要是为了改变传统复杂、低效的手工办公方式,推行一种无纸化办公模式,它面向单位的日常运作和管理,采用互联网/移动互联网技术,使单位内部工作人员可以方便快捷地共享信息,高效协同工作,从而实现迅速、全方位的信息采集和处理,为单位管理和决策提供科学依据。办公自动化对审计单位的管理工作同样非常重要,审计单位开展审计管理信息化可以借助 OA 办公,提升审计行政管理水平,实现公文办理等全过程的数字化。

　　概括来说,开展审计管理信息化的意义主要表现为:
(1) 可以减少纸质文件流转,大力推进审计单位无纸化办公。
(2) 可以有效地促进审计管理上规范、上层次。
(3) 可以加强审计单位的审计管理,规范电子文件的流转处理程序。
(4) 可以为审计单位提供风险评估、审计计划制定、审计项目实施、审计整改跟踪、档案管理等方面的全过程规范化管理,从而提高审计单位的管理效率。

第2节 审计管理信息化的主要内容

一、政府审计管理信息化的应用

对政府审计来说,最有代表性的审计管理信息化就是审计署金审工程开发的审计管理系统。如前文所述,根据金审工程总体目标和总体框架要求,以及审计业务和管理的需要,规划了审计管理和审计实施两大系统。其中,审计管理系统是审计机关管理审计业务和行政办公的信息系统,对外交流英文名称沿用office automation,简称OA系统,其登录界面如图3-1所示。在审计署审计管理系统的基础上,各地方审计机关依据地方特点,设计了各自的审计管理系统。审计管理系统具有对审计业务支撑、审计办公管理、领导决策支持、审计信息共享等管理内容和技术功能,以审计计划项目信息为先导,对审计项目实施信息、结果反馈、业务指导、公文流转、审计决策等各环节进行全面管理和技术支持,形成审计业务、管理、决策的一体化。

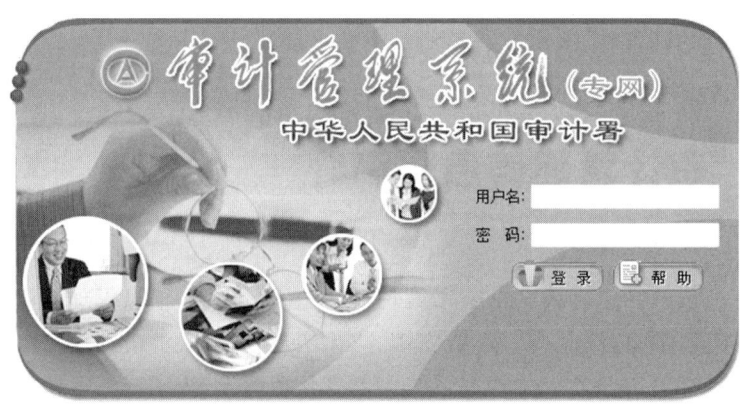

图 3-1 审计管理系统(OA)示例

目前,我国各级政府审计机关都已成功地应用了审计管理系统,大大提高了审计办公效率。一般来说,政府审计管理信息化系统所包括的主要内容如下:

(一)决策管理模块

决策管理模块是提供给单位管理人员的专用办公模块,一般包括如下功能:

(1)用来阅批日常的文件和资料。

(2)从审计业务的角度讲,用来察看审计计划项目的总体情况,察看审计现场发来的审计数据包,以及审计档案的立卷归档情况。

(3)从单位内部管理的角度讲,用来察看本单位人员专业、学历、年龄等各种结构的分析,察看新录入、新生效的法规条目,察看本单位人员的专业能力提升情况,如本单位人员学习了哪些文件、哪些课件,学时情况等。

(4) 提供其他由各个软件产生的分析性的、结果性的信息,供领导掌握全面情况。

(二) 公文处理模块

公文处理模块一般包括如下功能:

(1) 待阅公文。用来提示需要阅读的文件,以及需要批办的相关事项。

(2) 公文处理。用来提供公文起草、流转、签批的功能,包括行政公文、审计文书、签报等。

(3) 公文浏览查询。可供审计人员浏览查询所有的已发公文,包括审计行政公文、审计业务文书、审计简报、参阅资料等。

(4) 个人文件夹管理。可供审计人员按照需要,设立文件夹,管理自己需要的文件。

(三) 信息资源模块

信息资源模块用于提供相关信息与资源,一般包括如下功能:

(1) 被审计单位资料库。用于提供被审计单位的相关信息,如所管辖范围内有哪些被审计单位,各个被审计单位的基本情况等。

(2) 审计专家经验库。用于提供已有相关审计项目经验、常用财经审计法规、审计文献资料等。

(3) 相关审计软件。用于提供已有相关审计软件情况,供审计人员内部下载使用。

(四) 网上人员培训模块

网上人员培训模块一般包括如下功能:

(1) 信息公告。用于审计人员浏览、查询学习培训信息和下载资料。

(2) 课程管理。本功能包含了对课程的查询浏览、课程选择、课程信息查询等,供审计人员针对课程进行所需要的操作。

(3) 在线学习。供审计人员查看已选课程列表、课程基本信息、学习基本信息、学习状态信息,并可以进入课程学习、自我测试、讨论答疑等。

(4) 网上考试。用于查询考试列表,参加指定的考试,考试结束后可以查询成绩等。

(5) 学习统计。用于显示审计人员总体学习情况,以及每门课程学习情况。

(6) 讨论答疑。供审计人员进行课程讨论和答疑。

二、内部审计管理信息化应用

目前,一些企业、事业单位为加强内部审计管理,正在大力开展内审信息化,为单位内审工作设计了应用平台,功能一般包括审计工作管理、审计项目管理、审计作业管理、审计知识管理等。通过开展内审信息化,可以实现:

(1) 全面满足审计工作人员和审计管理人员对审计资源、审计过程和审计成果的监控需要。

(2) 加强单位审计工作统筹管理,实现审计工作上下级联动、优化资源配置和调度能力,加强审计工作的风险导向能力,以丰富的图表展示审计工作成果,为领导决策提供数据支撑,建立统一的知识体系,提升整体审计团队知识技能。

(3) 实现全面、准确、及时的信息统计分析,实时掌握审计动态、了解企业风险状态,有效支持企业决策的能力和机制。

概括来说,典型内部审计管理信息化系统的主要功能如图 3-2 所示。

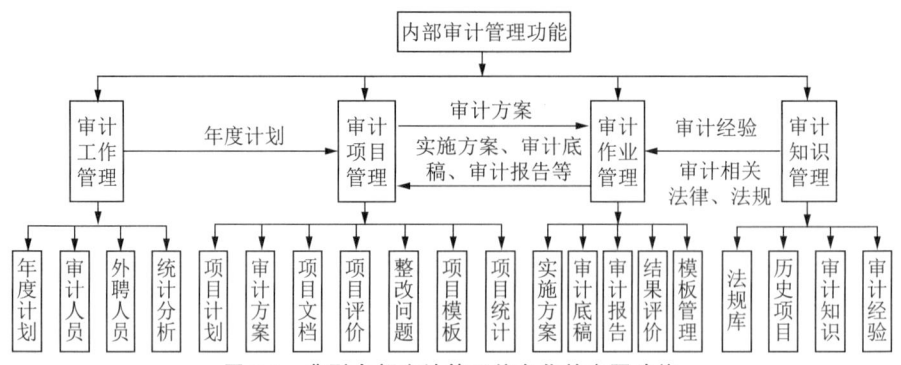

图 3-2 典型内部审计管理信息化的主要功能

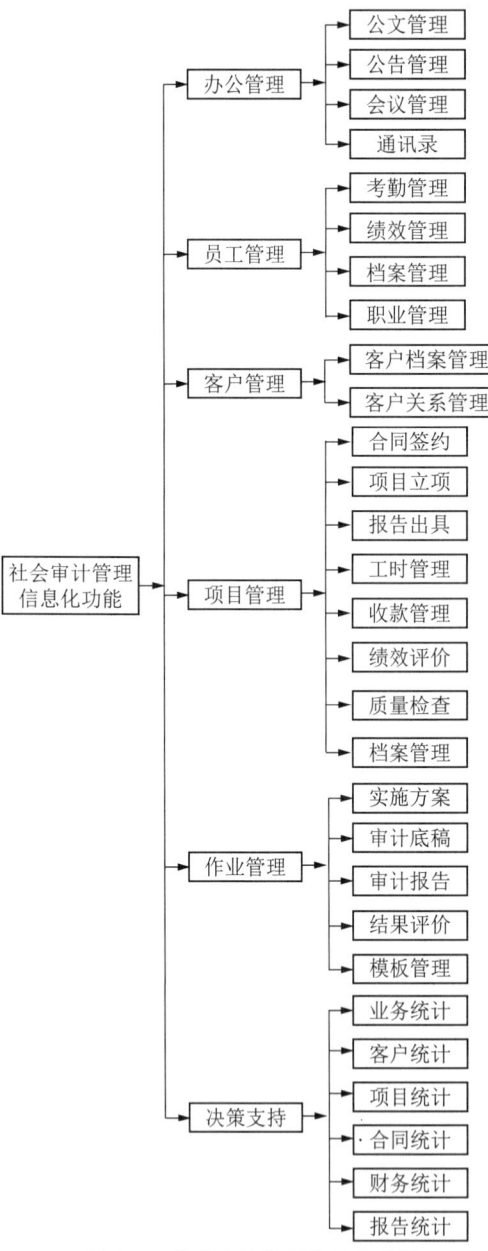

图 3-3 社会审计管理信息化功能

其中,审计工作管理为审计项目管理提供年度计划,审计工作管理主要内容包括:年度计划、审计人员、外聘人员、统计分析等模块,这些模块可以帮助审计单位完成年度计划的管理、本单位审计人员和外聘人员的管理,以及年度计划、本单位审计人员和外聘人员等相关内容的统计分析工作;审计项目管理为审计作业管理提供审计方案,审计项目管理主要内容包括:项目计划、审计方案、项目文档、项目评价、整改问题、项目模板、项目统计等模块;审计作业管理为审计项目管理提供各个审计项目的实施方案、审计底稿、审计报告等材料,审计作业管理主要内容包括:实施方案、审计底稿、审计报告、结果评价、模板管理等模块;审计知识管理为审计作业管理提供审计经验、审计相关法律、法规等审计知识,便于审计人员开展审计工作,审计知识管理主要内容包括:法规库、历史项目、审计知识、审计经验等模块。

三、社会审计管理信息化应用

目前我国一批中大型会计师事务所发展迅速,在审计工作管理以及内部管控方面,都面临着巨大的挑战。各大会计师事务所迫切需要对其目前的管理现状进行升级和改造,最快速且可行的解决办法就是实现内部管理(包含审计工作管理)的信息化。

会计师事务所通过信息化建设,可以

完善单位内部治理和运行机制,提高审计工作效率与审计工作质量,全面提高会计师事务所的核心竞争力。

概括来说,典型社会审计管理信息化系统的主要功能如图3-3所示。

从图3-3中我们可以看到,社会审计管理信息化的主要功能模块包括:办公管理、员工管理、客户管理、项目管理、作业管理、决策支持等。其中,办公管理模块包括公文管理、公告管理、会议管理、通信录等内容,该功能模块可以帮助审计单位完成相关日常工作的无纸化办公,提高日常工作的效率;员工管理模块包括考勤管理、绩效管理、档案管理、职业管理等内容,该功能模块可以帮助审计单位完成本单位相关人员的管理;客户管理模块包括客户档案管理、客户关系管理等内容,该功能模块可以帮助审计单位完成本单位客户的管理;项目管理模块包括合同签约、项目立项、报告出具、工时管理、收款管理、绩效评价、质量检查、档案管理等内容,该功能模块可以帮助审计单位完成所承担的相关项目的管理;作业管理模块包括实施方案、审计底稿、审计报告、结果评价、模板管理等内容,该功能模块可以帮助审计单位完成所承担的相关项目的审计作业管理;决策支持模块包括业务统计、客户统计、项目统计、合同统计、财务统计、报告统计等内容,该功能模块可以帮助审计单位完成相关数据的统计分析工作,为审计单位相关人员提供决策支持。

本章小结

1. 审计管理一般包括:审计公文与文书处理、被审计单位资料信息管理、审计人员信息管理、项目资料管理、项目计划管理、经费安排、法律法规管理、人员培训等,除审计作业外,都可以归入审计管理系统。信息化环境下,审计管理信息化势在必行。办公自动化(office automation,OA)是管理信息化的重要实现方式,审计单位开展审计管理信息化可以借助OA办公,提升审计行政管理水平,实现公文办理等全过程的数字化。

2. 开展审计管理信息化的意义主要表现为:

(1) 可以减少纸质文件流转,大力推进审计单位无纸化办公。

(2) 可以有效地促进审计管理上规范、上层次。

(3) 可以加强审计单位的审计管理,规范电子文件的流转处理程序。

(4) 可以为审计单位提供风险评估、审计计划制定、审计项目实施、审计整改跟踪、档案管理等方面的全过程规范化管理,从而提高审计单位的管理效率。

3. 对政府审计来说,最有代表性的审计管理信息化就是审计署金审工程开发的审计管理系统。审计管理系统是审计机关管理审计业务和行政办公的信息系统,对外交流英文名称沿用office automation,简称OA系统。

4. 一些企业、事业单位为加强内部审计管理,正在大力开展内审信息化,为单位内审工作设计了应用平台,功能一般包括审计工作管理、审计项目管理、审计作业管理、审计知识管理等。

5. 各大会计师事务所迫切需要对其目前的管理现状进行升级和改造，最快速且可行的解决办法就是实现内部管理（包含审计工作管理）的信息化。会计师事务所通过信息化建设，可以完善单位内部治理和运行机制，提高审计工作效率与审计工作质量，全面提高会计师事务所的核心竞争力。

复习思考题

1. 什么是审计管理信息化？
2. 审计管理信息化对审计单位有何作用？
3. 审计管理信息化与审计作业信息化有什么关系？
4. 政府审计、内部审计、社会审计在审计管理信息化建设方面有什么异同之处？
5. 审计管理信息化的发展趋势是什么？

练习题

一、多选题

1. 开展审计管理信息化的意义有（　　　　）。

A. 为减少纸质文件流转，审计单位需要大力推进无纸化办公，审计管理信息化越来越重要。

B. 通过建立科学的审计管理系统，实现审计单位管理信息化，可以有效促进审计管理上规范、上层次。

C. 通过审计管理信息化，可以加强审计单位的审计管理，规范电子文件的流转处理程序。

D. 通过审计管理信息化，提高审计单位的管理效率。

2. 目前，审计管理一般包括（　　　　）。

A. 审计公文与文书处理　　　　　　B. 审计人员信息管理

C. 项目计划管理　　　　　　　　　D. 审计作业

E. 项目资料管理

二、判断题

1. 一般来说，办公自动化（office automation，OA）是管理信息化的重要实现方式。
（　　）

2. 审计署金审工程开发了审计管理系统（OA）。（　　）

3. 审计署金审工程开发了审计管理系统（AO）。（　　）

4. 通过本章的学习，我们可以知道：一般来说，政府审计管理信息化系统包括决策管理模块。（　　）

5. 政府审计管理信息化系统包括会计师事务所管理模块。（　　）

6. 会计师事务所通过信息化建设，可以提高审计工作效率与审计工作质量，全面提高会计师事务所的核心竞争力。（　　）

7. 目前，一些企业、事业单位为加强内部审计管理，正在大力开展政府审计信息化。（　　）

阅读材料 3.1　中国注册会计师协会《注册会计师行业信息化建设规划（2021—2025年）》（节选）

六、大力加强会计师事务所信息化建设

会计师事务所信息化是行业信息化的关键环节。按照统筹推进、分类指导思路，围绕会计师事务所治理、质量管理和审计作业等领域，有序推动会计师事务所信息化建设普及和智能化升级。

（十八）升级大型会计师事务所审计作业系统。大型会计师事务所要综合运用大数据、人工智能、云计算和区块链等前沿信息技术，围绕数据采集、底稿编辑、风险评估、审计策略、审计计划、审计抽样、审计测试、审计报告复核等审计环节，打造全流程的智能审计作业平台及辅助工具，实现远程审计、大数据审计和智能审计。建立质量监控与风险预警功能，探索对审计客户的即时审计和持续审计模式，实现审计业务的事前、事中和事后质量控制。

（十九）强化总分所一体化综合管理系统建设。会计师事务所要建设覆盖总分所业务管理和办公管理的一体化综合管理系统，推进总分所一体化管理。基于一体化综合管理系统，在业务承接与实施、市场与客户、合同管理、技术标准与风险控制、独立性管理、人力资源、培训管理、绩效管理、财务管理和资产管理等方面，实现总分所人事管理、财务管理、业务管理、技术标准和信息管理等方面的实质五统一，促进会计师事务所加强内部治理机制建设，提升内部治理能力。

（二十）普及中小型会计师事务所信息化产品应用。中小型会计师事务所要根据业务特色，普及应用审计作业和内部管理信息化产品，提升信息化环境下的专业交付能力。建设覆盖审计作业、项目管理、客户管理、复核管理、档案管理、后续管理等领域的审计作业系统，以及监盘、查账和复核等审计作业辅助工具。为强化对人、财、物等资源的协同，实现远程办公、移动办公和即时办公，建设覆盖会计财务、人力资源、继续教育、资产管理、行政办公等功能的内部管理系统。

(二十一)推动实现函证数字化。按照财政部关于函证数字化的指导意见,中注协集中优势资源,研究推动函证数字化工作,支持第三方函证平台建设,提升会计师事务所审计质量。会计师事务所根据自身情况,加快函证集中处理系统的自主研发或直接采购。会计师事务所函证集中处理系统应遵循《关于进一步规范银行函证及回函工作的通知》和配套操作指引的要求,实现制函、收发函、统计分析和函证管理等功能,采取安全可靠方式实现与第三方函证平台对接,提高函证工作质量和效率。第三方函证平台按照"安全可控,公益属性,标准规范,开放兼容"原则运维,先试点再逐步推广。

(二十二)探索研究现代信息技术的融合应用。会计师事务所要深入探索研究大数据、人工智能、移动互联网、云计算、区块链和物联网等现代信息技术,在行业发展中的融合应用,对原有业务结构、操作方式、管理流程进行再造,培育新技术、新产品、新业态、新模式。发挥会计师事务所信息化"外溢"效应,为政府、企业提供大数据产业分析报告、财务机器人、数字化财务与税务管控等数字化产品。云计算实现了信息技术服务的按需供给,要根据国家关于促进云计算发展的意见要求,探索研究安全可行的行业云计算应用方案。

(二十三)丰富信息化实现路径。会计师事务所根据自身需求,发挥主体作用,自主研发或采购市场上安全可靠的审计作业系统和内部管理系统。行业协会要发挥战略引领和政策引导作用,争取国家相关扶持政策,采取灵活多样的措施,丰富会计师事务所信息化实现路径,健全会计师事务所信息化建设激励机制,支持中西部地区和经济欠发达地区的信息化发展。行业协会组织行业内外专家,对市场上服务行业的相关软件产品研发提供行业知识指导,促进会计师事务所与软件服务商的供需对接。探索联合采购机制,优先考虑云服务方式,搭建行业共享技术平台,共享信息技术产品和成果。

资料来源:http://www.cicpa.org.cn/xxfb/news/202104/t20210408_56090.html。

阅读材料3.2　华数创智内部审计管理系统

为了更好地理解审计管理信息化,本部分介绍一个内部审计管理系统的实例。当然,在不同的内部审计管理系统中,功能模块的划分及名称会稍有不同。

北京华数创智科技有限公司,是一家以新技术推动产品的高新技术企业。公司基于大数据、云计算等技术为各类型的组织提供审计信息化和组织内部自查自检信息化建设方案,同时也是一家提供软件研发、技术咨询、实施服务和教育培训的服务厂商。其中,内部审计管理系统是华数创智审计信息平台的核心基础子系统。该内部审计管理系统覆盖内部审计机构的审计管理需求,通过对该系统的应用,可以实现审计计划的科学制定、审计流程的标准统一、审计项目质量水平的有效管控、审计过程的有效监管、审计资源的合理调配以及审计人才的培养等。该内部审计管理系统的功能界面示例,如图3-4所示。

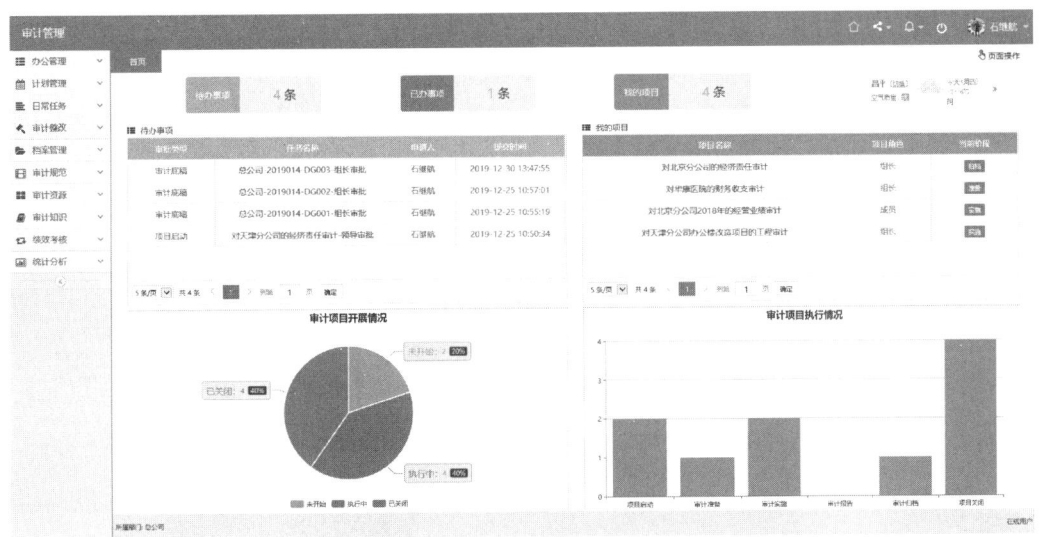

图 3-4 华数创智内部审计管理系统的功能界面示例

概括来说,该内部审计管理系统的主要功能如图 3-5 所示。

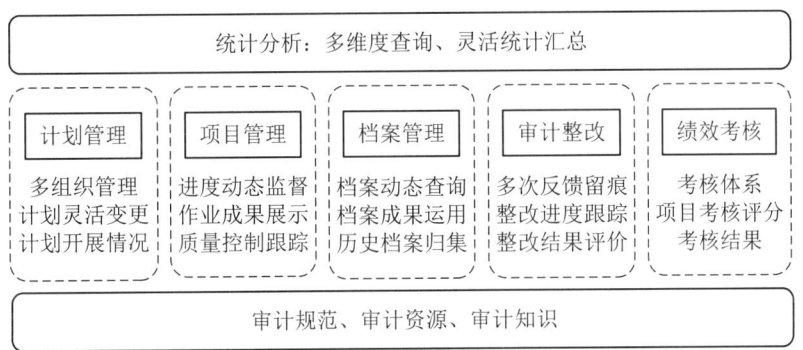

图 3-5 华数创智内部审计管理系统主要功能

该内部审计管理系统的主要功能模块简介如下:

一、计划管理

计划管理是对以审计单位为基础的年度审计任务的统一管理,决定着审计部门在一定时期内的审计工作,是审计项目开展的前提。年度审计计划应在下年度开始前编制完成,并经管理层审核通过后作为全年审计开展的依据,审计单位根据批准后的审计计划组织实施内部审计活动。根据计划实际执行情况和环境的变化,计划负责人可对审计计划进行完善和补充,并应定期对审计计划的调整、执行情况进行检查。年度计划的执行情况可以生成统计报表,在统计分析模块进行查看,为领导决策提供数据支持。其界面示例,如图 3-6 所示。

二、项目管理

项目管理模块主要是对审计计划中的项目计划进行启动,对启动的项目进行动态监督,可方便查询审计项目的进度,实现审计项目的质量控制,为领导决策支持、全面掌控审计项目提供保障。其界面示例,如图 3-7 所示。

图 3-6　华数创智内部审计管理系统的年度计划编制功能界面示例

图 3-7　华数创智内部审计管理系统的项目管理功能界面示例

三、档案管理

档案管理是审计项目的文档电子化,包括审计项目开展中形成的各种文件和材料,包括立项性文件、证明性文件、结论性文件和其他备查文件,如审计通知书、审计方案、审计底稿、审计证据和审计报告等。电子档案在严格的权限控制下,实现项目档案共享利用,

图 3-8　华数创智内部审计管理系统的档案查阅功能界面示例

便于审计人员的管理和查阅,系统也支持对历史审计项目的档案进行电子归档操作,将审计单位历史项目成果导入到系统中进行统一管理。其界面示例,如图3-8所示。

四、审计整改

审计整改功能主要用于审计项目发现问题的整改跟踪,项目负责人根据审计问题和审计报告的结论,对被审计单位提出具体的整改要求,主要包括问题整改期限、整改建议等信息。被审计单位根据审计问题整改情况,上传审计问题的整改进度、整改情况,系统支持多次整改反馈。审计单位检查人对整改进度评价直至问题完全整改完毕。通过审计问题整改过程跟踪,实现审计问题的闭环管理,督促被审计单位整改,提高整改质量。其界面示例,如图3-9所示。

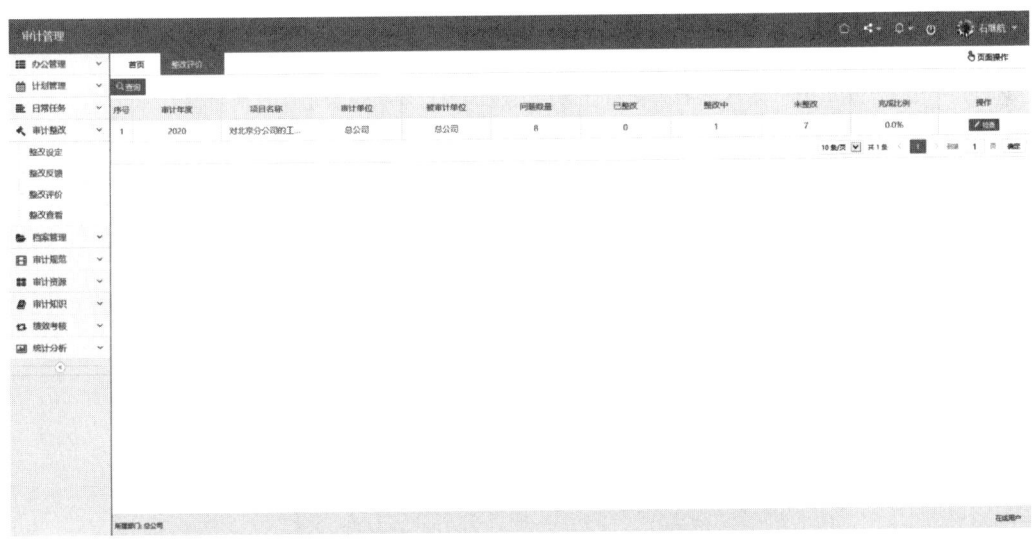

图3-9 华数创智内部审计管理系统的整改评价功能界面示例

五、绩效考核

绩效考核可以实现对审计项目、审计人员、中介机构的考核评分,并支持对考核评分体系的设置。如对审计项目进行评分考核,所有的评分人评分完成之后,系统自动算出项目的考核平均分,系统通过项目的评分也能自动计算出中介机构的评分。从而实现对审计项目的质量控制,提高审计人员、中介机构的审计项目质量。其界面示例,如图3-10所示。

六、统计分析

统计分析可以对审计项目、审计资源的综合查询、统计分析,对审计单位审计工作的开展情况进行全面的了解,为合理制定年度审计计划提供依据,提高审计结果的再利用效率。对审计整改进行关注和跟踪,为领导决策提供有力支持。其界面示例,如图3-11所示。

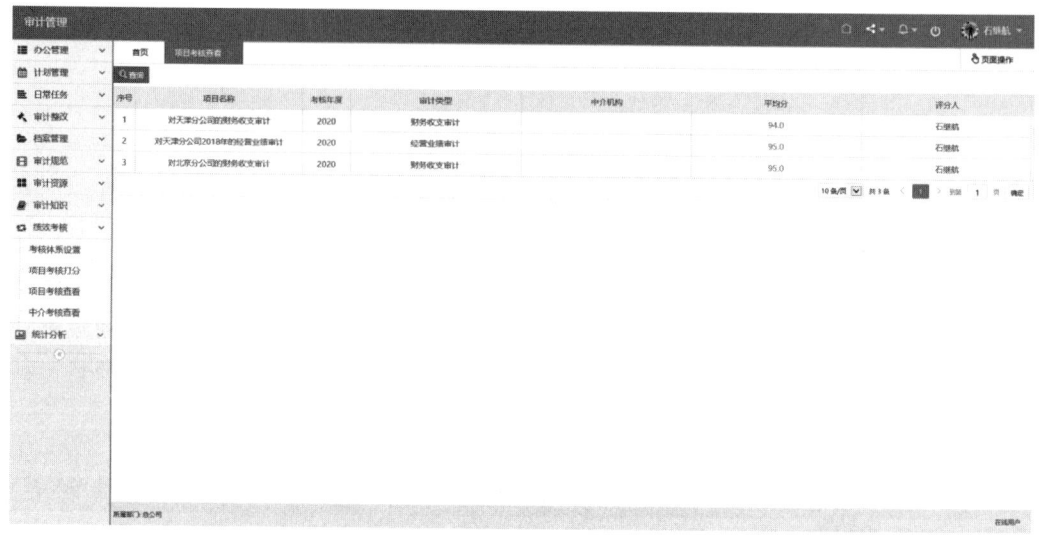

图 3-10 华数创智内部审计管理系统的项目考核查看功能界面示例

图 3-11 华数创智内部审计管理系统的统计分析(审计问题查询)功能界面示例

七、审计资源

审计资源实现了对审计工作所需的各种资源的整合配置,为审计工作提供完整、有效的信息与资源支持,具有对审计机构、审计人员、中介机构等审计资源的管理功能。通过对审计资源的整合和共享,便于对审计资源进行统一管理、调配,方便审计领导进行资源配置分析,以顺利完成审计目标和任务。

审计机构记录各级审计部门的基本信息、在审项目和已审项目信息。方便领导快速了解审计工作内容及工作量,以进行合理性工作调配。审计人员可以实时追踪审计人员的计划安排情况及项目工作状态,方便领导及时掌握部门人员工作分布情况,为领导制定审计计划或项目人员调整提供参考依据。其界面示例,如图 3-12 所示。

图 3-12　华数创智内部审计管理系统的审计资源(审计人员)功能界面示例

八、审计规范

审计规范通过内置标准的审计方案、审计文书模板、审计问题,为开展审计项目提供审计规范标准,指导和规范审计人员按照审计标准规范进行审计项目工作开展。通过审计规范可以提供标准化的、可统计分析的审计过程成果,为审计单位工作总结和汇报提供规范的数据基础。其界面示例,如图 3-13 所示。

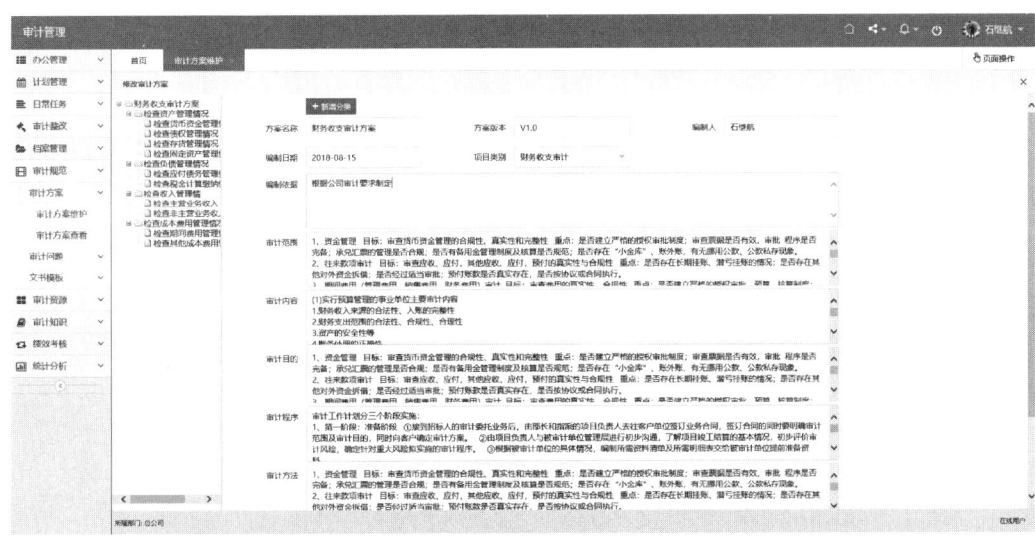

图 3-13　华数创智内部审计管理系统的审计规范(审计方案维护)功能界面示例

九、审计知识

审计知识模块是提供审计知识共享的平台,供审计人员查阅和学习。审计知识主要包括法律制度、审计案例等模块,可以方便审计人员快速检索法规制度,借鉴学习优秀的审计案例,满足审计人员的审计业务知识需求,可以提高审计人员业务能力。其界面示例,如图3-14所示。

图3-14 华数创智内部审计管理系统的审计知识(审计案例)功能界面示例

资料来源:www.hscza.com。

第 4 章
审计作业信息化基础

学习目标
1. 熟悉信息化环境下开展审计的主要流程
2. 掌握电子数据审计的原理以及开展步骤
3. 掌握审计数据采集的原理、特点、主要步骤以及方法
4. 掌握审计数据预处理的原理及方法
5. 掌握审计数据分析的原理及方法
6. 理解审计数据验证的重要性、熟悉审计数据验证的方法
7. 熟悉审计作业信息化实施方法

审计作业信息化是审计信息化的重要内容之一。本章首先介绍审计作业信息化的原理,在此基础上,对审计作业信息化的关键步骤如审计数据采集、审计数据预处理、审计数据分析等分别进行介绍,从而为后面的学习打下理论基础。

第 1 节 审计作业信息化简介

一、信息化环境下开展审计的主要流程

信息化环境下的审计与手工审计相比,审计目标是相同的,但审计技术和方法、审计作业方式发生了根本性变化。目前,信息化环境下开展审计的一般流程如图 4-1 所示。由图 4-1 可知,信息化环境下开展审计,一般包括审前准备、审计实施、审计报告、结果执行四个阶段。其中,"审计实施"是整个流程的关键环节,这一环节的重点是电子数据审计。

为了避免影响被审计单位信息系统的正常运行,规避审计风险,并保持审计的独立性,审计人员在进行电子数据审计时,一般不直接使用被审计单位的信息系统进行查询和检查,而是将所需要的被审计单位的电子数据采集到审计人员的计算机中,然后再利用相关软件对其进行分析。概括起来,目前电子数据审计的原理如图 4-2 所示。

一般来说,开展电子数据审计需要以下三个关键步骤:

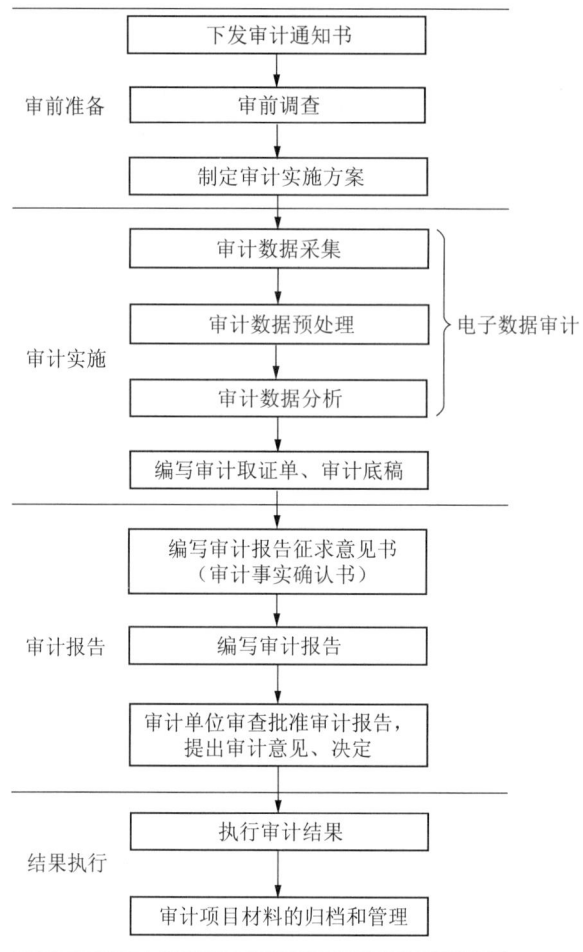

图 4-1　信息化环境下审计项目的实施流程

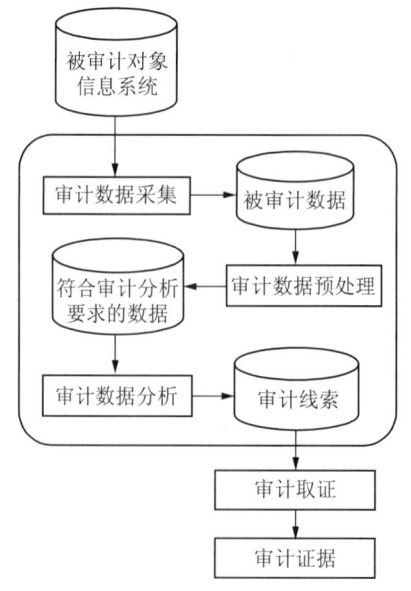

图 4-2　电子数据审计原理

(1) 审计数据采集。采集被审计对象信息系统中的数据。

(2) 审计数据预处理。在审计数据采集的基础上,根据对这些数据的分析和理解,将其转换为满足审计数据分析需要的数据形式。

(3) 审计数据分析。采用通用软件或专门的审计软件对采集到的电子数据进行分析,从而发现审计线索,获得审计证据。

二、审计作业信息化的关键步骤分析

(一) 审前准备阶段

(1) 下发审计通知书。在开始到被审计单位开展审计时,需要向被审计单位下发审计通知书。

(2) 审前调查。在对被审计单位实施审计前,应在对其组织结构进行调查的基础上,掌握信息系统在组织内的分布和应用的总体情况。然后,根据审计的目的和信息系统的重要性确定需要深入调查的子系统,进行全面和详细的了解,内容应包括软硬件系统、应用系统的开发情况和有关技术文档情况、系统管理员的配置情况、系统的功能、系统数据库的情况等。通过审前调查,审计人员应全面了解被审计单位信息系统的概况,对信息系统中与审计相关的数据更要有全面、详细、正确的认识,提出可行的、满足审计需要的数据需求,确定数据采集的对象及方式。

(3) 制定审计实施方案。在审前调查的基础上,根据被审计项目情况,制定审计实施方案。

(二) 审计实施阶段

(1) 审计数据采集。在审前调查的基础上,审计人员在被审计单位的配合和支持下,通过可行的技术手段,如直接复制、通过中间文件和开放数据互连(ODBC)采集等方式,及时获取所需的被审计单位信息系统中的数据。

(2) 审计数据预处理。由于受被审计单位数据来源繁杂,数据格式不统一,信息表示代码化等诸多因素的影响,数据在采集和处理过程中可能失真,因此对采集到的数据必须进行预处理,使得采集来的数据能为审计所用。

(3) 审计数据分析。对预处理后的数据,审计人员采用合适的审计方法完成对具体审计数据的分析。

通过对被审计数据进行分析,发现问题的线索,通过与被审计单位对这些问题进行确认和沟通,最终形成审计证据。

(三) 审计报告阶段

(1) 编写审计报告征求意见书(审计事实确认书)。基于获得的审计证据,审计人员可以编写审计报告。为了使审计报告能更准确地表达审计结果,减少审计风险,在形成正式审计报告之前,还需要编写审计报告征求意见书,对审计报告中的相关内容向被审计单位征求意见。

(2) 编写审计报告。在完成审计报告征求意见书(审计事实确认书)的基础上,形成最终的审计报告。

第 2 节　审计数据采集

如何把被审计单位的电子数据采集过来,是开展电子数据审计的关键步骤。《中华人民共和国审计法》(2006 年)(以下简称《审计法》)对审计数据采集做了更具体的规定,《审计法》第三十一条规定:审计机关有权要求被审计单位按照审计机关的规定提供预算或者财务收支计划、预算执行情况、决算、财务会计报告,运用电子计算机储存、处理的财政收支、财务收支电子数据和必要的电子计算机技术文档,在金融机构开立账户的情况,社会审计机构出具的审计报告,以及其他与财政收支或者财务收支有关的资料,被审计单位不得拒绝、拖延、谎报。被审计单位负责人对本单位提供的财务会计资料的真实性和完整性负责。《国务院关于加强审计工作的意见》(国发〔2014〕48 号)中第十二条指出:提供完整准确真实的电子数据。有关部门、金融机构和国有企事业单位应根据审计工作需要,依法向审计机关提供与本单位、本系统履行职责相关的电子数据信息和必要的技术文档;在确保数据信息安全的前提下,协助审计机关开展联网审计。在现场审计阶段,被审计单位要为审计机关进行电子数据分析提供必要的工作环境。

本节介绍数据采集的原理、特点、主要步骤及方法。

一、审计数据采集的原理

简单地讲,审计数据采集就是审计人员为了完成审计任务,在进行电子数据审计时,按照审计需求从被审计单位的信息系统或其他来源中获得相关电子数据的过程。其原理如图 4-3 所示。

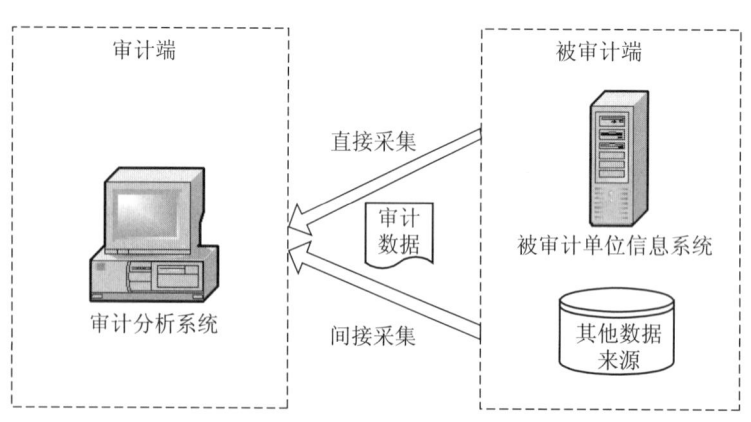

图 4-3　审计数据采集的原理

审计数据采集的对象一般是被审计单位信息系统中的电子数据,或数据库中的备份数据,审计人员也可以从其他来源获得与被审计单位相关的审计数据,例如从工商、税务等部门获得相关审计数据。

二、审计数据采集的特点

一般来说,审计数据采集具有以下特点:

(一) 选择性

选择性是指审计人员在进行审计数据采集时只采集与审计需求相关的数据。审计人员在进行审计数据采集工作之前,必须认真分析和研究本次审计实施方案中明确的审计范围、审计内容以及审计重点,结合审前调查所提出的数据需求,来确认本次审计数据采集的范围、内容以及重点,特别是在不能完全采集电子数据的情况下,例如,当审计人员面对海关、银行、税务等被审计单位海量的电子数据时,审计数据采集必须要做到有的放矢,减少盲目性,提高审计效率,降低审计风险。

(二) 目的性

目的性是指审计数据采集是为进行审计数据分析,发现审计线索,获取审计证据做基础数据准备的。如前文所述,为了完成电子数据审计,首先,需要采集与被审计单位相关的数据,即审计数据采集;然后,根据对这些数据的分析和理解,将其转换为满足审计数据分析需要的数据形式,即审计数据预处理;最后,采用通用软件或专门的审计软件对采集到的电子数据进行分析,从而发现、获得审计线索,即审计数据分析。由此可见,审计数据采集是开展电子数据审计的首要步骤,是为审计工作做基础数据准备的,具有一定的目的性。

(三) 可操作性

可操作性是指审计人员在进行审计数据采集时,需要根据被审计单位的实际情况选择最合适的审计数据采集方案。后文将会介绍到实现审计数据采集的技术和方法多种多样,因此,在完成审计数据采集任务时,需要根据被审计单位的具体情况,采取最佳的审计数据采集方案,以降低审计成本和审计风险。

(四) 复杂性

信息化环境下,被审计单位的信息化程度差异较大,一些小的单位多采用一些自己开发的应用软件,数据库系统也一般采用单机的,如 Microsoft Access、Foxpro 等。而一些重要的单位,如银行等部门,信息化程度高,采用的应用软件和数据库系统层次也较高,数据库系统多数采用 Oracle 数据库。甚至还有的单位使用盗版软件,软件部分功能不能使用,不能备份数据库,从而不容易采集数据。被审计单位信息化程度的差异性造成了审计人员在审计数据采集过程中不能采用同一种审计数据采集方法,必须根据被审计单位的实际情况,选择合适的审计数据采集方法,从而造成了审计数据采集的复杂性。

三、审计数据采集的主要步骤

在实际的电子数据审计过程中,审计数据采集一般可以归纳为以下几个主要步骤,如图 4-4 所示。

(一) 审前调查

开展电子数据审计之前,应在对被审计单位的组织结构进行调查的基础上,掌握被审计单位计算机信息系统在其组织内的分布和应用的总体情况。再根据审计的目的和被审计单位计

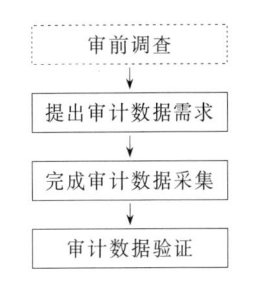

图 4-4 审计数据采集的主要步骤

算机信息系统的重要性确定需要深入调查的子系统,进行全面、详细的了解。通过审前调查,对被审计单位信息系统的相关情况进行了解。

(二) 提出审计数据需求

在审前调查的基础上,提出书面的审计数据需求,指定所需采集数据的时间范围、采集的数据库系统名称(必要时还应指定数据库中具体的表名称)、采集的具体方式、数据交接方式、数据交接时间和注意事项等内容。

(三) 完成审计数据采集

根据审计数据需求,从被审计单位获得所需要的审计数据。

(四) 审计数据验证

对获得的审计数据进行检查,以保证审计数据采集的真实性和完整性,从而降低审计风险。

需要指出的是,在审计数据采集过程中,由于电子资料比纸质资料更容易被篡改,并且难以发现篡改的痕迹,为了降低开展电子数据审计的风险,必须建立电子数据承诺制,即被审计单位必须保证所提供电子数据的真实性和完整性。

四、审计数据采集的方法

在审计数据采集过程中,审计人员常用的审计数据采集方法主要有以下五种:

(一) 直接复制

当被审计单位使用小型数据库系统(如 Microsoft Access 等)或电子表格软件管理数据时,审计人员只需直接将被审计单位的数据复制到审计人员的计算机中即可,即直接复制的方式。

(二) 通过中间文件采集

通过中间文件采集是指被审计单位按照审计要求,将被审计信息系统和数据库中的相关数据转换成审计软件能读取的格式(如文本文件 txt 格式、XML 格式等)提供给审计人员。

对于一些比较敏感的系统,审计人员可能不便于直接接触其系统和相关资料。可以在审计人员的监督下,由被审计单位技术人员将其数据转换为标准格式数据或审计人员指定格式的数据,交给审计人员。

在数据采集的实际应用中,很多情况下采用文本文件作为约定的格式。这主要是因为大多数数据库管理系统都能导出、导入文本文件,应用范围广泛。审计人员在电子数据审计的实践中,经常会通过文本文件导入数据,所以掌握文本文件的导入是十分必要的。

(三) 通过 ODBC 接口采集

ODBC(open database connectivity)意思是开放数据库互连,它是常见的数据访问技术。简单地讲,审计人员通过 ODBC 数据访问接口直接访问被审计单位信息系统中的数据,并把数据转换成审计所需的格式。通过 ODBC 接口,可以实现不同类型数据之间的数据互访。

(四) 通过备份/恢复的方式采集

通过备份/恢复的方式采集是指审计人员先把被审计单位数据库系统中的数据备份出来(或者让被审计单位把该单位数据库系统中的数据备份出来),再把该备份数据在审计人员自身使用的计算机数据库系统中恢复成数据库格式的数据,并对采集来的被审计单位的数据进行审计数据分析。

(五) 通过专用模板采集

一些审计软件针对不同的被审计信息系统设计了相应的"专用采集模板",审计人员在进行审计数据采集时,通过选择相应的模板,可以自动实现对不同的被审计信息系统中数据的采集,这种方式称之为"通过专用模板采集"。

这种方式的优点是使用简单,自动化程度高,对审计人员的技术水平要求不高;缺点是审计软件必须为每一类被审计对象的应用软件(包括该软件的不同版本)设计一个专用数据采集模板。由于目前被审计单位所使用的应用软件各种各样,很难为每一类应用软件以及相应的各种版本设计相应的模板,这使得通过专用模板采集方法的成本相对较高。审计人员在实际的工作中,应根据被审计单位的实际情况选择,当使用的审计软件中已经有适合被审计单位的专用采集模板时,就选择专用模板采集方法,当没有适合被审计单位的专用采集模板时再选择其他审计数据采集方法。

国内的审计软件 AO 就采用了专用模板采集方法,以 AO 2011 为例,其模板采集方法的界面如图 4-5 所示。

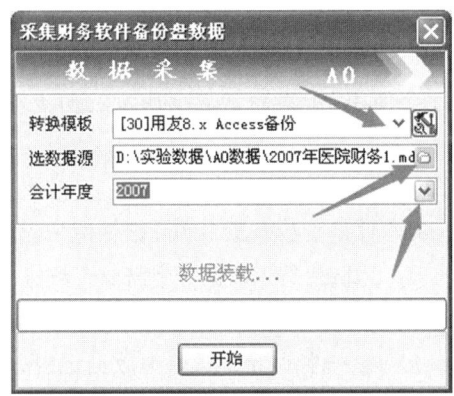

图 4-5 "AO 2011"的模板采集方法界面

概括来说,上述五种数据采集方法的优缺点总结如表 4-1 所示。

表 4-1 五种常用审计数据采集方法的优缺点分析

审计数据采集方法	影响使用的因素				
	动态还是静态	对被审计信息系统的影响	专业知识需求	对被审计单位的依赖性	灵活程度
直接复制	静态	影响小	不需要	不依赖	一般
通过中间文件采集	静态	影响小	不需要	依赖	一般
通过 ODBC 接口采集(从被审计单位信息系统中采集)	动态	影响大	需要	不依赖	高
通过备份/恢复的方式采集	静态	影响小	需要	如果请被审计单位备份,则依赖	一般
通过专用模板采集(从备份数据中采集)	静态	影响小	不需要	不依赖	低

第3节　审计数据预处理

审计数据预处理是电子数据审计过程中的重要环节，由于采集来的被审计数据往往会有许多数据质量问题，比如，有些数据字段的值不确定，在采集数据时，无法得到该数据字段的值，从而造成数据不完整，不能满足后面审计数据分析的需要。此外，这些问题的存在将直接影响后续审计工作所得出的审计结论的准确性。因此，完成审计数据采集后，审计人员必须对从被审计单位获得的原始电子数据进行审计预处理，从而使其满足后面审计数据分析的需要。

一、数据质量

(一) 数据质量的概念

目前，数据质量问题已引起广泛的关注。什么是数据质量呢？数据质量问题不仅仅是指数据错误。有的文献把数据质量定义为数据的一致性(consistency)、正确性(correctness)、完整性(completeness)和最小性(minimality)这四个指标在信息系统中得到满足的程度，有的文献则把"适合使用"作为衡量数据质量的初步标准。

(二) 数据质量评价指标

一般说来，评价数据质量的几个主要指标是：

(1) 准确性(accuracy)。准确性是指数据源中实际数据值与假定正确数据值的一致程度。

(2) 完整性(completeness)。完整性是指数据源中需要有数值的字段中无值缺失的程度。

(3) 一致性(consistency)。一致性是指数据源中数据对一组约束的满足程度。

(4) 唯一性(uniqueness)。唯一性是指数据源中数据记录以及编码是否唯一。

(5) 适时性(timeliness)。适时性是指在所要求的或指定的时间提供一个或多个数据项的程度。

(6) 有效性(validity)。有效性是指维护的数据足够严格以满足分类准则的接受要求。

(三) 可能存在的数据质量问题

当建立一个信息系统的时候，即使进行了良好的设计和规划，也不能保证在所有情况下信息系统中数据的质量都能满足用户的要求。用户录入错误、单位合并以及单位环境随着时间的推移而改变，这些都会影响所存放数据的质量。信息系统中可能存在的数据质量问题有很多种，总结起来主要有以下几种：

(1) 重复的数据。重复的数据是指在一个数据源中存在表示现实世界同一个实体的重复信息，或在多个数据源中存在表示现实世界同一个实体的重复信息。

(2) 不完整的数据。由于录入错误等原因，字段值或记录未被记入数据库，造成信息系统数据源中应该有的字段或记录缺失。

(3) 不正确的数据。由于录入错误，数据源中的数据未及时更新，或不正确的计算等原因，导致数据源中的数据过时，或者一些数据与现实实体中字段的值不相符。

(4) 无法理解的数据值。由于某些原因，导致数据源中的一些数据难以解释或无法解释,如伪值、古怪的格式、密码数据等。

(5) 不一致的数据。数据不一致包括了多种问题,例如,从不同数据源获得的数据很容易发生不一致;同一数据源的数据也会因位置、单位以及时间不同产生不一致。

二、审计数据质量问题实例

为了便于理解审计数据的数据质量问题,以采集来的某税收征收电子数据(文件名为"税收征收.mdb",数据表名为"征收表",表结构见本书附录 B 中图 B-1)为例,其可能存在的部分数据质量问题分析如下:

(一) 不完整的数据

在"征收表"中,我们可以看到,"实纳税额"字段中存在部分空值,最后三条记录为空记录,如图 4-6、图 4-7 所示。空值并不等同于"0",因而在进行数据分析时,不能参加如查询、筛选、汇总等数据分析,在审计数据分析过程中会被遗漏,所以必须对"征收表"中的空值进行处理。

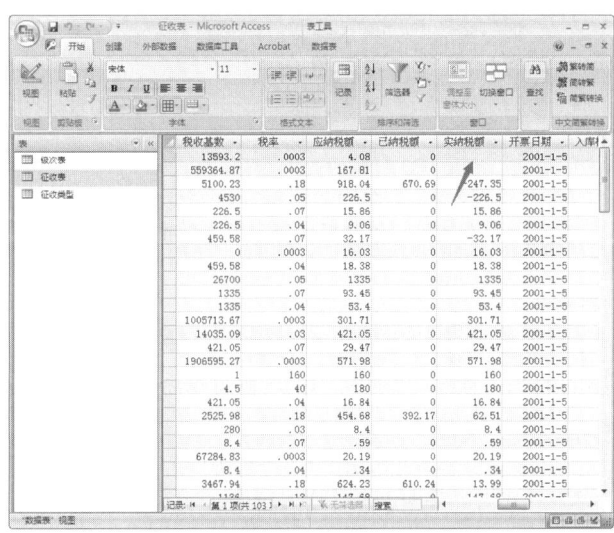

图 4-6　字段中存在空值数据质量问题的税收征收数据

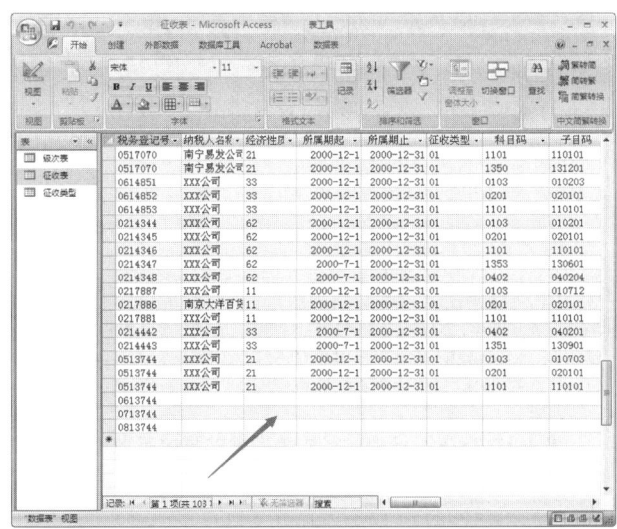

图 4-7　记录中存在空值数据质量问题的税收征收数据

（二）不一致的数据

在"征收表"中，我们可以看到，"级次"字段中存在不一致的数据，即该字段中有的数据值为代码，有的数据值为实际的值，如图 4-8 所示。为方便后面的审计数据分析，需要转化成统一的格式。

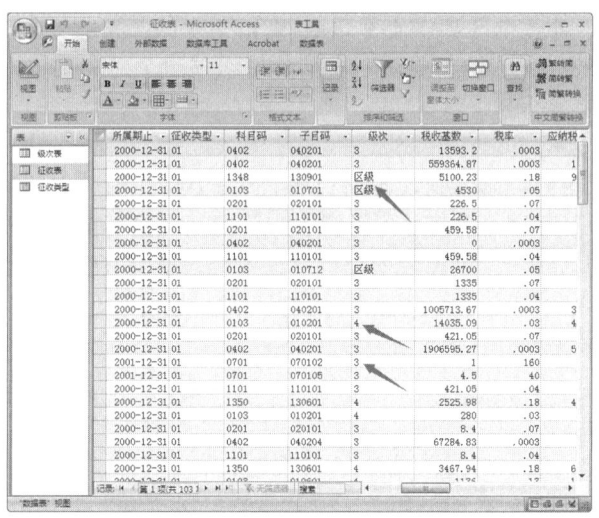

图 4-8　存在不一致数据质量问题的税收征收数据

（三）不正确的数据

在"征收表"中，我们可以看到，"实纳税额"字段中有的数据值为负值，如图 4-9 所示。这些数据可能为错误的数值，为方便后面的审计数据分析，需要审计人员对该值进行确认，并对错误的数据值进行处理。

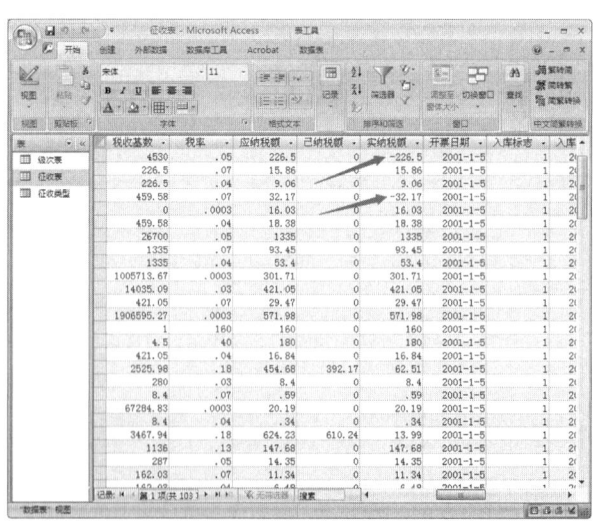

图 4-9　存在不正确数据质量问题的税收征收数据

（四）重复的数据

在"征收表"中，我们可以看到，"税务登记号"为"0517070"数据存在多条，如图 4-10

所示。这些数据可能为重复的数据，为了保证审计数据分析结果的准确性，需要审计人员对这些重复的数据进行确认，找出造成数据重复的原因，并对重复的数据进行处理。

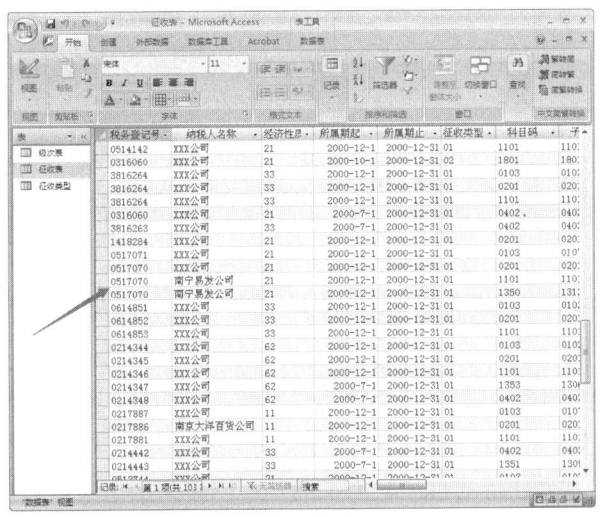

图 4-10　存在重复数据质量问题的税收征收数据

三、审计数据预处理的意义

正是由于采集来的被审计数据中存在上述数据质量问题，所以需要对采集来的电子数据进行预处理，处理有质量问题的数据，为后续的审计数据分析打下基础。概括起来，进行审计数据预处理的意义如下：

（一）通过更改命名方式便于数据分析

通过更改命名方式（名称转换）这一审计数据预处理操作，可以把采集来的数据表以及字段名称转换成直观的名称，便于审计人员的审计数据分析。

（二）为下一步的审计数据分析做好准备

采集来的被审计数据不一定能完全满足审计数据分析的需要，因此，通过对有质量问题的被审计数据进行预处理，从而为后续的审计数据分析做好准备。

（三）帮助发现隐含的审计线索

通过对被审计数据进行数据预处理，可以有效地发现被审计数据中不符合数据质量的数据。但是，审计人员不能简单地把有质量问题的数据删除掉，因为这些存在质量问题的数据中可能隐藏着审计线索。需要做的是对发现的审计数据质量问题进行分析，找出造成质量问题的原因，发现隐藏的审计线索。

（四）降低审计风险

有质量问题的被审计数据会影响审计数据分析结果的正确性，造成一定的审计风险。因此，通过对有质量问题的审计数据进行审计数据预处理，从而降低审计风险。

四、常用审计数据预处理方法

目前，根据一般审计人员的技术能力和审计工作中的具体要求，并考虑到审计数据预处理方法的经济性和可操作性，一般进行的审计数据预处理内容包括：名称转换、数据类型转换、代码转换、横向合并、纵向合并、空值处理等。例如,通过名称转换这一审计数据预处理操作,可以把采集来的数据表以及字段名称转换成直观的名称,便于审计人员的审计数据分析;同样,其他审计数据预处理也是便于审计人员的审计数据分析。常用的一些数据库产品也可以完成审计数据预处理功能,我们将在后文通过实例介绍如何完成审计数据预处理。

第4节 审计数据分析

审计数据采集和审计数据预处理的目的是为审计数据分析做准备。通过审计数据分析,发现审计线索,获得审计证据,形成审计结论才是审计的最终目的。因此,审计的过程实质上就是不断收集、鉴定和综合运用审计证据的过程。要实现审计目标,必须收集和评价审计证据。注重选择审计证据对做好审计工作起着举足轻重的作用。

综上所述,审计数据分析的目的是为了通过对采集来的电子数据进行分析,从而获取审计证据。因此,如何对采集来的数据进行分析是审计人员面临的重要问题。

在信息化环境下,审计的对象是电子数据,因此,审计证据的获取多是通过采用信息技术对被审计数据的分析来完成的。一般来说常用的审计数据分析方法主要包括数据查询、审计抽样、统计分析、数值分析等,其中,数据查询的应用最为普遍。通过采用这些方法对被审计数据进行分析,可以发现审计线索,获得审计证据。本节介绍这些信息化环境下常用的审计数据分析方法。

一、数据查询

数据查询是目前电子数据审计中最常用的审计数据分析方法。数据查询是指审计人员针对实际的被审计对象,根据自己的经验,按照一定的审计分析模型,在通用软件(如Microsoft Access、SQL Server等)或审计软件中采用 SQL 语句来分析采集来的电子数据,或采用一些审计软件通过运行各种各样的查询命令以某些预定义的格式来检测被审计单位的电子数据,这种方法既提高了审计的正确性与准确性,也使审计人员从冗长乏味的计算工作中解放出来,告别以前手工翻账的作业模式。另外,运用 SQL 语句的强大查询功能,通过构建一些复杂的 SQL 语句,可以完成模糊查询以及多表之间的交叉查询等功能,从而可以完成复杂的审计数据分析功能。

目前,除了借助通用软件应用数据查询这种方法之外,多数审计软件都提供了审计数据分析方法,如国内的审计软件现场审计实施系统(AO)和电子数据审计模拟实验室软件等;国外的审计软件 IDEA 和 ACL 等。

二、审计抽样

审计抽样是指审计人员在实施审计程序时,从审计对象总体中选取一定数量的样本进行测试,并根据样本测试结果,推断总体特征的一种方法。它是随着经济的发展、被审计单位规模的扩大以及内部控制的不断健全与完善,而逐渐被广泛应用的审计方法。

根据决策依据方法的不同,审计抽样可以分为统计抽样和非统计抽样两大类。统计抽样是在审计抽样过程中,应用概率论和数理统计的模型和方法来确定样本量、选择抽样方法、对样本结果进行评估并推断总体特征的一种审计抽样方法。非统计抽样也称为判断抽样,由审计人员根据专业判断来确定样本量、选取样本和对样本结果进行评估。因此,审计人员可能不知不觉地将个人的"偏见"体现在样本的选取中,而使样本不能客观地反映总体的真实情况。但另一方面,也可以有效地利用审计人员的经验和直觉,更有效地发现和揭露问题或异常。因此,非统计抽样只要设计得当,也可以达到同统计抽样一样的效果。

在审计中应用统计抽样和非统计抽样方法一般包括如下四个步骤:

(1) 根据具体审计目标确定审计对象总体。

(2) 确定样本量。

(3) 选取样本并审计。

(4) 评价抽样结果。

目前,很多审计软件中都开发了审计抽样模块,如现场审计实施系统(AO)、电子数据审计模拟实验室软件、IDEA 等,这使得以前烦琐的数学计算,随机数生成等工作可以轻松实现,并可以保证抽样工作的准确性和合法性。审计人员只要按照抽样向导的提示输入相应的参数即可,从而为审计人员规避审计风险,提高审计工作质量起到了很大的作用。后面将以 IDEA 为例,来介绍审计抽样方法。

三、统计分析

在电子数据审计中,统计分析的目的是探索被审计数据内在的数量规律性,以发现异常现象,快速寻找审计突破口。一般来说,常用的统计分析方法包括一般统计、分层分析和分类分析等,在不同的审计软件中,统计分析方法的叫法略有不同。常用的统计分析方法介绍如下:

(1) 一般统计。一般统计常用于具体分析之前,以对数据有一个大致的了解,它能够快速地发现异常现象,为后续的分析工作确定目标。一般统计对数值字段提供下列统计信息:全部字段以及正值字段、负值字段和零值字段的个数,某类数据的平均值、绝对值以及最大或最小的若干个值等。

(2) 分层分析。分层分析是通过数据分布来发现异常的一种常用方法。其原理是:选取一个数值类型的字段作为分层字段,根据其值域将这一字段划分为若干个相等或不等的区间,通过观察对应的其他字段在分层字段的各个区间上的分布情况来确定需要重点考察的范围。

(3) 分类分析。分类分析是通过数据分布来发现异常的另一种常用方法。其原理是:选择某一字段作为分类字段,通过观察其他对应字段在分类字段各个取值点上的分布情况来确定需要重点考察的对象。分类分析的思路类似于"分类汇总",它是一种简单而常用的数据分析手段。与分层分析不同的是,分类分析中用作分类的某一字段不一定是数值型,可以是其他类型的数据,而分层分析中用作分层的某一字段则一定是数值型数据。

对于统计分析,很多审计软件都具有这一功能,如现场审计实施系统(AO)、电子数据审计模拟实验室软件、IDEA 等审计软件。统计分析一般和其他审计数据分析方法配合使用。后文将以 IDEA 为例，来介绍统计分析方法。

四、数值分析

数值分析是根据被审计数据记录中某一字段具体的数据值的分布情况、出现频率等指标，对该字段进行分析，从而发现审计线索的一种审计数据分析方法。这种方法是从"微观"的角度对电子数据进行分析的，审计人员在使用时不用考虑具体的被审计对象和具体的业务。在完成数值分析之后，针对分析出的可疑数据，再结合具体的业务进行审计判断，从而发现审计线索，获得审计证据。相对于其他方法，这种审计数据分析方法易于发现被审计数据中的隐藏信息。常用的数值分析方法主要有重号分析、断号分析和基于 Benford 定律的数值分析方法，一些方法目前已被应用于 IDEA、电子数据审计模拟实验室软件等审计软件中。

（一）重号分析

重号分析用来分析被审计数据某个字段（或某些字段）中是否存在重复的数据。例如，可以采用重号分析方法检查财务系统中是否存在相同的发票被重复多次记账，从而发现相关审计线索；在对某社保局失业保险数据进行审计的过程中，可以利用"重号分析"功能，查找同月重复发放失业金的人员，从而发现相关审计线索。

（二）断号分析

断号分析主要是分析被审计数据中某字段所有记录的值中是否存在中断的情况。例如，可以采用断号分析方法检查某单位开票系统中开具的税票号是否存在断号，从而发现相关审计线索；在对某税收征收电子数据进行审计的过程中，可以利用"断号分析"功能，分析征收表中"税务登记号"字段的连续性情况，从而发现相关审计线索。

（三）基于 Benford 定律的数值分析方法

1. Benford 定律原理

1881 年，美国天文学家西蒙·纽康（Simon Newcomb）在所发表的一篇论文中描述了一种奇异的数字分布规律：在图书馆的对数表手册中，包含较小数字的页码比那些包含较大数字的页码明显磨损严重，而且磨损的程度和数字大小呈递减关系。透过这个现象，他推断研究人员在查阅对数表时，查阅以"1"开头的数字的次数比查阅以"2"开头的数字多，查阅以"2"开头的次数比查阅以"3"开头的多，并以此类推。在这个推断的基础上，他得出以下结论：以"1"开头的数字比其他数字开头的多。1938 年，通用电气公司的一位科学家富兰克·本福德（Frank Benford）同样注意到他的对数表手册的特殊磨损现象，通过进一步研究，他得出了和纽康同样的结论：人们处理较低数字开头的数值的频率较大。为了证明他的假设，本福德收集了 20 229 类不同的数据集合，这些数据来源千差万别，例如河流的面积、不同元素的原子质量、杂志和报纸中出现的数字。通过分析，这些数字呈现同样的特点：首位数字出现较小数字的可能性比出现较大数字的可能性要大。后来，人们以他的名字命名了这条定律，这就是 Benford 定律。概括来说，Benford 定律是指数字及数字序列在一个数据集中遵循一个可预测的规律。美国国家标准和技术学院（national institute of standards and technology，NIST）给出了 Benford 定律的定义如下：

在不同种类的统计数据中,首位数字是数字 d 的概率为 lg(1+1/d)。其中,数据的首位数字是指左边的第一位非零数字。例如数据 5 678、5.678、0.567 8 的首位数字均为 5。

根据 Benford 定律,首位数字出现的标准概率分布曲线如图 4-11 所示。同理,根据 Benford 定律,也可以计算出数据各位上数字出现的概率。

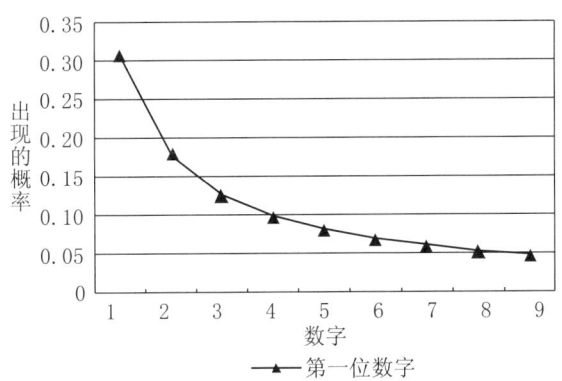

图 4-11 首位数字出现的标准概率分布曲线图

根据以上分析可以得出结论,如果被分析的审计数据不符合 Benford 定律的标准概率分布曲线,则表明在被分析的审计数据中可能含有"异常"的数据。

2. Benford 定律适用的条件

Benford 定律提供了一种审计数据分析方法,通过采用 Benford 定律对被审计数据进行分析,可以识别出其中可能的错误、潜在的欺诈或其他不规则事物,从而发现审计线索。然而,Benford 定律并不是适用于所有被审计数据,Nigrini 对 Benford 定律的适用条件进行了研究,他认为 Benford 定律适用三个经验条件:

(1) 被审计数据量具备一定规模,能够代表所有样本。一般而言,应用 Benford 定律进行分析的数据集规模越大,分析结果越精确。这特别适用于我国大数据环境下的电子数据审计。

(2) 被审计数据没有人工设定的最大值和最小值范围。例如,一般单位的固定资产台账数据就可能不适合 Benford 分布规律,因为按照财务制度,只有在一定金额之上的固定资产才被登录台账。

(3) 要求目标数据受人为的影响较小。例如,用 Benford 定律对会计数据中的价格数据进行分析就可能不符合分布规律,因为价格受人为的影响较大。

第 5 节 审计数据验证

一、审计数据验证的重要性

在开展电子数据审计的过程中,审计人员必须不断进行审计数据验证,以保证审计数据采集的真实性和完整性,以及审计数据预处理和审计数据分析的正确性。审计数据验证不仅是确保电子数据真实、正确的重要手段,也是提高审计数据采集、审计数据预处理和审计数据分析质量,降低审计风险的重要保证。其重要性主要体现在以下几个方面:

(一)确认所采集数据的真实性、正确性和完整性

通过审计数据验证,可以确认被审计单位提供的以及审计人员采集的原始电子数据的真实性、正确性和完整性,验证电子数据对被审计单位实际经济业务活动的真实反映程度,保证审计数据采集工作准确、有效地进行,同时对采集到的被审计数据进行确认,排除遗漏和失误。

(二)确认审计数据采集过程中数据的完整性

当电子数据从一台计算机迁移到另一台计算机,或从一个信息系统迁移到另一个信息系统的过程中,由于种种原因,可能导致采集的数据发生遗漏。所以,审计人员完成审计数据采集后,必须对被审计数据进行充分的验证,确认数据的完整性。

(三)减少审计数据采集、审计数据预处理和审计数据分析过程中的人为失误

审计人员在进行审计数据采集、预处理和分析时,如果编写的程序存在逻辑错误,或对数据的操作不规范,或选择的方法不正确等,都可能产生部分数据遗漏或丢失等问题,导致审计结果错误。因此,审计人员在完成每一步数据操作后,必须对被操作的电子数据进行审计数据验证,确保数据的正确性。

以审计数据预处理为例,对审计数据预处理过程进行验证可以考虑以下两个方面:

(1)为了确认审计数据预处理的目标得以实现,必须针对转换前存在的数据质量问题和转换要求逐一进行核对。

(2)要确认审计数据预处理工作没有损害数据的完整性和正确性,就必须确认审计数据预处理过程中没有带来新的错误。

二、审计数据验证的方法

一般来说,审计数据验证的方法主要有以下几种。

(一)利用数据总量和主要变量的统计指标进行验证

利用数据总量和主要变量的统计指标进行验证是一种常用的方法,内容如下:

(1)核对总记录数。审计人员在完成审计数据采集之后,首先要将采集到的电子数据的记录数与被审计单位信息系统中反映的记录数核对(有打印纸质凭证的,还要与纸质凭证数进行核对),以验证其完整性。在完成审计数据预处理和审计数据分析之后,也可以根据需要应用这一方法。

(2)核对主要变量的统计指标。审计人员在完成审计数据采集、审计数据预处理和审计数据分析之后,可以通过核对主要变量的统计指标,例如核对总金额等方法来验证数据的完整性。

(二)利用业务规则进行验证

业务规则是一个系统正常处理业务活动所必须满足的一系列约束的集合。这些约束

有来自系统外部的,例如国家政策和法律法规;有来自系统内部的,例如借贷记账法要求的借贷平衡,账务处理系统中各种账户之间的勾稽关系;有些约束还作为系统的控制手段,例如凭证号的连续性约束。利用这些约束可以对采集到的数据实施一定程度的验证。常用的方法如下:

(1) 检查借贷是否平衡。检查借贷是否平衡是审计人员常用的一种简单有效的审计数据验证方法,它与核对总金额法相辅相成。

(2) 凭证号断号和重号验证。在会计信息系统中,凭证号是典型的顺序码,凭证号每月按凭证类型连续编制,不同的凭证使用不同的凭证号,凭证号中间不能有断号、空号或重号出现。因此,分析凭证表中凭证号是否连续是验证审计人员所用数据与被审计单位会计数据的一致性的一种重要核对方法。审计人员可以根据实际情况,通过编写 SQL 语句来进行凭证号断号、重号的验证工作,也可以借助一些审计软件的断号、重号分析功能来完成凭证号断号、重号的验证工作。

(3) 勾稽关系。在业务和会计数据中,存在着许多勾稽关系。这些勾稽关系是进行审计数据验证的重要依据。例如,在审计人员采集到的被审计单位固定资产数据表中,关于固定资产价值方面的数据一般都包括资产原值、累计折旧、资产净值字段内容,而且这三个字段之间存在的勾稽关系如下:

$$固定资产原值 - 累计折旧 = 固定资产净值$$

因此,审计人员在使用被审计单位的固定资产数据表之前,有必要对上述勾稽关系进行验证。例如,可以采用以下 SQL 语句进行验证:

```
SELECT    *
FROM    固定资产表
WHERE   (资产原值－累计折旧)<>资产净值;
```

(三) 利用抽样方法进行验证

审计数据验证的另一类方法就是抽样。当数据量巨大或者前文所述的审计数据验证方法无法使用时,可以考虑利用抽样的方法。利用抽样的方法进行验证一般分为以下两种:

(1) 按照抽样的规则,从被审计单位提供的纸质资料中抽取一些样本,在采集后的数据中进行匹配和验证。

(2) 从被审计单位的系统中按照抽样的规则抽取一些样本,在采集后的数据中进行匹配和验证。

(四) 利用数据库的完整性约束来进行验证

数据的完整性是指数据库中的数据在逻辑上的一致性和准确性。利用数据库的完整性约束可以实现部分数据验证功能。一般来说,数据完整性包括:

(1) 域完整性。域完整性又称列完整性,指定一个数据集对某一个列是否有效并确定是否允许为空值。

(2) 实体完整性。实体完整性又称为行完整性,要求表中的每一个行有一个唯一的标识符(关键字)。

(3) 参照完整性。参照完整性又称引用完整性。参照完整性保证主表中的数据与从表(被参照表)中数据的一致性。

第6节　审计作业信息化实施方法

一、现场审计一般实施方法

在开展审计时,审计人员根据审计任务的需要,到被审计单位现场采集电子数据,然后对这些电子数据进行预处理并完成数据分析,获得审计证据,这种开展电子数据审计的方式可称之为现场电子数据审计,这是目前审计作业信息化的主要方式。

审计人员在开展审计信息化的过程,一般在现场可以采用以下审计方式对被审计单位实施审计：

首先,审计人员在审计现场搭建审计数据分析环境,把审计所需的被审计单位的电子数据采集到审计人员搭建的审计数据分析数据库系统中；在此基础上,审计人员可以对采集来的相关数据进行分析。其原理如图 4-12 所示。

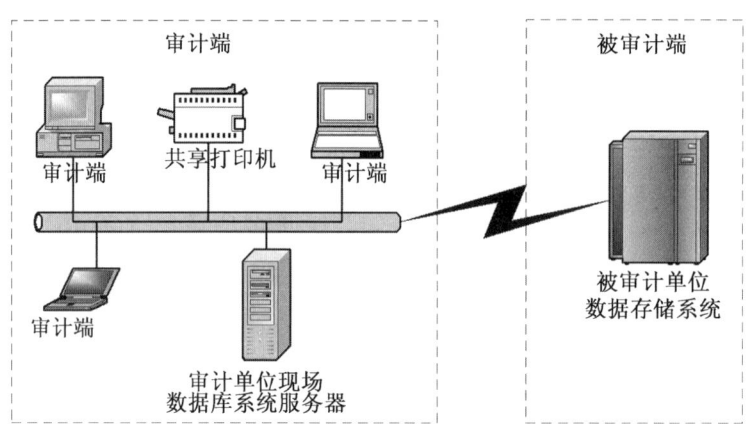

图 4-12　现场电子数据审计实现方法原理

二、联网审计一般实施方法

(一) 面向数据的联网审计

相对于现场电子数据审计,我国正在研究与实施的联网审计也可以看成是远程联网电子数据审计,即采用远程联网方式从被审计单位采集电子数据,并对其进行分析,获取审计证据的过程。这种类型的联网审计是通过不断地采集被审计单位信息系统中的数据来实现的,其在技术实现上主要包括审计数据采集、审计数据传输、审计数据存储以及审计数据分析四个部分。这种方式也可以看成是一种面向数据的联网审计(data-oriented online auditing, DOOA)。这种面向数据的联网审计可以归纳为：联网审计是由于网络技术在审计中的应用而形成的一种新的审计模式,它通过网络采集被审计单位的电子数据,进行连续、全面的分析,及时发现被审计单位存在的问题,为现场审计提供线索和资料,从而使审计工作实现网络化、远程化。其原理如图4-13所示。

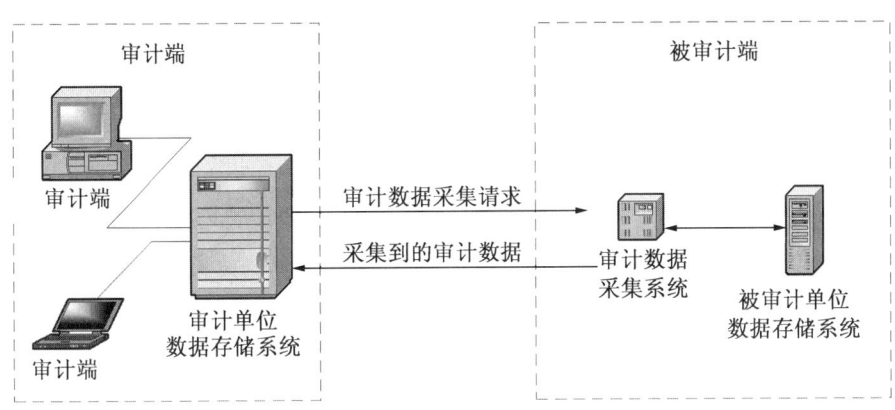

图 4-13　面向数据的联网审计实现方法原理

1. 审计数据采集

要实现联网审计,必须研究如何采集被审计单位的电子数据。一般来说,联网审计数据采集的实现是通过在被审计单位数据服务器端放置一台用于数据采集的服务器,通过在这台数据采集服务器上安装数据采集软件,把审计需要的财政财务数据和相关经济业务数据,采集到这台审计数据采集服务器中,从而完成联网审计的审计数据采集工作。

2. 审计数据传输

审计数据传输主要用于把采集来的数据通过网络传输到审计单位中去,以供审计数据分析使用。在实际工作中,可以根据具体的情况采取相应的数据传输方式。

3. 审计数据存储

联网审计环境下,由于从被审计单位采集来的电子数据是海量的,所以,对于采集来的电子数据需要采取一定的方式来存储,即可以在审计单位构建联网审计的海量数据存储系统。随着云计算技术的发展,也可以采用云存储技术来解决联网审计环境下海量审计数据的存储问题。

4. 审计数据分析

在审计数据分析这一阶段,主要是采用相关审计工具和方法对采集来的电子数据进行分析,从而发现审计线索,获得审计证据。联网审计环境下,采集来的数据是海量的,因此,研究如何分析被审计数据,获得审计证据是实现联网审计的关键。

(二) 联网核查方法

除了上述介绍的面向数据的联网审计,在实际的审计工作中,在风险可控的情况下,审计人员有时会通过局域网或专用网络直接访问被审计单位的数据库服务器,进行数据的查询和分析,完成审计工作,这种联网核查的审计方法有时也被称为联网审计,其原理如图4-14所示。

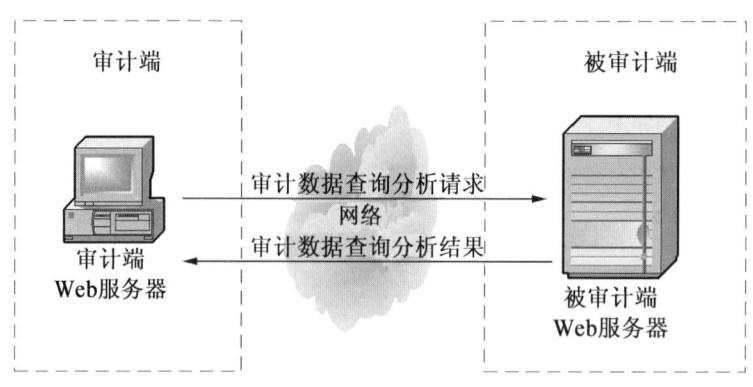

图 4-14 联网核查实现方法原理

本章小结

1. 信息化环境下的审计与手工审计相比,审计目标是相同的,但审计技术和方法、审计作业方式发生了根本性变化。"审计实施"是目前信息化环境下开展审计的关键环节,这一环节就是电子数据审计的内容。

2. 为了避免影响被审计单位信息系统的正常运行,规避审计风险,并保持审计的独立性,审计人员在进行电子数据审计时,一般不直接使用被审计单位的信息系统进行查询和检查,而是将所需要的被审计单位的电子数据采集到审计人员的计算机中,然后再利用审计软件对其进行分析。一般来说,开展电子数据审计的关键步骤为:审计数据采集、审计数据预处理、审计数据分析。

3. 简单地讲,审计数据采集就是审计人员为了完成审计任务,在进行电子数据审计时,按照审计需求从被审计单位的信息系统或其他来源中获得相关电子数据的过程。一般来说,审计数据采集具有选择性、目的性、可操作性、复杂性等特点。在实际的电子数据审计过程中,审计数据采集的主要步骤包括:审前调查、提出审计数据需求、完成审计数据采集、审计数据验证。在审计数据采集过程中,审计人员常用的审计数据采集方法主要包括:直接复制、通过中间文件采集、通过 ODBC 接口采集、通过备份/恢复的方式采集、通过专用模板采集。

4. 审计数据预处理是电子数据审计过程中的重要环节,由于采集来的被审计数据往往会有许多数据质量问题,从而造成数据不完整,不能满足后面审计数据分析的需要。此外,这些问题的存在将直接影响后续审计工作所得出的审计结论的准确性。因此,完成审计数据采集后,审计人员必须对从被审计单位获得的原始电子数据进行审计预处理,从而使其满足后面审计数据分析的需要。目前,根据一般审计人员的技术能力和审计工作中的具体要求,并考虑到审计数据预处理方法的经济性和可操作性,一般进行的审计数据预处理内容包括:更改命名方式、数据类型转换、代码转换、横向合并、纵向合并、空值处理等。

5. 审计数据采集和审计数据预处理的目的是为审计数据分析做准备,通过审计数据分析,发现审计线索,获得审计证据,形成审计结论才是审计的最终目的。在信息化环境下,审计的对象是电子数据,因此,审计证据的获取多是通过采用信息技术对被审计数据的分析来完成的。一般来说常用的审计数据分析方法主要包括:数据查询、审计抽样、统计分析、数值分析等,其中,数据查询的应用最为普遍。通过采用这些方法对被审计数据进行分析,可以发现审计线索,获得审计证据。

6. 在开展电子数据审计的过程中,审计人员必须不断进行审计数据验证,以保证审计数据采集的真实性和完整性,以及审计数据预处理和审计数据分析的正确性。一般来说,审计数据验证的方法主要包括:利用数据总量和主要变量的统计指标进行验证、利用业务规则进行验证、利用抽样方法进行验证、利用数据库的完整性约束来进行验证。

7. 审计作业信息化实施方法包括现场审计实施方法和联网审计实施方法。

复习思考题

1. 什么是审计数据采集?为什么要进行审计数据采集?
2. 为什么要对被审计数据进行审计数据预处理?如何对被审计数据进行数据预处理?
3. 常用的审计数据分析方法有哪些?如何应用这些方法开展审计数据分析?
4. 谈谈本章所介绍的审计数据分析方法的优缺点。
5. 为什么要进行审计数据验证?

练习题

一、单选题

1. 以下哪一项不是审前准备阶段的主要工作?(　　)。
   A. 下发审计通知书　　　　　　B. 审前调查
   C. 制定审计实施方案　　　　　D. 编写审计报告

2. 为了使审计报告能更准确地表达审计结果,减少审计风险,在形成正式审计报告之前,还需要编写(　　),对审计报告中的相关内容向被审计单位征求意见。
   A. 审计报告征求意见书　　　　B. 审计底稿
   C. 审计取证单　　　　　　　　D. 审计承诺书

3. (　　)是开展电子数据审计的首要步骤。
   A. 审计取证　　　　　　　　　B. 审计数据分析
   C. 审计数据采集　　　　　　　D. 审计处理

4. (　　)是指审计人员在进行审计数据采集时,需要根据被审计单位的实际情况选择最合适的审计数据采集方案。

A. 选择性　　　　B. 可操作性　　　　C. 目的性　　　　D. 时效性

5. 在审计数据采集过程中,当被审计单位使用(　　)管理数据时,审计人员只需直接将被审计单位的数据复制到审计人员的计算机中进行分析即可,即直接复制的方式。

A. Oracle　　　　　　　　　　　B. 电子表格软件

C. DB2　　　　　　　　　　　　D. DB3

6. 在审计抽样过程中,应用概率论和数据统计的模型和方法来确定样本量、选择抽样方法、对样本结果进行评估并推断总体特征的审计抽样方法是(　　)。

A. 智能抽样　　　B. 大数据抽样　　C. 概率抽样　　　D. 统计抽样

7. 常用的统计分析方法不包括(　　)。

A. 一般统计　　　B. 分层分析　　　C. 统计抽样　　　D. 分类分析

8. (　　)是指数字及数字序列在一个数据集中遵循一个可预测的规律。

A. 审计抽样　　　B. Benford 定律　　C. R 语言分析　　D. Benferd 定律

9. Benford 定律中,数据的首位数字是指(　　)的第一位非零数字。

A. 左边　　　　　B. 右边　　　　　C. 中间　　　　　D. 小数点前

10. 面向数据的联网审计在技术实现上不包括(　　)。

A. 审计数据采集　　　　　　　　B. 联网核查

C. 审计数据传输　　　　　　　　D. 审计数据存储

二、多选题

1. 信息化环境下开展审计一般包括(　　)阶段。

A. 审前准备　　　B. 审计实施　　　C. 审计报告　　　D. 结果执行

2. 一般来说,开展电子数据审计需要以下哪几个关键步骤?(　　)

A. 审计数据采集　　　　　　　　B. 审计数据预处理

C. 审计数据报告　　　　　　　　D. 审计数据分析

3. 《中华人民共和国审计法》规定:被审计单位负责人对本单位提供的财务会计资料的(　　)负责。

A. 时效性　　　　B. 充分性　　　　C. 真实性　　　　D. 完整性

4. 一般来说,审计数据采集具有以下特点(　　)。

A. 选择性　　　　B. 目的性　　　　C. 可操作性　　　D. 复杂性

E. 时效性

5. 在审计数据采集过程中,审计人员常用的审计数据采集方法主要有(　　)。

A. 直接复制　　　　　　　　　　B. 通过中间文件采集

C. 通过 ODBC 接口采集　　　　　D. 通过备份/恢复的方式采集

6. 在审计数据采集过程中,通过中间文件采集是指被审计单位按照审计要求,将被审计信息系统和数据库中的相关数据转换成审计软件能读取的格式,如(　　)等提供给审计人员。

A. Txt 格式　　　　　　　　　　B. XML 格式

C. Word　　　　　　　　　　　　D. DB2

7. 信息系统中可能存在的数据质量问题有很多种,总结起来主要有(　　)。
   A. 重复的数据　　　　　　　　　B. 不完整的数据
   C. 不正确的数据　　　　　　　　D. 无法理解的数据值
   E. 不一致的数据

8. 一般进行的审计数据预处理内容包括(　　)。
   A. 名称转换　　　　　　　　　　B. 数据类型转换
   C. 代码转换　　　　　　　　　　D. 空值处理

9. 一般来说常用的审计数据分析方法主要包括(　　)。
   A. 数据查询　　B. 审计抽样　　C. 统计分析　　D. 数值分析
   E. 数据清洗　　F. 数据验证

10. 采用数据查询这种方法来分析采集来的电子数据,可以在以下(　　)等工具中完成。
    A. Microsoft Access　　　　　　B. SQL Server
    C. Microsoft Word　　　　　　　D. Microsoft PPT

11. 很多审计软件中都开发了审计抽样模块,如(　　)。
    A. Microsoft Access　　　　　　B. SQL Server
    C. 现场审计实施系统　　　　　　D. IDEA

12. Benford定律适用的条件包括(　　)。
    A. 被审计数据量具备一定规模,能够代表所有样本。
    B. 被审计数据没有人工设定的最大值和最小值范围。
    C. 要求目标数据受人为的影响较小。
    D. 数据的首位数字是非零数字。

13. 很多审计软件中都开发了数值分析功能,如(　　)。
    A. 电子数据审计模拟实验室软件　　B. IDEA
    C. Microsoft Access　　　　　　D. SQL Server

14. 审计数据验证的重要性主要体现在(　　)。
    A. 审计数据验证是一种重要的审计数据预处理方法。
    B. 确认所采集数据的真实性、正确性和完整性
    C. 确认审计数据采集过程中数据的完整性
    D. 减少审计数据采集、审计数据预处理和审计数据分析过程中人为造成的失误

15. 一般来说,审计数据验证的方法主要有(　　)。
    A. 利用数据总量和主要变量的统计指标进行验证
    B. 利用业务规则进行验证
    C. 利用抽样方法进行验证
    D. 利用审计数据采集方法进行验证

三、判断题

1. 审计人员在进行电子数据审计时,可以直接使用被审计单位的信息系统进行查询和检查。(　　)

2. 在开始到被审计单位开展审计时,需要向被审计单位下发审计通知书。（   ）

3. 审计数据采集的对象一般是被审计单位信息系统中的电子数据,或数据库中的备份数据,审计人员不可以从其他来源获得与被审计单位相关的审计数据。（   ）

4. 开展电子数据审计之前,应在对被审计单位的组织结构进行调查的基础上,掌握被审计单位计算机信息系统在其组织内的分布和应用的总体情况。（   ）

5. 在审计数据采集时,通过专用模板采集的缺点是审计软件必须为每一类被审计对象的应用软件（包括该软件的不同版本）设计一个专用数据采集模板。（   ）

6. 国内的审计软件 OA 采用了专用模板采集方法。（   ）

7. 完成审计数据采集后,审计人员一般直接进行审计数据分析,获得审计证据。（   ）

8. 完成审计数据采集后,审计人员必须对从被审计单位获得的原始电子数据进行审计数据预处理,从而使其满足后面审计数据分析的需要。（   ）

9. 通过更改命名方式（名称转换）这一审计数据预处理操作,可以把采集来的数据表以及字段名称转换成直观的名称,便于审计人员的审计数据分析。（   ）

10. 在审计过程中,为了便于审计数据分析,审计人员可以把有质量问题的数据直接删除掉。（   ）

11. 常用的一些数据库产品和审计软件可以帮助审计人员完成审计数据预处理。（   ）

12. 为了保证审计数据分析结果的准确性,审计人员需要对重复的数据进行确认,找出造成数据重复的原因,并对重复的数据进行处理。（   ）

13. 数据质量问题就是指数据错误。（   ）

14. 数据查询是目前电子数据审计中最常用的审计数据分析方法。（   ）

15. 运用 SQL 语句的强大查询功能,通过构建一些复杂的 SQL 语句,可以完成模糊查询以及多表之间的交叉查询等功能,从而可以完成复杂的审计数据分析功能。（   ）

16. 由审计人员根据专业判断来确定样本量、选取样本和对样本结果进行评估的方法是非统计抽样。（   ）

17. 断号分析用来分析被审计数据某个字段（或某些字段）中是否存在重复的数据。（   ）

18. 断号分析主要是分析被审计数据中某字段所有记录的值中是否存在中断的情况。（   ）

19. 数值分析是根据被审计数据记录中某一字段具体的数据值的分布情况、出现频率等指标,对该字段进行分析,从而发现审计线索的一种审计数据分析方法。（   ）

20. 通过采用 Benford 定律对被审计数据进行分析,可以识别出其中可能的错误,潜在的欺诈或其他不规则事物,从而发现审计线索。（   ）

21. 审计数据预处理不仅是确保电子数据真实、正确的重要手段,也是提高审计数据采集和审计数据分析质量,降低审计风险的重要保证。（   ）

22. 审计人员在完成审计数据采集、审计数据预处理和审计数据分析之后,可以通过核对总金额等方法来验证数据的完整性。（   ）

23. 在实际的审计工作中,在风险不可控的情况下,审计人员可以通过局域网或专用网络直接访问被审计单位的数据库服务器,进行数据的查询和分析,完成审计工作。（ ）

24. 现场电子数据审计是目前审计作业信息化的主要方式。（ ）

25. 随着云计算技术的发展,也可以采用云存储技术来解决联网审计环境下审计数据的海量存储问题。（ ）

阅读材料 4.1 电子数据审计国内现状分析

一、审计数据分析工具应用现状调查及结果分析

（一）审计人员熟悉的数据库软件情况

通过对调查问卷分析发现,审计人员熟悉的数据库软件情况如图 4-15 所示。可以看出,审计人员目前最熟悉的数据库软件主要是 Access 和 SQL Server,尽管被审计单位 Oracle 使用最多,但熟悉 Oracle 的审计人员仍然较少。

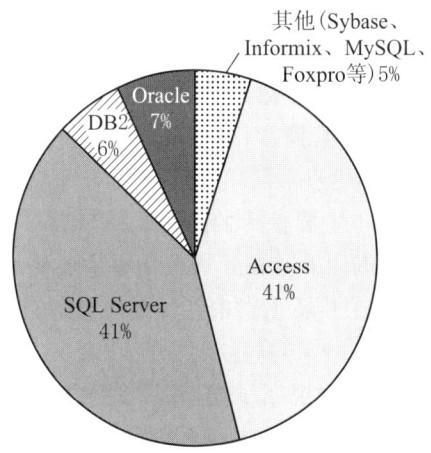

图 4-15 审计人员熟悉的数据库软件情况

（二）审计人员在开展审计工作中主要使用的数据库软件情况

通过对调查问卷分析发现,审计人员在开展审计工作中主要使用的数据库软件情况如图 4-16 所示。可以看出,审计人员目前在开展工作中主要使用的数据库软件是 SQL Server(主要版本有 2000,2005,2008 等),其次就是 Access,这表明审计人员目前在开展工作中主要使用自己熟悉的数据库软件。由图 4-15 和图 4-16 可知,尽管审计人员目前最熟悉的数据库软件是 Access 和 SQL Server,但在审计工作中主要使用的数据库软件仍然是 SQL Server,这说明考虑到被审计单位数据量大、SQL Server 数据库功能较强大等因素,SQL Server 更能满足目前审计人员开展电子数据审计的需要。值得指出的是,部分审计人员目前在开展工作中也多使用 Excel,表明尽管 Excel 在数据分析上存在一定的不足,但仍然是一个比较方便使用的工具。另外,通过现场调查和座谈发现,只有少部分审

计人员使用 Oracle 数据库(主要版本有 9g、10g 等),对审计人员来说,尽管 Oracle 数据库非常有用,但审计人员使用起来仍存在一定的难度。

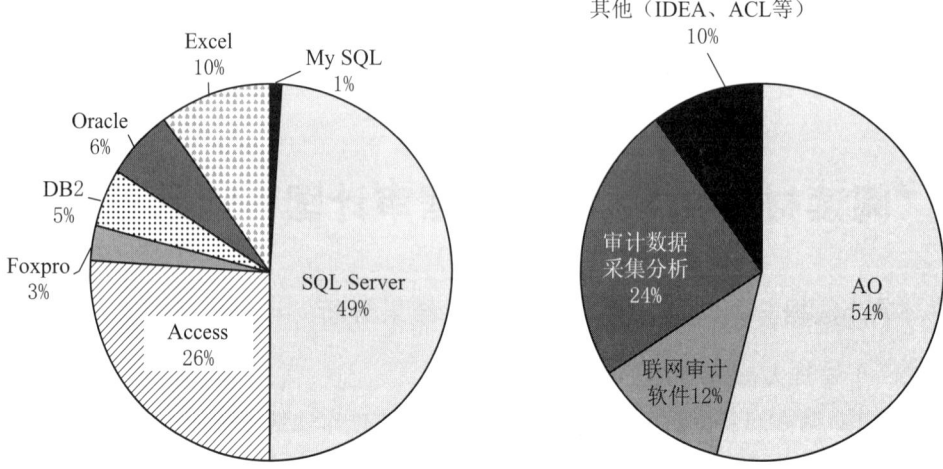

图 4-16 审计人员在开展工作中主要使用的数据库软件情况　　图 4-17 审计人员熟悉的审计软件情况

(三) 审计人员熟悉的审计软件情况

通过对调查问卷分析发现,审计人员熟悉的审计软件情况如图 4-17 所示。可以看出,审计人员目前熟悉的审计软件主要是 AO(现场审计实施系统),部分人员还了解审计数据采集分析、联网审计软件等。值得指出的是,部分审计人员对国际著名的审计软件 IDEA、ACL 有一定的了解,尽管这些软件并不在政府审计中应用。

(四) 审计人员在开展工作中主要使用的审计软件情况

通过对调查问卷分析发现,审计人员在开展工作中主要使用的审计软件情况如图 4-18 所示。可以看出,审计人员目前在开展工作中使用的审计软件主要是 AO(现场审计实施系统,主要版本是 AO 2008 和 AO 2011),这说明作为"金审工程"的一项重要成果,AO 在审计人员中得到广泛应用,这也充分说明了"金审工程"的实施对审计人员开展电子数据审计起到了很大的促进作用。另外,通过现场调查和座谈发现,一些审计部门也尝试使用联网审计系统软件。

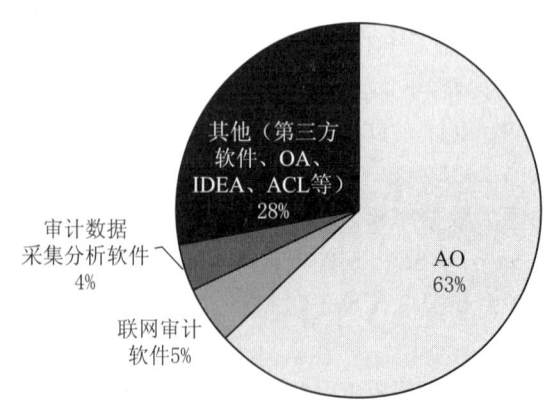

图 4-18 审计人员在开展审计工作中主要使用的审计软件情况

二、审计数据分析技术应用现状调查及结果分析

（一）审计人员熟悉的计算机辅助审计技术情况

通过对调查问卷分析发现，审计人员熟悉的计算机辅助审计技术情况如图 4-19 所示。可以看出，审计人员目前最熟悉的计算机辅助审计技术主要包括 SQL 查询、统计分析、重号分析、断号分析、审计抽样、测试数据（test data），部分审计人员熟悉平行模拟（parallel simulation），少数审计人员熟悉 Benford 定律、集成测试（integrated test facility，ITF）、程序编码审查、跟踪。但没有审计人员熟悉嵌入审计模块（EAM）技术，尽管这种技术是很经典的计算机辅助审计技术。

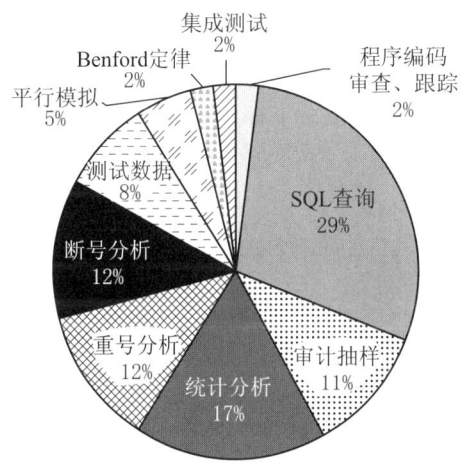

图 4-19　审计人员熟悉的计算机辅助审计技术情况

（二）审计人员在开展审计工作中主要使用的计算机辅助审计技术情况

通过对调查问卷分析发现，审计人员在开展审计工作中主要使用的计算机辅助审计技术情况如图 4-20 所示。调查表明，尽管有很多可用的计算机辅助审计技术，但被审计人员广泛使用的却只是少数。可以看出，审计人员目前在开展工作中主要使用的计算机

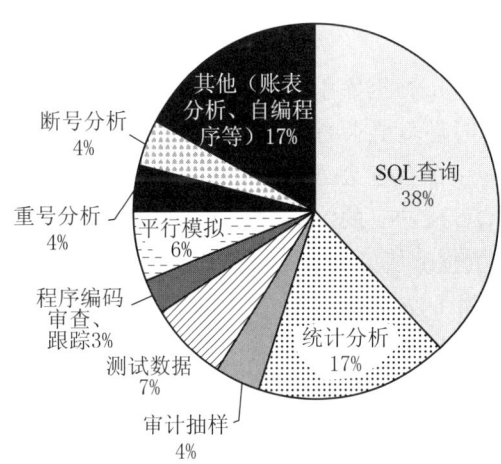

图 4-20　审计人员在开展审计工作中主要使用的计算机辅助审计技术情况

辅助审计技术是 SQL 查询,这表明 SQL 查询最适合审计人员目前开展电子数据审计;部分审计人员使用统计分析;对于重号分析、断号分析、审计抽样、测试数据、平行模拟、程序编码审查、跟踪等也有审计人员使用;一些审计人员甚至自行编写程序实现计算机辅助审计技术;但没有审计人员使用过 Benford 定律,尽管这种技术在国际上很知名,这可能是因为 AO 中没有这种方法,而审计人员在数据库软件,如 SQL Server 中又不容易实现这种方法,从而限制了审计人员的尝试使用。尽管审计人员知道集成测试这种经典的计算机辅助审计技术,但没有审计人员使用过;对于嵌入审计模块技术 EAM,尽管这种技术是很经典的计算机辅助审计技术,但没有审计人员了解,更没有审计人员使用过这种技术,这说明这种技术不太适用于政府审计。

三、审计数据采集方法应用现状调查结果分析

审计数据采集也是电子数据审计的一个关键步骤。通过现场调查和座谈,不同环境下关于审计数据采集的方法以及目前业务数据采集过程中遇到的主要困难情况总结如下:

(一) SQL Server 数据库环境

通过调查发现,当被审计单位使用 SQL Server 数据库时,数据采集一般采用如下方法:

(1) 利用 SQL Server 备份数据库,将备份文件复制后在审计人员的计算机中恢复。

(2) 将需要的数据库文件(.mdf)和日志文件(.ldf)文件直接复制到审计人员的存储介质中,再在审计人员的计算机中利用 SQL Server 的"附加"方式将数据库文件进行附加。但是,当被审计单位的 SQL Server 版本高于审计人员安装的版本时,此方法不可行。

(3) 通过 ODBC 和网络连接到被审计单位的数据库服务器上,利用 SQL Server 自带的"导入和导出数据"功能将需要的数据库或部分表导出至审计人员的计算机中。

(二) Oracle 数据库环境

当被审计单位使用 Oracle 数据库时,一般采用的分析方法是服务器—客户端模式,即将需要分析的数据库放在服务器上,审计人员通过若干客户端连接到数据库服务器上对数据进行查询分析。通过调查发现,对于 Oracle 数据库环境,审计数据采集与分析的方法一般如下:

(1) 把被审计单位 Oracle 数据库中的数据先备份,然后再在审计人员的 Oracle 数据库系统中恢复。由于恢复时环境要求高,一般只在特殊情况下考虑。

(2) 将 Oracle 数据库中的数据表导入至 SQL Server 中,即建立到 Oracle 数据库服务器的网络连接,利用 SQL Server 的"导入/导出"功能将 Oracle 数据库中的数据表导入 SQL Server,再进行审计数据分析。

(3) 将 Oracle 数据库中的数据导入到 Access 数据库中,然后再将 Access 数据库中的数据导入到审计人员的分析工具中进行审计数据分析。

(4) 使用 PL-SQL 等客户端查询分析工具连接到被审计单位的 Oracle 数据库服务器,通过查询方式将查询结果导出保存,然后把导出的数据导入到审计人员的分析工具中进行审计数据分析。

其中,后三种方法都需要在审计人员的计算机上安装 Oracle 客户端软件。

(三) Access、Excel 等数据环境

通过调查发现,对于 Access 和 Excel 数据库环境,数据采集使用的方法一般如下:

(1) Access 数据库一般较小,可以直接复制数据库文件,然后在 Access 数据库中进行操作,也可以将其导入 SQL Server 中,或直接采集到 AO 2008/AO 2011 中。

(2) 一般在没有管理系统的情况或数据量较小时,将审计需要数据导出为 Excel 格式的数据,方便审计人员进行分析。

(四) 其他相关数据的采集

对于财务数据,审计人员一般经验为:可以在 AO 中通过专用模板采集,在没有合适的采集模板的情况下,为方便把财务数据采集到 AO 中,最好用财务软件的"导出"功能将数据导出为国标数据,然后在 AO 中采集。

对于 DB2、Sybase 等大型数据库,采集、分析过程与 Oracle 类似,可采取类似方式操作。

(五) 目前业务数据采集过程中遇到的主要困难

通过调查发现,目前业务数据采集过程中遇到的主要困难如下:

(1) 审计数据采集涉及业务面广,数据库软件千差万别、大型数据库软件越来越多。

(2) 现阶段还不是所有审计人员都可以完成审计数据采集工作,经常需要专业计算机人员配合完成。

(3) 当审计对象涉及外部单位时,沟通与协调方面尚存在一定的难度,特别是涉及民营、个体、外资等企业时,存在不配合或不积极配合的可能。

四、电子数据审计过程中存在的主要问题及解决对策分析

通过现场调查和座谈,主要调查分析结果总结如下:

(一) 审计软件在使用过程中存在的主要问题

尽管 AO 是审计人员目前应用较多的审计软件,但 AO 在应用过程中主要存在以下问题:

(1) AO 的强项是对财务数据的采集和分析,但 AO 在对业务数据分析时不够灵活,处理复杂数据时需要借助数据库软件(如 SQL Server 等),在业务数据处理和分析方面不如直接采用数据库软件操作更简单、方便。

(2) AO 中编写计算机审计方法的 ASL(审计脚本语言)语言功能不够强大,许多功能无法在 AO 中实现,许多数据库软件中可以使用的功能在 AO 中都没有,限制了审计数据分析的应用。

(3) 联网审计软件的使用需要投入大量的人力和时间进行前期的准备工作,影响项目的及时开展和工作效率。

(二) 通用软件在使用过程中存在的主要问题

尽管 SQL Server、Oracle、Access 等数据库软件也是审计人员目前应用较多的审计工具,但其在应用过程中主要存在以下问题:

(1) 由于 SQL Server 分析语句没有统一的格式,且需要 SQL Server 数据运行环境等原因,SQL Server 适用范围、推广也受到一定的限制。

(2) Oracle 数据库除了存在和 SQL Server 类似的问题外，还存在审计人员对其不够熟悉，使用困难的问题。因此，尽管 Oracle 数据库是目前常见的数据库环境，但应用受到一定的限制。

(3) Access 数据库处理的数据量小，适用范围受到限制。

(三) 解决办法

(1) 一般是多种方法并用，同时开展，如 AO 与 SQL Server、Access 等数据库软件同时使用，充分发挥 AO 处理财务数据和 SQL Server 等数据库软件数据分析灵活、功能强大的优势。

(2) 若希望将 AO 的应用进一步推广，应增加、增强 AO 功能以适应审计业务不断发展的需要。

(3) 针对经常性项目，可以形成长效机制，逐步建立联网审计环境，实施联网审计。

(4) 多组织专业性培训，如对 SQL Server、Oracle 等数据库工具的应用开展有针对性的培训，使更多的审计人员熟悉数据库软件常用知识，提高审计数据采集与分析的能力。

阅读材料 4.2　大数据环境下的电子数据审计方法与现有电子数据审计方法的比较

在传统环境下，审计人员常采用审阅法、复算法、盘存法、函证法、鉴定法等方法开展审计工作。如前所述，信息化环境下，审计的对象是电子数据，因此，审计证据的获取多是通过采用信息技术对被审计数据的分析来完成的，常用的方法包括：数据查询、审计抽样、统计分析、数值分析等。随着大数据时代的到来，被审计单位的大数据环境为电子数据审计提出了挑战，目前现有的电子数据审计方法不能完全满足大数据环境下电子数据审计的需要，因此，大数据环境下需要新的电子数据审计方法。

综合现有文献的分析，大数据环境下的电子数据审计方法与现有电子数据审计方法的比较如表 4-2 所示。

表 4-2　大数据环境下的电子数据审计方法与现有电子数据审计方法比较

比较内容	现有电子数据审计方法	大数据环境下的电子数据审计方法
被审计数据来源	主要是被审计单位的内部数据，特别是结构化数据	被审计单位内外部各种类型的相关数据，不仅仅包括结构化数据，还包括非结构化数据
审计数据采集方法	常用的审计数据采集方法主要有直接复制、通过中间文件采集、通过 ODBC 接口采集、通过专用模板采集以及远程联网数据采集等方法	在审计大数据大环境下，除了采用现有审计数据采集方法之外，一些专门针对大数据的采集方法也可用于审计大数据采集之中，如，对于非结构化数据的采集，可以采用网络数据采集方法，这种方法通过网络爬虫等方式从网站上获取审计数据信息；对于系统日志数据采集，可以采用 Hadoop 的 Chukwa，Facebook 的 Scribe 等

续 表

比较内容	现有电子数据审计方法	大数据环境下的电子数据审计方法
审计数据预处理方法	一般针对采集来的结构化数据进行审计数据预处理,主要是解决不完整的数据、不一致的数据、不正确的数据、重复的数据等问题,其中,更改命名方式、数据类型转换、代码转换、横向合并、纵向合并、空值处理等是目前电子数据审计数据预处理过程中常用方法	不仅仅包括对结构化数据的预处理,有时还需要把非结构化数据通过预处理转化成结构化数据,或直接把非结构化数据预处理为可以方便分析的非结构化数据
审计数据分析方法	常用的审计数据分析方法主要包括:账表分析、数据查询、审计抽样、统计分析、数值分析等	常用的大数据审计分析方法主要包括:大数据智能分析技术、大数据可视化分析技术、大数据多数据源综合分析技术。另外,大数据环境下,常用审计数据分析方法,如账表分析、数据查询、统计分析、数值分析等,仍可以根据审计工作的实际情况使用,比如,与大数据技术一起组合使用,对被审计大数据中的部分数据进行分析等
审计数据存储方法	大多采用一般服务器来存储数据;联网审计环境下,可以在审计机关构建联网审计的海量数据存储系统,或建立审计数据中心系统	目前的数据存储技术不能满足审计大数据环境的需要,审计大数据的存储方法发生改变,包括存储设施、存储架构、数据访问机制等。可借助云计算平台进行审计数据存储,但这同时又带来了审计大数据的存储安全问题

第 5 章
审计信息化软件与工具

> **学习目标**
> 1. 掌握什么是审计软件
> 2. 熟悉审计信息化软件与工具的功能与分类
> 3. 掌握常用的审计信息化软件与工具
> 4. 思考如何应用本章讲解的软件与工具开展审计信息化

为了提高工作效率,审计人员在开展审计的过程中会用到各种各样的软件工具,审计软件就是一类常用的审计工具。广义上讲,审计软件是指能用于帮助完成审计工作的各种软件工具,包括各类数据库工具如 SQL Server、Microsoft Access 等,以及 Microsoft Excel 等电子表格软件,这类软件工具虽然可以用于帮助完成审计工作,但不是专门为审计工作开发的,本书中,我们把这些软件称为通用软件;狭义上的审计软件指的是专门为审计工作开发的各类软件,如现场审计实施系统(AO)、电子数据模拟实验室软件、IDEA、ACL 等。本书中,审计软件指的是狭义上的审计软件。

本章介绍常见的审计信息化软件与工具。

第 1 节 电子表格软件

一、电子表格软件简介

电子表格(spreadsheet)又称电子数据表,简单地讲,电子表格软件就是一种模拟纸上计算表格的计算机软件,这种软件会显示由一系列行与列构成的电子单元格,单元格内可以存放数值、计算式或文本。由于电子表格能够方便地重新计算整个表格,因此对审计人员在信息化环境下开展审计工作具有较高的应用价值。

常用的电子表格软件如 Microsoft Excel、金山 WPS 表格等。目前 Microsoft Excel 在各类审计中应用较为广泛,金山 WPS 表格仅在政府审计中应用较为广泛。

二、Microsoft Excel 简介

(一) Excel 概述

Excel 是微软办公套装软件的一个重要的组成部分，它可以进行各种数据的处理、统计分析和辅助决策操作，广泛地应用于管理、统计、财务、金融等众多领域。

(二) Excel 的主要版本发展历程

为了便于审计人员了解 Excel，此处将 Microsoft Excel 的主要版本发展历程进行总结，如表 5-1 所示。

表 5-1 Microsoft Excel 的主要版本

年 份	版 本	年 份	版 本
1987	Excel 2 for Windows	2001	Excel XP，亦称 10
1990	Excel 3	2003	Excel 2003，亦称 11
1992	Excel 4	2006	Excel 2007，亦称 12
1993	Excel 5	2010	Excel 2010，亦称 14
1995	Excel 95，亦称 7	2013	Excel 2013，亦称 15
1997	Excel 97，亦称 8	2016	Excel 2016，亦称 16
1999	Excel 2000，亦称 9		

(三) Excel 2007 与电子数据审计相关的功能

以 Excel 2007 为例，其与电子数据审计相关的功能如下：

(1) 获取外部数据。Excel 2007 的获取外部数据功能如图 5-1 所示，该功能可用于完成审计数据采集。

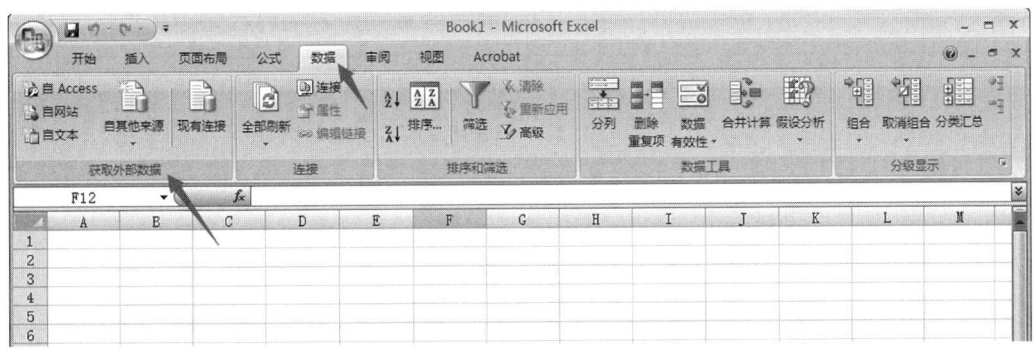

图 5-1 Excel 2007 的获取外部数据功能

(2) 数据分析。Excel 2007 的排序和筛选、数据工具（如数据有效性等）、分级显示、分析等功能可以对数据进行分析，如图 5-2 所示，这些功能可用于完成审计数据分析。

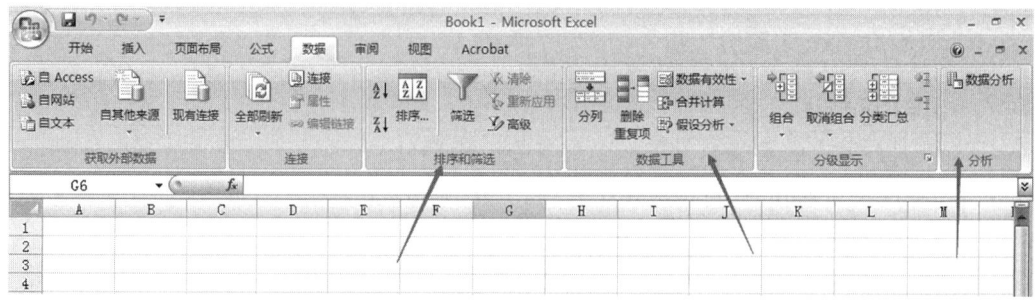

图 5-2　Excel 2007 的数据分析功能

三、金山 WPS 表格简介

（一）WPS Office 概述

WPS Office 是由金山软件股份有限公司自主研发的一款办公软件套装，包含 WPS 文字、WPS 表格、WPS 演示等功能模块，与 Microsoft Office 中的 Word、Excel、PowerPoint 相对应。WPS 在使用习惯、界面功能上都与 Microsoft Office 相似，WPS Office 与 Microsoft Office 格式的文档兼容性好，WPS Office 可以直接打开、保存 Microsoft Office 格式的文档，Microsoft Office 也可正常编辑 WPS 保存的文档。

WPS 表格是 WPS Office 软件的一个重要的组成部分，与 Microsoft Excel 类似，它可以进行各种数据的处理、统计分析和辅助决策操作，广泛地应用于管理、统计、财务、金融等众多领域。

（二）WPS Office 的主要版本发展历程

由于 WPS 表格是 WPS Office 软件的一个重要组成部分，为了便于审计人员了解 WPS Office，将 WPS Office 的主要版本发展历程进行总结，如表 5-2 所示。

表 5-2　WPS Office 的主要版本

年　份	版　　　本
1999	WPS 2000，开始集成文字办公、电子表格、多媒体演示制作等多种功能
2001	更名为 WPS Office
2002	WPS Office 2005
2006	WPS Office 2006
2009	WPS Office 2009
2013	WPS Office 2013
2016	WPS Office 2017

（三）WPS 表格 2009 与电子数据审计相关的功能

以目前审计人员常用的 WPS 表格 2009 为例，其与电子数据审计相关的功能如下：

（1）获取外部数据。WPS 表格 2009 的获取外部数据功能如图 5-3 和图 5-4 所示，该功能可用于完成审计数据采集。

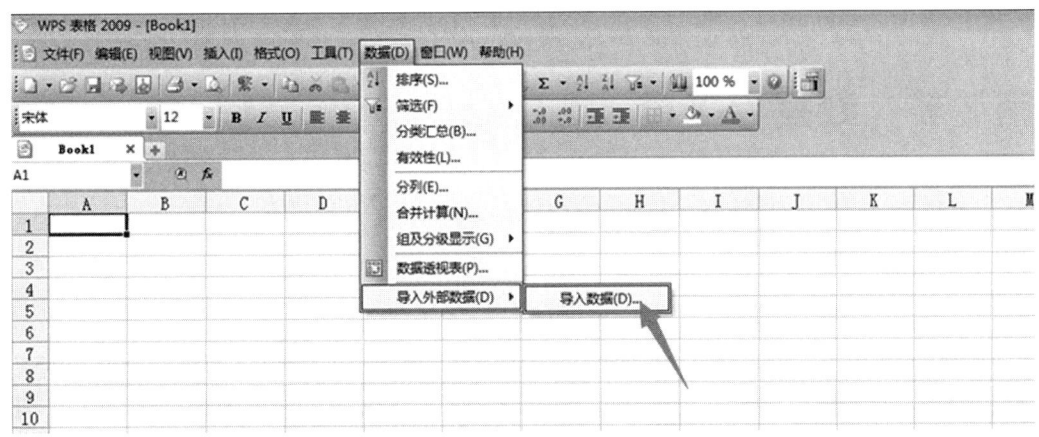

图 5-3　WPS Office 2009 的导入数据菜单

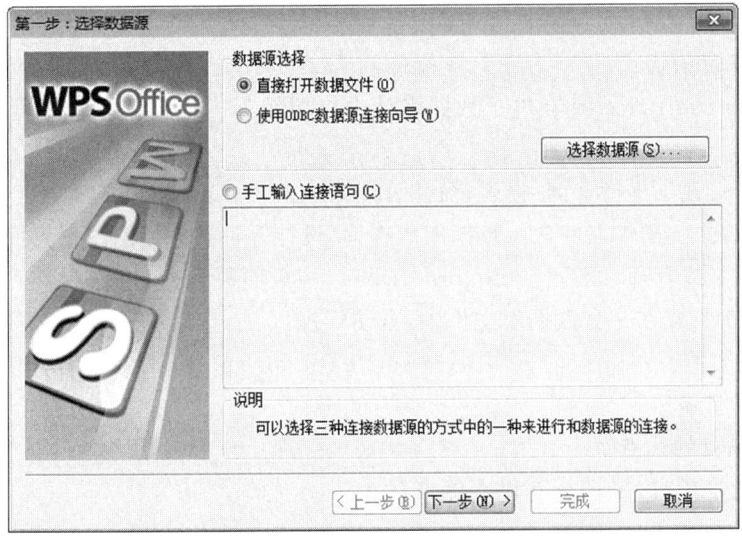

图 5-4　WPS Office 2009 的获取外部数据功能

（2）数据分析。WPS 表格 2009 的排序、筛选、分类汇总、有效性、数据透视表等功能可以对数据进行分析，如图 5-5 所示，这些功能可用于完成审计数据分析。

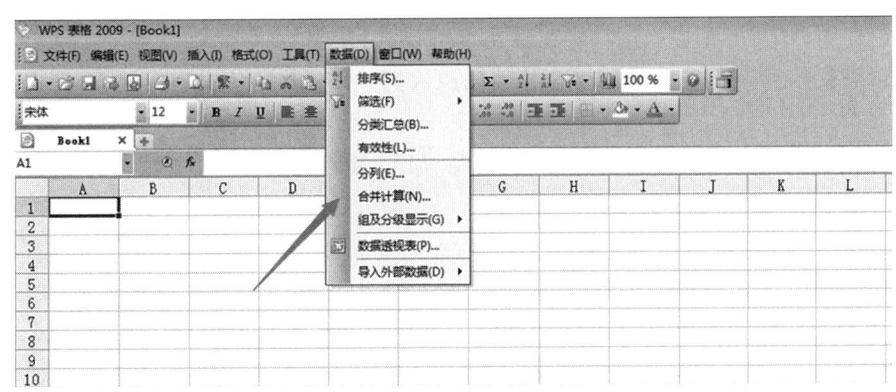

图 5-5　WPS Office 2009 的数据分析功能

第 2 节　数据库工具

一、Microsoft Access 简介

(一) Access 概述

Microsoft Access 是 Microsoft Office 中的一个重要组成部分,它能够和 Office 产品的其他部分如 Word、Exchange 等实现无缝的集成,构成办公自动化系统。刚开始时微软公司是将 Access 单独作为一个产品进行销售的,后来微软公司发现如果将 Access 捆绑在 Office 中一起发售,将带来更加可观的利润,于是第一次将 Access 捆绑到 Office 97 中,成为 Office 套件中的一个重要成员。目前,Access 已经成为世界上最流行的桌面数据库管理系统。

1. 技术角度的优点

目前,Microsoft Access 在电子数据审计中应用较为广泛。从技术角度考虑,Access 有以下优点:

(1) 功能较强。支持查询、报表、窗体、Internet。

(2) 界面友好、操作人性化。数据库的查询、设计等都有方便的图形界面可供使用。

(3) 数据集成管理。不同于 Foxpro、Dbase 等桌面数据库,Access 将所有的数据文件、程序文件都集成在一个数据库文件中,方便管理。

(4) 扩展性好。Access 内置 VBA(visual basic for application)语言,支持宏,用户可以方便地进行扩展。

2. 应用角度的优点

从应用角度考虑,Access 有以下优点:

(1) Access 和 Excel 的应用比较普及。目前一般审计人员的计算机上都具备这些软件,而且经过近年的普及培训,很多审计人员都掌握了这些软件的基本应用操作技能。

(2) 实践应用比较成熟,适合审计人员使用。Access 配合 SQL 语言的查询,能够提供较强大的数据分析功能。

(3) 方便性和灵活性的有机结合。一方面,Access 具备较好的图形化界面,初级用户很容易入门使用;另一方面,高级用户能够通过 SQL 语言和 VBA 对 Access 功能进行开发、扩展。

(4) 方便审计人员采集各种类型的数据源数据。以 Access 2007 为例,审计人员可以将其他 Microsoft Office Access 数据库、Microsoft Excel 电子表格、Office SharePoint Server 站点、开放数据库连接(ODBC)数据源、Microsoft SQL Server 数据库和其他数据源中的数据采集到 Access 数据库中。

当然,Access 也有自身的局限性。首先,Access 能够处理的数据量有局限性,在大型项目中可能满足不了要求。另外,Access 的数据分析是基于关系数据库原理,而不是基于审计需求设计的。因此,对于很多结构化不是很强的分析需求,需要审计人员先对审计问题进行分析,转化为结构化的查询方法。这就要求审计人员具有较强的审计业务能力和软件操作技能。

(二)Access 的主要版本发展历程

为了便于审计人员了解 Access,将 Access 的主要版本发展历程进行总结,如表 5-3 所示。

表 5-3　Access 的主要版本

年份	版本	支持的操作系统	Office 包版本
1992	Access 1.1	Windows 3.0	
1993	Access 2.0	Windows 3.1x	Office 4.3 Pro
1995	Access for Windows 95	Windows 95	Office 95 Professional
1997	Access 97	Windows 9x、NT 3.51/4.0	Office 97 Professional 及 Developer
1999	Access 2000	Windows 9x/NT 4.0/2000	Office 2000 Professional,Premium 及 Developer
2001	Access 2002	Windows 98/Me/2000/XP	Office XP Professional 及 Developer
2003	Access 2003	Windows 2000/XP/Vista	Office 2003 Professional 及 Professional Enterprise
2007	Access 2007	Windows XP SP2/Vista、Windows 7/8	Office 2007 Professional,Professional Plus、Ultimate 及 Enterprise
2010	Access 2010	Windows XP SP3/Vista SP1、Windows 7/8	Office 2010 Professional,Professional Academic,及 Professional Plus
2012	Access 2013	Windows 7/8、Windows Server 2012/Windows Server 2008 R2	Office 2013 Professional 及 Professional Plus
2015	Access 2016	Windows 7/8/10	Office 2016 Professional 及 Professional Plus

(三)Access 的主要对象

考虑到目前 Access 2007 在审计人员中应用较为普遍,本节以 Access 2007 为例,介绍 Access 的主要对象。在 Access 2007 中选择需要显示的对象,如图 5-6 所示,比如,选

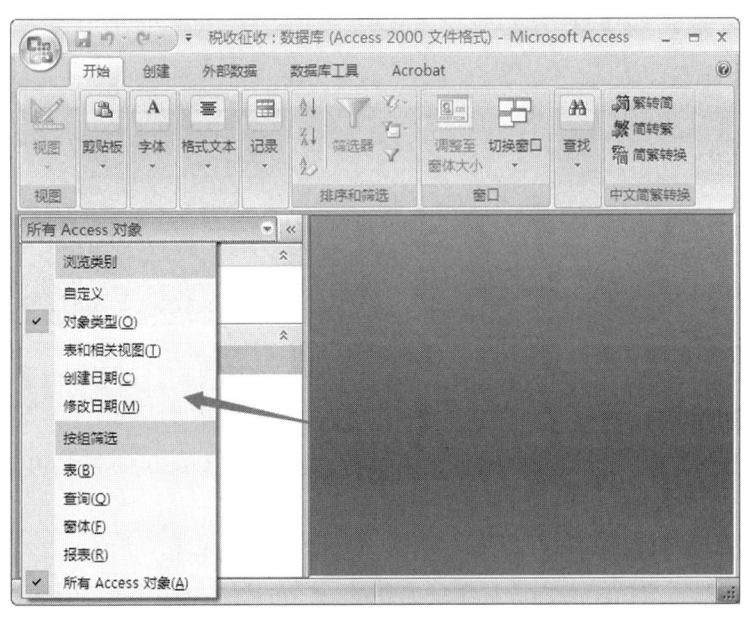

图 5-6　在 Access 中选择需要显示的对象

择显示"所有 Access 对象",其结果如图 5-7 所示。Access 的主要对象包括"表""查询""窗体""报表""宏"和"模块"等,其中,"表"用来存储数据;"查询"用来查找数据;用户通过"窗体""报表"等获取数据;而"宏"和"模块"则用来实现更多自动和复杂功能。这些对象在数据库中各自负责一定的功能,并且相互协作,构成一个完整的数据库系统。

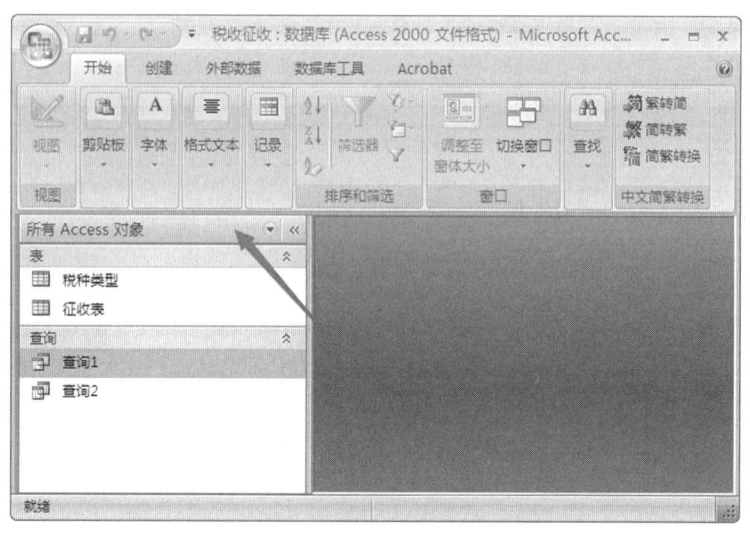

图 5-7　Access 的主要对象

(四) Access 与电子数据审计相关的主要功能

Access 2007 与电子数据审计相关的主要功能简要分析如下:

1. 数据导入

Access 2007 的数据导入如图 5-8 所示,该功能可用于完成审计数据采集。

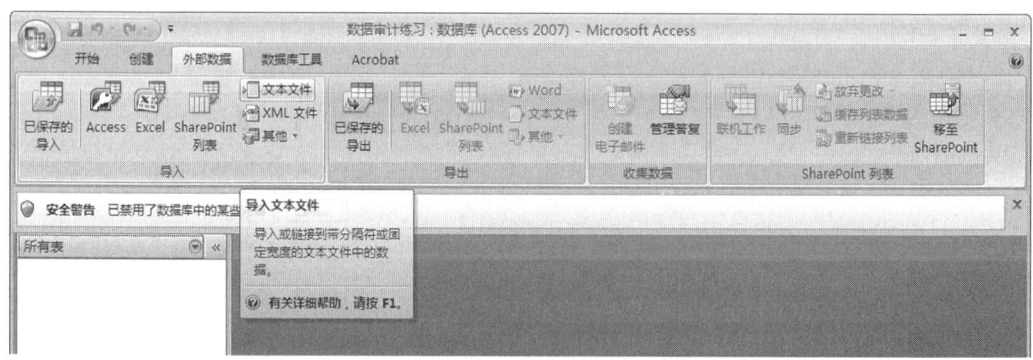

图 5-8　Access 2007 的数据导入功能

2. 数据查询分析

在进行电子数据审计的过程中,审计人员有时会采用 Access 的查询功能来完成审计数据分析,本节简要介绍 Access 的查询功能。

(1) Access 中的查询类型。Access 中常见的查询类型包括:

① 选择查询。选择查询是最常见的查询类型,它从一个或多个表中检索数据,并且在可以更新记录(带有一些限制条件)的数据表中显示结果。也可以使用选择查询来对

记录进行分组,并且对记录作总计、计数、平均值以及其他类型的总和的计算。

② 交叉表查询。交叉表查询显示来源于表中某个字段的总结值(合计、计算以及平均),并将它们分组,一组列在数据表的左侧,一组列在数据表的上部。

③ 操作查询。操作查询是仅在一个操作中更改许多记录的查询,共有四种类型:
- 删除查询:从一个或多个表中删除一组记录。
- 更新查询:对一个或多个表中的一组记录作全局的更改。
- 追加查询:从一个或多个表将一组记录追加到一个或多个表的尾部。
- 生成表查询:从一个或多个表中的全部或部分数据新建表。

④ 参数查询。参数查询在执行时显示自己的对话框,以提示用户输入信息。

(2) Access 查询分析器的三种视图。Access 的查询分析器提供三种视图,分别是:

① 设计视图。设计视图用来提供图形化界面操作,其界面如图 5-9 所示。

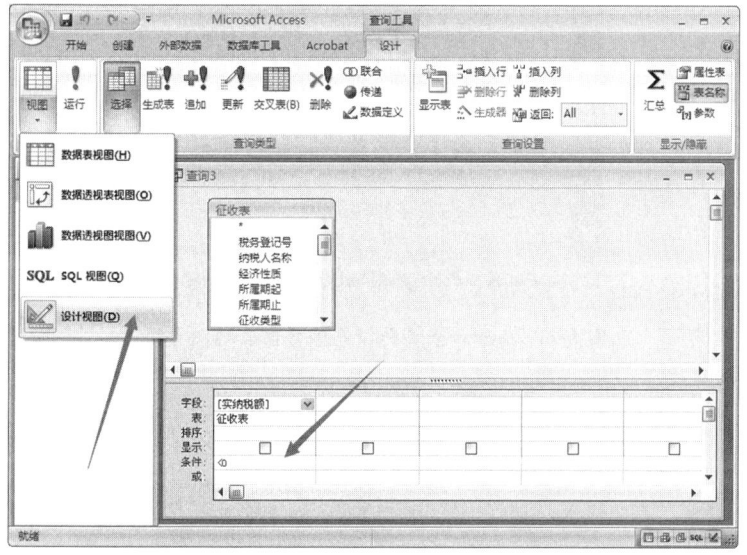

图 5-9　Access 查询分析器的设计视图界面

② SQL 视图。SQL 视图用来提供 SQL 编程操作,其界面如图 5-10 所示。

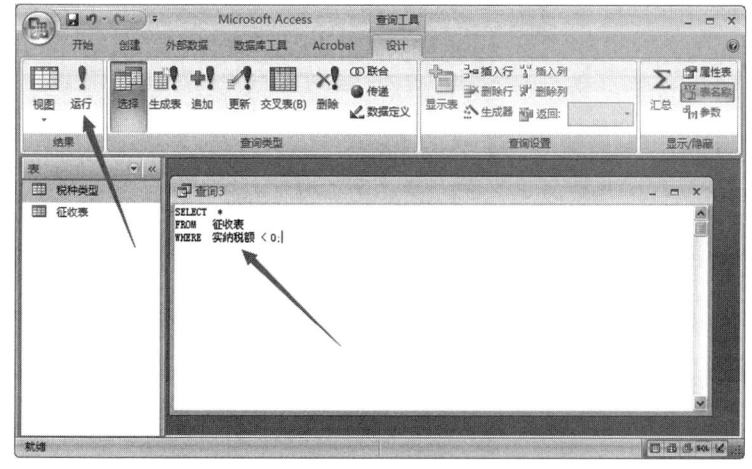

图 5-10　Access 查询分析器的 SQL 视图界面

③ 数据表视图。数据表视图用来显示查询分析的结果数据,其界面如图 5-11 所示。数据表视图中不能插入或删除列,不能修改查询字段的字段名,但是可以移动列,而且在查询的数据表中可以改变列宽和行高,还可以隐藏列和冻结列。

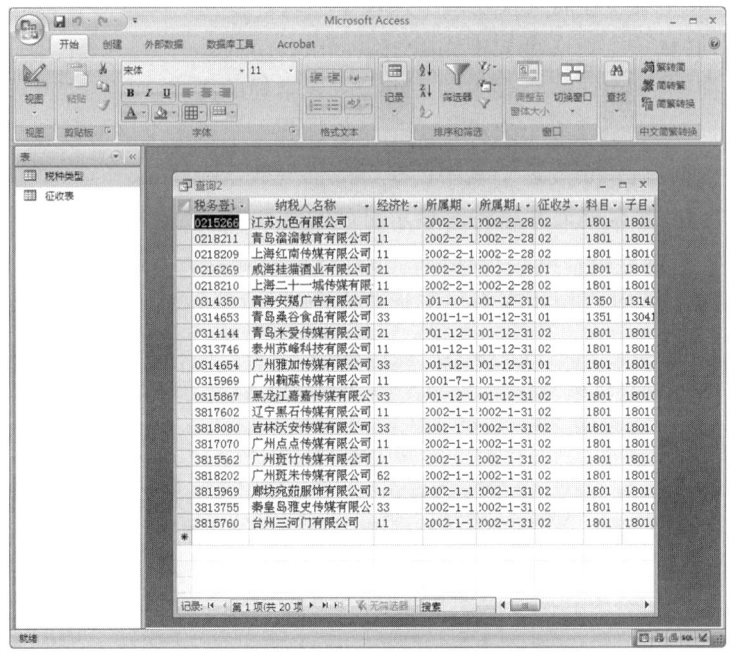

图 5-11　Access 查询分析器的数据表视图界面

（3）Access 查询分析器三种视图之间的切换方法。在查询状态下,单击工具栏左上角的第一个工具按钮,如图 5-12 所示,就可以完成三种视图之间的切换。

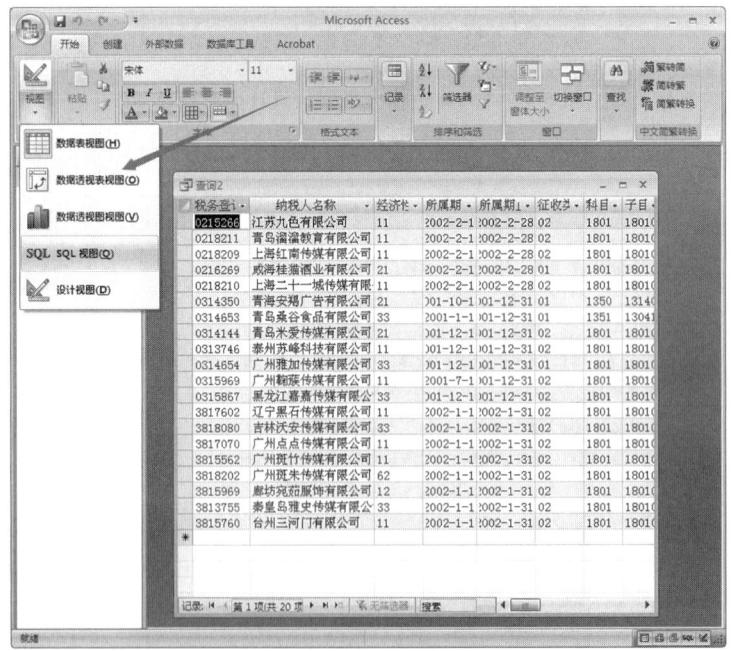

图 5-12　Access 查询分析器三种视图之间的切换方法

二、SQL Server 简介

(一) SQL Server 概述

SQL Server 是微软公司推出的关系型数据库管理系统,它最初由 Microsoft、Sysbase 和 Ashton-Tate 三家公司共同开发的,于 1988 年推出第一个 OS/2 版本,后来微软公司开始为 Windows NT 平台开发新的 SQL Server 版本。SQL Server 可跨越从运行 Microsoft Windows 98 的个人电脑到运行 Microsoft Windows 2012 的大型多处理器的服务器等多种平台使用,具有使用方便、可伸缩性好,以及与相关软件集成程度高等优点。

(二) SQL Server 的主要版本发展历程

为了便于审计人员了解 SQL Server,将 SQL Server 的主要版本发展历程进行总结,如表 5-4 所示。

表 5-4 SQL Server 的主要版本

年份	版本	支持的操作系统	特点
1988	第一个 OS/2 版本	OS/2	
1992	Windows NT 版本	Windows NT	
1996	SQL Server 6.5	Windows NT	
1998	SQL Server 7.0	Windows NT、Windows 95/98/2000 专业版	该版本在数据存储和数据库引擎方面发生了根本性的变化
2000	SQL Server 2000	Windows ME、Windows 98、Windows NT Workstation 4.0、Windows 2000 Professional、Microsoft Windows NT Server 4.0、Windows 2000 Server	该版本继承了 SQL Server 7.0 版本的优点,同时又比它增加了许多更先进的功能。包括企业版、标准版、开发版、个人版四个版本
2005	SQL Server 2005	Windows XP、Windows Vista、Windows 7、Windows 2003	是一个全面的数据库平台,使用集成的商业智能(BI)工具提供了企业级的数据管理
2008	SQL Server 2008	Windows XP、Windows Vista、Windows 7、Windows 2003、Windows 2008	为当时最优秀最完善的 SQLserver 数据库。该版本功能可以使用存储和管理许多数据类型,包括 XML、E-mail、时间/日历、文件、文档、地理等等,同时提供一个丰富的服务集合来与数据交互作用
2012	SQL Server 2012	Windows 7、Windows 8、Windows Server 2008 R2、Windows Server 2008 SP2、Windows Vista SP2	此次版本的定位是帮助企业处理每年大量的数据增长,对大数据环境提供支持
2014	SQL Server 2014	Windows 7、Windows 8、Windows Server 2008、Windows Server 2012	微软公司将 SQL Server 2014 定位为混合云平台,它更容易整合 Windows Azure

(三) SQL Server 2008 简介

目前，SQL Server 已成为数据库管理方面的主流产品之一。考虑到目前 SQL Server 2008 在审计人员中应用较为普遍，下面以 SQL Server 2008 为例，结合审计应用来介绍其主要功能。

在 SQL Server 2008 中，SQL Server Management Studio 是一个集成环境，它将早期版本的 SQL Server 中所包含的企业管理器、查询分析器和 Analysis Manager 功能整合到单一的环境中，用于访问、配置、管理和开发 SQL Server 的所有组件。SQL Server Management Studio 的界面如图 5-13 所示。

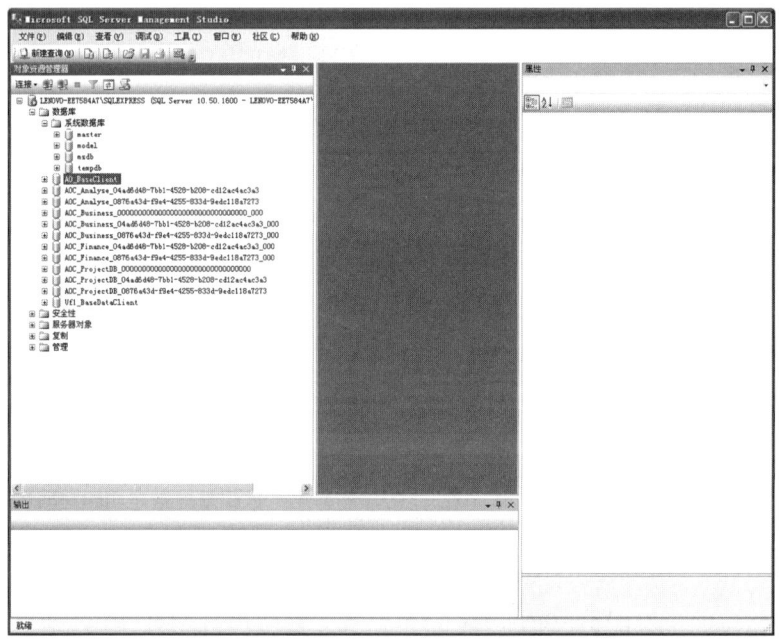

图 5-13　SQL Server 2008 数据库初始管理界面

(四) SQL Server 2008 与电子数据审计相关的主要功能

SQL Server 2008 与电子数据审计相关的主要功能如下：

(1) 数据导入和导出。SQL Server 2008 的数据导入和导出如图 5-14 所示，该功能可用于完成审计数据采集以及分析结果的导出。

(2) 数据查询分析。SQL Server 2008 的数据查询分析功能如图 5-15 所示，该功能可用于完成审计数据分析。

在图 5-15 中，A 表示新建一查询窗口，B 表示将要对哪个数据库进行分析，C 是执行数据查询的命令按钮，D 是数据查询 SQL 语句输入窗口，E 是数据查询结果显示窗口，F 是显示当前 SQL Server 2008 中所有的数据库的窗口。

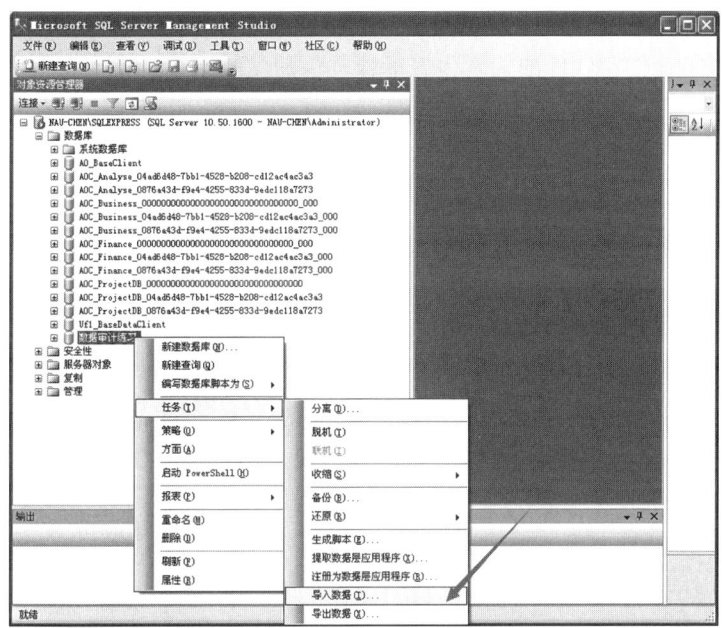

图 5-14　SQL Server 2008 的数据导入和导出功能界面

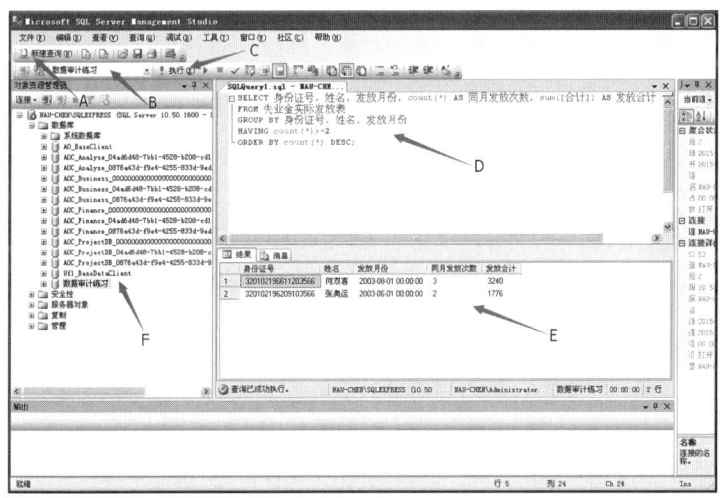

图 5-15　SQL Server 2008 数据库数据查询分析功能主界面

第 3 节　审计软件

一、审计软件分类

一般来说,审计软件可分为以下三种类型。

（一）审计作业软件

审计作业软件是指审计人员在进行审计作业时应用的软件,如"金审工程"的成果——现场审计实施系统（AO）软件,本书作者自主研发的审计软件——电子数据模拟实验室软件,国际流行的审计软件如 IDEA、ACL 等。审计作业软件是开展审计工作时应用的主要工具,审计作业软件的发展代表审计软件的发展水平。

(二) 审计管理软件

审计管理软件是用来完成审计统计、审计计划等方面功能的审计软件,如"金审工程"的成果——现场审计管理系统(OA)软件。

(三) 其他审计软件

除了审计作业软件和审计管理软件之外,为了满足审计工作的需要,还有其他一些审计软件,这些软件包括:

(1) 专用审计软件。主要用来完成特殊审计目的而专门设计的审计软件,例如海关审计软件、基建工程预决算审计软件、财政预算执行审计软件、银行审计软件、外资审计软件等。

(2) 法规软件。主要用来帮助审计人员在海量的财经法规中快速找出所需要的法规条目及内容。

(3) 联网审计软件。为了适应联网审计的需要,近年来审计署以及一些审计机关还开发了一些专门的联网审计软件,如社保联网审计软件等。

二、国内外主要审计软件介绍

为了便于掌握审计软件的使用,对国内外一些代表性审计软件简要介绍如下。

(一) 现场审计实施系统

前文介绍了金审工程。金审工程一期应用系统的框架如图 5-16 所示,其中,"现场审计实施系统"是金审工程一期应用系统建设成果之一。"现场审计实施系统"也称审计师办公室(auditor office,AO),是一个用于现场环境对电子数据进行审计的操作平台,它是整合审计行业原有审计软件,并有效提升、创新发展的结果,是审计人员对被审计单位开展审计的工具。现场审计实施系统的主要版本有 2005 版、2008 版和 2011 版,其中,2008 版和 2011 版最为常用。2011 版可运行的操作系统为简体中文 Windows XP SP2/SP3、Windows 7(32 位)。

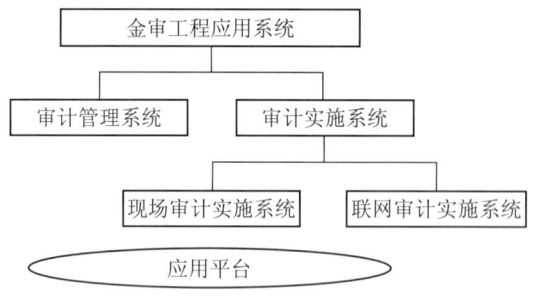

图 5-16 金审工程一期应用系统框架

下面以现场审计实施系统(2011 版)单机版软件为例,来介绍它的基本功能。现场审计实施系统(2011 版)单机版软件是向审计人员提供的一款安装在便携式计算机上,对被审计单位开展现场和远程审计方式的审计软件,可以满足审计数据采集、分析、管理和交互的软件适应性的要求。

现场审计实施系统的登录界面如图 5-17 所示。选择用户名称并输入密码后,单击"确定"按钮,进入系统,其主界面如图 5-18 所示。由图 5-18 可以看出,现场审计实施系统的主界面包括五个区：

（1）系统功能区。系统功能区又可分成一级功能区、二级功能区以及三级功能区。

① 一级功能区：包括项目管理、采集转换、审计分析、审计抽样、审计底稿等五个主要功能，以及辅助工具、系统管理等两个辅助功能。在七个一级功能下，还有二级功能和三级功能。

② 二级功能区：在单击每个一级功能后，二级功能区中展示对应的二级功能。

③ 三级功能区：在每个二级功能区下还有对应的三级功能。图 5-19 所示的为三级功能"SQL 查询器"，它包含在一级功能"审计分析"下的二级功能"数据分析"之中。

（2）项目资料区。现场审计实施系统按审计项目进行资料管理和展示。资料区中展示当前审计项目的各类信息目录。审计人员可以通过选择或定义项目资料目录模板，按

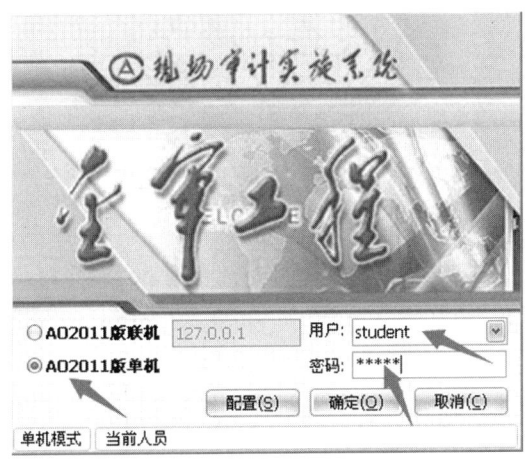

图 5-17　AO 2011 的系统登录界面

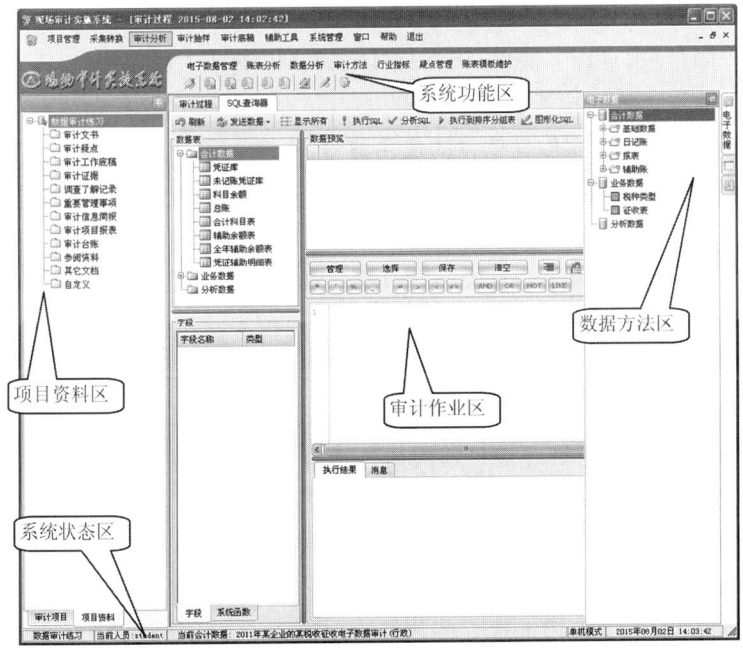

图 5-18　AO 2011 的主界面

第 3 节　审计软件　101

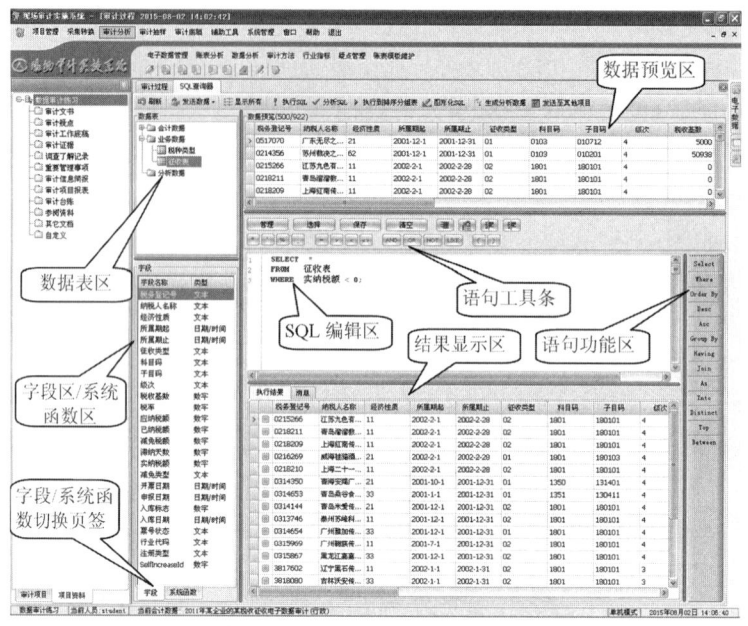

图 5-19　AO 2011 的 SQL 查询器窗体

通用规则模板或个性化模板进行审计项目的资料管理。

（3）审计作业区。在不同的一级功能和二级功能下，系统提供不同的工作区界面，满足项目审计业务的不同需求。

（4）系统状态区。系统状态区显示当前的操作状态。

（5）数据方法区。数据方法区是系统提供给用户的审计工具快捷入口，分为：

① 电子数据：显示当前电子数据中的数据表，审计人员可以快速打开这些数据表。

② 会计科目：显示当前电子数据中的会计科目，审计人员可以快速打开科目余额表。

③ 审计方法：显示审计方法以及通用审计工具，供审计人员使用。

（二）电子数据审计模拟实验室软件

1. 电子数据审计模拟实验室软件的应用背景

随着信息技术的发展，为了适应信息化环境下审计事业发展的需要，国内外政府、高校、培训机构高度重视计算机审计的教育与培训工作，众多高校、政府培训机构开设了计算机审计的相关课程。作为一门交叉、新兴课程，如何开设好这一课程成为困扰大家的难题。为了能更好地适应审计实践教学的需要，审计模拟实验室建设已成为一项重要工作，审计署 2009 年首次倡导审计干部培训要建设模拟实验室，审计模拟实验室建设的研究同时也引起审计界的广泛关注。

如前文所述，电子数据审计是目前国内外审计领域关注的重点，2014 年 12 月，审计署增设了电子数据审计司。因此，电子数据审计在目前我国审计工作中越来越重要，审计人员掌握电子数据审计技术成为必然。为了能更好地适应电子数据审计实践教学的需要，本书作者结合目前电子数据审计，以及审计模拟实验室的研究与应用现状，设计了一个为用户学习和掌握电子数据审计方法的模拟实验平台，形象地称之为电子数据审计模拟实验室软件。该软件特别适合作为本书电子数据审计的实验教学软件。

2. 电子数据审计模拟实验室软件的主要功能

"电子数据审计模拟实验室"是一个形象的比喻,用户可用这个软件来练习电子数据审计方法,就好比是一个虚拟实验室。通过本软件,用户可以通过练习掌握以下电子数据审计方法:

(1) 数据采集(数据准备),包括采集文本文件、Excel 文件、Access 数据库文件。

(2) 数据查询,包括 SQL 查询模拟器、快速条件查询。

(3) 数值分析,包括重号分析、断号分析、Benford 定律分析。

(4) 统计分析,包括一般统计和分层分析。

(5) 审计抽样,包括间隔抽样和随机抽样。

(6) 数据匹配,主要是针对两个数据表进行数据的匹配分析,包括一般匹配和长度过滤匹配。

(7) 相似数据查询,主要是针对同一个数据表内的数据进行相似数据查询,包括一般相似查询和长度过滤相似查询。

目前,电子数据审计模拟实验室软件 V1.0 的主要功能如图 5-20 所示。

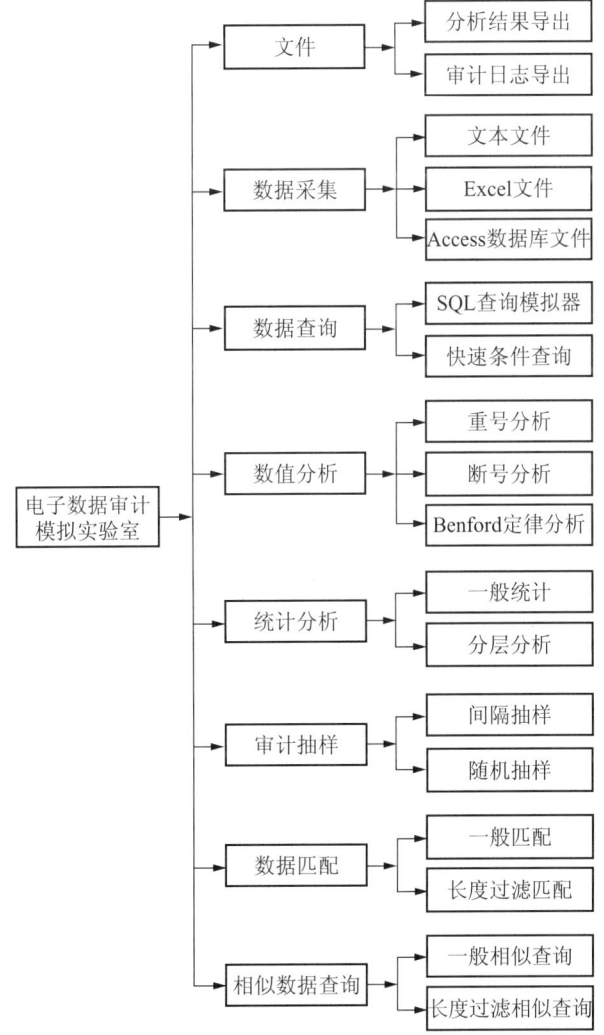

图 5-20 电子数据审计模拟实验室软件 V1.0 的主要功能

3. 电子数据审计模拟实验室软件的部分功能示例

电子数据审计模拟实验室软件 V1.0 的部分功能如图 5-21 和图 5-22 所示。

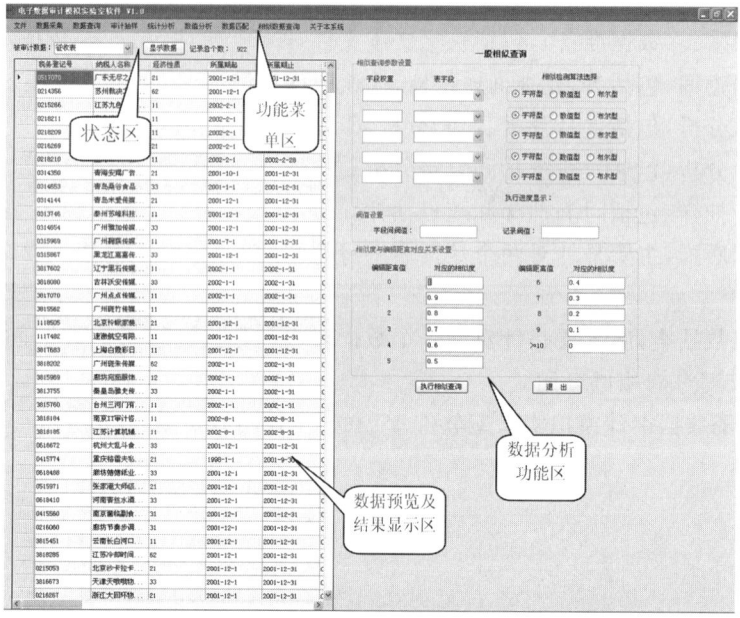

图 5-21　电子数据审计模拟实验室软件 V1.0 的主界面

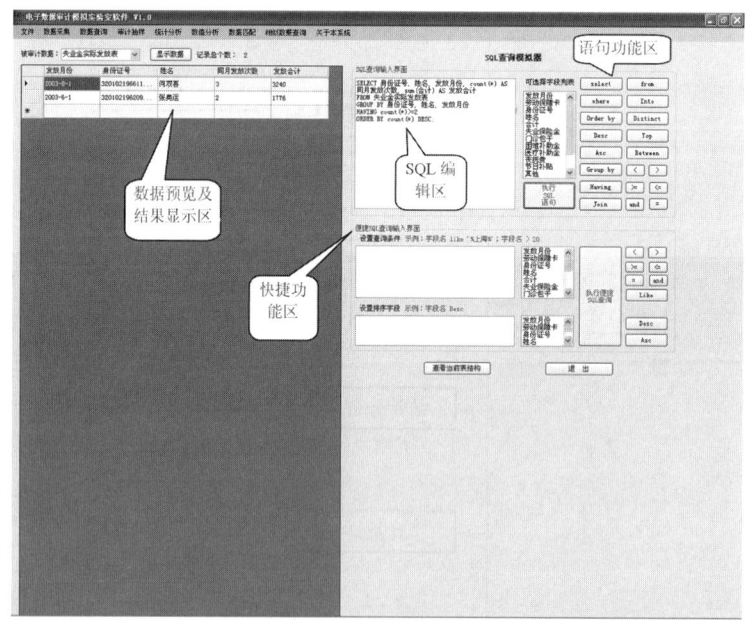

图 5-22　"电子数据审计模拟实验室软件 V1.0"的 SQL 查询模拟器功能主界面

对于电子数据审计模拟实验室软件 V1.0 的具体应用，将会在后文作具体分析。

（三）IDEA

1. IDEA 简介

IDEA 是 interactive data extraction and analysis 的缩写，意思是交互式数据抽取与

分析,它体现了强大的分析功能与 Windows 操作系统下友好的用户界面的组合。IDEA 是由加拿大的 CaseWare 公司(快思维国际有限公司)开发并推出的数据审计软件产品。CaseWare 公司是老牌的审计软件提供商,主要提供数据分析软件、工作底稿软件、小型财务软件及其他服务,主要产品有 IDEA、WORKPAPER 等。其中:IDEA 主要提供海量数据分析功能;WORKPAPER 主要提供工作底稿的编辑管理功能。IDEA 软件的主要特点有:

(1) 简单易用、操作方便。IDEA 给审计人员提供了一个方便的 Windows 操作系统界面,所有的功能操作起来都非常简便,使得学习及使用它变得轻而易举。IDEA 能够支持多种数据库,且无须审计人员掌握程序编写知识,只需要审计人员使用按钮就可以运用分析功能。IDEA 中帮助文件详细,方便了审计人员的使用。IDEA 能够协助审计人员快捷地完成审计测试,把复杂的工作变得简单。

(2) 功能强大。IDEA 为审计人员提供了强大的数据采集功能和丰富的审计数据分析方法。

(3) 具有很强的数据安全性。在实际应用中,IDEA 的一个突出的优点就是它不会更改原始数据,相对于传统工具软件 Excel 具有无可比拟的优势,因此,可以防止审计人员的舞弊行为,具有很强的数据安全性。

(4) 能提供操作轨迹。对于每一项审计测试,IDEA 都能提供操作轨迹,这为以后数据跟踪以及提供可靠的法律效力提供了依据。

2. IDEA 基本功能介绍

总的来说,IDEA 的基本功能如下:

(1) 将分析计划和进程归档于计划列表中。
(2) 能采集各种类型数据文件中的数据。
(3) 创建自定义的数据视图及报告。
(4) 执行数据分析,包括数据查询、统计分析、断号分析、重号分析等。
(5) 对异常的或不连续的项目可以应用简单的或复杂的标准来进行异常测试。
(6) 使用系统、随机、属性或货币单位的抽样技术来选择抽样。
(7) 匹配或比较不同的文件。
(8) 为多维分析生成数据透视表。
(9) 自动生成一个完整的历史文件,将分析结果归档。
(10) 可以使用自定义的 IDEA 脚本创建宏。

3. IDEA 8 基本功能简介

以 IDEA 8(2010 年 8 月发行)为例,启动 IDEA 后,系统中有被输入或打开的文件时的操作界面如图 5-23 所示。主要功能说明如下:

(1) 资源管理器窗口。资源管理器以树状或分类视图显示了在工作文件夹中的所有文件。数据库可以被打开、重命名、删除、合并或添加到另一个数据库中去,也可以在该窗口中对现有选项进行标记。

(2) 资源管理器工具栏。资源管理器工具栏提供了文件管理功能,它包含的按钮提供了文件管理功能的快捷途径。

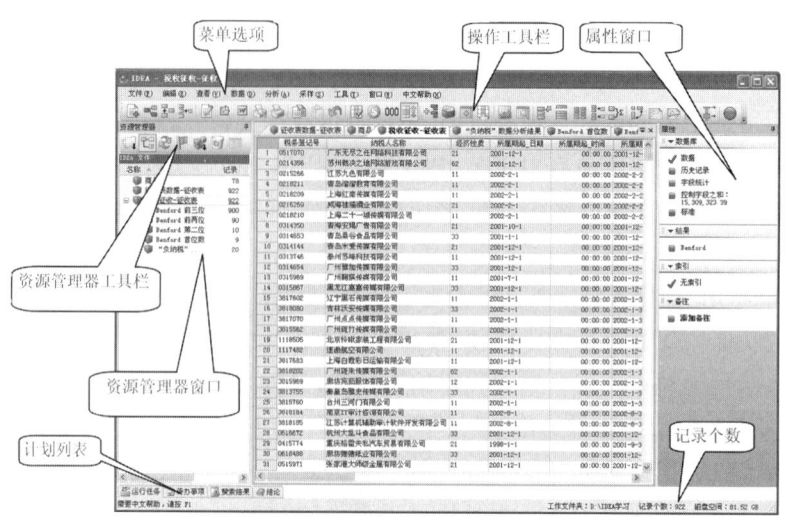

图 5-23　IDEA 8 的主界面

（3）操作工具栏。操作工具栏为一些最常用的功能提供了快捷方式。

（4）属性窗口。属性窗口中在任何项目旁的复选标记指明了它在当前视图中处于活动状态。

从属性窗口中，可以访问以下部分和功能。

① 数据库，主要包括以下部分：

● 数据。IDEA 的数据视图如图 5-24 所示。数据视图是一个多文档界面（multiple document interface，MDI）子窗口，它使得审计人员可以在数据库中查看所包含的字段。打开数据库时，数据视图将显示在主窗口中，并将在属性窗口的数据库区域内的数据链接旁出现一个复选标记，以指明数据属性可用。数据视图显示为一个二维数据表，字段名称显示为列标题，而记录号码显示为行号。所有的列（字段）都是可以调整尺寸的，例如，双

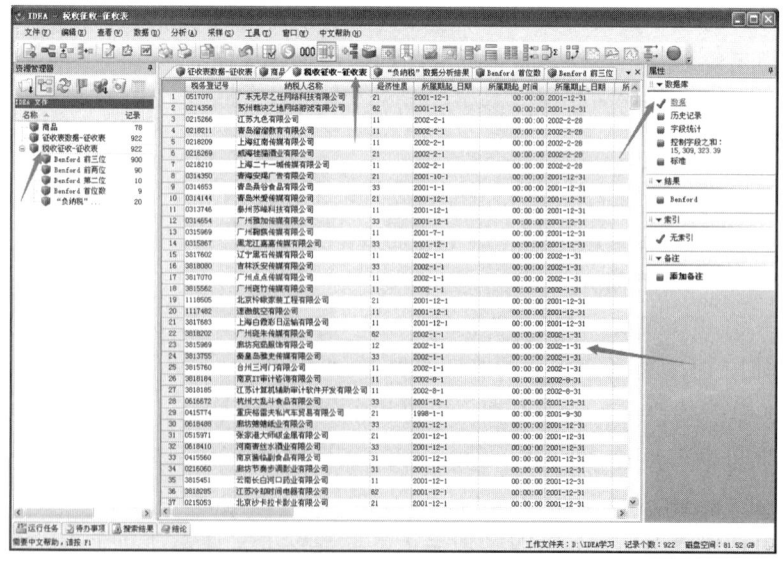

图 5-24　IDEA 8 的数据视图

击字段分隔符,将提供一个最佳或优化的字段宽度,也可以通过调整字段名之间的分隔符来调整字段宽度,单击并拖拉到希望的宽度。尽管一次可以打开多个数据库,但是每个数据库都是在不同的数据窗口中被打开的,而当前的数据库的名称显示在 IDEA 标题栏中。数据库中记录个数、路径,以及在工作文件夹中可利用的磁盘空间将显示在应用窗口底部的状态栏中。

数据视图中也显示 IDEA 的分析结果,例如,采用 IDEA 的数据查询功能对某一税收征收数据进行分析,其结果视图如图 5-25 所示。

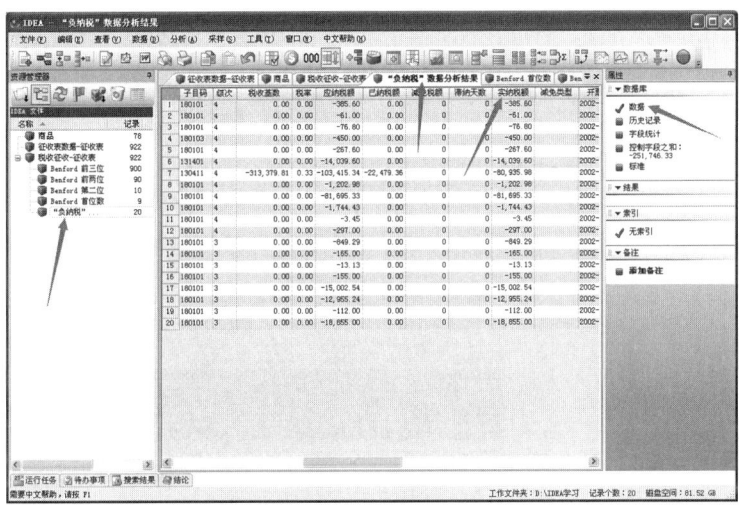

图 5-25　IDEA 8 的分析结果数据视图

● 历史记录。IDEA 的历史记录属性视图如图 5-26 所示。历史记录属性可生成一个线性日志,对在数据库上执行的所有任务进行审计追踪或记录,包括数据库的导入和每次审计测试。通过历史记录属性可以追溯数据的创建过程。

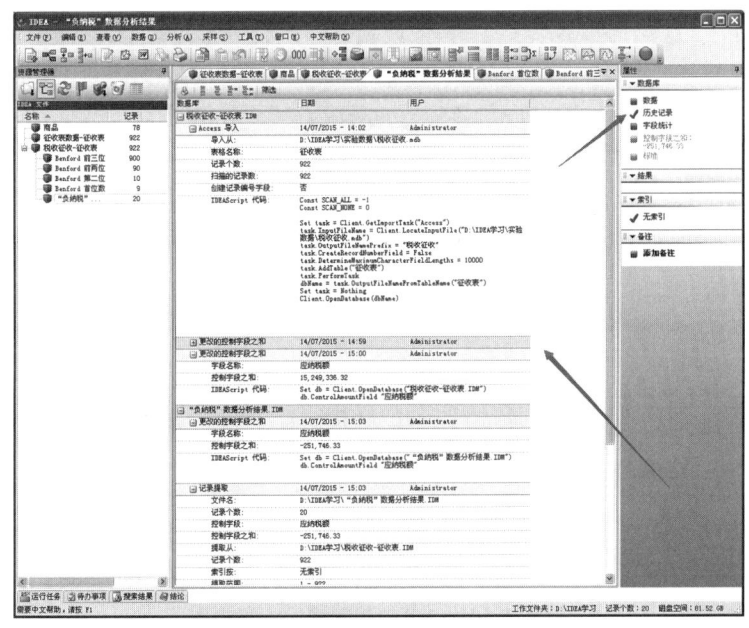

图 5-26　IDEA 8 的历史记录属性视图

● 字段统计。IDEA 的字段统计视图如图 5-27 所示。字段统计属性提供了关于活动数据库中所有数值、日期和时间字段的统计信息，包括总计、平均、最大、最小等信息。字段统计提供了一个有价值的数据库初步分析，帮助审计人员理解数据，甚至可能发现问题以便做进一步的调查。

图 5-27　IDEA 8 的字段统计视图

● 控制字段之和。IDEA 的控制字段之和视图如图 5-28 所示。使用控制字段之和属性，可将选定"数值"字段的总计显示在属性窗口中数据库区域里的控制字段之和旁边。

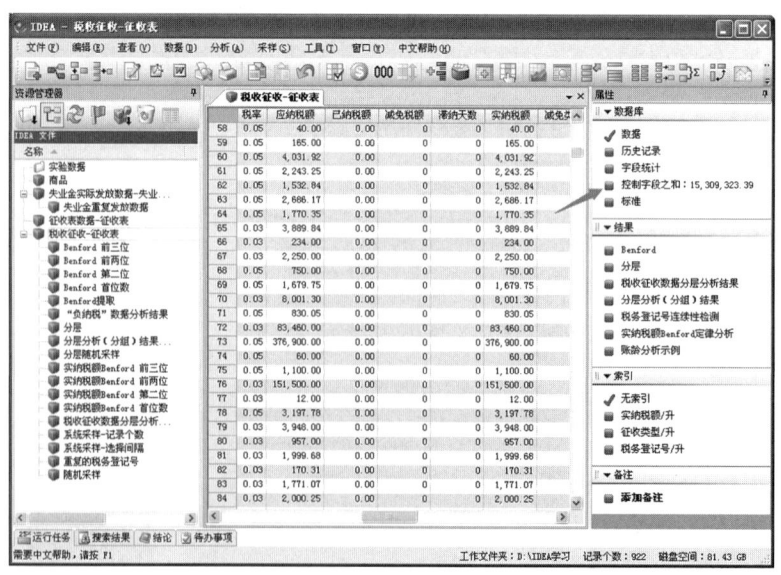

图 5-28　IDEA 8 的控制字段之和视图

● 标准。IDEA 的标准视图如图 5-29 所示。标准属性类似于 IDEA 数据分析功能中的直接提取任务,可以用来确定满足特定标准的项目。但是,标准并不生成输出数据库,它只是在数据库窗口中显示符合标准的那些记录,状态条记录了在数据库中满足给定标准的记录个数。

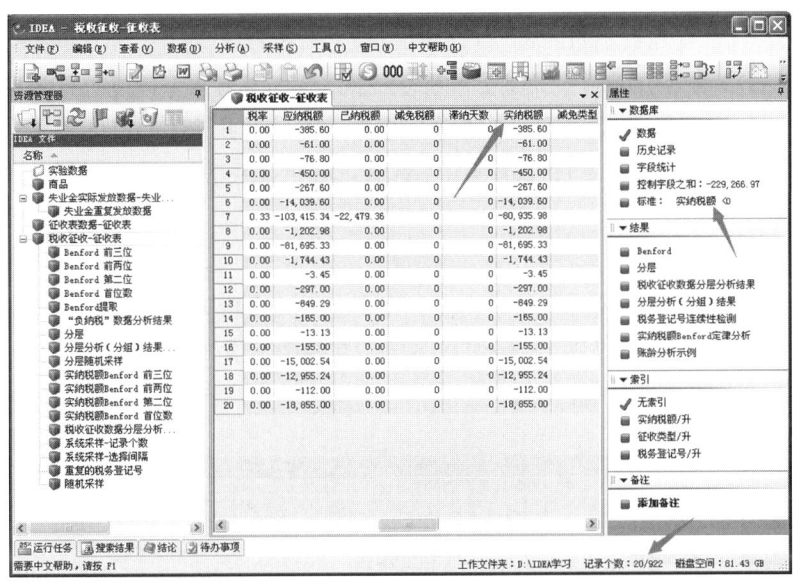

图 5-29　IDEA 8 的标准视图

● 索引。IDEA 的索引视图如图 5-30 所示。在 IDEA 中使用索引功能可以创建、删除和重新生成索引。

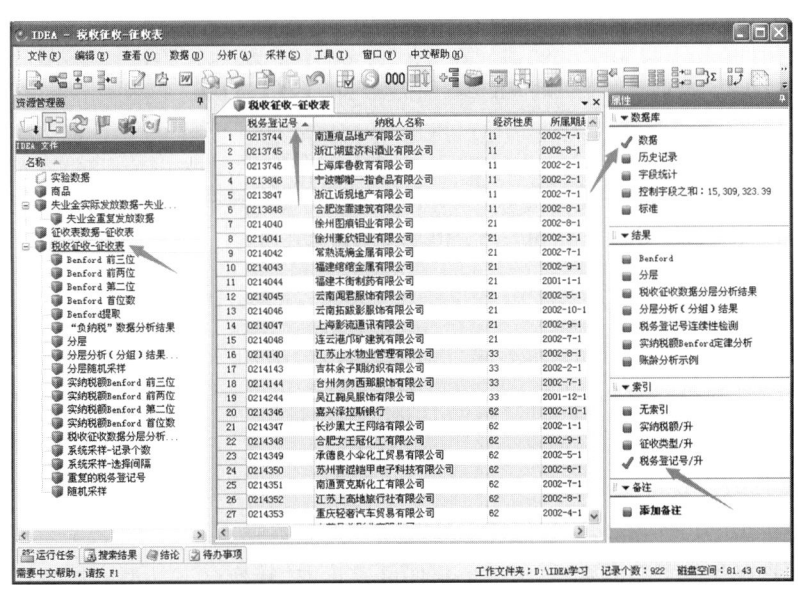

图 5-30　IDEA 8 的索引视图

IDEA 的索引功能具有以下特点：

ⅰ. 一旦创建了索引，IDEA 就会在数据库中按索引顺序显示记录。

ⅱ. 索引并不是将记录排列在单独的数据库中，而是以指定的顺序排列记录。

ⅲ. 审计人员选择的用于排列记录的字段称为关键量，一个索引最多可以包含 8 个关键量。如果创建了某个索引，最重要的字段（主关键量）将被首先选定，然后才是第二重要的字段，依次类推，直到最不重要的字段（次关键量）。

ⅳ. 属性窗口的索引区域中提供了所有生成的索引，当前索引以复选标记突出显示。

ⅴ. IDEA 同时在已索引字段列标题上显示方向箭头，使审计人员能轻易识别已索引的字段及其顺序（升序或降序）。其中，主关键量以红色箭头表示，而次关键量以蓝色箭头表示。

② 结果。

许多 IDEA 分析会生成一个结果视图。以 Benford 定律为例，IDEA 的结果视图如图 5-31 所示。每个结果视图提供了一个工具栏，工具栏中所含的相应的选项是由测试来决定的，例如打印视图、将结果输出到文件等。

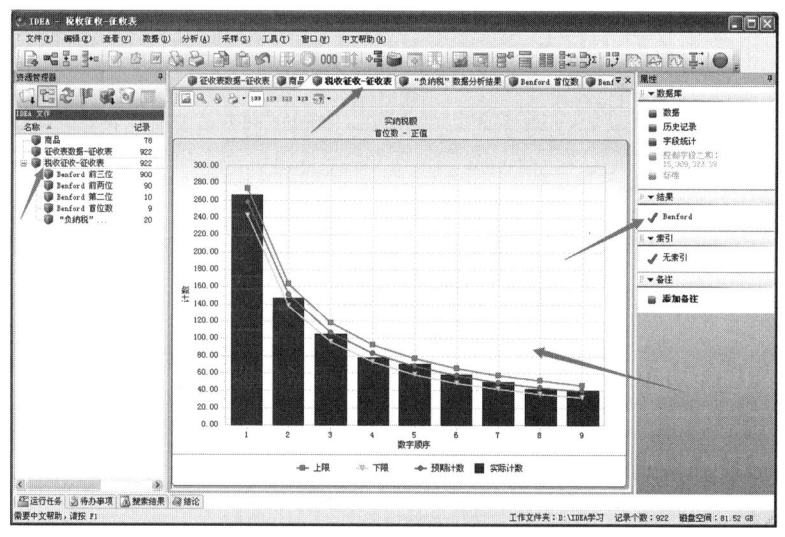

图 5-31　IDEA 8 的结果视图

（四）ACL

ACL(audit command language，审计命令语言)是由加拿大 ACL 公司开发的面向大中型企业的审计软件，主要提供数据分析软件及服务，特别适合金融、电信、保险等行业海量数据的分析。

ACL 软件的主要特点有：

（1）大数据量处理。ACL 软件可以处理几千万条数据。

（2）能采集多种类型的数据。ACL 软件可以读取、转换众多类型的被审计数据。

（3）功能强大。除了常规功能外，在数据分析过程中，ACL 软件可以不断增加并存储其灵活程序或命令，审计人员可以结合自己的工作经验或业务需要，充分运用 ACL

软件提供的广泛分析解决方案、交互式数据分析、可再编辑的命令程序,直接进行全面数据分析。另外,ACL软件可通过日志文件等方式归类各种分析,记录各类数据分析,进行信息的整合。

(4)具有持续监控功能。ACL软件可以持续监控被审计单位数据,预防舞弊的发生,使审计人员从大量的重复性工作中解脱出来,可以更关注于风险的防范和预防。ACL软件已经在微软公司及汇丰银行中加以应用。微软公司,采用ACL软件实时监管公司业务,为公司决策者提供有效决策信息支持。在汇丰银行,ACL公司针对银行数据量大的特点,在银行数据库服务器旁搁置服务器,利用每天夜里银行数据库服务器相对空闲时下载审计所需的数据,审计人员利用ACL软件对下载的数据进行分析,从而发现审计线索。

(五)国外其他审计软件概述

以上列出了两个国际上比较流行的审计软件,除此之外,部分国外审计软件简介如下:

1. Horwath公司开发的审计软件

英国Horwath Clark Whitehill会计师事务所的主要产品有:Galileo和Magique Risk Management,其中,Galileo是满足企业内审要求的审计软件,它包括审计计划、审计进度表、审计底稿、审计报告、项目人员管理、问题追踪等审计工作所需要的模块;Magique Risk Management是进行企业整体风险评估的审计软件。

2. Paisley公司开发的Auto Audit for windows

Auto Audit for windows是加拿大的Paisley公司开发的面向会计师事务所的审计项目管理软件。

3. 普华永道公司开发的TeamMate

TeamMate是普华永道公司(Price waterhouse Coopers)开发的审计项目管理软件,它包括风险评估、审计计划、底稿复核等功能模块。

普华永道公司是由拥有150多年历史两家公司Price Waterhouse和Coopers & Lybrand合并而成。合并之前的Coopers & Lybrand是英国最大的咨询公司,公司在财务咨询、业务流程重组和系统集成方面有很强的优势,而Price Waterhouse公司也在IT咨询方面有很强的实力。

4. Pentana公司开发的审计软件

Pentana公司主要提供内部审计软件,其主要产品有:PAWS Risk & Audit Management、Retain Resource Planning Software、Pentana Checker Questionnaire Software。Pentana审计软件包含审计风险评估、审计计划、财务披露等模块,该软件开发公司总部在英国。

三、国内外审计软件功能比较

AO和IDEA分别是目前国内和国外著名的审计软件。为了便于了解国内外审计软件在功能上的异同,以AO 2011和IDEA 8为例进行国内外审计软件功能的比较,二者功能的比较如表5-5所示。

表 5-5　AO 和 IDEA 的功能比较

功　　能		AO 2011	IDEA 8
账表分析		√	
统计分析		√	√
数据查询		√	√
数据比较			√
从两个不同的文件创建一个新文件		√	√
重号分析		√	√
断号分析		√	√
抽样功能		√	√
Benford 定律检测			√
账龄分析			√
批命令处理			√
操作日志			√
数据采集模板		√	
数据采集对象	Access	√	√
	ODBC	√	√
	Dbase	√	√
	Text	√	√
	Excel	√	√

本章小结

1. 广义上讲,审计软件是指能用于帮助完成审计工作的各种软件工具,包括各类数据库工具如 SQL Server、Microsoft Access 等,以及 Microsoft Excel 等电子表格软件,这类软件工具虽然可以用于帮助完成审计工作,但不是专门为审计工作开发的,我们把这些软件称为通用软件;狭义上的审计软件指的是专门为审计工作开发的各类软件,如现场审计实施系统(AO)、电子数据模拟实验室软件、IDEA、ACL 等。

2. 一般来说,审计软件可分为三种类型:审计作业软件、审计管理软件、其他审计软件。

3. 国内外有代表性的审计软件有现场审计实施系统、电子数据审计模拟实验室软件、IDEA、ACL 等。

 复习思考题

1. 什么是审计软件？列举你所知道的国内外审计软件。
2. 电子表格软件对开展电子数据审计有何作用？如何利用本章所提到电子表格软件开展审计信息化？
3. 如何利用本章所提到数据库软件开展审计信息化？如何利用其他数据库软件开展审计信息化？
4. 如何利用本章所提到的审计软件开展电子数据审计？如何利用其他审计软件开展电子数据审计？
5. 谈谈审计软件的发展趋势。

 练习题

一、单选题

1. 以下哪一项不是审计软件？（　　　　）。
 A. 现场审计实施系统　　　　　　B. 电子数据模拟实验室软件
 C. IDEA　　　　　　　　　　　　D. Microsoft Word
2. 对于每一项审计测试，（　　　　）都能提供操作轨迹，这为以后数据跟踪以及提供可靠的法律效力提供了依据。
 A. Microsoft Word　　　　　　　B. SQL Server
 C. IDEA　　　　　　　　　　　　D. Microsoft Access

二、多选题

1. 狭义上的审计软件指的是专门为审计工作开发的各类软件，如（　　　　）。
 A. 现场审计实施系统　　　　　　B. 电子数据模拟实验室软件
 C. IDEA　　　　　　　　　　　　D. ACL
2. 对于审计软件的分类，一般来说，审计软件可分为（　　　　）。
 A. IDEA　　B. ACL　　C. 审计作业软件　　D. 审计管理软件

三、判断题

1. Excel 是 WPS Office 软件的一个重要的组成部分。　　　　　　　　（　　）
2. 为了提高工作效率，审计人员在开展审计的过程中会用到各种各样的软件工具，我们一般把这些软件工具称为审计软件。　　　　　　　　　　　　　　　　　（　　）
3. 广义上讲，审计软件是指能用于帮助完成审计工作的各种软件工具，包括各类数据库工具如 SQL Server、Microsoft Access 等，以及 Microsoft Excel 等电子表格软件。（　　）
4. SQL Server 是微软公司（Microsoft）推出的关系型数据库管理系统。　（　　）
5. ACL（Audit Command Language，审计命令语言）是由加拿大 ACL 公司开发的审

计软件。( )

6. IDEA 是 Interactive Data Extraction and Analysis 的缩写,意思是交互式数据抽取与分析。( )

阅读材料 5.1　信息系统审计的特殊专业工具

本文对一些可用于信息系统审计的特殊专业工具进行介绍。当然,审计人员在开展信息系统审计时,不必一定要使用这些相关软件,有时也可以检查一下被审计单位日常是否关注信息系统相关安全问题、采用了哪些工具防范这些信息系统安全问题、是否定期开展了信息系统安全检测工作、能否提供相关开展信息系统安全检测工作的证明材料等。

一、数据库审计工具

在当今社会中,关系型数据库(DBMS)被用来存储企业中最重要的信息。近年来,存储在数据库中的数据在迅速增长,为了快速访问和维护数据导致保护这些数据的安全性变得愈来愈困难,一些企业的数据库受到了越来越多的内外部攻击。因此,数据库的预防措施和安全管理逐渐的成为一项重要工作。

为了保证数据库的安全,数据库审计工具越来越重要,一些数据库审计工具被开发出来。如 DB Audit Expert(美国 SoftTree 科技公司开发),它是一款专业的数据库安全评估工具。DB Audit Expert 内置多个审计方式,允许数据库及系统管理员、安全管理员、审计人员和操作人员跟踪和分析被审计单位数据库的活动,包括对数据库的访问、使用、对象的建立、修改和删除等。

二、日志审计工具

网络设备(如路由器、交换机、防火墙和 IDS/IPS)、企业运行应用程序的数据库和网络服务器等都会生成大量的日志数据。为了及时掌握网络的现状,深入洞察潜在威胁,并在威胁转变成攻击之前进行防范,审计人员可以对相关日志数据进行分析。比如,通过相关日志数据可以分析用户非正常活动、用户异常行为、内部威胁、外部攻击、数据窃取等风险。

为了对日志数据进行分析,一些日志数据审计工具被开发出来,如 EventLog Analyzer 等。

三、渗透测试工具

评估计算机网络系统安全性能的方法很多,其中渗透测试是一种流行的方法,它是一种利用模拟黑客攻击的方式,来评估计算机网络系统安全性能的方法。常用渗透测试工具包括:

(1) 网络扫描工具,如 NMap、SuperScan、Wireshark 等。

(2) 通用漏洞检测工具,如 X-Scan、Nessus、Metasploit 等。

(3) Web 应用漏洞检测工具,如 AppScan、Pangolin 等。

阅读材料 5.2　文本文件数据采集方法示例

一、采用 Microsoft Excel 采集文本文件数据

有时,被审计单位提供给审计人员的是文本文件格式的数据,把该类型的数据采集到 Microsoft Excel 中可采用以下方法:

(1) 第一种方法:直接打开文本文件。该方法的操作步骤为:

① 打开 Excel。

② 单击"Office"按钮,选择"打开"选项,如图 5-32 所示,按照提示步骤,选择需要采集的文本文件数据,即可完成数据采集工作。

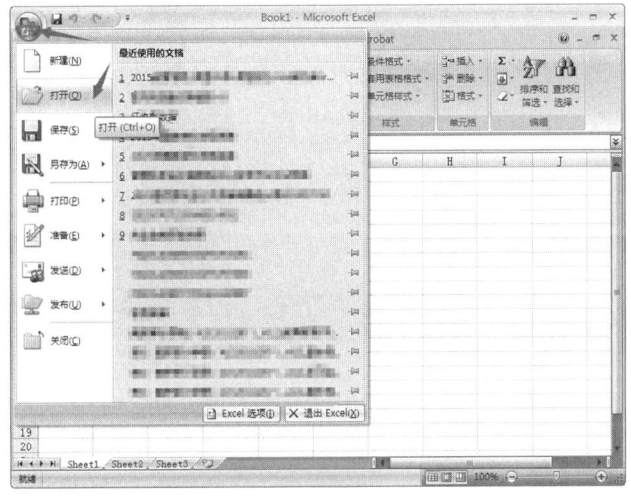

图 5-32　直接打开文本文件

(2) 第二种方法:通过 Excel 的数据导入功能来完成。该方法的操作步骤为:

① 打开 Excel。

② 单击菜单"数据"→"自文本",如图 5-33 所示,按照提示步骤,选择需要采集的文本

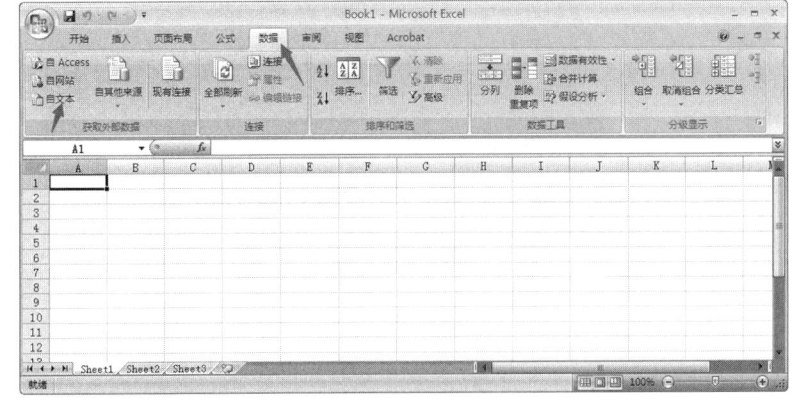

图 5-33　Excel 的数据导入功能

文件数据,即可完成数据采集工作。

二、采用 Microsoft Access 采集文本文件数据

有时,被审计单位提供给审计人员的是文本文件格式的数据,把该类型的数据采集到 Microsoft Access 中可采用以下方法：

(1) 第一种方法：直接打开文本文件。该方法的操作步骤为：

① 新建一个 Access 数据库,并打开该数据库。

② 在新建的 Access 数据库中,单击"Office"按钮,选择"打开"选项,如图 5-34 所示,按照提示步骤,选择需要采集的文本文件数据,即可完成审计数据采集工作。

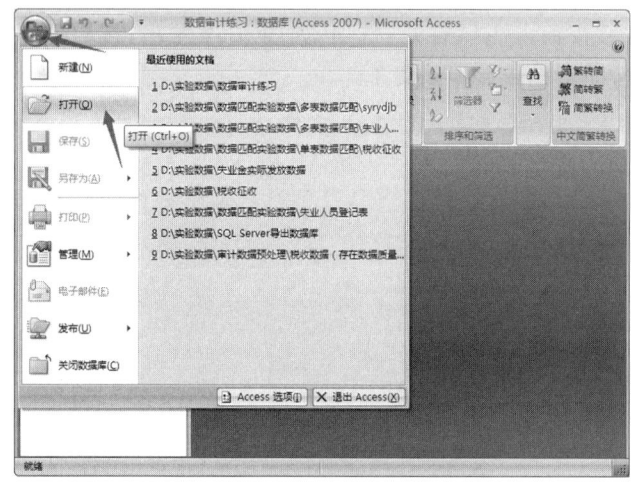

图 5-34　Access 的文件打开功能

(2) 第二种方法：导入文本文件。该方法的操作步骤为：

① 新建一个 Access 数据库,并打开该数据库。

② 在新建的 Access 数据库中,单击菜单"外部数据"→"文本文件",如图 5-35 所示,按照提示步骤,选择需要采集的文本文件数据,即可完成审计数据采集工作。

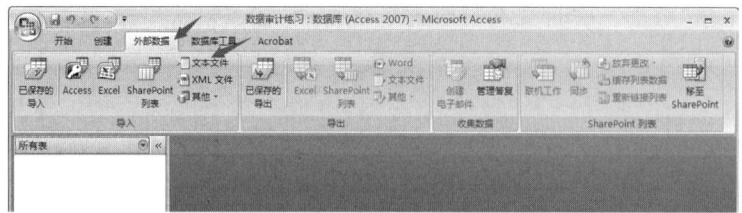

图 5-35　Access 的文本文件数据导入功能

第 6 章
审计作业信息化相关文书

学习目标
1. 掌握开展审计作业信息化的基本步骤
2. 熟悉审计通知书、审计实施方案、审计需求单、审计工作底稿、审计取证单、审计报告等审计文书的基本格式
3. 掌握如何编写审计实施方案、审计工作底稿、审计报告等审计文书

本书第 4、5 章分别介绍了审计作业信息化的相关原理与方法、审计信息化软件与工具和审计作业信息化的数据采集与分析。本章在此基础上,根据当前开展审计信息化的实际情况,分析开展审计信息化过程中各阶段常用的审计文书格式与内容,如审计通知书、审计实施方案、审计需求单、审计工作底稿、审计取证单、审计报告等。通过本章的学习,应熟悉和掌握开展审计信息化过程中各阶段常用的审计文书,从而为第 8 章的综合案例的学习以及今后从事审计实务工作提供必要的指导。

第 1 节 审前准备阶段

在审前准备阶段,需要准备审计通知书,在审前调查的基础上,制定审计实施方案。本节以政府审计开展审计作业信息化为主,同时兼顾内部审计和社会审计,分别介绍审计通知书、审计实施方案等相关审计文书的格式及内容。

一、审计通知书

(一) 政府审计的审计通知书

在开始到被审计单位开展审计前,需要向被审计单位下发审计通知书。下面以某审计局(假设为 A 审计局)为例,说明政府审计通知书的一般格式及内容。其中,审计组副组长和主审为可选项,根据实际情况填写。

A 审 计 局
审 计 通 知 书

A 局审通〔20＊＊〕＊＊号

A 审计局
对＊＊＊＊（项目名称）进行审计的通知

＊＊＊＊（主送单位全称或者规范简称）：

根据《中华人民共和国审计法》第＊＊＊＊条的规定，我局决定派出审计组，自20＊＊年＊＊月＊＊日起，对你单位＊＊＊＊进行审计，必要时将追溯到相关年度或者延伸审计（调查）有关单位。请予以配合，并提供有关资料（包括电子数据资料）和必要的工作条件。

审计组组长：＊＊＊

审计组副组长：＊＊＊

审计组成员：＊＊＊（主审）　＊＊＊　＊＊＊　＊＊＊

附件：审计署关于加强审计纪律的八项规定

（A 审计局印章）

＊＊＊＊年＊＊月＊＊日

附件：

审计"八不准"工作纪律

一、不准由被审计单位和个人报销或补贴住宿、餐饮、交通、通讯、医疗等费用。

二、不准接受被审计单位和个人赠送的礼品礼金，或未经批准通过授课等方式获取报酬。

三、不准参加被审计单位和个人安排的宴请、娱乐、旅游等活动。

四、不准利用审计工作知悉的国家秘密、商业秘密和内部信息谋取利益。

五、不准利用审计职权干预被审计单位依法管理的资金、资产、资源的审批或分配使用。

六、不准向被审计单位推销商品或介绍业务。

七、不准接受被审计单位和个人的请托干预审计工作。

八、不准向被审计单位和个人提出任何与审计工作无关的要求。

对违反上述纪律者，视情节轻重作出处理；对负有领导责任的，予以追究。

A 审计局举报电话：（＊＊＊）＊＊＊＊　＊＊＊＊。

（二）社会审计或内部审计的审计通知书

社会审计或内部审计审计通知书的一般格式及内容如下：

＊＊＊＊(项目名称)审计通知书

＊＊审字〔20＊＊〕＊＊号

＊＊＊＊(主送单位全称或者规范简称)：

　　根据＊＊＊＊(开展审计的单位全称或者规范简称)＊＊＊＊年度审计工作计划，兹指派下列＊位同志于20＊＊年＊＊月＊＊日至20＊＊年＊＊月＊＊日，对你单位＊＊＊＊进行审计，请提供必要的工作条件。

　　审计组成员名单如下：

　　组长：＊＊＊＊

　　主审人：＊＊＊＊

　　成员：＊＊＊、＊＊＊、＊＊＊、＊＊＊ 等

　　特此通知。

＊＊＊审计部(或＊＊＊会计师事务所)

＊＊＊＊年＊＊月＊＊日

二、审计实施方案

(一) 政府审计实施方案

在开展审计项目时，需要根据项目情况，制定审计实施方案。政府审计实施方案的一般格式如下：

审计实施方案

编制日期：　　年　　月　　日

领导批准			业务处负责人审核	
审计组组长			方案编制人	
被审计单位(项目)				
审计范围			审计方式	
审计起止日期				
审计人员	组　　长			
	副组长			
	成　　员			

根据A审计局《＊＊＊＊年＊＊＊＊＊＊审计工作方案》的规定，按照《中华人民共和国国家审计准则》的要求，审计组在认真进行调查了解基础上，制定本审计实施方案。

一、审计目标

＊＊＊。

二、审计的范围

＊＊＊。

三、审计内容、重点及审计措施，包括审计事项和审计应对措施

＊＊＊。

四、审计工作要求，包括项目审计进度安排、审计组内部重要管理事项及职责分工等

＊＊＊。

五、其他有关要求

＊＊＊。

（二）社会审计或内部审计实施方案

社会审计或内部审计实施方案的一般格式及内容如下：

****（项目名称）审计方案

**（审计项目概述）。

现根据对****（主送单位全称或者规范简称）的审前调查、了解和具体分析，制定审计方案具体如下：

一、基本情况

**。

二、审计目标

**。

三、审计范围

**。

四、审计方式及实施时间

**。

五、审计内容

**。

六、审计重点

**。

七、审计工作安排

审计组组长：***，负责主持进点会议，组织审计组成员开展现场检查，确定小组成员的分工；与被审计单位协调重要事项；审核审计通知书、审计实施方案；审定审计事实确认书、审核审计项目报告，把握审计项目质量和进度。

主审人：***，收集、分析被审计单位的有关资料，起草审前分析、审计实施方案、审计通知书；组织审计人员进行现场检查；起草审计事实确认书，起草审计项目报告；组织整理审计项目档案。

审计组成员：*** 负责 ***** 审计；*** 负责 ***** 审计；*** 负责 ******** 审计，等。各成员负责编制分工内审计事项工作底稿、工作记录稿，收集相应的资料复印件、情况说明等相关证明材料，对分工审计事项负全部责任。

八、审计依据

**。

九、审计的方法和要求
　　（一）访谈。
　　（二）发放信息系统调查表。
　　（三）现场观察。
　　（四）其他方法，如文档查看、抽样、穿行测试、计算机辅助审计技术等。
　　（五）对重点问题要查深查透，注意发现重大违法违规案件线索以及在管理上带有普遍性的问题，对在审计过程中发现的重大问题，必须在第一时间向相关领导汇报。
　　（六）实行审计项目责任制。审计组组长负总责，主审人及成员对分工事项负责。审计人员要严格按照审计方案实施审计，审计过程中无论是否发现问题，均必须详细编写工作底稿，真实地反映审计工作过程。对在检查中发现的问题，要由被审计单位负责人及相关责任人现场确认。
　　（七）审计结束后应对审计情况进行总结、汇总分析，及时完成审计报告。审计报告应对审计发现的问题提出针对性整改意见，对有关责任人员的违规违纪行为提出与违规事实、处罚办法相适应的处理建议。
　　（八）根据领导对审计报告的批示及被审计单位的反馈意见，拟写审计结论及处理意见，下发被审计单位执行。
　　（九）严格执行审计纪律。要严于职守，不徇私情，不得接受被审计单位的宴请、娱乐消费，树立和维护审计队伍形象。
　　（十）做好审计保密工作。对调阅资料按规定手续进行交接，防止审计资料的泄密。

****年**月**日

第2节　审计实施阶段

　　在审计实施阶段，审计人员需要采集相关数据和材料，这需要向被审计单位发出审计需求单；为了保证采集到的相关数据和材料的真实性和完整性，需要被审计单位提供承诺书；在审计实施过程中，需要编写审计工作底稿、审计取证单等审计文书。本节以政府审计开展审计作业信息化为主，同时兼顾内部审计和社会审计，分别介绍承诺书、审计需求单、审计工作底稿、审计取证单等相关审计文书的格式及内容。

一、承诺书

　　如前文所述，在审计作业信息化过程中，审计单位需要向被审计单位提出相关数据需求，获取所需要的审计资料，为了确保所获得的审计资料的真实性和完整性，必须建立数据承诺制，即被审计单位必须保证所提供的相关资料和数据的真实性和完整性。特别是由于电子资料比纸质资料更容易被篡改，并且难以发现篡改的痕迹，为了降低开展电子数据审计的风险，一般让被审计单位签署承诺书。

　　政府审计中，被审计单位向审计单位签署的承诺书的一般格式及内容如下：

承 诺 书

A 审计局：

按照《中华人民共和国国家审计准则》第九十三条的要求，我单位向审计组提供了此次审计所需要的财政、财务会计资料及相关资料（包括电子数据资料，下同），并作出如下承诺：

一、所提供的会计凭证、会计账簿、会计报表、银行账号、对账单等会计资料是真实、完整的。

二、所提供的与财政、财务收支有关的资料和其他资料是真实、完整的。

三、将随时向审计组提供审计工作需要的有关资料，对提供的所有资料无弄虚作假现象。

四、本单位（个人）将承担因提供不实资料或不如实提供资料而造成的一切法律责任。

被审计单位（公章）
被审计单位负责人（签名）
****年**月**日

二、审计需求单

在对被审计单位开展审计时，审计人员需要从被审计单位获得所需要的相关审计材料，为了保证与被审计单位的有效沟通，同时保证审计的严谨性，一般在让被审计单位提供相关所需要的审计材料时，审计人员需要向被审计单位提出正式的审计需求单。审计需求单的一般格式如下：

*** 审 计 局

审 计 需 求（编号）

***（被审计单位名称）：

根据我局审计工作安排，请准备以下资料：

（1）**********************。

（2）**********************。

……

上述数据请以 *** 格式（被审计单位提供数据的格式说明），于 ** 月 ** 日 ** 点前提供。

联系人：***，***
联系电话：*******，*******
****年**月**日

三、审计取证单

对于政府审计来说,审计取证单是审计作业信息化过程的一个重要支撑材料,也是形成审计报告的一个重要依据。对审计中发现的问题,审计人员应当按照一事一项所获得的审计证据,编制审计取证单,审计取证单应当经被审计单位和相关人员签字盖章。不能取得签名或者盖章的审计证据材料不影响事实存在的,仍然有效,但应当注明原因,至少由两名审计人员签字。审计取证单要有两名审计人员签字(手写)。

《审计署制度(2015年版)——审计业务内部管理规定》第二章审计现场管理第二十四条规定:"审计期间,除涉及重大经济案件调查等特殊事项外,审计组对每个审计事项、发现的每个问题,必须就事实、证据等,与被审计单位不同层级充分交换意见"。因此,对审计发现的问题,需要形成审计取证单,供审计报告阶段使用。审计取证单的一般格式如下:

审 计 取 证 单

第　　页(共　　页)

项目名称	
被审计(调查)单位或个人	
审计(调查)事项	
审计(调查)事项摘要	** ******************** 。
审计人员		编制日期	
证据提供单位意见	(盖章)
证据提供单位负责人(签名)		日期	

附件:　　页

注:如仅签名并加盖公章无说明,视同无异议。

四、审计工作底稿

审计工作底稿是审计人员在审计过程中对制定的审计计划、实施的审计程序、获取的相关审计证据以及得出的审计结论作出的记录。

政府审计工作底稿的一般格式及内容如下:

审计工作底稿

索引号：　　　　　　　　　　　　　　　　　　　　　　第　　页(共　　页)

项目名称			
审计(调查)事项		(按照审计实施方案确定的事项名称填写)	
审计人员	(手写)	编制日期	
审计过程： 　　**(说明实施审计的步骤和方法、所取得的审计证据的名称和来源)。			
审计认定的事实摘要及审计结论： 　　***。(审计结论包括未发现问题的结论和已发现问题的结论。对已发现问题的结论，应说明得出结论所依据的规定和标准)			
审核意见： 　　***。(审核意见种类包括：1.予以认可；2.责成采取进一步审计措施，获取适当、充分的审计证据；3.纠正或者责成纠正不恰当的审计结论。若审核人员提出 2 或 3 项审核意见的，审计人员应当将落实情况和结果作出书面说明，经审核人员认可并签字后，附于本底稿后。)			
审核人员	(手写)	审核日期	

　　　　　　　　　　　　　　　　　　　　　　　　　　　　　　　　　　附件：　　页

第 3 节　审计报告阶段

　　在审计报告阶段，根据审计过程中获得的审计证据编写审计报告。为了使审计报告能更准确地表达审计结果，减少审计风险，在形成正式审计报告之前，还需要对审计报告中的相关内容向被审计单位征求意见。本节以政府审计开展审计作业信息化为主，同时兼顾内部审计和社会审计，分别介绍审计报告征求意见书(审计事实确认书)、审计报告等相关审计文书的格式及内容。

一、审计报告征求意见书(审计事实确认书)

　　(一) 政府审计报告征求意见书

　　政府审计在正式审计报告发布之前，需要和被审计单位做详细的沟通，一般采用审计报告征求意见书的形式，其一般格式及内容如下：

A 审 计 局
审计报告征求意见书

A 审 ** 征〔20 **〕** 号

****（主送单位全称或者规范简称）：

　　A 审计局派出审计组于 **** 年 ** 月 ** 日至 **** 年 ** 月 ** 日对你单位 **** 进行了审计（专项审计调查）。根据《中华人民共和国审计法》第四十条（专项审计调查引用《中华人民共和国国家审计准则》第一百三十七条）的规定，现将审计组的审计报告（专项审计调查报告）送你单位征求意见。请自接到审计报告（专项审计调查报告）之日起10 个工作日内将书面意见送交审计组。如在此期限内未提出书面意见，视同无异议。

　　附件：审计报告/专项审计调查报告（征求意见稿）

（审计机关印章）

**** 年 ** 月 ** 日

A 审 计 局
审 计 报 告

（征求意见稿）

被审计单位：****************
审计项目：****************

※※※※※※报告正文(内容格式与正式审计报告类似)※※※※※

根据《中华人民共和国审计法》第※※条的规定,A审计局派出审计组,自※※※※年※※月※※日至※※※※年※※月※※日,对※※※※(被审计单位全称或者规范简称。写全称时还应注明"以下简称※※※※")※※※※(审计范围)进行了审计,※※※※(根据需要可简要列明审计重点),对重要事项进行了必要的延伸和追溯。※※※※(被审计单位简称)及有关单位对其提供的财务会计资料以及其他相关资料的真实性和完整性负责。A审计局的责任是依法独立实施审计并出具审计报告。

一、被审计单位基本情况

※※。(本部分简要表述被审计单位、资金或者项目的背景信息;职责范围或经营范围、业务活动及其目标;相关财政财务管理体制和业务管理体制;相关内部控制及信息系统情况等。反映的内容应当与项目审计目标密切相关。)

二、审计评价意见

审计结果表明※※※。

(本部分围绕项目审计目标,依照有关法律法规、政策及其他标准,对被审计单位的财政收支、财务收支及其有关经济活动的真实、合法、效益情况进行评价。既包括正面评价,也包括对审计发现的主要问题的简要概括。只对所审计的事项发表审计评价意见,对审计过程中未涉及、审计证据不充分、评价依据或者标准不明确以及超越审计职责范围的事项,不发表审计评价意见。审计评价意见不能与审计发现的问题相矛盾。)

三、审计发现的主要问题和处理(处罚)意见

※※。

(本部分反映的问题主要包括审计发现的被审计单位违反国家规定的财政收支财务收支问题、影响绩效的突出问题、内部控制和信息系统重大缺陷等。反映被审计单位违反国家规定的财政收支、财务收支问题的,一般应表述违法违规事实、定性及依据、处理或处罚意见及依据;反映影响绩效的突出问题的,一般应表述事实、标准、原因、后果,以及改进意见;反映内部控制和信息系统重大缺陷的,一般应表述有关缺陷情况、后果及改进意见。)

四、审计建议

※※。

(本部分围绕审计发现的主要问题,提出有针对性的建议。)

审计组长:(签名)

※※※※年※※月※※日

(二) 社会审计或内部审计的审计事实确认书

在社会审计或内部审计中,在完成审计报告之前,有的也会通过审计事实确认书的方式和被审计单位做进一步的确认,审计事实确认书的一般格式及内容如下:

审计事实确认书

审字〔20〕**号

审计项目名称: ****审计
主要内容: ******
拟稿人: *** 　　拟稿日期: 20**年**月**日
审核人: *** 　　审计日期: 20**年**月**日至20**年**月**日

根据****(审计单位名称)20**年度审计工作计划,****(审计单位名称)审计稽核部(或委托***会计师事务所)于20**年**月**日至20**年**月**日开展了****审计(审计项目名称),现就审计中存在的有关事实与你部门进行确认:

一、*********(第一方面的问题)

　**。

二、*********(第二方面的问题)

　**。

三、*********(第三方面的问题)

　**。

……

请你单位(人)及时告知本事实确认书中相关责任人,所涉及的责任人须于20**年**月**日前就本确认书的审计事实提出确认意见并签章。逾期未回复的,视同认可事实确认书。

确认意见:

签　章:

二、审计报告

(一) 政府审计报告

在完成审计事实确认之后,可以形成正式的审计报告。政府审计报告的一般格式及内容如下:

A 审 计 局
审 计 报 告

审 ∗∗ 报〔20∗∗〕∗∗ 号

被审计单位：∗∗∗∗∗∗∗∗∗∗∗∗∗∗∗∗
审计项目：∗∗∗∗∗∗∗∗∗∗∗∗∗∗∗∗

****** 本部分为报告正文 *****

根据《中华人民共和国审计法》第 ** 条的规定，A 审计局派出审计组，自 **** 年 ** 月 ** 日至 **** 年 ** 月 ** 日，对 ****（被审计单位全称或者规范简称，写全称时还应注明"以下简称 ****"）****（审计范围）进行了审计，****（根据需要可简要列明审计重点），对重要事项进行了必要的延伸和追溯。****（被审计单位简称）及有关单位对其提供的财务会计资料以及其他相关资料的真实性和完整性负责。A 审计局的责任是依法独立实施审计并出具审计报告。

一、被审计单位基本情况

***。

（本部分简要表述被审计单位、资金或者项目的背景信息；职责范围或经营范围、业务活动及其目标；相关财政财务管理体制和业务管理体制；相关内部控制及信息系统情况等。反映的内容应当与项目审计目标密切相关。）

二、审计评价意见

审计结果表明 **。

（本部分围绕项目审计目标，依照有关法律法规、政策及其他标准，对被审计单位的财政收支、财务收支及其有关经济活动的真实、合法、效益情况进行评价。既包括正面评价，也包括对审计发现的主要问题的简要概括。只对所审计的事项发表审计评价意见，对审计过程中未涉及、审计证据不充分、评价依据或者标准不明确以及超越审计职责范围的事项，不发表审计评价意见。审计评价意见不能与审计发现的问题相矛盾。）

三、审计发现的主要问题和处理（处罚）意见

**。

（本部分反映的问题主要包括审计发现的被审计单位违反国家规定的财政收支财务收支问题、影响绩效的突出问题、内部控制和信息系统重大缺陷等。反映被审计单位违反国家规定的财政收支、财务收支问题的，一般应表述违法违规事实、定性及依据、处理或处罚意见及依据；反映影响绩效的突出问题的，一般应表述事实、标准、原因、后果，以及改进意见；反映内部控制和信息系统重大缺陷的，一般应表述有关缺陷情况、后果及改进意见。）

四、审计建议

***。

（本部分围绕审计发现的主要问题，提出有针对性的建议。）

本报告 ****（审计机关）将依法向社会公告。[审计报告中相关内容涉密的，应在相关段落启用括号标注密级，并在审计报告结尾注明"除已标明的涉密内容外，本报告 ****（审计机关）将依法向社会公告。"]

对本报告指出的问题，请 ****（被审计单位）自收到本报告之日起 ** 日（审计机关根据具体情况确定，一般为 60 日）内整改完毕。请 ****（被审计单位）在整改期限截止后依法向社会公告整改结果，并将整改结果书面报告 ****（审计机关）。****（审计机关）将对整改结果进行检查，并将检查情况向社会公告。

（审计机关印章）

**** 年 ** 月 ** 日

(二)社会审计或内部审计报告

社会审计或内部审计报告的一般格式及内容如下:

关于 ****(审计项目名称)的审计报告

****(被审计单位名称):

　　我们接受****(被审计单位名称)委托,于20**年**月**日至20**年**月**日,对****(被审计单位名称)20**年**月至20**年**月的****(审计内容)开展了审计。本次审计内容包括:****、****、****等内容。我们的审计是依据****(相关法律、制度、办法、文件等)的有关要求和规定进行的。审计过程中,我们根据****(被审计单位名称)的实际情况,实施了包括访谈、文档查看、****、****等(采用的相关审计技术与方法)我们认为必要的审计程序。这些资料由****(被审计单位名称)提供并负责,我们的责任是对****(被审计单位名称)开展****(审计的内容)的情况发表审计意见,并出具审计报告。

一、基本情况

　　****(被审计单位名称)基本情况概括如下:

　　***。(本部分简要表述被审计单位、资金或者项目的背景信息;职责范围或经营范围、业务活动及其目标;相关财政财务管理体制和业务管理体制;相关内部控制及信息系统情况等。反映的内容应当与项目审计目标密切相关。)

二、总体评价

　　***。(本部分围绕项目审计目标,依照有关法律法规、政策及其他标准,对被审计单位的有关整体情况进行评价。既包括正面评价,也包括对审计发现的主要问题的简要概括。审计评价意见不能与审计发现的问题相矛盾。)

三、存在的主要问题

　　***。(本部分反映的问题主要包括审计发现的被审计单位的相关问题。)

四、整改措施

　　针对审计发现的问题,****(被审计单位名称)已经对部分问题及时做了整改,其他问题也已经制定了整改计划,确定了整改负责人和整改完成日期,审计部将对上述问题的整改进行追踪。

五、审计建议

　　***。(本部分围绕审计发现的主要问题,提出有针对性的建议。)

　　　　　　　　　　　　　　　　****(审计单位名称)审计部(或****会计师事务所有限责任公司)
　　　　　　　　　　　　　　　　　　　　　　　　****年**月**日

本章小结

目前开展审计信息化过程中各阶段需要编写各类审计文书,常用的审计文书包括:审计通知书、审计实施方案、审计需求单、审计工作底稿、审计取证单、审计报告等。通过本章的学习,需要熟悉和掌握目前开展审计信息化过程中各阶段常用审计文书的基本格式。

复习思考题

1. 数据采集对审计取证有何作用?
2. 数据分析对审计取证有何作用?
3. 在现场审计过程中,如何从被审计单位获得所需要的相关材料?
4. 如何编写审计实施方案、审计工作底稿、审计报告等审计文书?
5. 简述审计工作底稿与审计报告的关系。

练习题

判断题

1. 在审前准备阶段,需要准备审计通知书。 （ ）
2. 政府审计、内部审计和社会审计的审计通知书是完全一样的。 （ ）
3. 在审计实施阶段,为了保证采集到的相关数据和材料的真实性和完整性,需要被审计单位提供承诺书。 （ ）
4. 对于政府审计来说,审计取证单是审计作业信息化过程的一个重要支撑材料,也是形成审计报告的一个重要依据。 （ ）
5. 对于政府审计来说,在正式审计报告发布之前,还需要和被审计单位做详细的沟通,一般采用审计报告征求意见书的形式。 （ ）
6. 对于政府审计来说,要求被审计单位自接到审计报告征求意见书之日起 10 天内将书面意见送交审计组。如在此期限内未提出书面意见,视同无异议。 （ ）
7. 对于政府审计来说,"审计评价意见"是审计报告中的一项内容。 （ ）
8. 对于政府审计来说,"审计建议"是审计报告中的一项内容。 （ ）
9. 审计取证单是审计人员在审计过程中对制定的审计计划、实施的审计程序、获取的

相关审计证据,以及得出的审计结论作出的记录。 ( )

10. 对政府审计来说,在开展审计项目时,需要向被审计单位下发审计通知书和审计实施方案。 ( )

阅读材料6.1 中华人民共和国国家审计准则

审计准则对执行审计业务基本程序作了系统规范,是审计机关和审计人员履行法定审计职责的行为规范,是执行审计业务的职业标准,是评价审计质量的基本尺度,适用于审计机关开展的各项审计业务。《中华人民共和国国家审计准则》的相关内容,请扫描二维码查阅。

阅读材料6.1
中华人民共和国
国家审计准则

阅读材料6.2

审计署2016年第16号公告:中国电子信息产业集团有限公司 2014年度财务收支审计结果

(2016年6月29日)

根据《中华人民共和国审计法》的规定,审计署2015年对中国电子信息产业集团有限公司(以下简称中国电子)2014年度财务收支情况进行了审计,重点审计了中国电子本部及南京中电熊猫信息产业集团有限公司、中国中电国际信息服务有限公司(以下分别简称中电熊猫、中电信息)等7家二级单位,并对有关事项进行了延伸和追溯。

一、基本情况

中国电子成立于1989年5月,主要从事电子产品制造、电子产品贸易、服务和软件设计及应用等。据合并财务报表反映,中国电子2014年底拥有全资和控股子公司679家、参股公司84家、事业单位4家;注册资本124.82亿元,资产总额2 343.17亿元,负债总额1 731.73亿元,所有者权益611.44亿元,资产负债率为73.91%;当年实现营业收入2 038.52亿元,净利润34.2亿元,净资产收益率5.62%,国有资本保值增值率111.2%。

大信会计师事务所受中国电子委托对其2014年度合并财务报表进行审计,出具了标准无保留意见的审计报告,该审计报告在中国货币网公开。

审计署审计结果表明,中国电子通过调整战略规划,集中发展信息安全、新型显示等五大主业板块,逐步完善法人治理,规范内部管理,调整优化资产结构,推动优质资产和业务上市。审计也发现,中国电子在财务管理和会计核算、企业重大决策和管理、发展潜力、廉洁从业等方面存在一些问题。

二、审计发现的主要问题

(一)财务管理和会计核算方面

(1) 2014年,中国电子合并财务报表时,因范围不完整、内部关联交易抵销不正确等,造成少计资产2.86亿元、负债15.93亿元,多计所有者权益13.07亿元,多计收入0.47亿元,少计成本费用0.3亿元,多计利润0.77亿元。

(2) 2012年,所属中电熊猫将应由2013年及以后年度摊销的递延收益8.4亿元计入当年营业外收入,导致2013年和2014年少计营业外收入各0.84亿元。

(3) 至2015年6月,所属中电熊猫用于下属3家子公司股权回购项目的专项资金2亿元,闲置超过2年。

(4) 所属深圳中电投资股份有限公司将2011年商铺出售收入6 809.87万元及相关成本费用2 628.13万元推迟到2012年确认,导致跨年度收支和利润核算不实。

(5) 2011年至2014年,中国电子本部和所属中国电子财务有限责任公司等3家企业超工资总额在管理费用等科目中列支职工过节费、奖金等工资性补贴,造成多计成本费用1 675.93万元,其中2014年435.06万元。

(6) 2011年至2014年,所属中电信息等3家企业未及时清理应收未收商铺租金等,导致少计收入957.13万元,其中2014年少计326.04万元。

(7) 所属中国电子器材总公司2013年取得的抵偿欠付货款的30万股股票未入账核算,涉及金额423万元。

(8) 2014年,所属中电信息违规列支应由职工缴纳的个人所得税,涉及金额100.12万元。

(9) 2013年至2014年,所属武汉中元通信股份有限公司对销售费用报销审核不严,造成85.38万元假发票入账列支,其中2014年31万元。

(10) 2014年,所属中电信息等2家企业未按权责发生制核算房屋租金、水电费收入,造成少计收入76.41万元。

(二)企业重大决策和管理方面

(1) 至2015年6月,所属中电熊猫等3家企业因无使用计划、未及时取得房地产开发资质等,取得的31.48公顷工业用地、29.53公顷住宅用地闲置。

(2) 至2014年底,所属中国电子信息安全技术研究院有限公司计划投资15亿元的建设项目进展缓慢,到计划竣工期满仅完成投资3亿元。

(3) 2014年1月,中国电子在未经充分论证、未明确增发债券融资具体用途的情况下,同意所属中国电子控股有限公司将发行债券金额由15亿元增至27.5亿元,至2015年5月,增发资金中的9.99亿元仍然闲置,多承担利息1 380.98万元。

(4) 2011年至2014年,所属中电熊猫等6家企业的6个工程建设项目未按规定进行招标,涉及合同金额共计33.21亿元,其中2014年23.31亿元。

(5) 2013年5月至2014年,所属中电基础产品装备公司等2家企业违规对外提供融资1.8亿元,其中2014年1.59亿元。

(6) 所属南京熊猫信息产业有限公司2011年违反公司内控规定,在客户存在大量到期欠款、并且超过信用保险额度的情况下向其供货,部分货款无法收回形成损失6 400.54

万元。

（7）2011年至2012年，所属南京中电熊猫家电有限公司以签订虚假采购协议、支付预付款的方式违规对外出借资金、违规向2家非金融机构办理银行承兑汇票贴现业务，共计5920.88万元，其中1048.8万元面临损失风险。

（8）2011年至2014年，所属中国电子系统工程总公司违规对外出借施工资质，并从中收取管理费0.95亿元，其中2014年0.31亿元。

（9）2012年9月，所属中电信息在公开拍卖下属企业股权过程中，未充分披露有关租赁合同期限等经营信息导致拍卖纠纷，通过减免租金等方式补偿收购方2344.43万元。

（10）至2015年6月底，所属南京科瑞达电子装备有限责任公司对2008年到期的债权1000万元，一直未采取有效措施清收。

（11）2011年至2014年，所属中国振华电子集团公司在与集团外企业合作过程中，未按章程规定派驻财务负责人，造成3500万元投资失去监管，面临损失风险。

（12）至2014年底，中国电子未能按照信息化建设总体目标建成信息化管控平台，所属2家企业的会计核算软件数据接口设置不符合国家标准，19家企业未建立数据备份中心，15家企业未建立信息化考核机制。

（三）发展潜力方面

（1）2011年至2014年，中国电子科技投入占当年营业收入的比例未达到该集团"十二五规划"目标。

（2）所属中电熊猫投资建设的液晶显示器件项目因前期论证不充分，从建成至2014年底累计发生经营性亏损29.27亿元。

（3）所属上海中电振华晶体技术有限公司LED用蓝宝石晶体产业化技术研发项目未能实现预期目标，累计亏损4378万元。

（四）廉洁从业方面

（1）2011年至2014年，中国电子本部及2家所属单位26名领导人员违规领取奖金补贴及实物387.17万元，其中2014年204.69万元。

（2）2013年至2014年，所属中电熊猫等4家单位违反中央八项规定精神，超标准购车、公款旅游、公款支付高尔夫球消费等，涉及金额240.85万元，其中2014年149.38万元。

（3）至2015年6月，所属南京金宁电子集团有限公司等单位5名中层以上人员未按规定清退持有的下属公司股份，共计230.99万元。

三、审计处理及整改情况

对此次审计发现的问题，审计署已依法出具了审计报告、下达了审计决定书。中国电子具体整改情况由其自行公告。

审计中发现的相关违法违纪问题线索，已依法移送有关部门进一步调查处理。

资料来源：http://www.audit.gov.cn/n5/n25/c84795/content.html。

第 7 章
审计作业信息化案例：基于 IDEA 的数据采集与分析

> **学习目标**
> 1. 掌握审计作业信息化过程中的数据采集与分析技术
> 2. 以 IDEA 软件为例，掌握如何使用审计软件开展审计作业信息化
> 3. 以 IDEA 软件为例，掌握如何采集电子数据
> 4. 以 IDEA 软件为例，掌握如何分析电子数据

在开展审计作业信息化的过程中，数据的采集与分析是一个重要步骤。一般来说，审计人员可以采用各种软件工具开展数据采集与分析工作，这些工具包括各类数据库工具如 SQL Server、Microsoft Access 等，Microsoft Excel 等电子表格软件，以及专门为审计工作开发的各类软件，如现场审计实施系统（AO）、电子数据模拟实验室软件、IDEA、ACL 等。

为了便于读者学习如何采用审计软件进行数据采集与分析，本章以 IDEA 为例，介绍如何采集与分析电子数据。对于如何应用各类数据库工具如 SQL Server、Microsoft Access，以及 Microsoft Excel 等电子表格软件采集与分析电子数据，将在第 8 章中进行介绍。

第 1 节 基于 IDEA 的审计数据采集

为了对被审计单位的电子数据进行分析，需要把这些数据采集到所使用的软件工具中去。因此，数据采集是数据分析的必要步骤。

前文简单介绍了 IDEA 软件。IDEA 审计软件提供了简单、易用的数据采集工具——数据导入助理，其界面如图 7-1 所示。通过数据导入助理，可以自动识别所要采集的数据源的数据类型。另外，数据导入助理还提供了通过 ODBC 以及使用"高级记录定义编辑器"工具采集数据的功能。

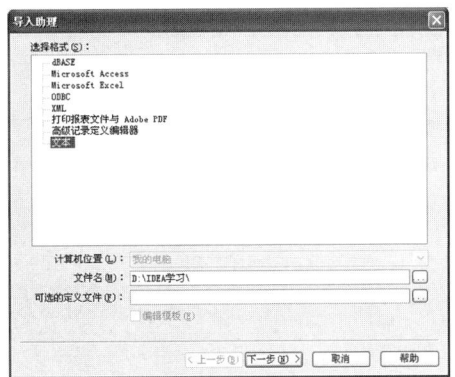

图 7-1　IDEA 的数据导入助理界面

打开 IDEA 输入助理的操作如下：
（1）进入 IDEA。
（2）单击菜单"文件"→"导入助理(I)"→"导入至 IDEA(M)"，如图 7-2 所示。

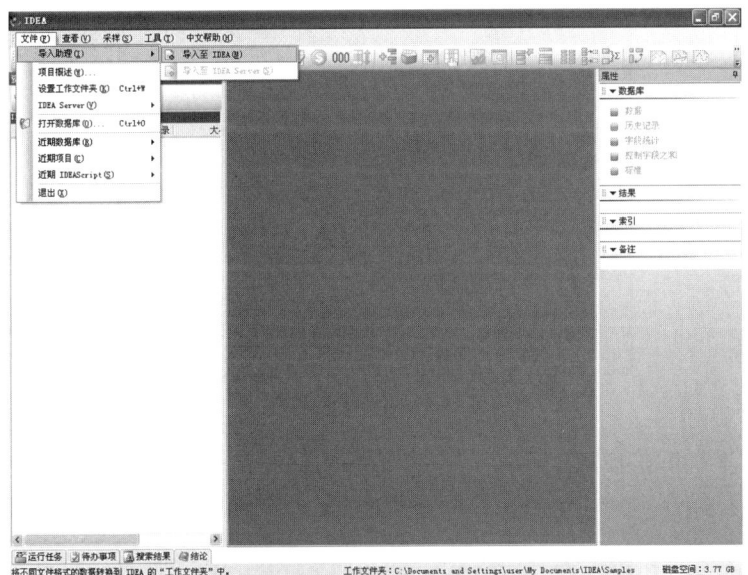

图 7-2　IDEA 的输入助理界面

本节通过实例介绍 IDEA 的基本数据采集功能，其他数据采集功能详见 IDEA 的相关帮助文件或用户指南。

【例 7-1】　采集文本文件数据

现有一某零售企业商品数据"商品.txt"，如本书附录 B 中图 B-7 所示。请将该数据采集到 IDEA 中。

把商品数据采集到 IDEA 中的操作过程如下：
（1）打开 IDEA 的导入助理，如图 7-3 所示。

第 1 节　基于 IDEA 的审计数据采集　137

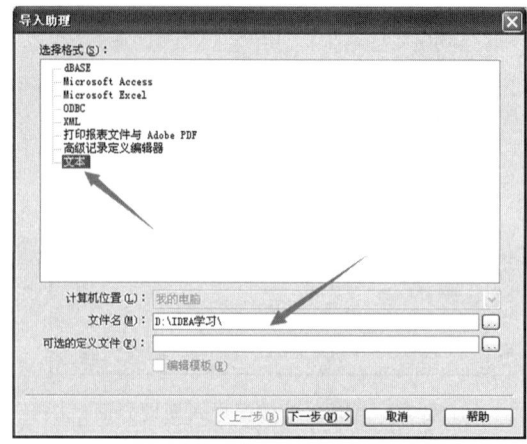

图 7-3　IDEA 的导入助理界面

(2) 在图 7-3 中,"选择格式(S)"为"文本",单击选择文件按钮,打开"选择文件"界面,如图 7-4 所示。

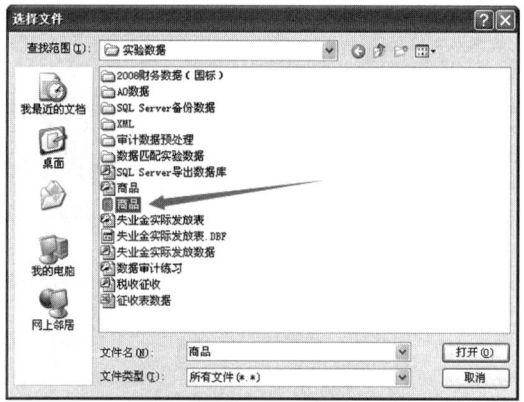

图 7-4　选择文件界面

(3) 在图 7-4 中,选择需要采集的文本文件数据,单击"打开(O)"按钮,出现界面如图 7-5 所示。

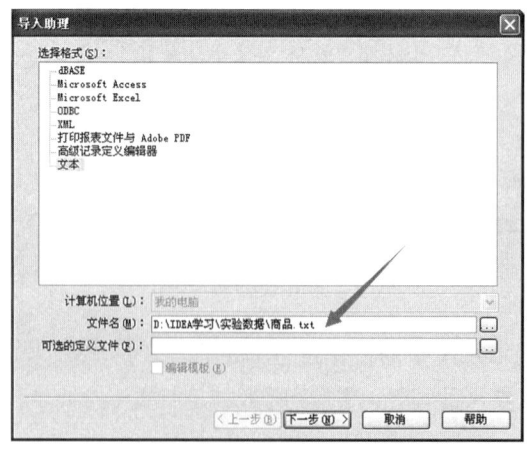

图 7-5　设置好采集数据的导入助理界面

(4) 在图 7-5 中,单击"下一步(N)"按钮,出现界面如图 7-6 所示。

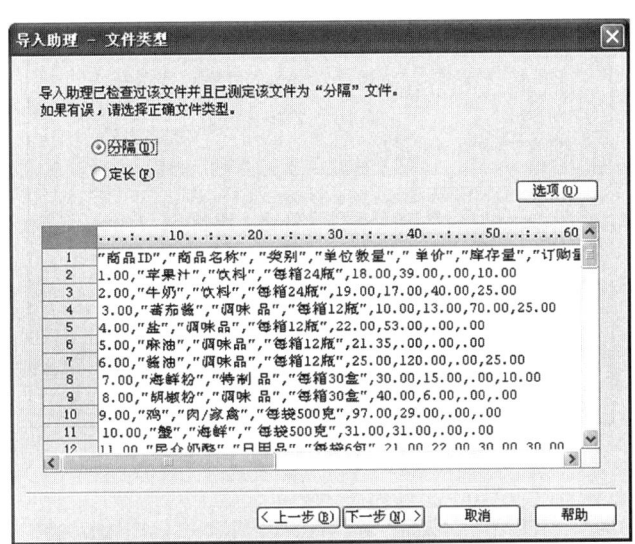

图 7-6 采集数据的文件类型确认界面

(5) 在图 7-6 中,IDEA 数据导入助理自动判断所采集的文本文件数据的类型是"分隔"还是"定长",并在界面中显示出来,如果审计人员认为自动判断有误,可手工进行调整。单击"下一步(N)"按钮,出现界面如图 7-7 所示。

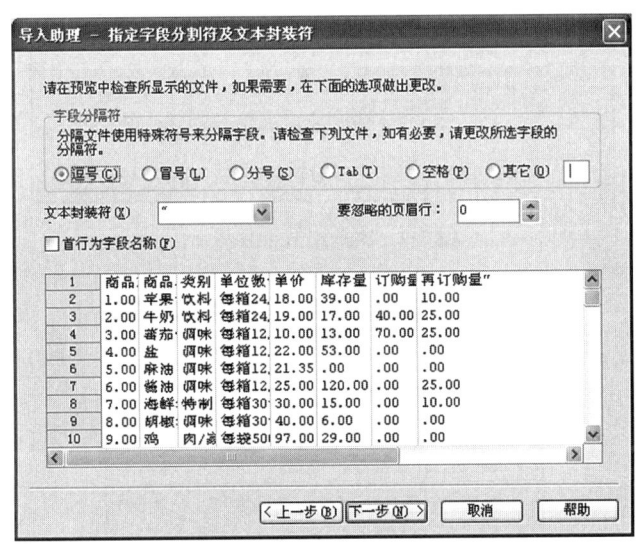

图 7-7 字段分割符及文本封装符设置界面

(6) 在图 7-8 至图 7-12 中,审计人员可以根据提示对采集的数据进行调整和设置。

图 7-8 设置后的字段分割符及文本封装符界面

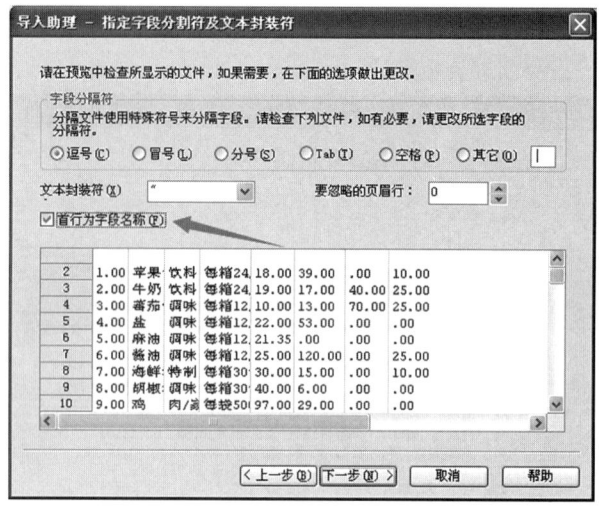

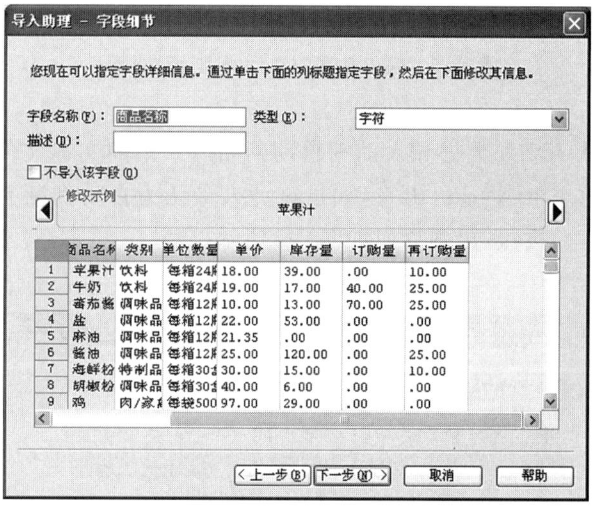

图 7-9 字段细节设置界面

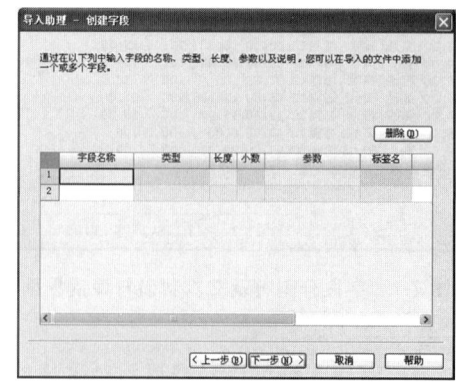

图 7-10 导入助理—创建字段设置界面

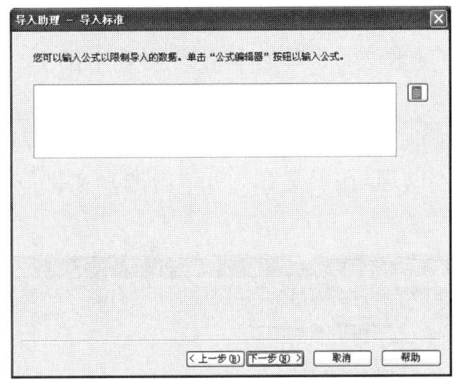

图 7-11 导入助理—导入标准设置界面

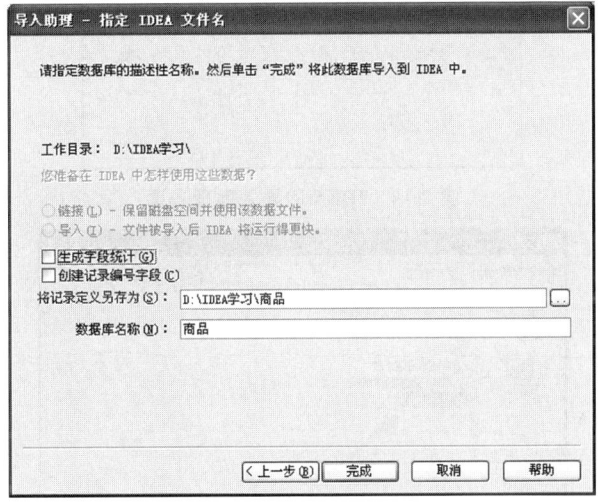

图 7-12 IDEA 文件名设置界面

（7）最后，在图 7-12 中，单击"完成"按钮，便可完成商品文本文件数据的采集，结果如图 7-13 所示。

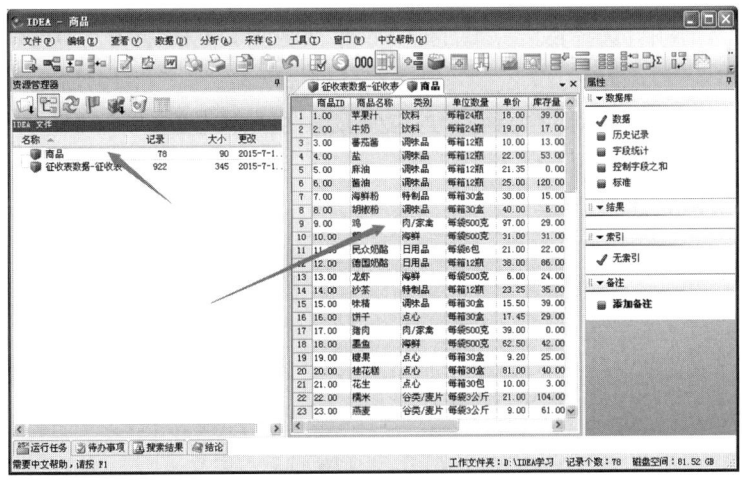

图 7-13 完成数据采集后的 IDEA 界面

【例 7-2】 采集 Excel 格式的数据

现有某税收征收数据"征收表.xls",如本书附录 B 中图 B-3 所示,请将该 Excel 数据采集到 IDEA 中。

把 Excel 格式的税收征收数据采集到 IDEA 中的操作过程如下:

(1) 打开 IDEA 的导入助理,在图 7-14 中,单击选择文件按钮,打开选择文件界面,如图 7-15 所示。

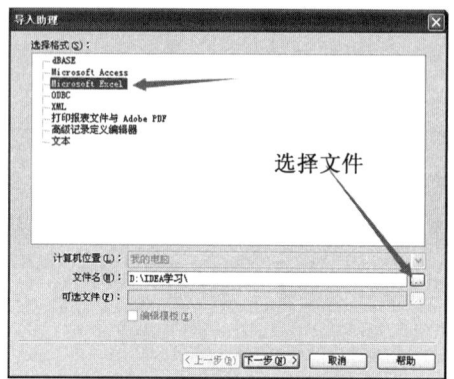

图 7-14 IDEA 的导入助理界面

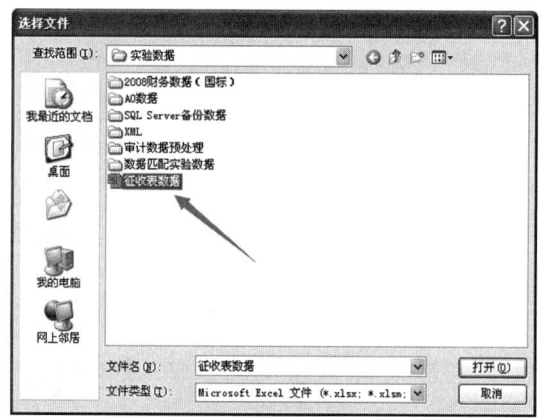

图 7-15 选择文件界面

(2) 在图 7-15 中,选择需要采集的 Excel 格式数据,单击"打开(O)"按钮,出现界面如图 7-16 所示。

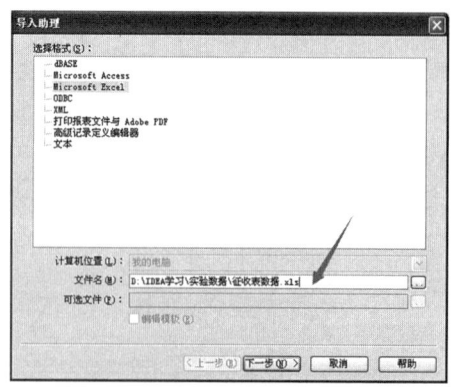

图 7-16 设置好采集数据的导入助理界面

(3) 在图 7-16 中,单击"下一步(N)"按钮,出现界面如图 7-17 所示。

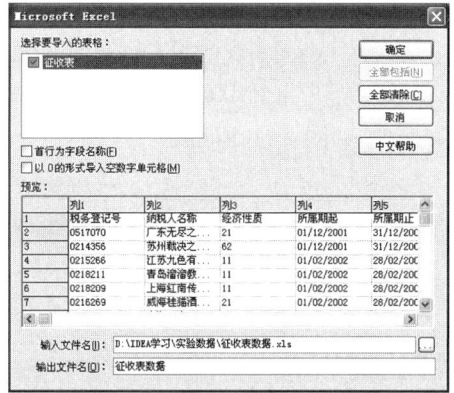

图 7-17 采集数据的预览界面

(4) 在图 7-17 中,选择"首行为字符名称(F)"选项,如图 7-18 所示。

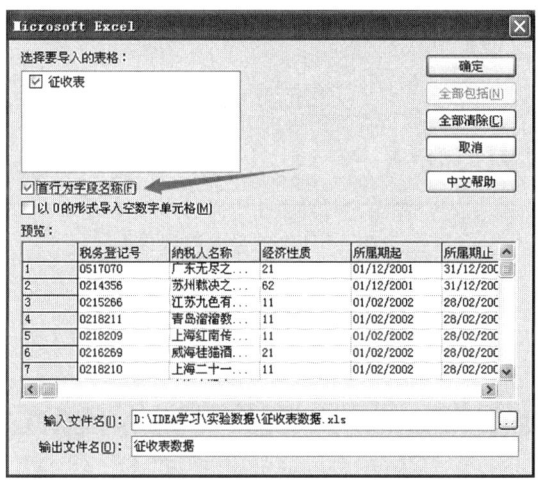

图 7-18 "首行为字符名称"设置后的界面

(5) 最后,在图 7-18 中,单击"确定"按钮,便可完成 Excel 格式数据的采集,结果如图 7-19 所示。

图 7-19 完成数据采集后的 IDEA 界面

【例 7-3】 采集 Access 数据库中的数据

现有某税收征收电子数据(文件名为"税收征收.mdb",数据表名为"征收表"),表结构见本书附录 B 中图 B-1。请将该 Access 数据库"征收表"中的数据采集到 IDEA 中。

把 Access 格式的税收征收数据采集到 IDEA 中的操作过程如下:

(1) 打开 IDEA 的导入助理,如图 7-20 所示。

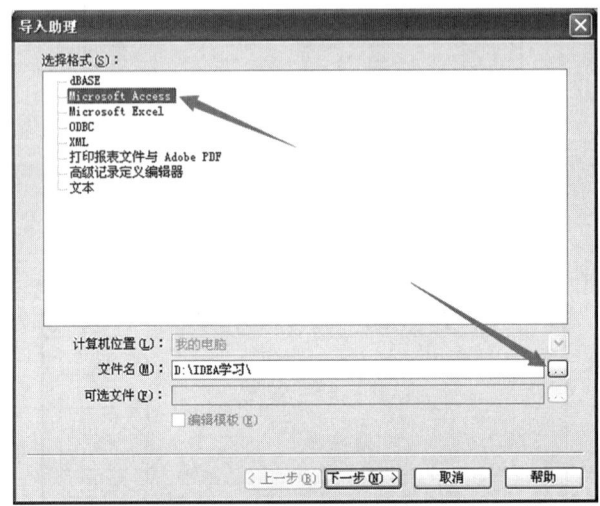

图 7-20　IDEA 的导入助理界面

(2) 在图 7-20 中,单击"选择文件"按钮,打开选择文件界面,如图 7-21 所示。

图 7-21　选择文件界面

(3) 在图 7-21 中,选择需要采集的 Access 数据,单击"打开(O)"按钮,出现界面如图 7-22 所示。

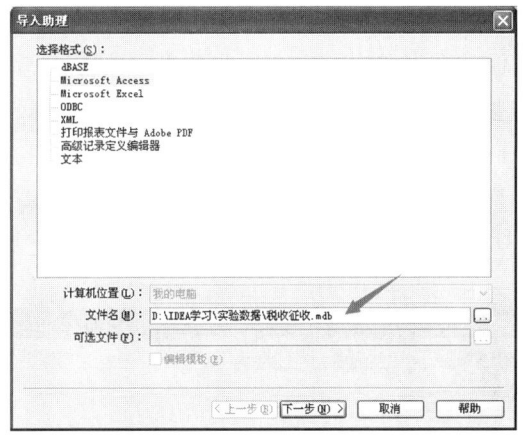

图 7-22 设置好采集数据的导入助理界面

（4）在图 7-22 中，单击"下一步(N)"按钮，出现界面如图 7-23 所示。在图 7-23 中，审计人员可以根据提示对采集的数据进行选择和设置。

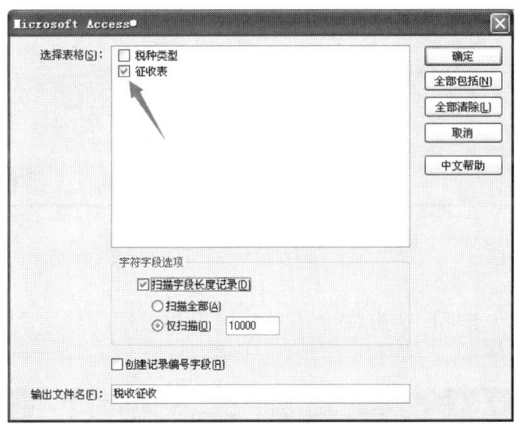

图 7-23 拟采集的数据表设置界面

（5）在图 7-23 中单击"确定"按钮，便可完成 Access 格式的税收征收数据的采集，结果如图 7-24 所示。

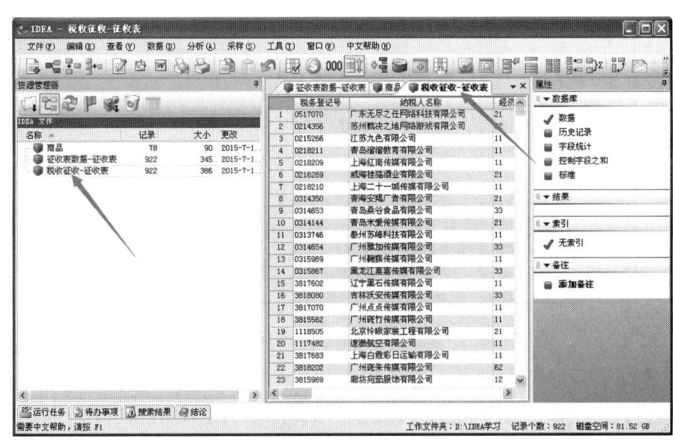

图 7-24 完成数据采集后的 IDEA 界面

第 1 节 基于 IDEA 的审计数据采集 145

【例 7-4】 通过 ODBC 采集 Foxpro 数据库中的数据

现有某社保局失业保险数据,文件名为"失业金实际发放表.dbf",数据类型为 Foxpro 自由表,其数据表结构见本书附录 B 中图 B-5。请通过 ODBC 接口将该数据采集到 IDEA 中。

把失业金实际发放数据通过 ODBC 接口采集到 IDEA 中的操作过程如下:

(1) 打开 IDEA 的导入助理,并选择"ODBC"选项,如图 7-25 所示。

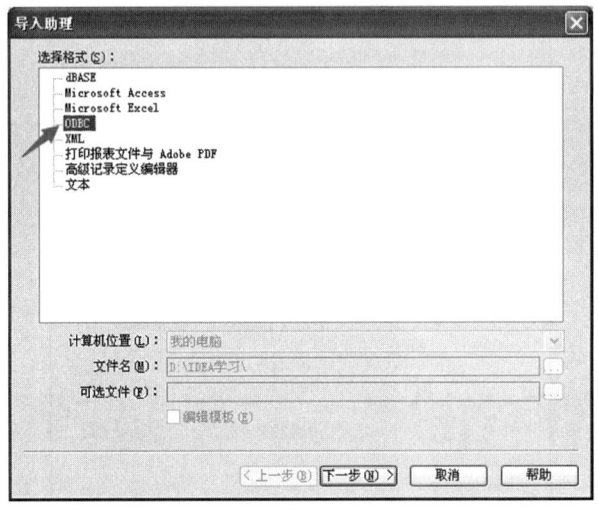

图 7-25　IDEA 的导入助理界面

(2) 在图 7-25 中,单击"下一步(N)"按钮,打开"ODBC 导入"界面,如图 7-26 所示。

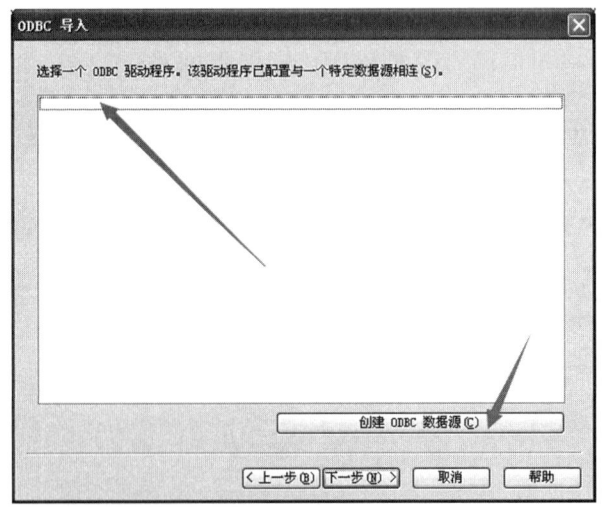

图 7-26　IDEA 的 ODBC 数据源选择界面

(3) 在图 7-26 中,如果没有所需的 ODBC 数据源,则单击"创建 ODBC 数据源(C)"按钮,出现界面如图 7-27 所示。

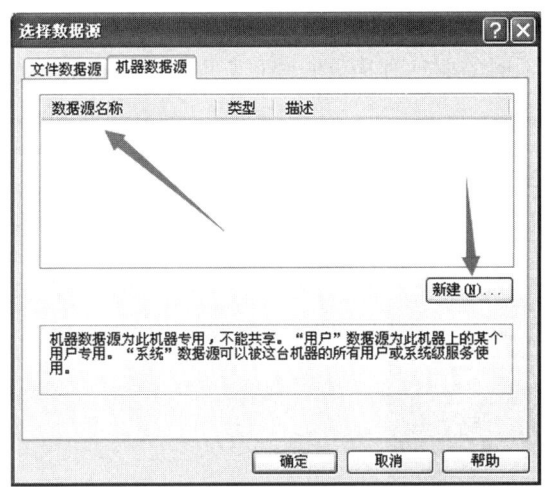

图 7-27　ODBC 数据源的选择界面

（4）在图 7-27 中，单击"新建(N)…"按钮，出现界面如图 7-28 所示。

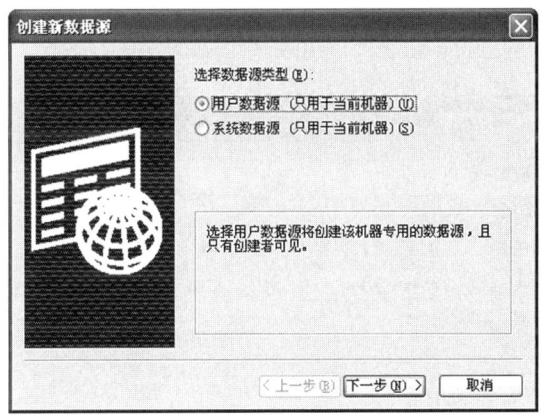

图 7-28　拟创建新数据源类型选择界面

（5）在图 7-28 中，选择"用户数据源只用于当前机器(U)"选项，然后单击"下一步(N)"按钮，出现界面如图 7-29 所示。

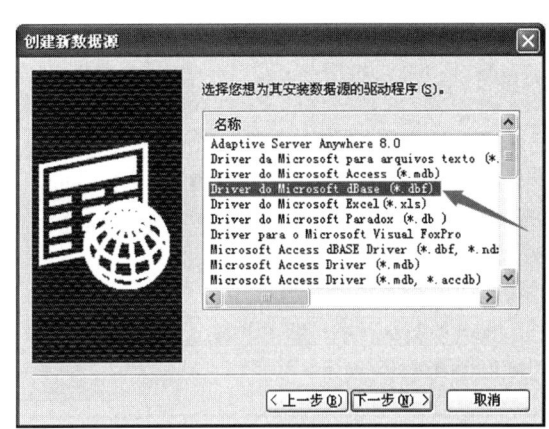

图 7-29　拟创建新数据源的驱动程序选择界面

(6) 在图 7-29 中,选择所需的、合适的驱动程序,单击"下一步(N)"按钮,出现界面如图 7-30 所示。选择不同的驱动程序,图 7-30 所示的界面会有所不同。

图 7-30　创建新数据源的确认界面

(7) 在图 7-30 中,单击"完成"按钮,出现界面如图 7-31 所示。

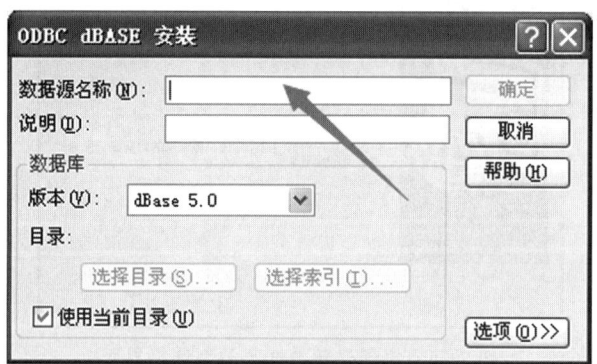

图 7-31　被采集数据源的设置界面

(8) 在图 7-31 中,审计人员根据提示完成对所新建数据源的设置,如图 7-32 所示。单击"确定",进入图 7-33。然后根据提示,完成后续操作,如图 7-34、图 7-35 所示。

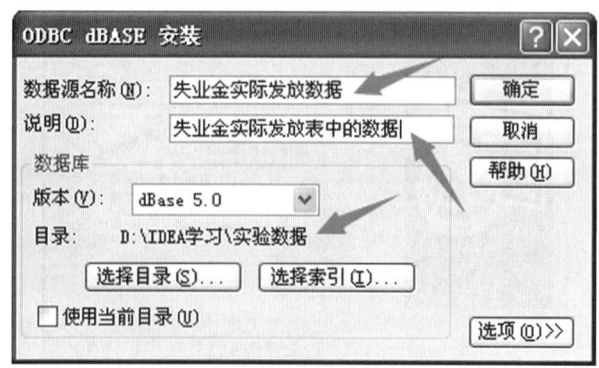

图 7-32　设置好的被采集数据源界面

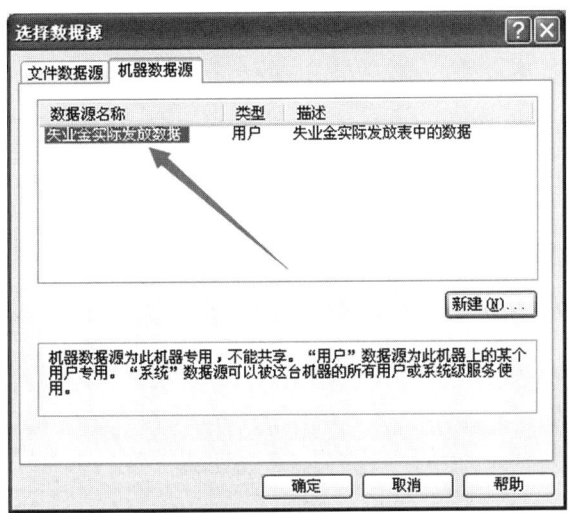

图 7-33 含有创建新数据源的"机器数据源"选项卡

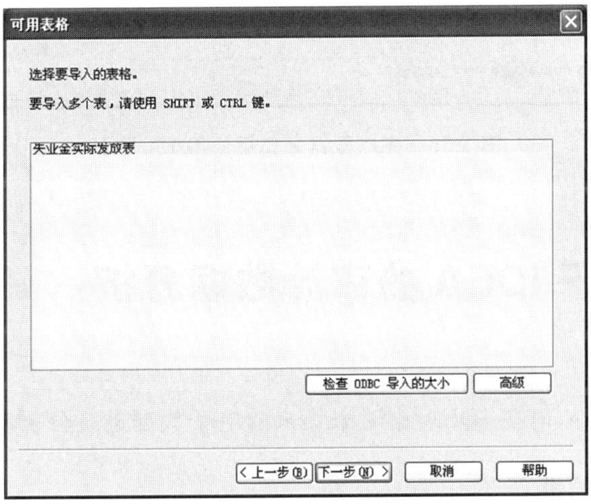

图 7-34 拟采集的数据表选择界面

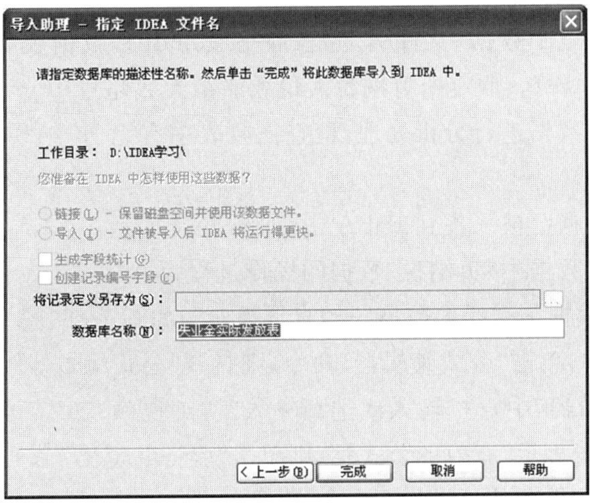

图 7-35 IDEA 文件名设置界面

(9) 在图 7-35 中单击"完成"按钮,便可完成失业金实际发放数据的采集,结果如图 7-36 所示。

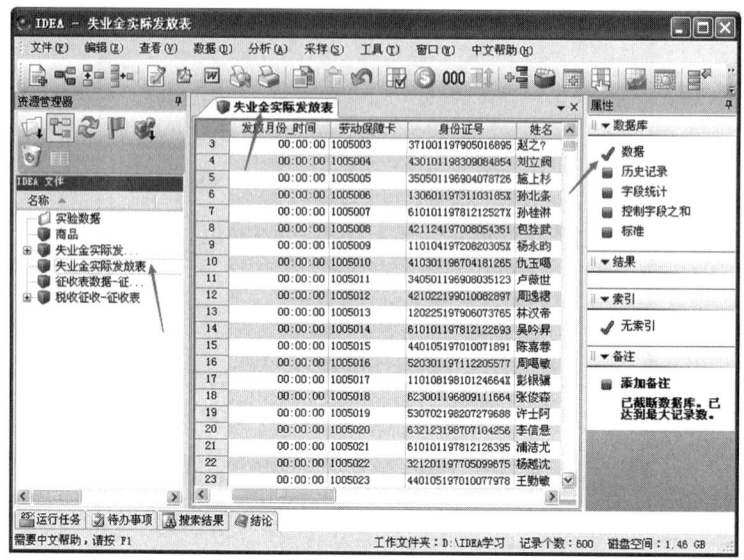

图 7-36　完成数据采集后的 IDEA 界面

第 2 节　基于 IDEA 的审计数据分析

本节以实例介绍如何在 IDEA 中对采集来的电子数据进行分析。

一、基于 IDEA 的数据查询

【例 7-5】　数据查询方法在税收征收数据分析中的应用

现有某税收征收电子数据(文件名为"税收征收.mdb",数据表名为"征收表"),表结构见本书附录 B 中图 B-1。假定所有纳税人税款滞纳天数超过 10 天均属超期滞纳,请对提供的税收征收电子数据进行分析处理,检查征收表中有无"负纳税"数据和"超期滞纳"数据。

假设税收征收数据已被采集到 IDEA 中,如图 7-37 所示。

查找出税收征收数据中"负纳税"数据的操作过程为:

(1) 单击菜单"数据"→"提取数据"→"直接提取",如图 7-38、图 7-39 所示。

(2) 在图 7-39 中,单击"公式编辑器"命令,则打开"公式编辑器",如图 7-40 所示。

(3) 在"公式编辑器"中直接输入或选择输入"实纳税额<0",单击"验证"命令,测验输入内容的有效性,若提示"有效的公式!",则单击"验证并退出"命令,并把文件名更改为"'负纳税'数据分析结果",其结果如图 7-41 所示。

(4) 在图 7-41 中,单击"确定"按钮,结果如图 7-42 所示。

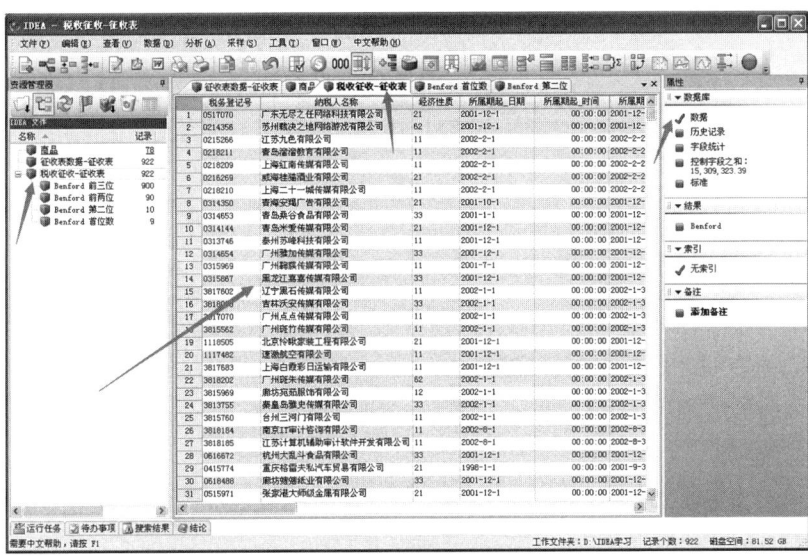

图 7-37 含有税收征收数据的 IDEA 主界面

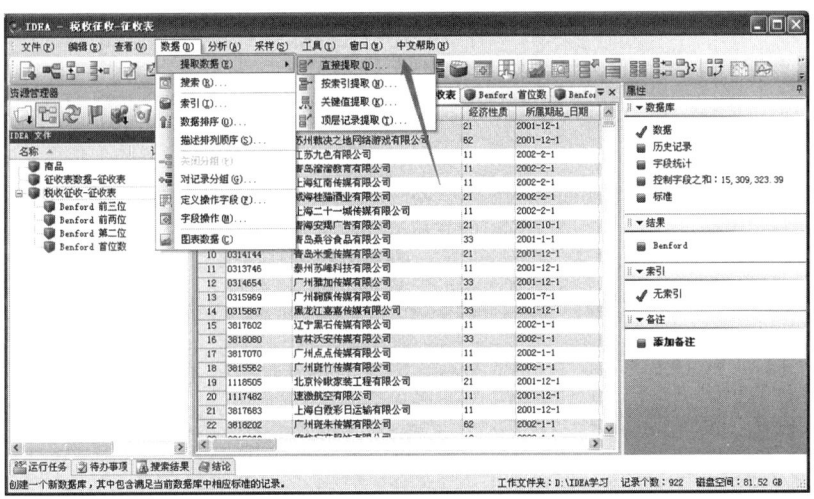

图 7-38 选择直接提取菜单

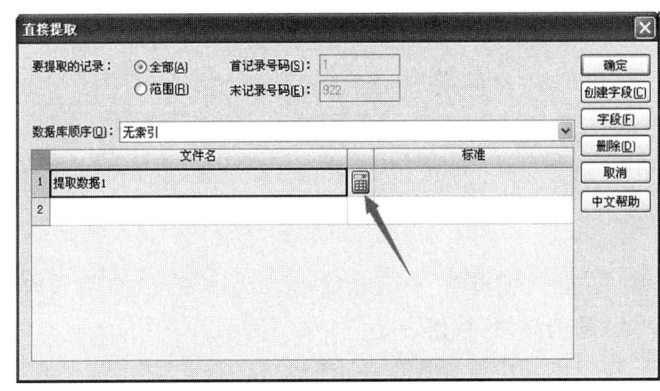

图 7-39 提取功能设置界面

第 2 节 基于 IDEA 的审计数据分析

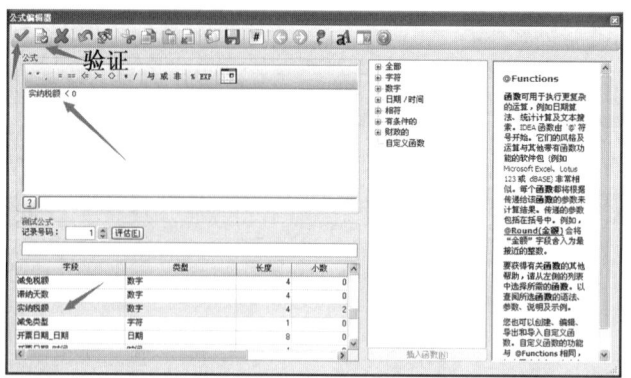

图 7-40 IDEA 的公式编辑器窗体

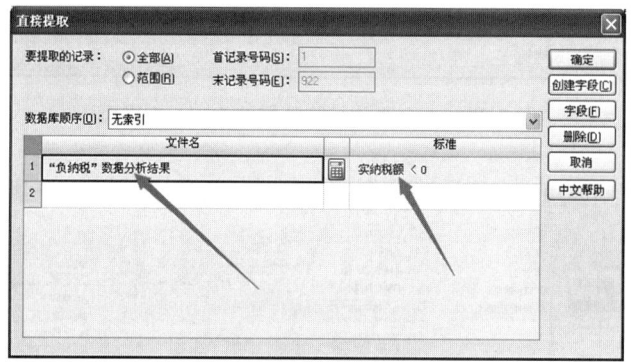

图 7-41 设置后的提取功能界面

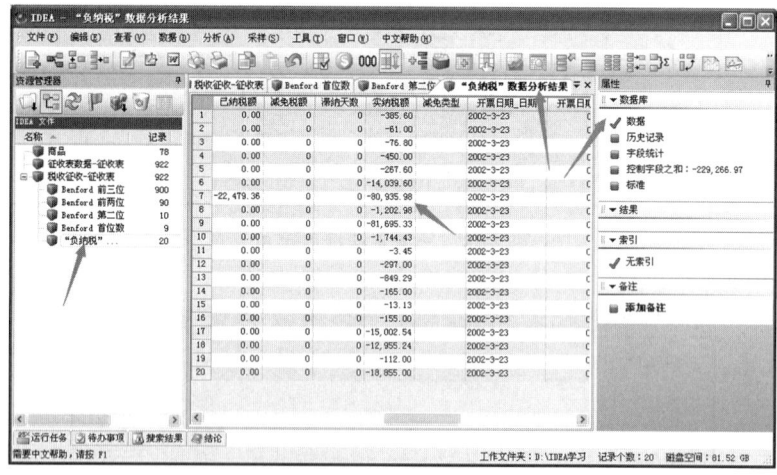

图 7-42 IDEA 中"负纳税"数据的查询结果

同理,在图 7-40 的"公式编辑器"中直接输入或选择输入"滞纳天数>10",即可查找出税收征收数据中的"超期滞纳"数据。

需要指出的是,在 IDEA 中执行数据查询时,其查询结果只显示不重复的数据,即类似于在 SQL 查询语句中加入了关键词"DISTINCT"。

二、基于 IDEA 的审计抽样

审计抽样功能在 IDEA 中被称为审计采样，包括系统采样、随机采样和分层随机采样，如图 7-43 所示。以税收征收数据为例，来分析如何在 IDEA 中应用审计抽样功能。

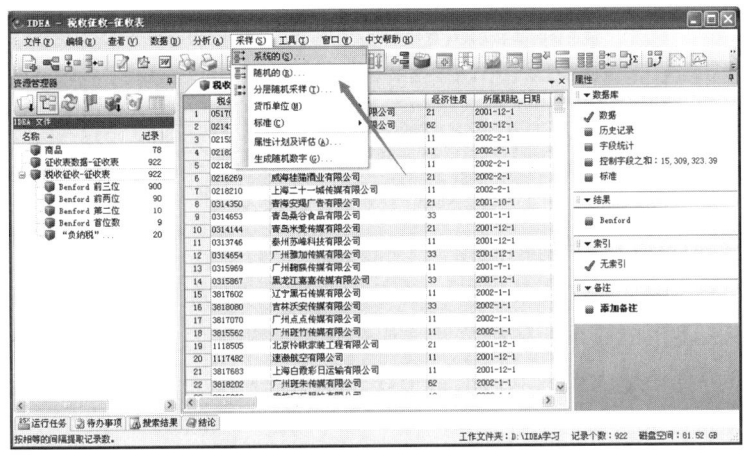

图 7-43　IDEA 的审计抽样功能

（一）"系统采样"功能的应用

系统采样是从文件中按相等的间隔提取一些记录，通常也称作间隔采样。有两种方法确定采样，一种是输入要抽取的记录个数，IDEA 将计算抽样间隔量；另一种是输入抽样间隔，IDEA 将计算要抽取的记录个数。两种方法分别介绍如下：

1. 第一种方法：输入要抽取的记录个数

在图 7-44 界面中，输入要抽取的记录个数，单击"计算（O）"按钮，IDEA 将计算抽样间隔量，再单击"确定"按钮，即可完成所需的抽样。

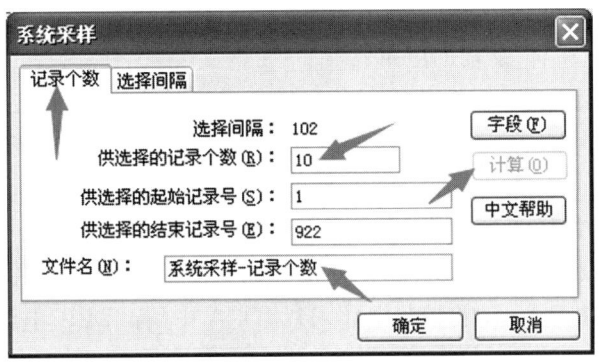

图 7-44　"记录个数"的参数设置界面

2. 第二种方法：输入抽样间隔

在图 7-45 界面中输入抽样间隔，单击"计算（O）"按钮，IDEA 将计算抽样记录个数，再单击"确定"按钮，即可完成所需的抽样。

在以上抽样操作中，抽样范围的默认值为从第一个到最后一个记录的个数，但是，如果需要，可以提取一个记录范围之内的采样。

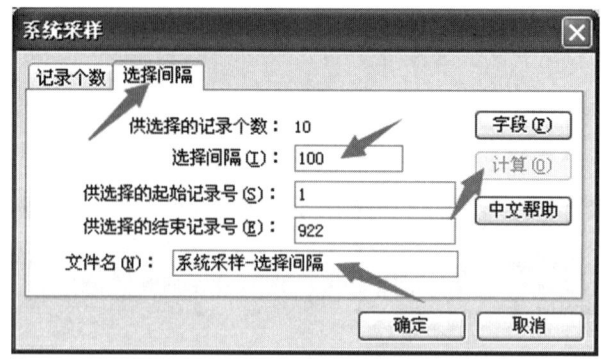

图 7-45 "选择间隔"的参数设置界面

(二)"随机记录采样"功能的应用

随机记录采样是通过输入采样量以及要从采样中提取的记录范围,然后使用一个随机数种子,IDEA 将生成一系列随机数并选取与这些数相关的适当记录。采样方法如下:

在图 7-46 界面中输入要抽取的记录个数、随机数种子(可任意)、抽样的范围,再单击"确定"按钮,即可完成所需的抽样。

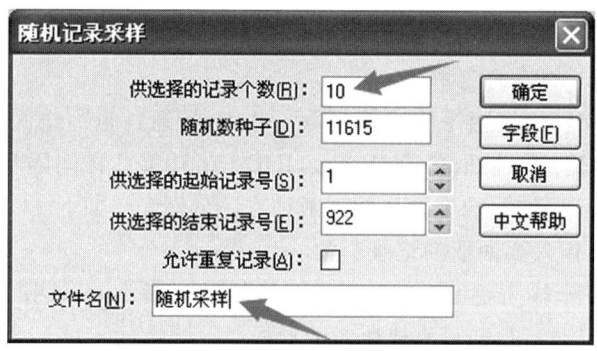

图 7-46 随机采样的参数设置界面

(三)"分层随机采样"功能的应用

分层随机采样用于对分层后的每层数据进行随机采样,提取指定个数的记录。该选项要求先将被审计数据按数字、字符以及日期进行分层。显示每层记录个数的表格将呈现在用户面前,并且要求输入每层中要随机提取的采样记录数。

【例 7-6】 审计抽样方法在税收征收数据分析中的应用

现有某税收征收电子数据(文件名为"税收征收.mdb",数据表名为"征收表"),表结构见本书附录 B 中图 B-1。请将该数据导入到 IDEA 中(若 IDEA 中已有该数据,则不执行该步骤),利用"分层随机采样"功能进行抽样。要求:

根据"实纳税额"进行分层,然后抽取 15 条记录,其中,"实纳税额<0"的抽取 1 条,"0<实纳税额<1 000"的抽取 5 条,"1 000<实纳税额<2 000"的抽取 2 条,"2 000<实纳税额<3 000"的抽取 1 条,"3 000<实纳税额<4 000"的抽取 1 条,"4 000<实纳税额<5 000"的抽取 1 条,"5 000<实纳税额<6 000"的抽取 1 条,"6 000<实纳税额"的抽取 3 条。

假设数据已被采集到 IDEA 中,进行"分层随机采样"操作的关键步骤如下:

(1) 在图 7-47 中,单击"采样(S)"→"分层随机采样(T)…",界面如图 7-48 所示。

图 7-47 分层随机采样功能菜单界面

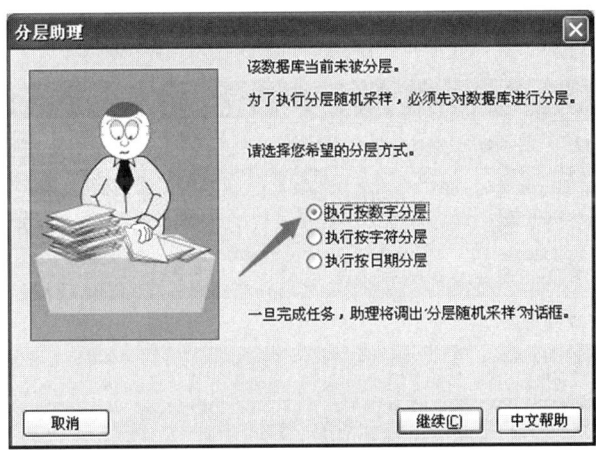

图 7-48 分类方式选择界面

(2) 在图 7-48 中,单击"继续(C)"按钮,出现界面如图 7-49 所示。

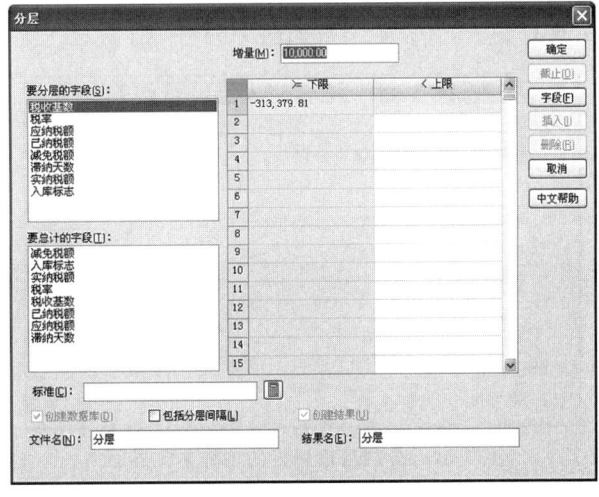

图 7-49 分层设置界面

(3) 在图 7-49 中进行设置,如图 7-50 所示。

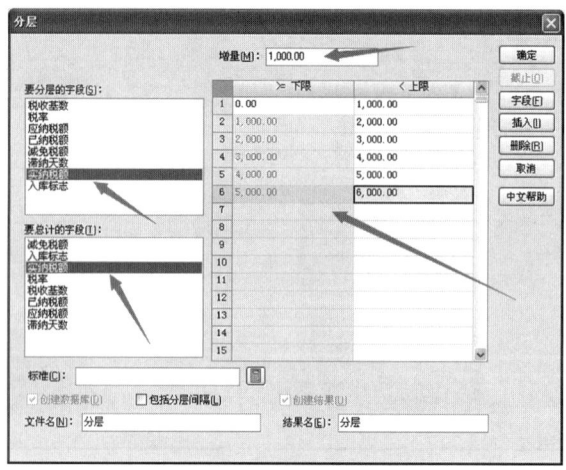

图 7-50 分层后的界面

(4) 在图 7-50 中,单击"确定"按钮,出现界面如图 7-51 所示。

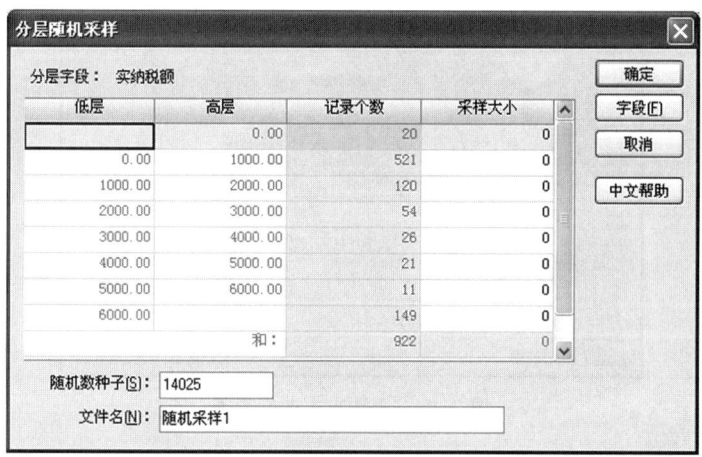

图 7-51 分层后的抽样参数设置界面

(5) 在图 7-51 中进行设置,其设置结果如图 7-52 所示。

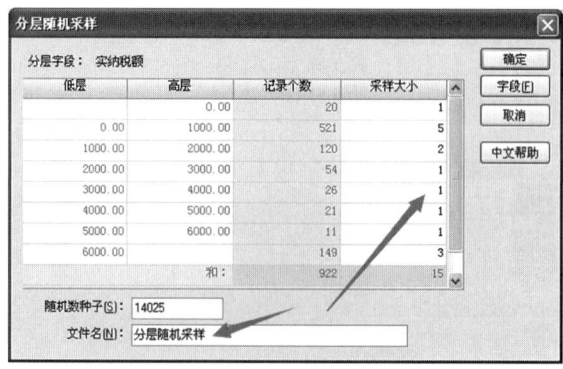

图 7-52 分层后设置好的抽样参数界面

(6) 在图 7-52 中,单击"确定"按钮,出现界面如图 7-53 所示,完成所需的抽样。

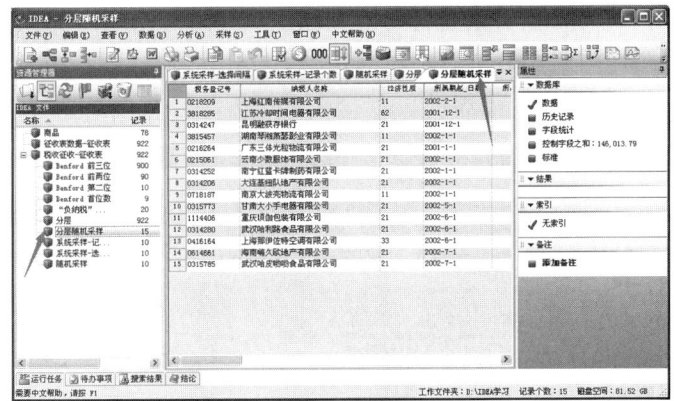

图 7-53　分层随机抽样结果界面

（7）查看分层结果，如图 7-54 所示。

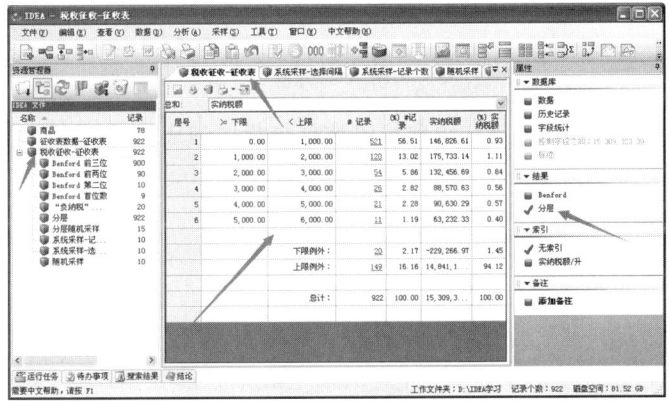

图 7-54　分层结果

三、基于 IDEA 的统计分析

在 IDEA 中，统计分析功能包括一般统计和分层分析。

（1）一般统计。IDEA 的一般统计功能如图 7-55 所示。

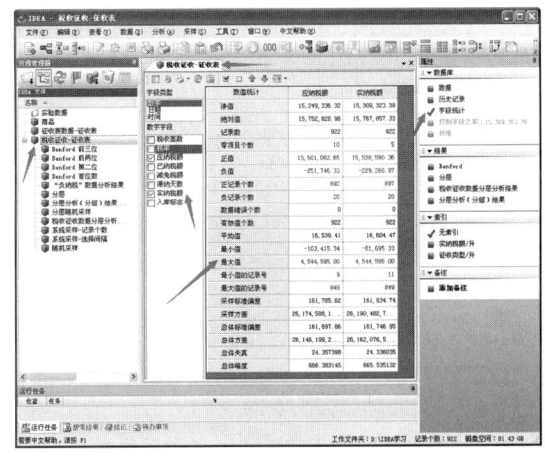

图 7-55　IDEA 的一般统计功能

第 2 节　基于 IDEA 的审计数据分析　157

(2) 分层分析。IDEA 的分层分析功能如图 7-56 所示。IDEA 的分层分析就是通过对某一字段划分若干个区间,查看该字段或其他字段在所划分区间上的分布情况(分层区间内的选定字段值及记录个数之和)。

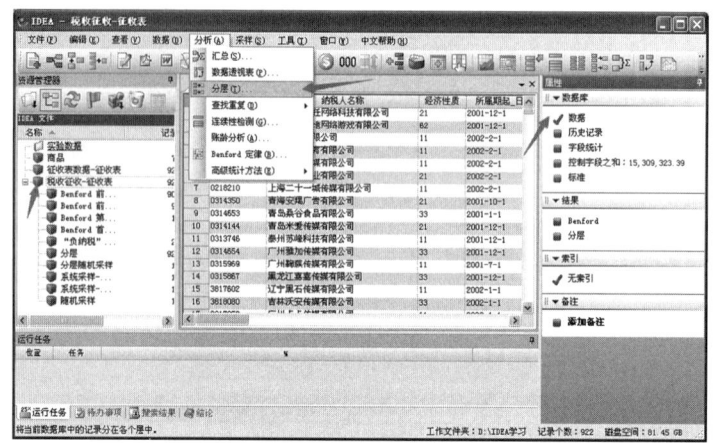

图 7-56　IDEA 的分层分析功能

【例 7-7】　按数值分层方法在税收征收数据分析中的应用

现有某税收征收电子数据(文件名为"税收征收.mdb",数据表名为"征收表"),表结构见本书附录 B 中图 B-1。要求:

(1) 对"实纳税额"字段进行分层分析,把分析的结果命名为"税收征收数据分层分析结果",把分析的结果生成单独的数据库,名称为"税收征收数据分层分析结果数据库"。

(2) 以"征收类型"字段为分组依据,对"实纳税额"字段进行分层分析,把分析的结果命名为"分层分析(分组)结果",把分析的结果生成单独的数据库,名称为"分层分析(分组)结果数据库"。

以上实例包括两部分内容:一般分层和按分组依据分层,分析如下:

1. 一般分层

对于"要求(1)",假设数据已被采集到 IDEA 中,进行分层分析操作的关键步骤如下:

(1) 单击菜单"分析(A)"→"分层(T)…",如图 7-56 所示,出现界面如图 7-57 所示。

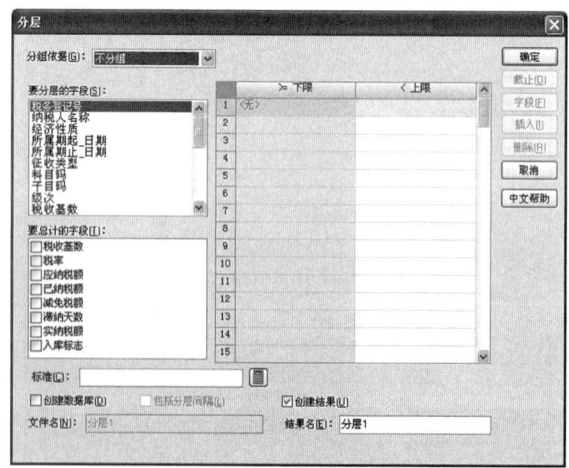

图 7-57　IDEA 分层分析设置界面

（2）在图 7-57 中进行设置，如图 7-58 所示。

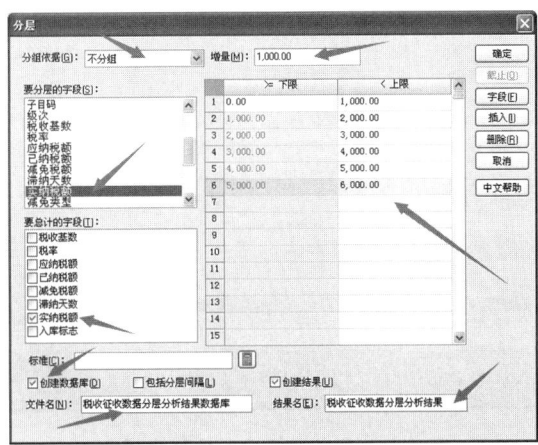

图 7-58　设置后的 IDEA 分层分析设置界面

（3）在图 7-58 中，单击"确定"按钮，其分析结果的表格显示如图 7-59 所示，图形显示如图 7-60 所示，所创建的分层数据库如图 7-61 所示。

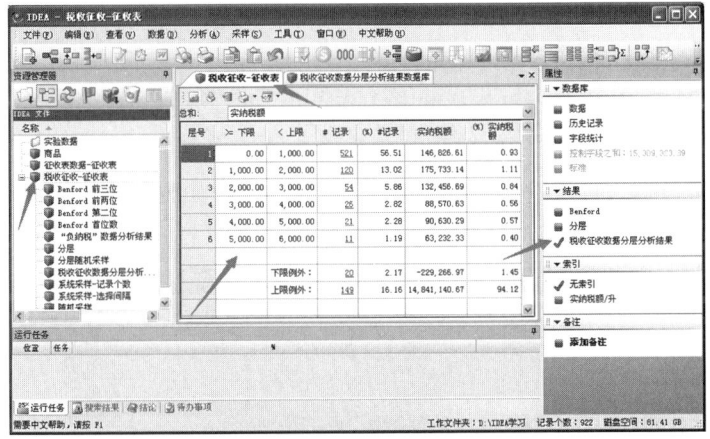

图 7-59　按数值分层的表格显示结果

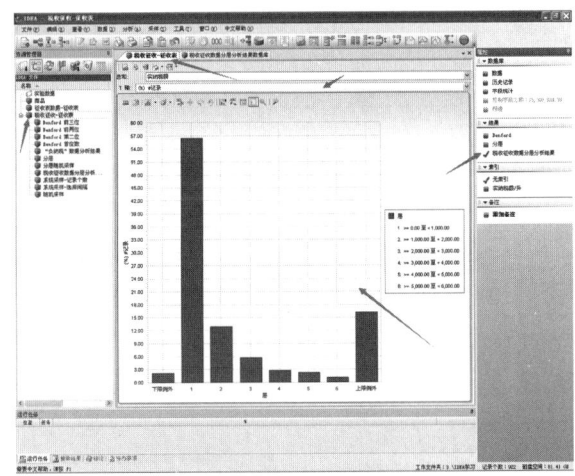

图 7-60　按数值分层的图形显示结果

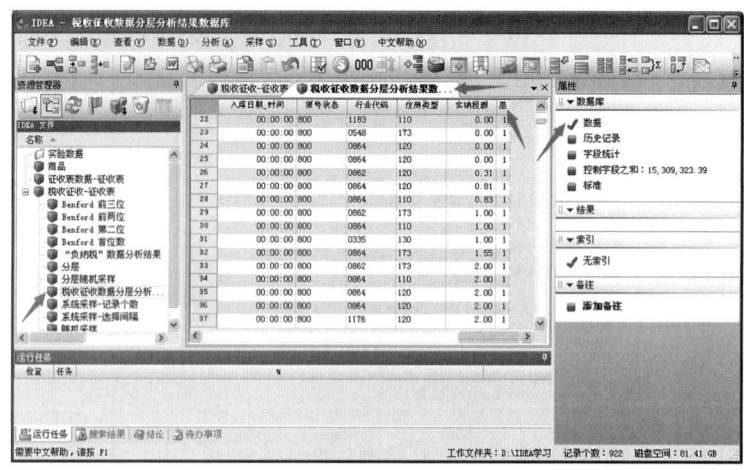

图 7-61 所创建的分层数据库界面

在创建的分层数据库结果图中,要注意理解图中"层"的含义。

2. 按分组依据分层

在 IDEA 中,按分组依据分层就是在分层分析的基础上,根据审计人员指定的某一分组依据字段对分层结果做进一步细化的过程。

对于"要求(2)",假设数据已被采集到 IDEA 中,进行分层分析操作的关键步骤如下:

(1) 单击菜单"分析(A)"→"分层(T)…",并在出现的界面中进行设置(相比上一例,主要是设置分组依据),设置"征收类型"字段为分组依据,如图 7-62 所示。

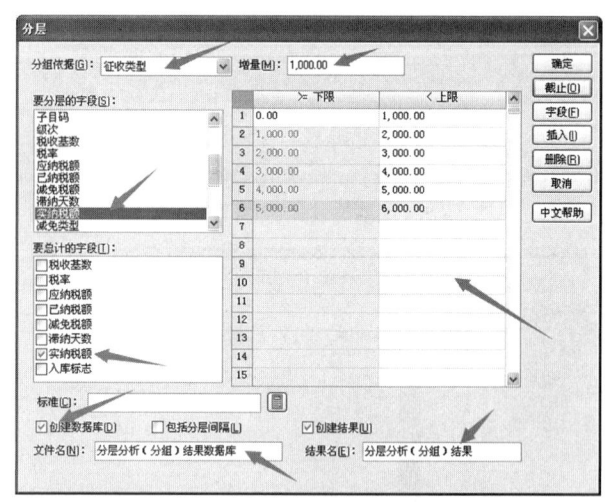

图 7-62 IDEA 中按分组依据分层设置图

(2) 完成相关设置后,单击"确定"按钮,其分析结果的表格显示如图 7-63 所示,图形显示如图 7-64 所示。

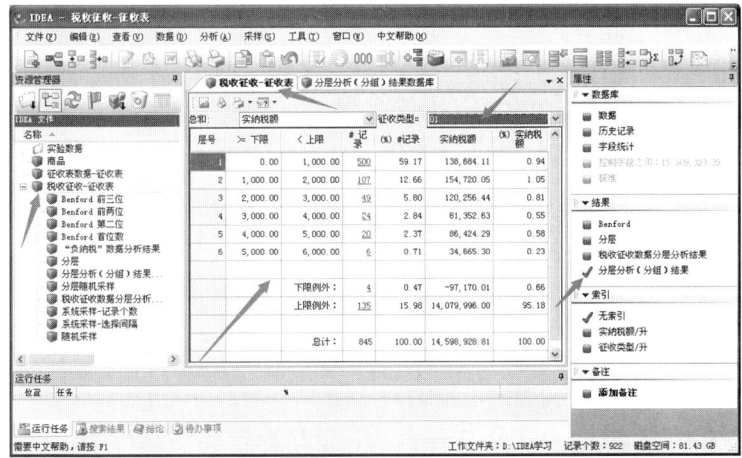

图 7-63　按分组依据分层的表格显示结果

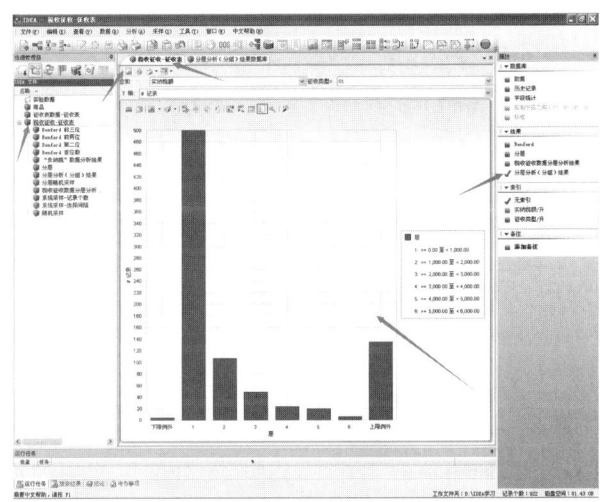

图 7-64　按分组依据分层的图形显示结果

四、基于 IDEA 的数值分析

（一）断号分析

在 IDEA 中，断号分析也被称为连续性检测。

【例 7-8】　IDEA 中断号分析实例

现有某税收征收电子数据（文件名为"税收征收.mdb"，数据表名为"征收表"，表结构见本书附录 B 中图 B-1），请利用断号分析功能分析"征收表"中"税务登记号"字段的连续性情况。

假设数据已被采集到 IDEA 中，进行断号分析查找"征收表"文件中遗漏税务登记号的操作的关键步骤如下：

（1）单击菜单"分析(A)"→"连续性检测(G)..."，如图 7-65 所示，则出现界面如图 7-66 所示。

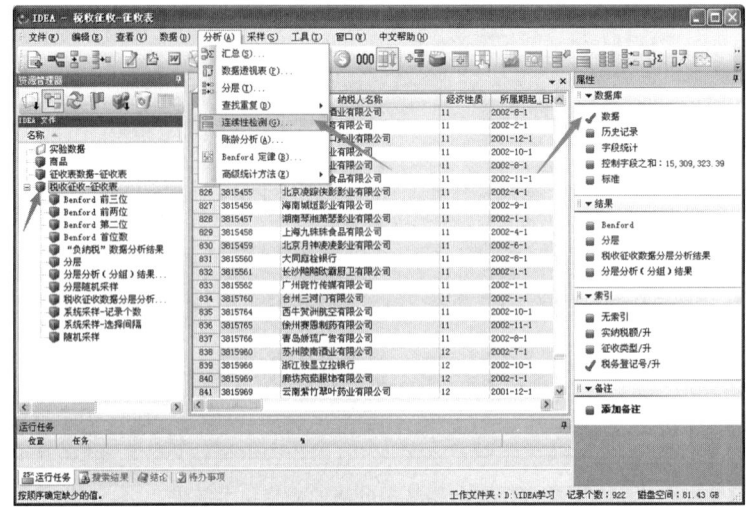

图 7-65　IDEA 的断号分析功能菜单

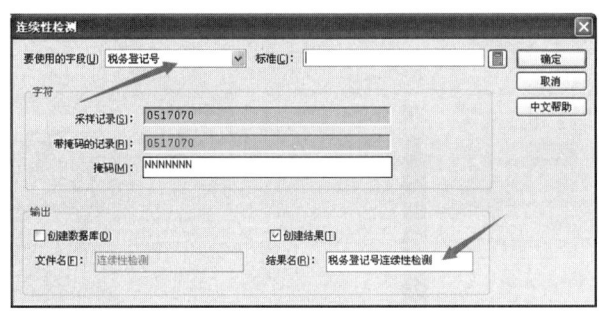

图 7-66　断号分析参数设置界面

(2) 根据数据分析的具体要求,在图 7-66 所示的界面中设置相应的参数,执行连续性检测,即可得到相关的结果,如图 7-67 所示。其中,A 处表示遗漏的税务登记号(具体信息如图 7-68 中的 A 处所示),B 处表示该区间遗漏的税务登记号的个数。

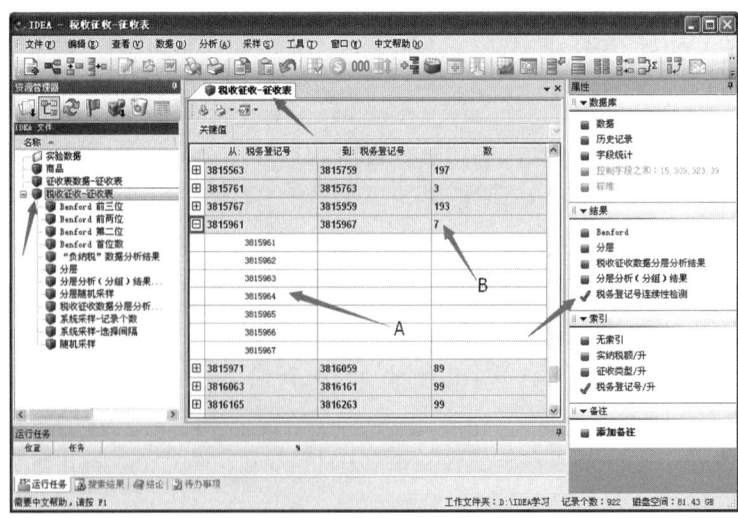

图 7-67　遗漏税务登记号检测结果界面

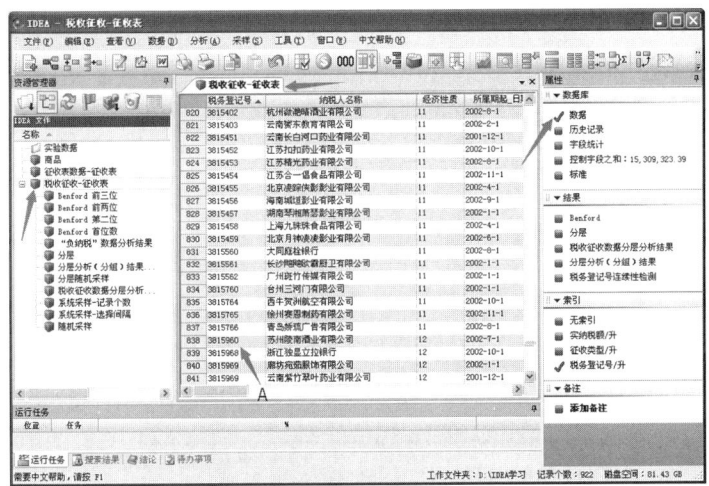

图 7-68 数据库窗口中的遗漏税务登记号对应关系界面

(二) 重号分析

【例 7-9】 IDEA 中简单重号分析实例

现有某税收征收电子数据(文件名为"税收征收.mdb",数据表名为"征收表",表结构见本书附录 B 中图 B-1),请利用重号分析功能分析"征收表"中"税务登记号"字段重复的数据。

假设数据已被采集到 IDEA 中,进行重号分析操作的关键步骤如下:

(1) 在 IDEA 中,单击菜单"分析(A)"→"查找重复(D)"→"检测(D)…",如图 7-69 所示,出现界面如图 7-70 所示。

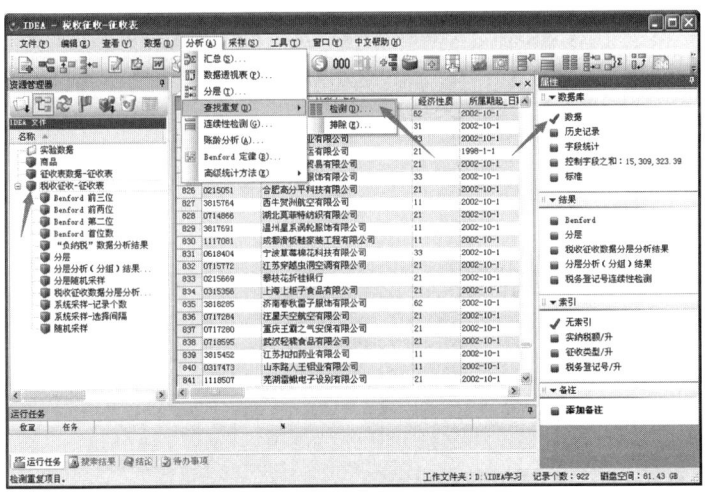

图 7-69 IDEA 的重号分析功能界面

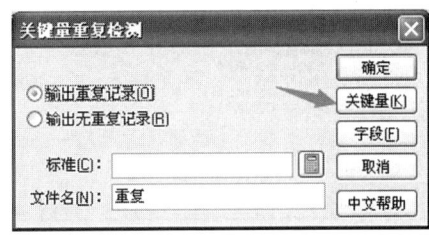

图 7-70 关键量重复检测参数设置界面

第 2 节 基于 IDEA 的审计数据分析

(2) 在图 7-70 中,单击"关键量(K)"按钮,出现界面如图 7-71 所示。

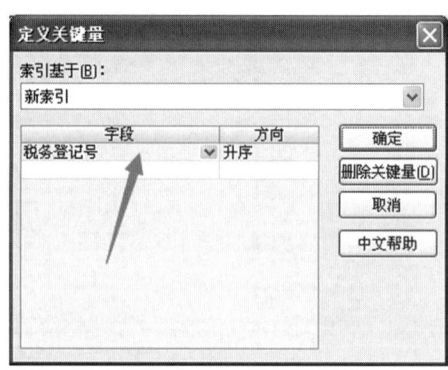

图 7-71　检测字段设置界面

(3) 在图 7-71 中,选择重号分析的字段,单击"确定"按钮,返回到图 7-70 中,在图 7-70 中更改文件名为"重复的税务登记号",如图 7-72 所示。

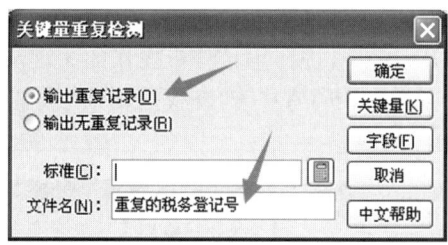

图 7-72　更改文件名后的检测功能参数设置界面

(4) 在图 7-72 中,单击"确定"按钮,查找结果,如图 7-73 所示。

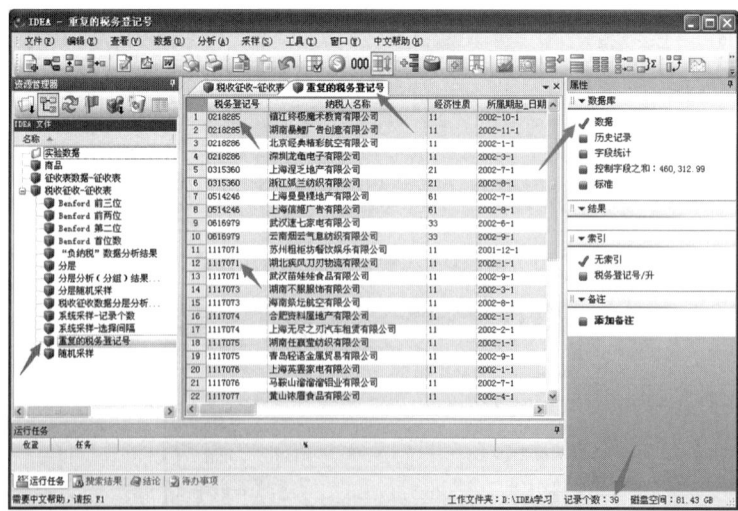

图 7-73　重复税务登记号的检测结果界面

【例 7-10】 IDEA 中复杂重号分析实例

现有某社保局失业保险数据,文件名为"失业金实际发放表.dbf",数据类型为 Foxpro 自由表,其数据表结构见本书附录 B 中图 B-5。要求利用重号分析功能,查找同月重复发放失业金的人员,查找结果包括如下内容:身份证号、姓名、发放月份。

假设失业保险数据已被采集到 IDEA 中,查找失业保险数据中同月重复发放失业金的人员的操作过程如下:

(1) 在 IDEA 中,单击菜单"分析(A)"→"查找重复(D)"→"检测(D)…",则出现如图 7-70 所示的关键量重复检测参数设置界面。

(2) 在图 7-70 中,单击"关键量(K)"按钮,并在出现的界面中设置需要检测的重复字段,如图 7-74 所示。

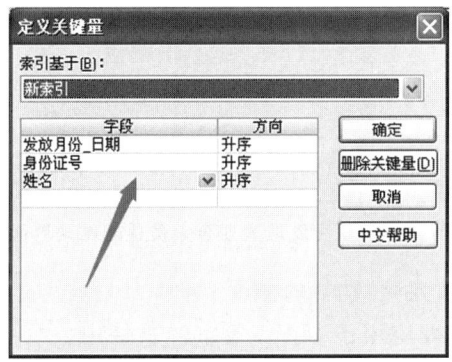

图 7-74 检测字段设置界面

(3) 在图 7-74 中,单击"确定"按钮,返回到关键量重复检测参数设置界面,在该界面中单击"字段"按钮,则出现显示字段设置界面,在该图中设置需要显示的字段,如图 7-75 所示。

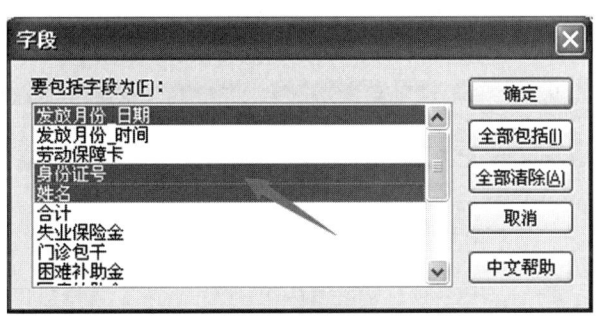

图 7-75 显示字段设置界面

(4) 完成相关参数的设置后,单击"确定"按钮,返回到关键量重复检测参数设置界面,在该界面中,可更改要显示的文件名,本例设置成"失业金重复发放数据",如图 7-76 所示。

(5) 在图 7-76 中,单击"确定"按钮,数据分析结果如图 7-77 所示。

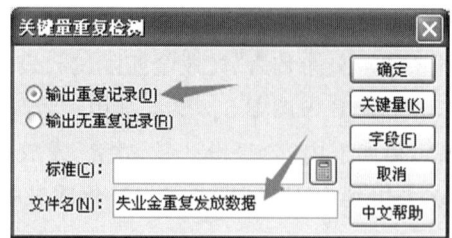

图 7-76　更改文件名后的关键量重复检测参数设置界面

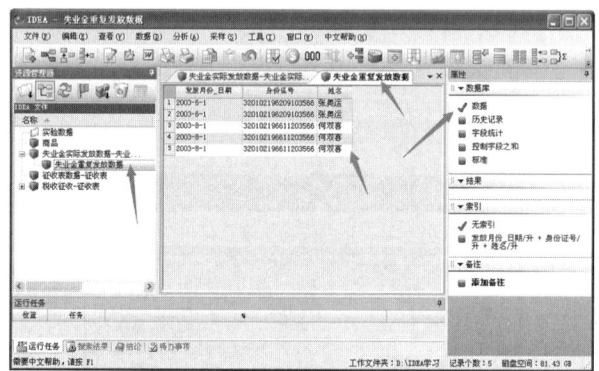

图 7-77　重复发放失业金人员检测结果界面

（三）IDEA 中"Benford 定律"功能的应用

目前，Benford 定律已被应用于 IDEA 等审计软件中。在 IDEA 中，复杂的 Benford 定律被做成一个使用简便的数据分析应用程序。

【例 7-11】　Benford 定律的应用

现有某税收征收电子数据（文件名为"税收征收.mdb"，数据表名为"征收表"），表结构见本书附录 B 中图 B-1。要求利用 Benford 定律对"实纳税额"字段进行分析。

假设数据已被采集到 IDEA 中，进行 Benford 定律操作的关键步骤如下：

（1）单击菜单"分析(A)"→"Benford 定律(B)…"，如图 7-78 所示，则出现如图 7-79 所示的界面。

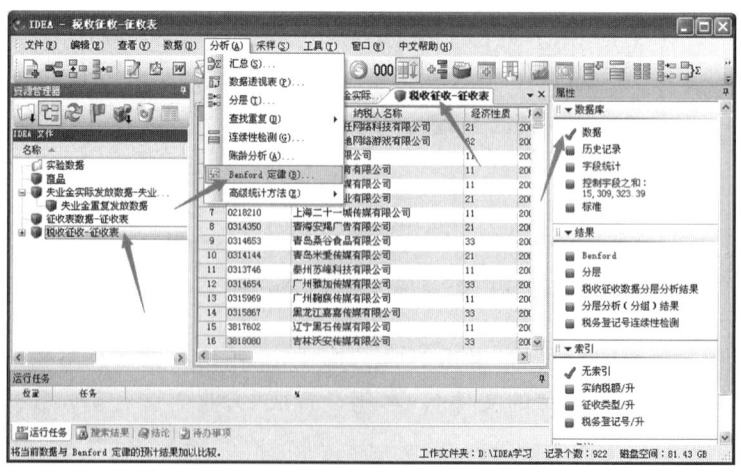

图 7-78　IDEA 中的 Benford 定律功能菜单

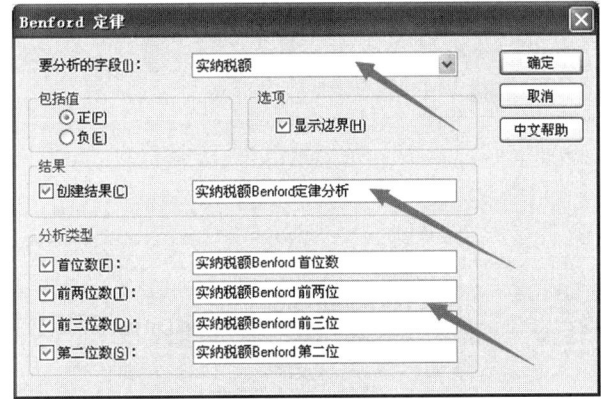

图 7-79　Benford 定律的参数设置界面

（2）在图 7-79 所示的界面中设置相应的参数，即可得到结果，如图 7-80 至图 7-84 所示。

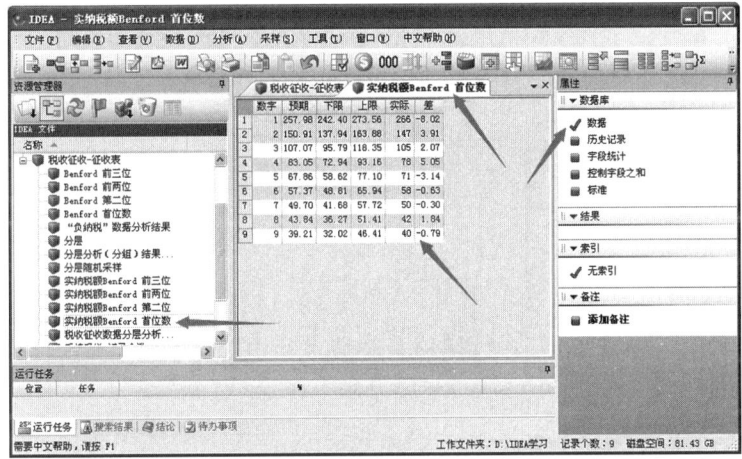

图 7-80　税收数据的首位数字分析表格显示结果

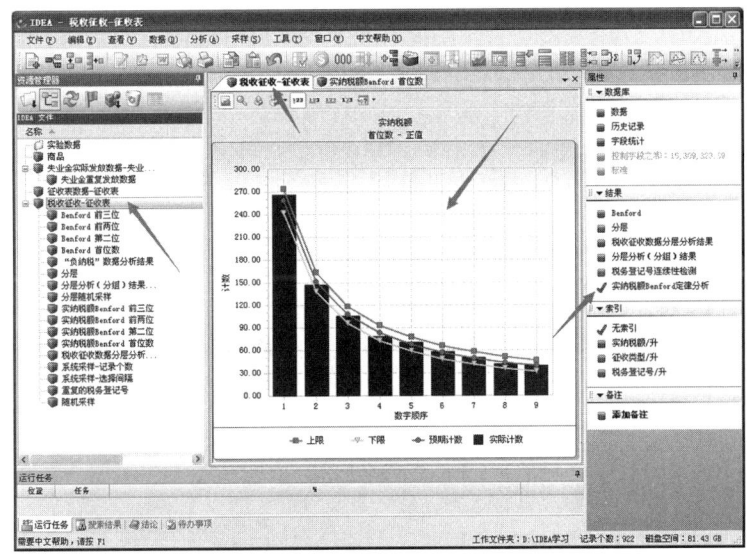

图 7-81　税收数据的首位数字分析图形显示结果

第 2 节　基于 IDEA 的审计数据分析　167

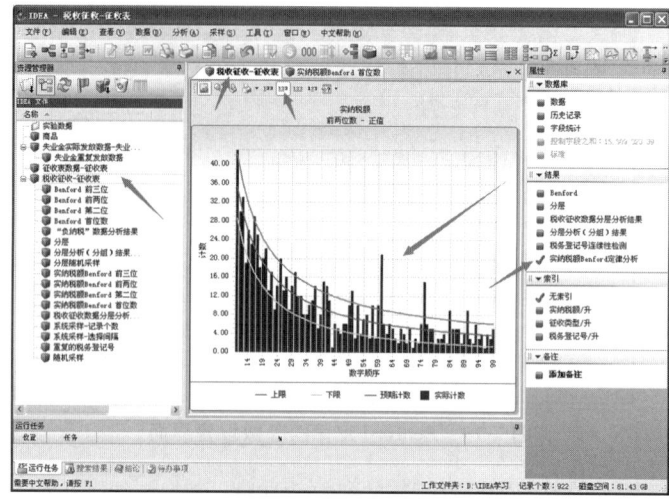

图 7-82　税收数据的前两位数字分析图形显示结果

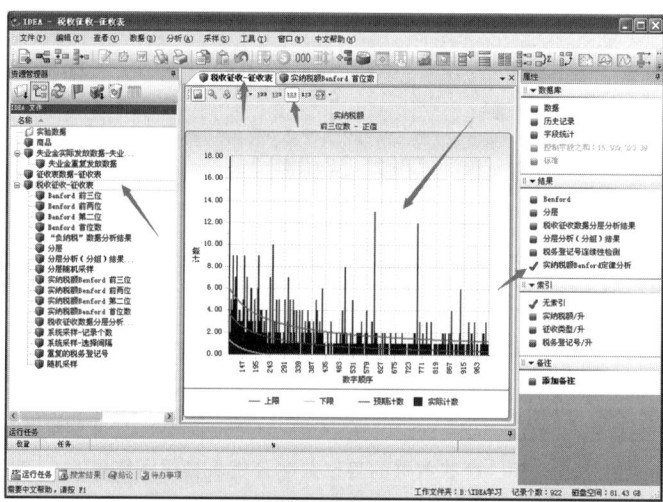

图 7-83　税收数据的前三位数字分析图形显示结果

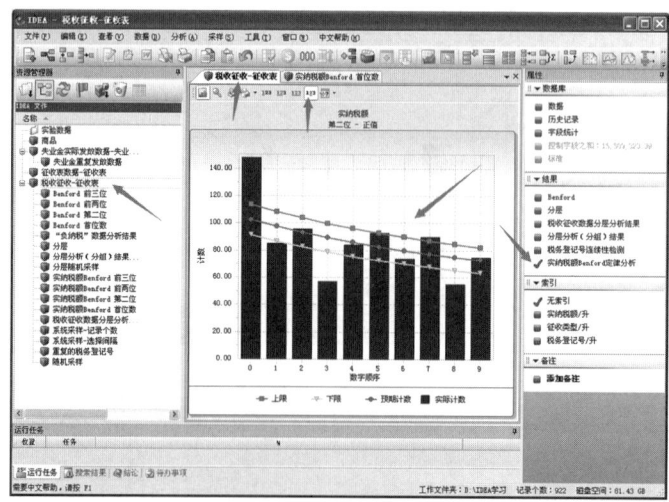

图 7-84　税收数据的第二位数字分析图形显示结果

（3）在以上 Benford 定律的分析结果图中，可以显示查看某一分析结果的具体数据，比如，在图 7-81 中，选中首位数字为 5 的柱体，单击鼠标左键则弹出一菜单，如图 7-85 所示。单击"提取记录"，结果如图 7-86 所示。

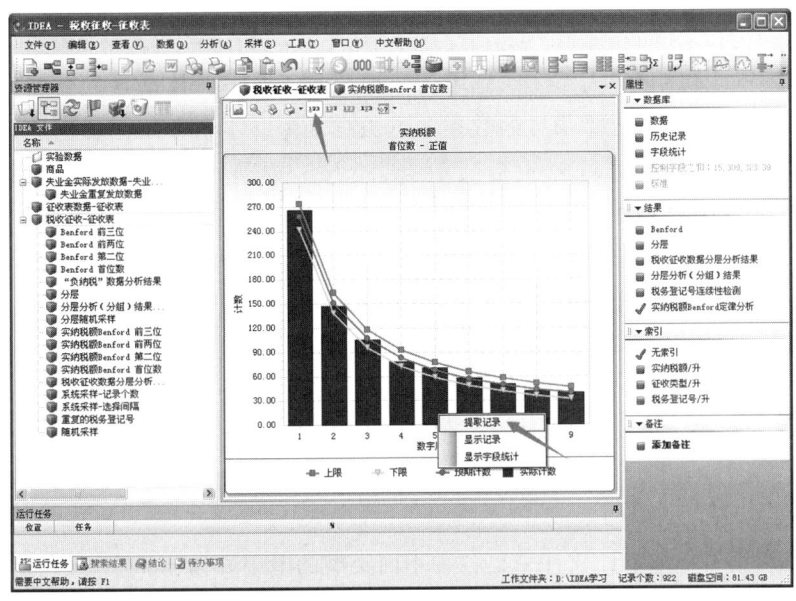

图 7-85　数据延伸分析菜单

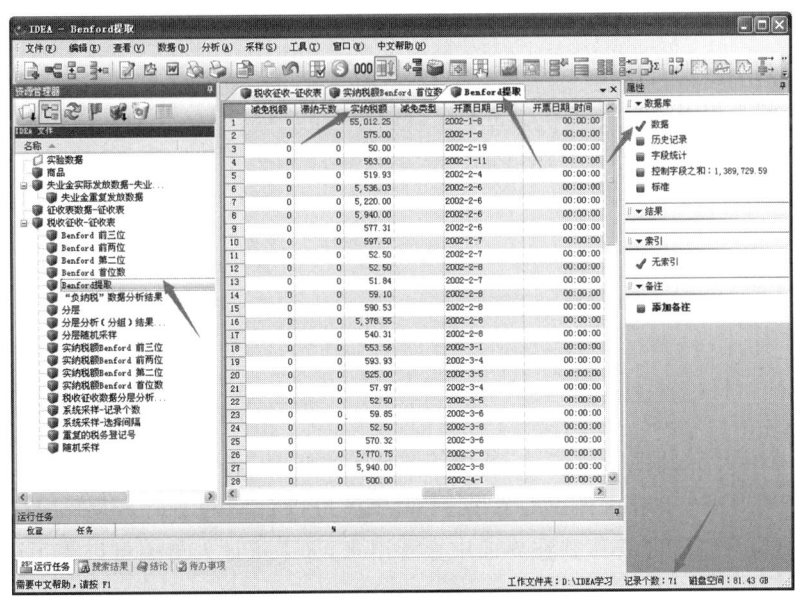

图 7-86　选中数据的显示结果

提取出的数据可以单独生成数据表，为进一步的分析打下基础。

本章小结

1. IDEA 审计软件提供了简单、易用的数据采集工具——数据导入助理。通过数据导入助理，可以自动识别所要采集的数据源的数据类型。本章介绍了如何采用 IDEA 审计软件采集文本文件数据、Excel 格式数据、Access 数据库中的数据，以及如何通过 ODBC 采集 Foxpro 数据库中的数据。

2. 在 IDEA 中对采集来的电子数据进行分析的方法主要包括：基于 IDEA 的数据查询、基于 IDEA 的审计抽样、基于 IDEA 的统计分析、基于 IDEA 的数值分析。

复习思考题

1. 如何利用 IDEA 审计软件采集各种不同类型的电子数据？
2. IDEA 审计软件中的各种不同的数据分析方法有何异同，各适合于什么情况下的数据分析？
3. 如何把 Oracle、SQL Server 数据库中的数据采集到审计软件 IDEA 中？
4. 如何利用其他审计软件采集与分析电子数据？
5. 请比较采用 IDEA 审计软件和采用数据库工具（如 Access、SQL Server）编写 SQL 语句进行"重号分析"时，两种方法的优缺点。

练习题

判断题

1. IDEA 审计软件提供了简单、易用的数据采集工具，名叫数据采集大师。（　　）
2. 在采用 IDEA 采集文本文件数据时，IDEA 可以自动判断所采集的文本文件数据的类型是"分隔"还是"定长"，并在界面中显示出来，如果审计人员不可以手工进行调整。
（　　）
3. 审计抽样功能在 IDEA 中被称为审计采样。（　　）
4. 在 IDEA 中审计采样包括系统采样、随机采样和分层随机采样。（　　）
5. 在 IDEA 中，统计分析功能包括一般统计和分层分析。（　　）
6. 在 IDEA 中，断号分析这种方法被称为连续性检测。（　　）
7. 在 IDEA 审计软件中没有 Benford 定律这一分析方法。（　　）

8. IDEA 审计软件只可以采集文本文件数据、Excel 格式数据、Access 数据库中的数据。   （ ）

阅读材料 7.1 基于模糊匹配的审计数据分析方法

一、基于模糊匹配的审计方法原理

大数据环境下从不同地方采集来的被审计数据中可能含有相似重复的数据，这些相似重复数据可能就是审计过程中要查找的可疑数据，如何对这些相似数据进行关联分析是大数据分析过程中的一个重要问题。目前常用的电子数据审计方法，如 SQL 数据查询、数值分析(重号分析)等，只能查找完全符合查询条件的数据。为了查找被审计数据中的相似重复数据，解决 SQL 数据查询的不足，作者提出了一种基于模糊匹配的审计方法，该方法的原理描述如下：

（一）选取模糊匹配字段

根据对被审计数据的分析，选取要比较的字段。

（二）进行模糊匹配

选用合适的字段相似检测算法，根据所选取的比较字段，执行数据表中各字段之间的比较，在此基础上，综合所有比较字段的相似检测结果，计算整条数据记录的相似度，并根据预定义的字段和记录的阈值，检测出相似重复数据，即为可疑数据。其中，字段相似检测算法如下：

（1）字符型字段相似度计算方法。对于字符型字段，一个字段可以看成是一个字符串，字符串的相似检测也称字符串匹配，一般通过采用编辑距离算法，可以计算出两个字段间的编辑距离。由于编辑距离值为整数，为了把字段间的编辑距离转换成字段间的相似度，提出以下转换方法，如表 7-1 所示。

表 7-1 编辑距离和相似度的对应关系定义

编辑距离	相似度
1	0.9
2	0.8
3	0.7
4	0.6
…	…

表 7-1 中的对应关系也可以由审计人员根据对被审计数据的分析进行调整，从而更准确地检测相似重复数据。

（2）布尔型字段相似度计算方法。对于布尔型字段，如果两字段相等，则相似度取 0，如果不同，则相似度取 1。

(3) 数值型字段相似度计算方法。对于数值型字段,可以采用计算数字的相对差异算法,计算公式如下:

$$S(s_s, s_2) = \frac{|s_1 - s_2|}{\max(s_1, s_2)}$$

其中,s_1,s_2 为数值型字段。

(三) 确认模糊匹配结果

对检测出的每一组相似重复数据(可疑数据),由审计人员通过对可疑数据的调查和分析,最终获得审计证据。

由以上分析可以看出,当该方法分析字符型字段时,无论该字段中字符的位置怎样,只要出现该字符即可。同样,当该方法分析数值型字段时,也不要求待比较的数值型字段的值完全一样,只要相近即可。所以,这里所提出的方法称之为模糊匹配。相对于模糊匹配,精确匹配指只有所比较的字符型字段中整个字段相同,或者所比较的数值型字段的值完全一样时才匹配。

二、大数据环境下基于模糊匹配的审计方法的实现

根据前文对基于模糊匹配的审计方法的分析,作者在电子数据审计模拟实验室软件中设计并实现了这种审计数据分析方法,其界面如图 7-87 所示。主要功能介绍如下:

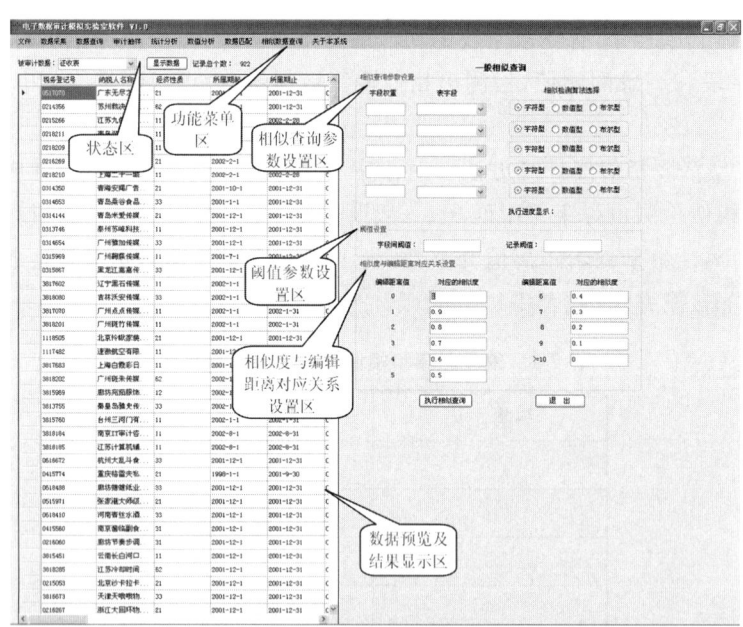

图 7-87 电子数据审计模拟实验室软件中的相似查询功能界面

(一) 功能菜单区

功能菜单区主要提供电子数据审计模拟实验室软件的功能菜单,包括分析结果导出、审计日志导出、数据采集、审计数据分析(数据查询、数值分析、统计分析、审计抽样、数据匹配、相似数据查询)、关于本系统等。其中,相似数据查询和数据匹配功能菜单即为基于

模糊匹配的审计方法。

(二) 状态区

状态区用来显示当前数据预览及结果显示区中数据记录的数量,以及用来选择和显示采集来的待分析数据表,用户可以在状态区选择要分析的数据。

(三) 相似查询参数设置区

相似查询参数设置区主要用来选择待分析的字段、设置相应字段的权重,以及选择每个相似查询字段的相似检测算法。

(四) 阈值参数设置区

阈值参数设置区主要用来设置字段间阈值和记录阈值。字段间阈值表示每个字段之间的相似度,记录阈值表示整个数据记录之间的相似度。

(五) 相似度与编辑距离对应关系设置区

相似度与编辑距离对应关系设置区用来设置相似度与编辑距离之间的对应关系。相似度与编辑距离对应关系可以由审计人员根据对被审计数据源的分析进行调整,从而更准确地检测相似重复数据。

(六) 数据预览及结果显示区

数据预览及结果显示区用来显示当前待分析数据表中的数据,用户可以通过该区预览当前待分析数据表中的数据。同时,一般相似查询功能的数据分析结果也在该区中显示,用户可以通过单击菜单"文件"→"分析结果导出"完成分析结果的导出和保存。

三、大数据环境下基于模糊匹配的审计方法的审计风险评价

由于模糊匹配方法的不精准性,如何评价该方法的审计风险非常重要。国际审计与鉴证准则委员会(International Audit and Assurance Standards Board,IAASB)把审计风险的模型定义为:

$$审计风险 = 重大错报风险 \times 检查风险$$

在审计风险模型中,审计人员所能控制的只有检查风险,重大错报风险与被审计单位有关,审计人员对其无能为力,只能对其水平进行评估,以便确定可接受的检查风险水平。根据以上审计风险模型,不难发现,可以通过采用合适的审计方法来降低检查风险。

目前,国内对信息化环境下审计风险的研究多是从理论层面分析审计风险的成因与规避,在审计风险控制这方面的研究也多是从定性的角度进行分析,没有从定量的角度对其进行深入的研究。为了从定量的角度分析审计数据分析方法的审计风险,作者定义相应的查全率(recall,简称 R)和查准率(precision,简称 P),具体概念如下。

(1) 查全率是指可疑数据被正确识别的百分率,即:

$$R = \frac{正确识别出的可疑数据}{实际的可疑数据}$$

(2) 查准率是指审计方法识别可疑数据的正确率,即:

$$P = \frac{正确识别出的可疑数据}{识别出的可疑数据}$$

通过以上两个指标,可以定量地评价基于模糊匹配的审计方法的审计检查风险。比如,通过灵活地设置字段和数据的阈值,以及字段的权重,可以改变系统的查全率和查准率,从而可以控制基于模糊匹配的审计方法的检查风险。

四、大数据环境下基于模糊匹配的审计方法的应用及分析

(一)案例介绍

以给定的某税收征收电子数据(文件名为"税收征收.mdb",数据表名为"征收表")为例,查找该数据中"纳税人名称"和"税务登记号"两字段相似的数据,要求从查全率和查准率的角度考虑审计检查风险。

(二)案例操作

要检查某税收征收电子数据中"纳税人名称"和"税务登记号"两字段相似的数据,可采用电子数据审计模拟实验室软件中的"相似数据查询"功能,根据"纳税人名称"和"税务登记号"这两个字段对该数据中相似的数据进行分析。对于审计检查风险,可以通过设置字段阈值和记录阈值来控制。

假设该税收征收电子数据已被采集到电子数据审计模拟实验室软件中,打开电子数据审计模拟实验室软件的相似查询功能,如图7-88所示。在图7-88中相似查询的字段分别为"纳税人名称"和"税务登记号",考虑到"纳税人名称"字段较为重要,"纳税人名称"的权重设为0.7,"税务登记号"的权重设为0.3;"纳税人名称"和"税务登记号"的相似查询算法都选择字符型;相似度与编辑距离的对应关系保持系统默认值不变。主要分析结果如下:

(1)当选择字段阈值为0.8,记录阈值为0.7时。单击"执行相似查询"按钮,其相似查询结果如图7-88所示。

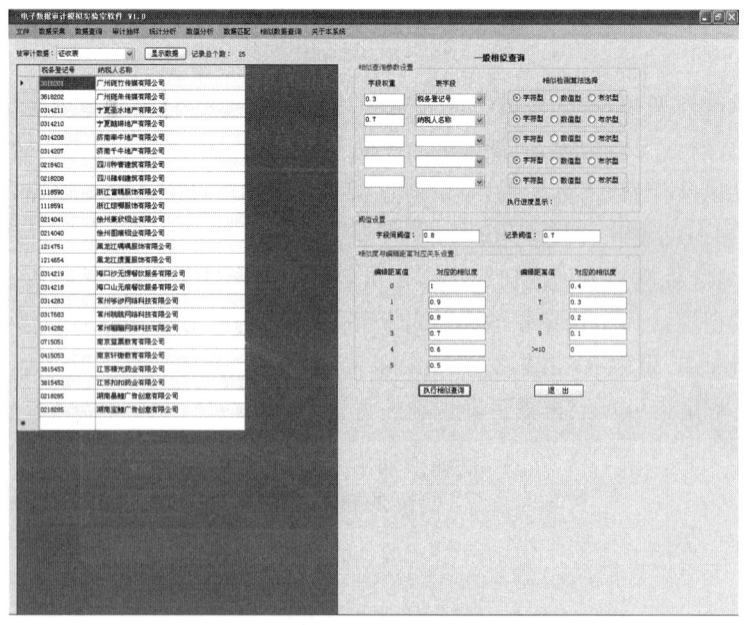

图7-88 字段阈值为0.8和记录阈值为0.7时的模糊匹配分析结果示例

(2) 当选择字段阈值为 0.9，记录阈值为 0.8 时。单击"执行相似查询"按钮，其相似查询结果如图 7-89 所示。

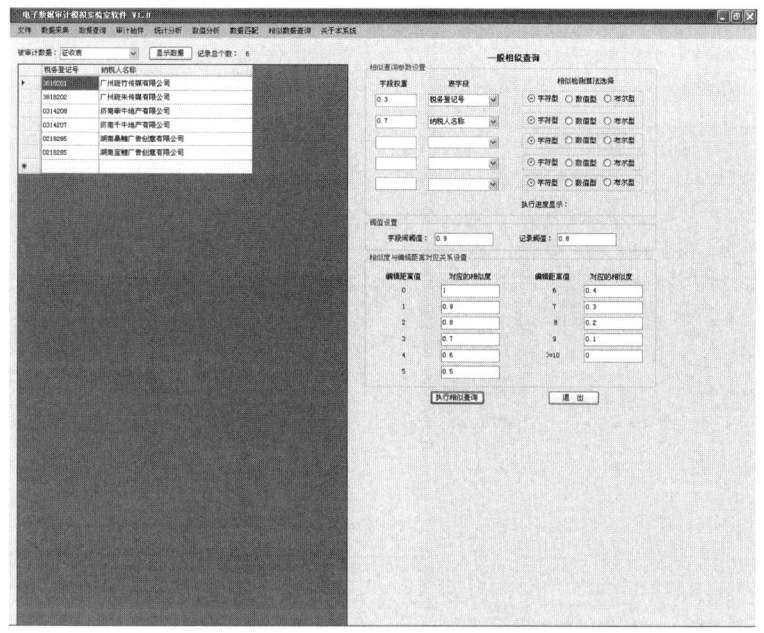

图 7-89　字段阈值为 0.9 和记录阈值为 0.8 时的模糊匹配分析结果示例

(3) 当选择字段阈值为 0.8，记录阈值为 0.8 时。单击"执行相似查询"按钮，其相似查询结果如图 7-90 所示。

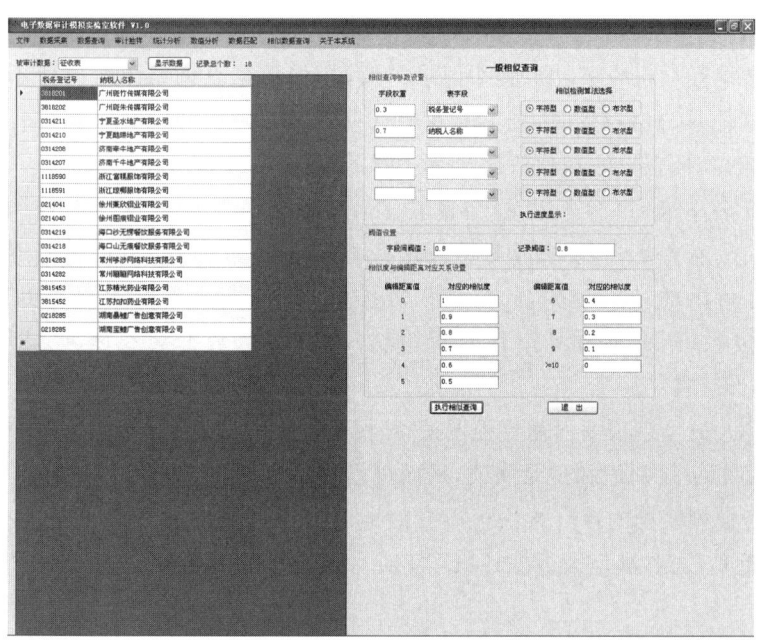

图 7-90　字段阈值为 0.8 和记录阈值为 0.8 时的模糊匹配分析结果示例

阅读材料 7.1　基于模糊匹配的审计数据分析方法

(4) 当选择字段阈值为 0.9,记录阈值为 0.9 时。单击"执行相似查询"按钮,其相似查询结果如图 7-91 所示。

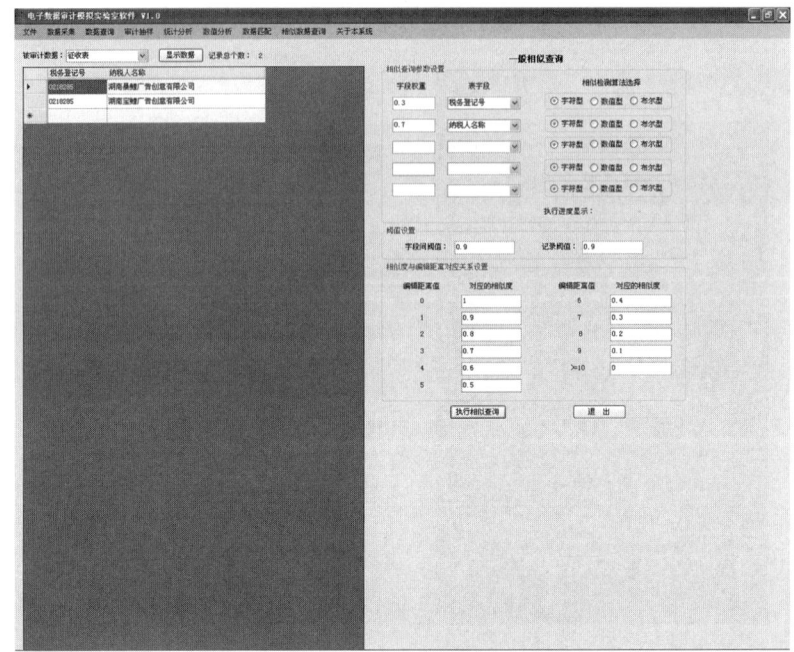

图 7-91　字段阈值为 0.9 和记录阈值为 0.9 时的模糊匹配分析结果示例

以上分析的结果可以另存为数据文件,然后作进一步的分析。

(三) 案例分析

由以上案例可以看出:

(1) 通过设置不同的字段阈值和记录阈值,相似数据查询结果会有所不同。当设置的字段阈值和记录阈值较低时,查出的相似数据较全,但准确率较低;当设置的字段阈值和记录阈值较高时,查出的相似数据会有遗漏,但准确率较高。

(2) 当查全率高时,分析出的结果较多,查出的相似数据较全,审计检查风险减少,但审计人员需要更多的时间去确认这些相似重复数据,从而降低审计效率;当查准率高时,分析出的结果较少,分析结果较准确,审计人员不需要更多的时间去确认这些相似重复数据,从而提高审计效率,但查出的相似数据会有遗漏,审计检查风险增加。

(3) 审计人员可以根据所需要控制的审计风险水平,来确定合适的查全率和查准率,然后确定合适的字段阈值和记录阈值,从而可以控制审计检查风险。

(4) 基于模糊匹配的审计方法可以有效地对被审计数据进行分析,查找出被审计数据中的相似重复数据,满足大数据环境下审计数据分析的需要。

阅读材料 7.2　基于数据可视化技术的电子数据审计方法及其比较分析

一、案例简介

本阅读材料以给定的某社保局失业保险数据(文件名为"失业金实际发放数据.mdb",数据表名为"失业金实际发放表",表结构见本书附录B中图B-6),对基于数据可视化技术的电子数据审计方法进行介绍,并与目前常用的基于SQL的数据查询方法,以及基于审计软件的分析方法进行对比分析。

二、基于SQL的数据查询方法的分析

按照教材所述,目前信息化环境下,要检查"失业金实际发放表"中同月重复发放失业金的人员,一般是通过对被审计对象的分析,构建如下SQL语句:

```
SELECT    身份证号,姓名,发放月份,count(*)AS 同月发放次数,sum(合计)AS 发放合计
FROM    失业金实际发放表
GROUP BY    身份证号,姓名,发放月份
HAVING count(*)>=2
ORDER BY count(*) DESC;
```

然后,通过在一些数据库工具(如 Microsoft Access、SQL Server 等)或审计软件中运行以上 SQL 语句,可以很容易地查找出失业金实际发放表中同月重复发放失业金的

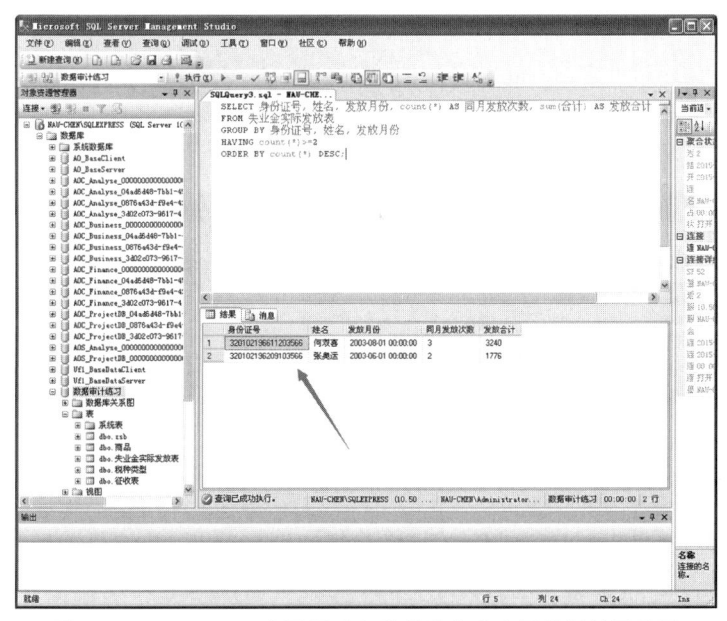

图 7-92　SQL Server 中同月重复发放失业金人员分析结果界面

人员。

以 SQL Server 为例,假设该数据已被采集到 SQL Server 中,查找"同月重复发放失业金人员"数据的操作过程为:在 SQL Server 数据库管理工具的"查询窗口"中输入相应的 SQL 语句,单击"执行"按钮,便可得到审计人员所要查找的数据,其查询结果如图 7-92 所示。

三、基于数据可视化技术的审计方法

以 Tableau 软件为例,基于数据可视化技术的电子数据审计方法的分析过程如下:

根据要分析的问题,对其进行建模,即以身份证号、姓名、发放月份三个字段为一组,计算同时符合这一条件的数据的个数,选取合适的展示图形对数据进行分析,从而使结果更形象化地展示出来。

假设该数据已被采集到 Tableau 中,根据查找"同月重复发放失业金人员"数据这一审计问题的分析,首先采取用 Tableau 的树地图进行分析,其结果如图 7-93 所示。由图 7-93 的分析结果,根据颜色和方块的大小,审计人员可以快速地发现异常数据,如图 7-94 所示。对于异常数据,审计人员可以提取查看,并保存这些分析结果,然后做进一步的延伸审计。

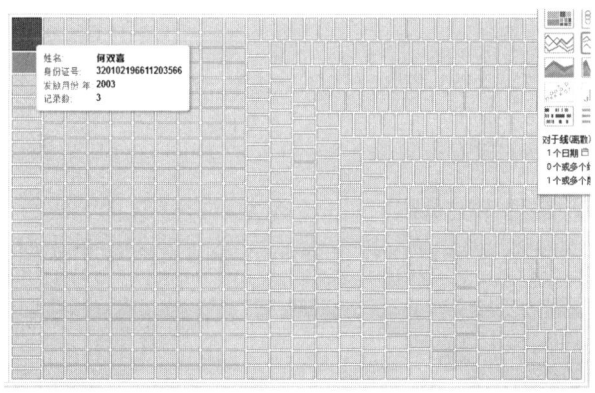

图 7-93 同月重复发放失业金人员的树地图可视化分析结果

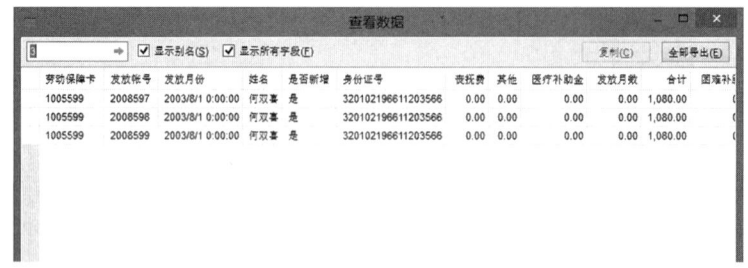

图 7-94 提取的同月重复发放失业金人员的树地图可视化分析结果示例

对于本案例,也可以采用 Tableau 的填充气泡图来分析,其结果如图 7-95 所示。在图 7-95 的分析结果中,根据气泡的大小,审计人员可以快速地发现异常数据。对于异常数据,审计人员可以提取查看,并保存这些分析结果,然后做进一步的延伸审计。

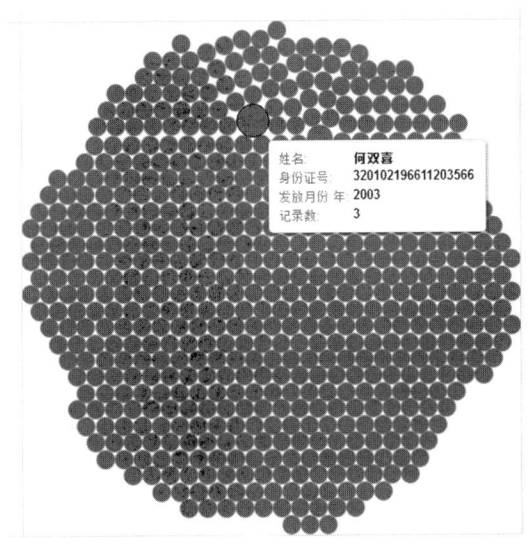

图 7-95　同月重复发放失业金人员的填充气泡图可视化分析结果

四、两种方法比较分析

两种方法的比较分析如表 7-2 所示。

表 7-2　两种审计方法的优缺点分析

数据审计方法	需要的分析工具	对审计人员是否有较高的专业技术要求	分析结果的易理解性	方法的灵活程度	用户对分析结果的接受程度
基于 SQL 的数据查询方法	可以用专门的审计软件，也可以采用通用软件	需要	差	高	低
基于数据可视化技术的审计方法	需要专门的可视化分析软件	不需要，快速、简单，没有繁琐的 SQL 语句编写	很好	高	高

第 8 章
审计作业信息化综合案例：企业审计

学习目标

1. 结合具体案例，系统地掌握如何开展审计作业信息化
2. 结合具体案例，掌握在开展审计作业信息化过程中如何采用 Microsoft Excel、Microsoft Access、SQL Server 等通用工具进行电子数据审计
3. 结合具体案例，掌握在开展审计作业信息化过程中如何采用 IDEA、电子数据审计模拟实验室软件等审计软件进行电子数据审计
4. 结合具体案例，掌握如何编写审计通知书、审计实施方案、审计需求单、审计工作底稿、审计取证单、审计报告等审计文书

本章在介绍了第 4—7 章知识的基础上，结合企业审计具体案例，系统地分析如何开展审计作业信息化。

第 1 节 审计案例背景简介

江发制造集团有限公司［原长江东西（集团）总公司］是江汉省重点国有企业，简称江发集团。公司成立于 1980 年，具有 30 多年从事火车发动机研发与生产的历史，是江汉省火车零部件发动机行业龙头企业。除了江汉省外，公司在美国、英国、南非、日本等国设有 200 多家子公司。根据江展市审计局 2017 年的审计计划安排，现对江发制造集团有限公司开展企业领导人经济责任审计。重点是审计该公司领导人在 2013 年至 2016 年期间落实江汉省廉洁从业规定情况，特别是在餐费、高尔夫、购物、酒、烟、会议、补贴、保险、中介、咨询等方面的经费使用情况。（注：本案例中相关地名、单位名、人名、电话号码等均为虚构，如有雷同，纯属巧合）

第 2 节　审前准备阶段

一、下发审计通知书

在本案例中，江展市审计局根据江发制造集团有限公司审计的需要，选派张林顿、刘布什、李巴马、王朗普、赵瑾慧、孙拉里、钱林肯等 7 人，成立审计项目组，其中，张林顿任组长，刘布什任副组长。

在开始审计之前，先向江发制造集团有限公司下发审计通知书，审计通知书的内容如下：

江 展 市 审 计 局
审 计 通 知 书

江展市局审通〔2017〕8 号

江展市审计局
对企业经济责任进行审计的通知

江发制造集团有限公司：

根据《中华人民共和国审计法》第二十条、第二十五条的规定，我局决定派出审计组，自 2017 年 5 月 1 日起，对你单位进行审计，必要时将追溯到相关年度或者延伸审计（调查）有关单位。请予以配合，并提供有关资料（包括电子数据资料）和必要的工作条件。

审计组组长：张林顿

审计组副组长：刘布什

审计组成员：李巴马（主审），王朗普，赵瑾慧，孙拉里，钱林肯

附件：审计署关于加强审计纪律的八项规定（此处省略，参见第 6 章）

（江展市审计局印章）
2017 年 4 月 18 日

二、审前调查

审计人员到达江发制造集团有限公司后,立即开展审计调查。通过对江发制造集团有限公司及相关人员座谈、发放调查表、收集与审计调查相关的会计资料、其他证明材料等,审计人员对江发制造集团有限公司的情况有了较全面的了解。

三、制订审计实施方案

审计组根据江发制造集团有限公司审计的目标,以及审前调查的情况,制订了本项目的审计实施方案。该方案内容如下:

审计实施方案

编制日期:2017 年 5 月 8 日

领导批准		陈局长	业务处负责人审核	刘处长
审计组组长		张林顿	方案编制人	李巴马
被审计单位(项目)		江发制造集团有限公司		
审计范围	2013 年 1 月至 2016 年 12 月期间公司领导人经济责任审计		审计方式	现场审计
审计起止日期	2017 年 5 月 1 日至 2017 年 7 月 30 日			
审计人员	组　长	张林顿		
	副组长	刘布什		
	成　员	李巴马(主审),王朗普,赵瑾慧,孙拉里,钱林肯等		

根据市审计局《2017 年企业经济责任审计工作方案》的规定,按照《中华人民共和国国家审计准则》的要求,审计组在认真进行调查了解基础上,制定本审计实施方案。

一、审计目标

通过本次审计,全面了解江发制造集团有限公司的经营状况,找出江发制造集团有限公司经营中存在的风险点及管理上的薄弱环节,保证各项管理制度全面落实,提高创新管理水平,从而为推动企业创新,增强核心竞争力和可持续发展提供强有力的保障。

二、审计的范围

2013 年到 2016 年间的企业经营相关内容,主要包括:财务管理和会计核算情况、企业重大决策和内部管理情况、落实江汉省廉洁从业规定情况等。

三、审计内容、重点及审计措施(包括审计事项和审计应对措施)

本次审计的内容主要包括:财务管理和会计核算情况、企业重大决策和内部管理情况、落实江汉省廉洁从业规定情况等。

审计的重点是审计该公司领导人 2013 年到 2016 年间落实江汉省廉洁从业规定情况,特别是在餐费、高尔夫、购物、酒、烟、会议、补贴、保险、中介、咨询等方面的经费使用情况。

四、审计工作要求(包括项目审计进度安排、审计组内部重要管理事项及职责分工等)

审计组组长:张林顿,负责主持进点会议,组织审计组成员开展现场检查,确定小组成员的分工;与被审计单位协调重要事项;审核审计通知书、审计实施方案、审定审计报告征求意见书、审核审计项目报告,把握审计项目质量和进度。副组长刘布什协助组长完成相关工作。

主审人:李巴马,收集、分析被审计单位的有关资料,起草审前分析、审计通知书、审计实施方案;组织审计人员进行现场检查;起草审计报告征求意见书,起草审计报告;组织整理审计项目档案。

审计组成员:钱林肯负责审计数据采集与分析;王朗普负责该公司领导人落实江汉省廉洁从业规定情况;赵瑾慧负责财务管理和会计核算情况;孙拉里负责企业重大决策和内部管理情况。各成员负

续 表

责编制分工内审计工作底稿、审计取证单,收集相应的资料复印件、情况说明等相关证明材料,对分工审计事项负全部责任。

五、其他有关要求

(1) 对重点问题要查深查透,注意发现重大违法违规案件线索以及在管理上带有普遍性的问题,对在审计过程中发现的重大问题,必须在第一时间向组长汇报。

(2) 实行审计项目责任制。审计组组长负总责,主审人及成员对分工事项负责。审计人员要严格按照审计实施方案实施审计,审计过程中无论是否发现问题,均必须详细编写审计工作底稿,真实地反映审计工作过程。对在检查中发现的问题要由被审计单位负责人及相关责任人现场确认。

(3) 审计结束后应对审计情况进行总结、汇总分析,及时完成审计报告。审计报告应对审计发现的问题提出针对性整改意见、对有关责任人员的违规违纪行为提出与违规事实、处罚办法相适应的处理建议。

(4) 根据领导对审计报告的批示及被审计单位的反馈意见,拟写审计结论及处理意见,下发被审计单位执行。

(5) 严格执行审计纪律。要严于职守,不徇私情,不得接受被审计单位的宴请、娱乐消费,树立和维护审计队伍形象。

(6) 做好审计保密工作。对调阅资料按规定手续进行交接,防止审计资料的泄密。

第 3 节 审计实施阶段

在审计实施阶段,审计人员可以采用不同的软件工具对被审计单位的数据进行采集和分析,从而发现审计线索,获得审计证据。本节分别以 Microsoft Excel、Microsoft Access、SQL Server、IDEA、电子数据审计模拟实验室软件等工具为例,介绍如何采集数据,如何分析数据。

一、下发审计需求单

在本案例中,审计人员通过审前调查,了解到江发制造集团有限公司的综合业务系统由南京易智信息技术有限公司于 2010 年 5 月开始开发建设,预留了中间业务的接口,并于 2010 年 9 月正式上线使用。该综合业务系统的操作系统是 UNIX,后台是 DB2 数据库,该系统对应该集团的各项业务,累计 7 年多的数据量达 400G,专设信息科技中心维护系统运行,并建立系统维护、安全备份、授权等相关制度。该系统基本满足该集团现有的业务需要。

由于被审计单位江发制造集团实施了信息化,审计人员必须对其电子数据进行审计,因此向江发制造集团有限公司分批提交了审计需求单,以获取电子数据。其中,关于财务数据的审计需求单如下(假设这是第 6 个需求单):

江展市审计局

审计需求单(6)

江发制造集团有限公司：

根据我局审计工作安排，请准备以下资料：

(1) 你公司 2013 年—2016 年的财务数据，数据字段包括：集团名称、企业名称、唯一主代码、银行账号、银行名称、凭证号、交易日期、交易时间、入账日期、入账时间、借贷标志、对手单位名称、对手银行名称、对手银行账号、币种、交易金额、摘要。该数据请以文本文件格式提供。

(2) 请提供以上财务数据表的数据字典。

上述需求请于 5 月 18 日下班前提供。该数据请以 World 文件格式提供。

联系人：钱林肯　王朗普

联系电话：025-88889966，13812345678

2017 年 5 月 15 日

根据审计需求单，审计人员在 5 月 18 日上午从江发制造集团有限公司获取了该公司 2013 年—2016 年的财务数据(数据名称为：财务数据表)(见图 8-1)和财务数据表的数据字典(见图 8-2)。

图 8-1　江发制造集团有限公司文本文件格式财务数据

数据库中的表名:cwsjb	中文表名:财务数据表
数据库中的字段名	字段名内涵
jtmc	集团名称
qymc	企业名称
wyzdm	唯一主代码
yhzh	银行账号
yhmc	银行名称
pzh	凭证号
jyrq	交易日期
jysj	交易时间
rzrq	入账日期
rzsj	入账时间
jdbz	借贷标志
dsdwmc	对手单位名称
dsyhmc	对手银行名称
dsyhzh	对手银行账号
bz	币种
jyje	交易金额
zhye	账户余额
zy	摘要
fy	附言

图 8-2　江发制造集团财务数据的数据字典

二、基于 Microsoft Excel 的电子数据审计

如果审计组审计人员采用 Microsoft Excel 对江发制造集团有限公司提供的财务数据"cwsjb(采集来的原始数据).txt"进行分析,其方法及过程如下:

(一) 数据采集

把江发制造集团有限公司提供的文本文件格式财务数据——江发制造集团有限公司财务数据"cwsjb(采集来的原始数据).txt"(见本章图 8-1 或本书附录 B 中图 B-10)采集到 Excel 文件中的操作过程如下:

(1) 新建一个名为"江发制造集团有限公司财务数据"的 Excel 文件。打开该 Excel 文件,单击"数据"菜单,选择"自文本",如图 8-3 所示,则出现界面如图 8-4 所示。

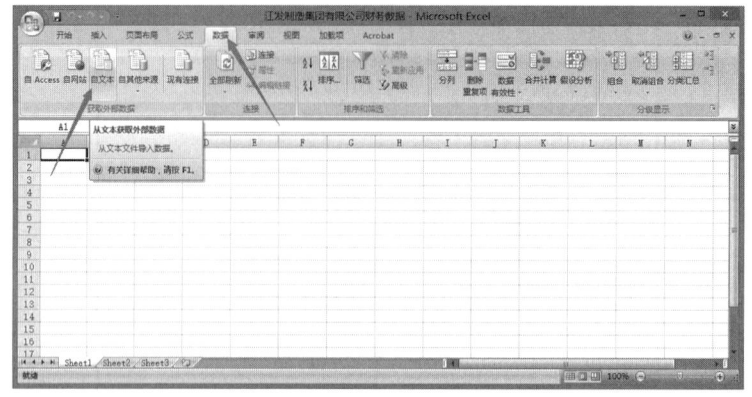

图 8-3 选择"数据"菜单采集数据

图 8-4 选择需要导入的数据

（2）在图 8-4 中，选择需要采集的江发制造集团有限公司财务数据"cwsjb（采集来的原始数据）.txt"，单击"导入(M)"按钮，进入文本导入向导界面，如图 8-5 所示。

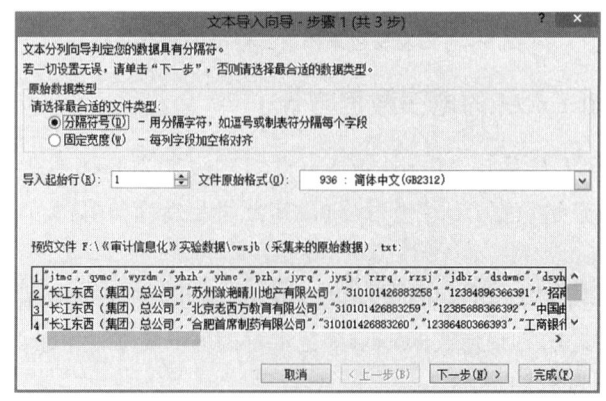

图 8-5 进入文本文件导入向导界面

（3）在图 8-5 至图 8-9 中，按照系统提示，进行相应的设置。

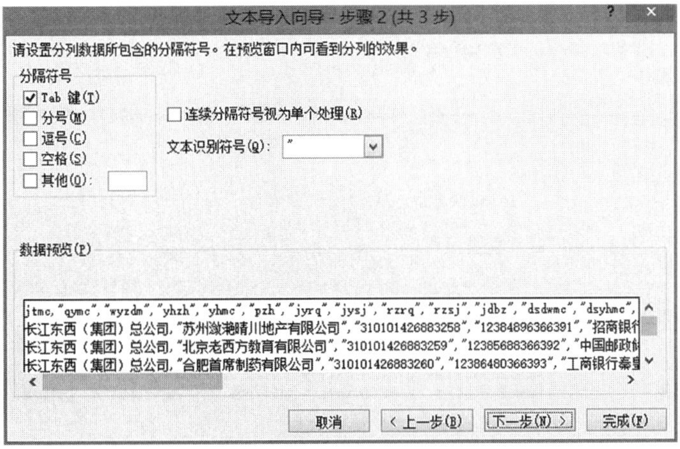

图 8-6 进入"分隔符设置"选项卡

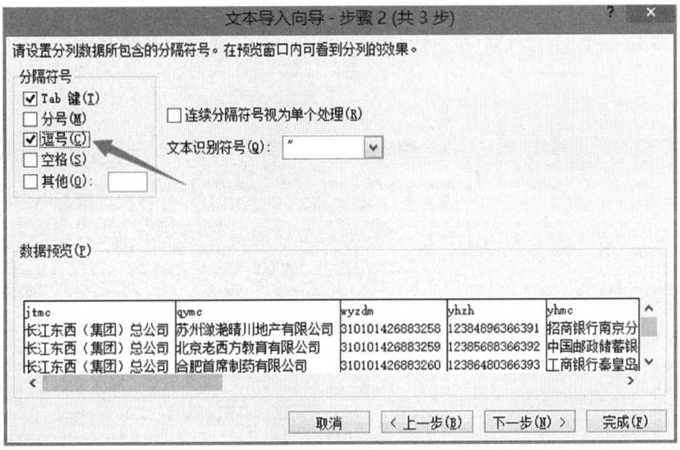

图 8-7 选择文本数据的分隔符

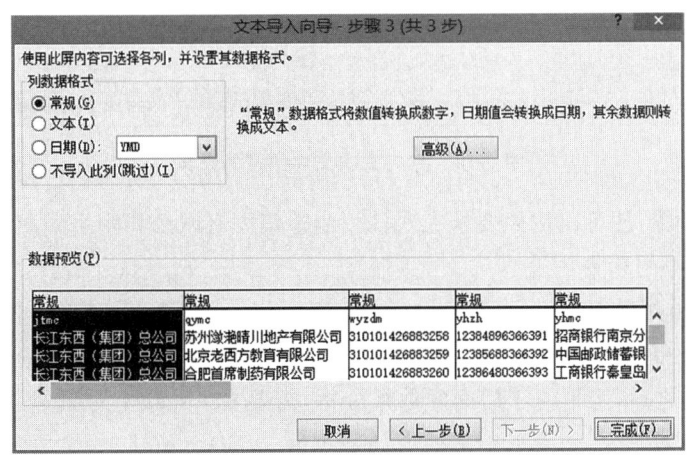

图 8-8 进入列数据格式设置界面

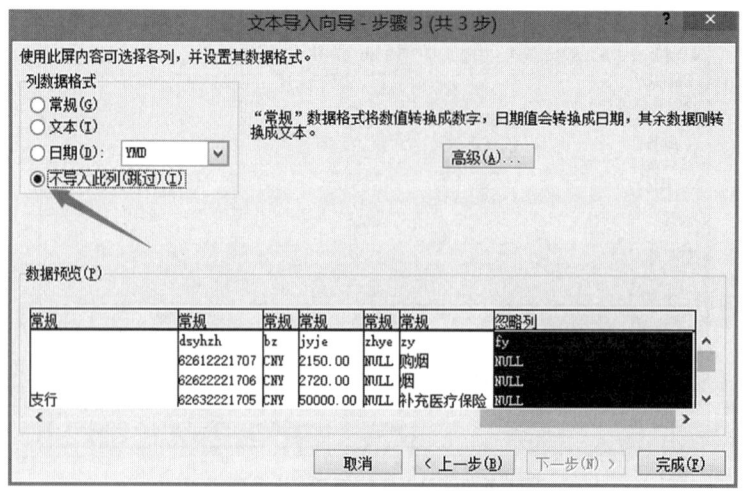

图 8-9 设置不需要导入的数据列(选做)

(4)设置完毕后,在图 8-9 中单击"完成(F)"按钮,便可完成数据的采集,结果如图 8-10 所示。

图 8-10 完成文本文件数据的采集

通过以上步骤,便可以按照要求完成江发制造集团有限公司财务数据"cwsjb(采集来的原始数据).txt"的采集。

(二)数据预处理

在把被审计单位的江发制造集团有限公司财务数据"cwsjb(采集来的原始数据).txt"采集到 Excel 中之后,为了便于后面的数据分析,需要在 Excel 中对采集来的江发制造集团有限公司财务数据"cwsjb(采集来的原始数据).txt"进行预处理,主要预处理内容及过程如下:

1. 名称转换

在多数情况下,采集来的被审计数据的命名并不直观,为了便于审计人员进行数据分析,需要对数据表和字段的名称进行调整。例如,本实例中,采集来的字段名称采用拼音缩写表示,这时需要将其转换成汉字表示,以便于审计人员进行审计数据分析。采用 Excel 完成字段名称转换的结果如图 8-11 所示。

图 8-11　字段名称转换结果

2. 特殊字段值处理

由于被审计单位提供的文本文件数据中含有部分 NULL 值数据,为了便于后面的分析,可以把这些 NULL 值数据变成零值(0)。以本案例为例,通过对江发集团财务数据表电子数据的分析,在 Excel 中对"账户余额"字段进行预处理的过程如下:

(1) 在 Excel 中选中"账户余额"字段数据,然后单击"查找和选择"按钮,在弹出的"查找和替换"界面中设置相关条件,如图 8-12 所示。

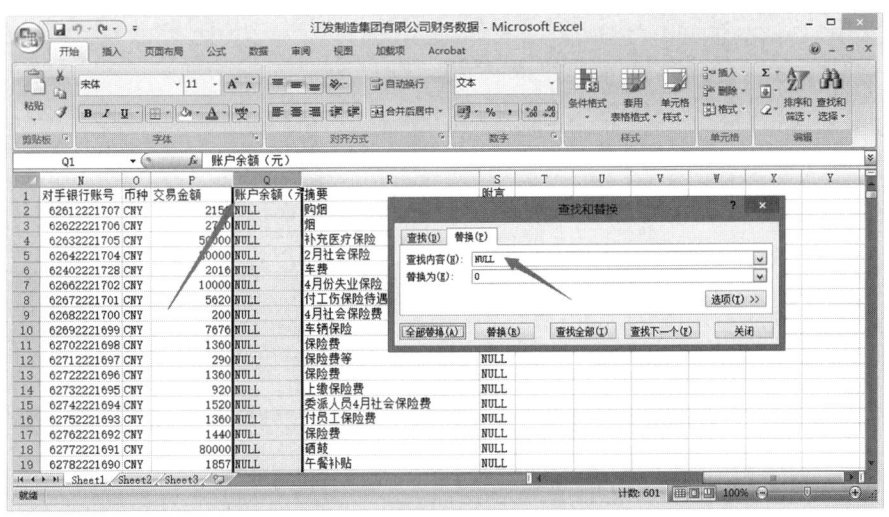

图 8-12　特殊字段值处理操作

第 3 节　审计实施阶段　189

(2) 在图 8-12 中,单击"全部替换(A)"按钮,完成替换操作,结果如图 8-13 所示。

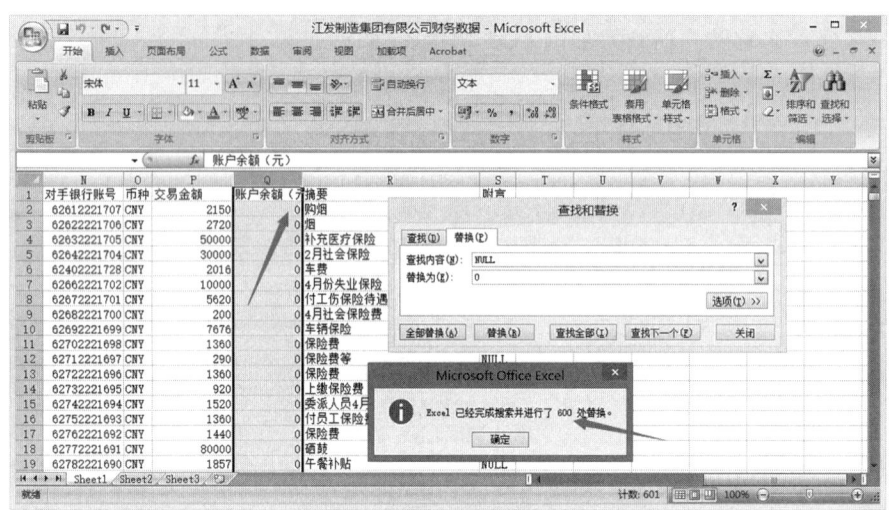

图 8-13 特殊字段值处理结果

(三) 数据分析

在完成数据采集之后,需要在 Excel 中对采集来的财务数据表电子数据进行分析。比如,要查找该数据中关于"餐费、高尔夫、购物、酒、烟、会议、补贴、保险、中介、咨询"方面的数据,方法如下:

1. 采用 Excel 的筛选功能

(1) 在 Excel 的"数据"菜单中单击"筛选"按钮,然后再单击"摘要"字段的下拉选项,在弹出的"文本筛选(F)"菜单中可以选择筛选条件,如图 8-14 所示。

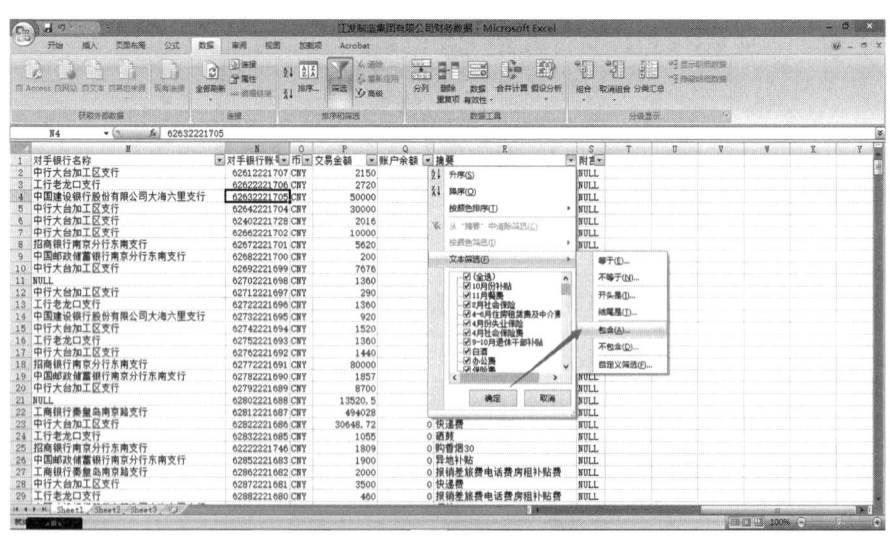

图 8-14 "文本筛选"菜单视图

(2) 在图 8-14 中,选择好筛选条件后,进入筛选条件设置界面,如图 8-15 所示。

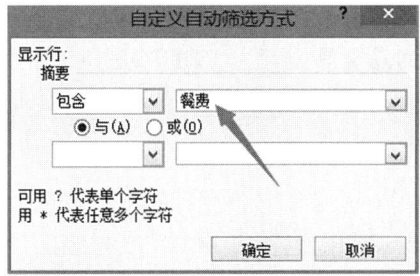

图 8-15 "文本筛选"菜单中的筛选条件设置界面

（3）设置好筛选条件后，在图 8-15 中单击"确定"按钮，便可得到审计人员所要查找的江发集团财务数据表中关于"餐费"方面的数据，其查询结果如图 8-16 所示。

图 8-16 关于"餐费"的数据查询结果界面

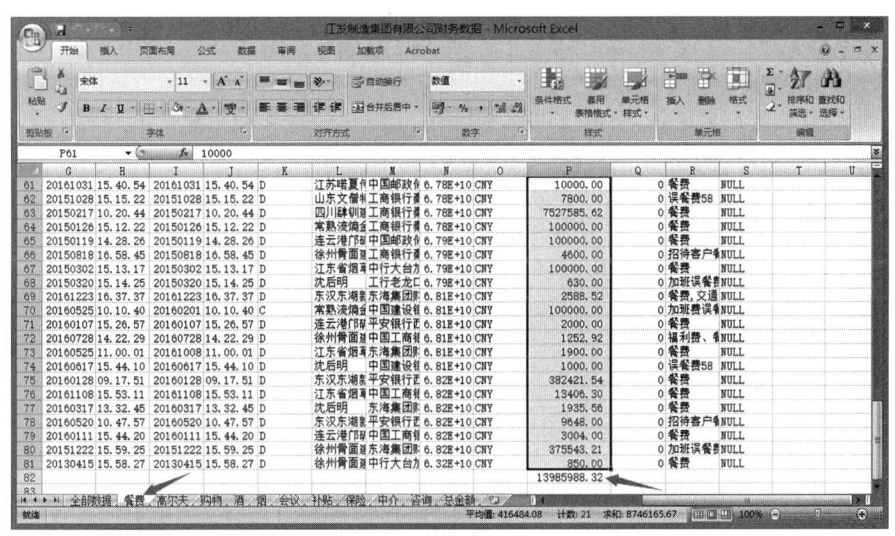

图 8-17 "餐费"数据总交易金额计算结果界面

第 3 节 审计实施阶段

(4) 根据筛选结果,可以把关于"餐费"方面的数据另存在 Excel 中一个名为"餐费"的表单中,并计算出关于餐费的总交易金额为 13 985 988.32 元,如图 8-17 所示。

同理,在图 8-15 界面中输入相应的查找条件,即可查找出江发集团财务数据表中关于"高尔夫、购物、酒、烟、会议、补贴、保险、中介、咨询"等方面的数据,并可以分别计算出相应的交易总金额。

三、基于 Microsoft Access 的电子数据审计

如果审计组审计人员采用 Microsoft Access 对江发制造集团有限公司提供的财务数据"cwsjb(采集来的原始数据).txt"进行分析,其方法及过程如下:

(一) 数据采集

把江发制造集团有限公司提供的文本文件格式财务数据——江发制造集团有限公司财务数据"cwsjb(采集来的原始数据).txt"(见本章图 8-1 或本书附录 B 中图 B-10)采集到 Microsoft Access 中的操作过程如下:

(1) 新建一个名为"江发制造集团有限公司财务数据"的 Access 数据库文件。打开该 Access 数据库文件,单击"外部数据"菜单,选择"文本文件",如图 8-18 所示,则出现界面,如图 8-19 所示。

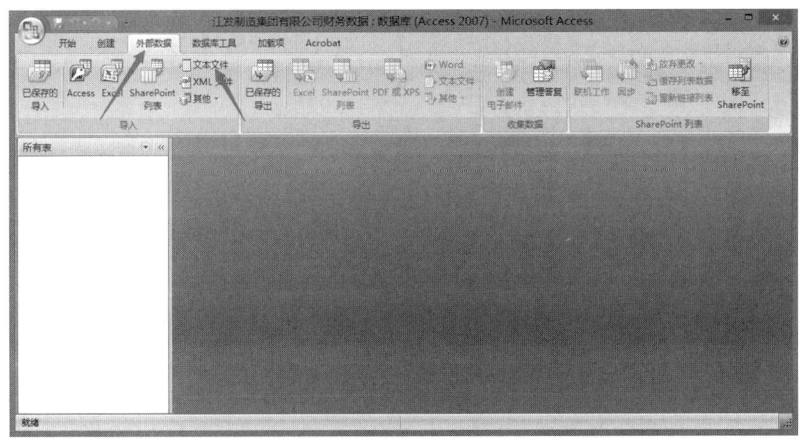

图 8-18 Access 的文本文件数据导入功能

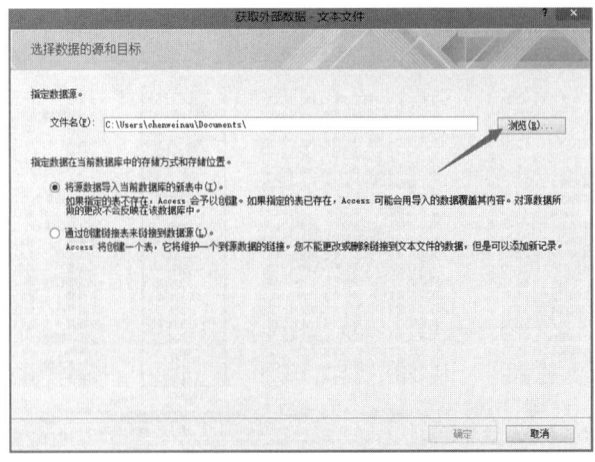

图 8-19 获取外部数据设置界面

(2)在图 8-19 中,单击"浏览(R)…"按钮,进入"打开"界面,如图 8-20 所示。

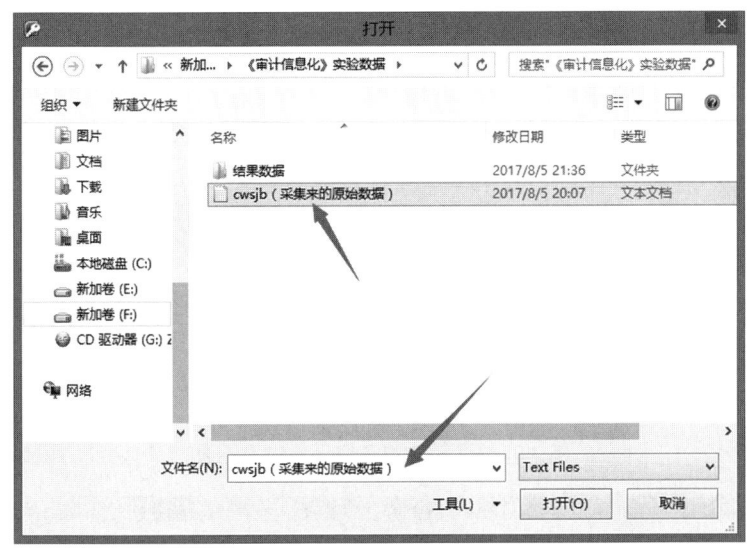

图 8-20　选择需要导入的江发制造集团财务数据

(3)在图 8-20 中,选择需要采集的文本文件数据,单击"打开(O)"按钮,进入获取外部数据界面,如图 8-21 所示。

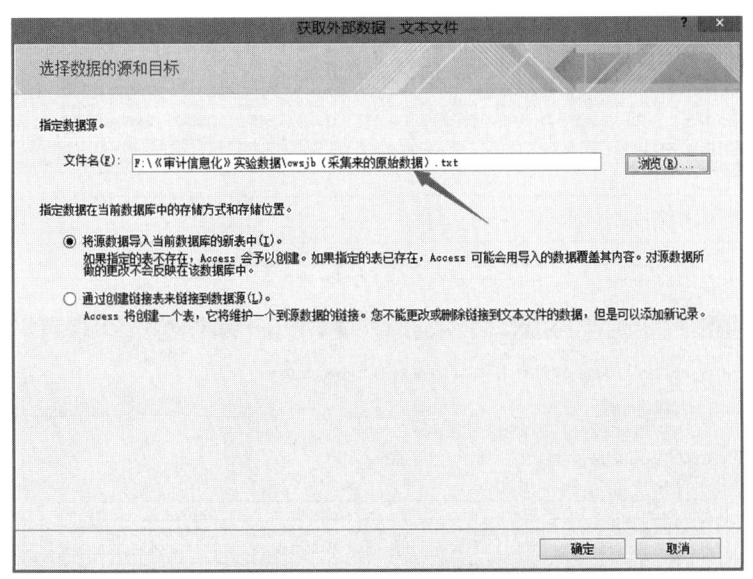

图 8-21　设置好数据源后的获取外部数据界面

(4)在图 8-22 至图 8-28 中,按照系统提示,进行相应的设置。

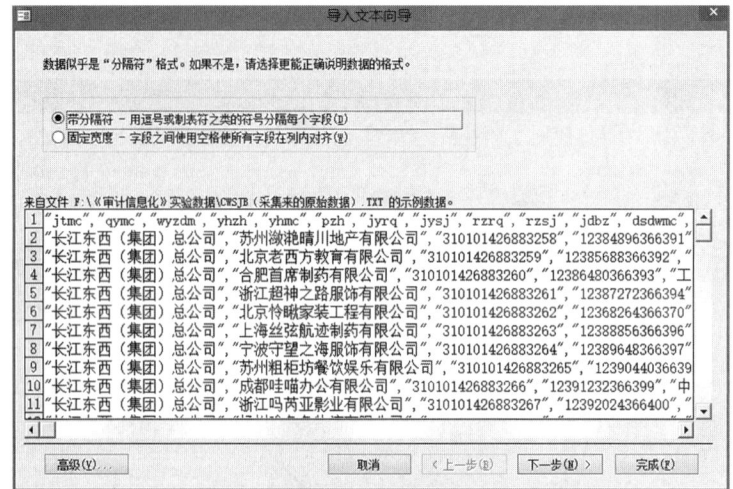

图 8-22 进入文本文件导入向导界面

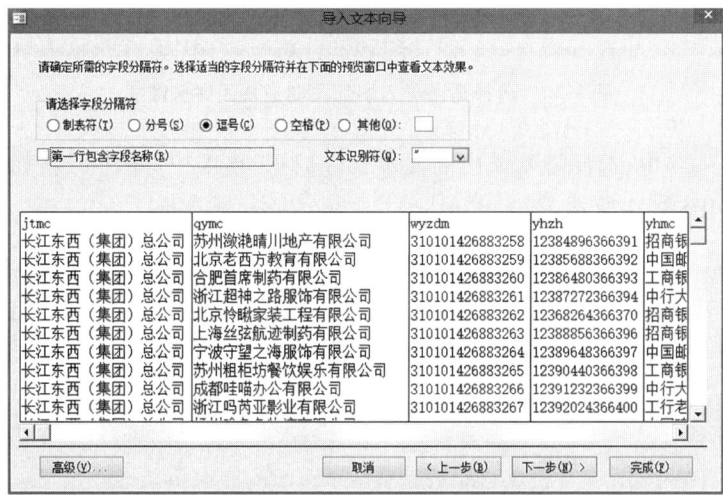

图 8-23 进入"分隔符设置"界面

图 8-24 选择文本数据的分隔符

图 8-25　进入列数据格式设置界面

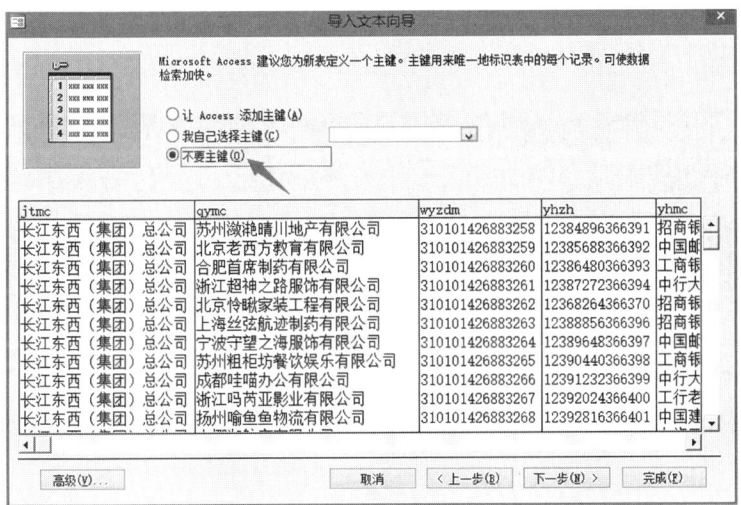

图 8-26　主键设置界面

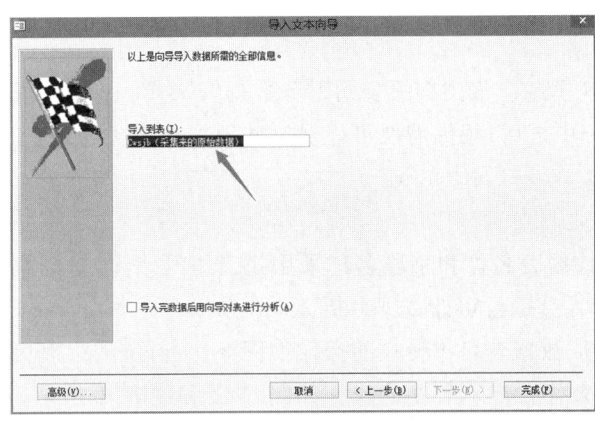

图 8-27　导入表设置界面

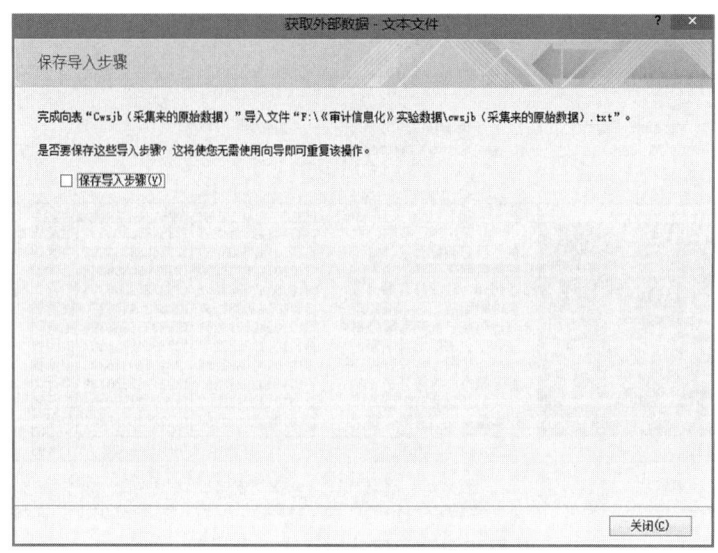

图 8-28 导入步骤保存设置界面

（5）通过以上步骤，便可完成数据的采集，结果如图 8-29 所示。

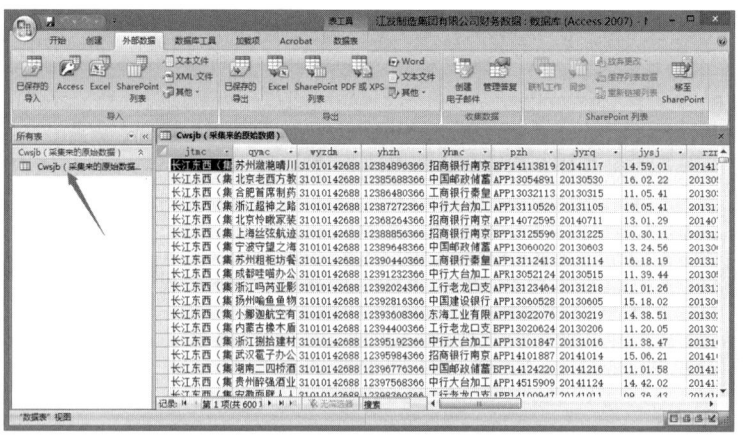

图 8-29 完成文本文件数据的采集

(二) 数据预处理

审计组人员把江发制造集团有限公司财务数据"cwsjb（采集来的原始数据）.txt"采集到 Microsoft Access 中之后，根据需要可以对这些数据进行预处理，审计数据预处理的方法及过程如下：

1. 名称转换

由于采集来的数据表名称和字段名称采用拼音缩写表示，这时需要将其转换成汉字表示，从而便于审计人员进行审计数据分析。

在 Access 中完成数据表名称转换的操作如图 8-30 和图 8-31 所示。

在 Access 中完成字段名称转换的操作如图 8-32 和图 8-33 所示。

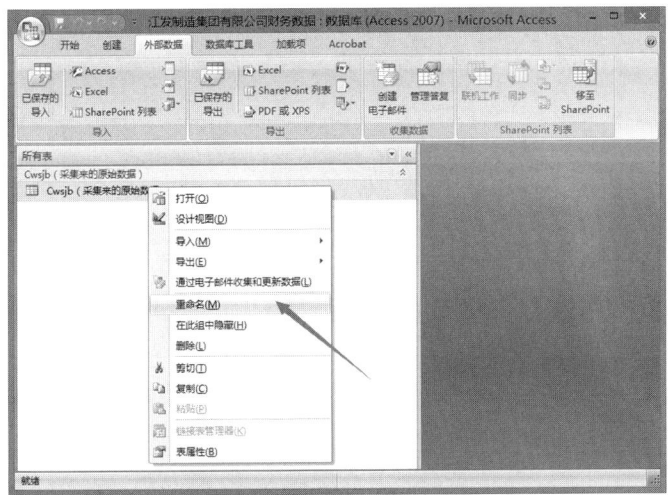

图 8-30 数据表名称转换操作

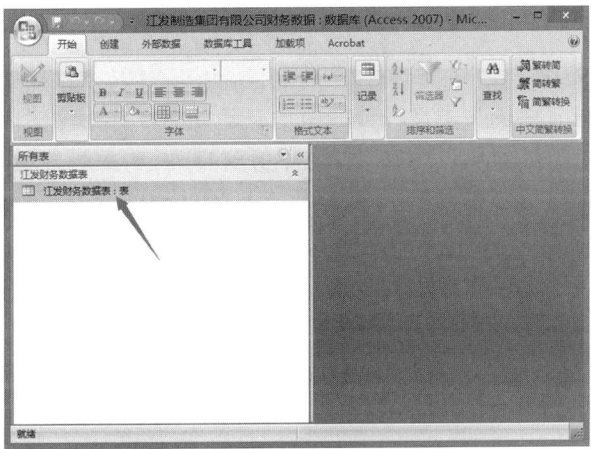

图 8-31 转换后的数据表名称界面

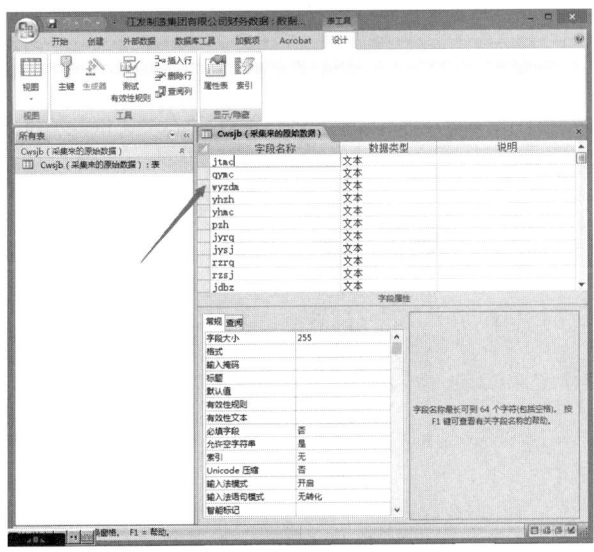

图 8-32 字段名称转换操作

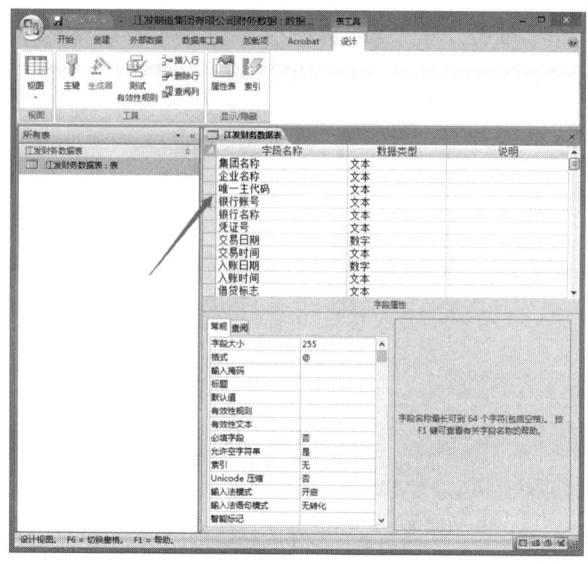

图 8-33 转换后的字段名称界面

2. 特殊字段值处理

由于被审计单位提供的文本文件数据中含有部分 NULL 值数据,为了便于后面的分析,可以把一些字段中的 NULL 值数据变成零值(0)。以本案例为例,通过对江发集团财务数据表电子数据的分析,对"账户余额"字段进行预处理的 SQL 语句如下:

```
UPDATE    江发财务数据表
SET    账户余额=0
WHERE    账户余额="NULL";
```

通过运行以上 SQL 语句,可以很容易地把"江发财务数据表"中"账户余额"字段中的 NULL 变成"0"。

假设江发集团财务数据表电子数据已在 Access 中完成名称转换预处理,如图 8-34 所示,把"江发财务数据表"中"账户余额"字段中的 NULL 值数据变成"0"的操作过程为:

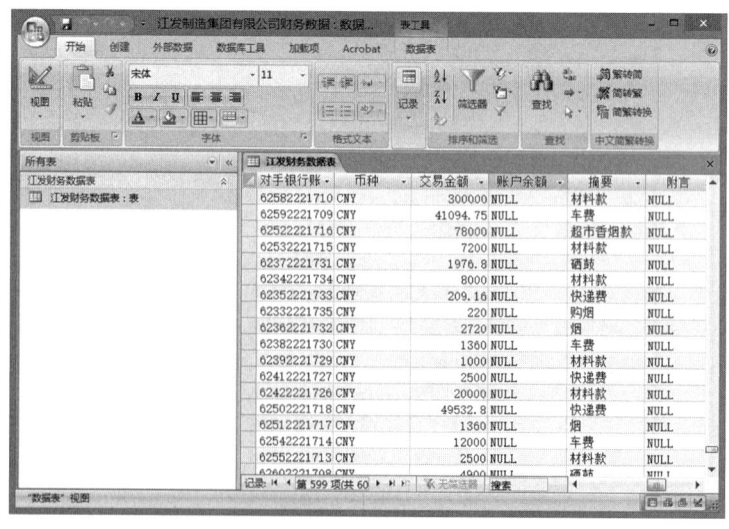

图 8-34 含有江发财务数据的 Access 数据库

(1) 在 Access 中单击"创建"菜单,如图 8-35 所示。

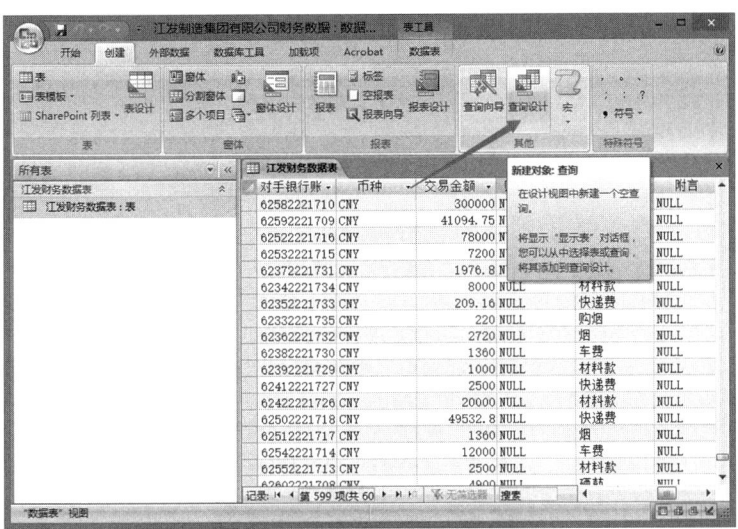

图 8-35 选择新建查询的类型

(2) 在图 8-35 中,选择"查询设计",单击"确定"按钮,出现界面如图 8-36 所示。

图 8-36 选择查询的对象

(3) 在图 8-36 中,单击"关闭(C)"按钮,出现界面如图 8-37 所示。
(4) 切换到"SQL 视图",其操作如图 8-38 所示。
(5) 输入相应的 SQL 语句,如图 8-39 所示。
(6) 在图 8-39 中,单击"运行"按钮,则"账户余额"字段中 NULL 值数据处理的结果如图 8-40 和图 8-41 所示。

如果审计人员对 SQL 语句使用不熟练的话,也可以通过"设计"选项卡来选择、输入相关参数,完成"账户余额"字段中 NULL 值数据处理,如图 8-42 所示。

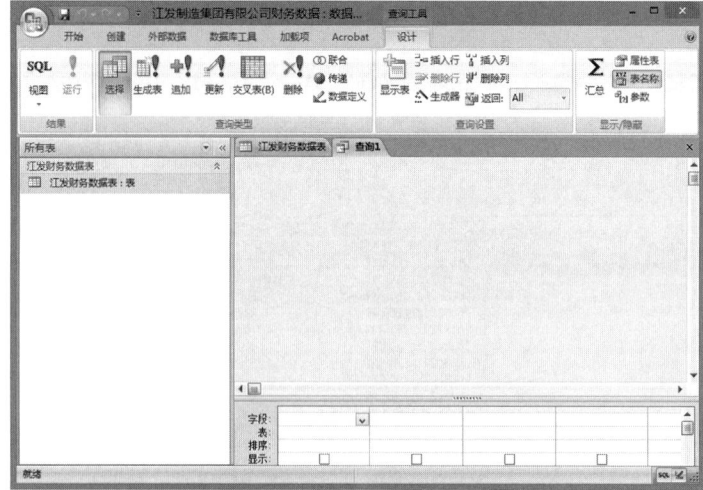

图 8-37　Access 的设计视图

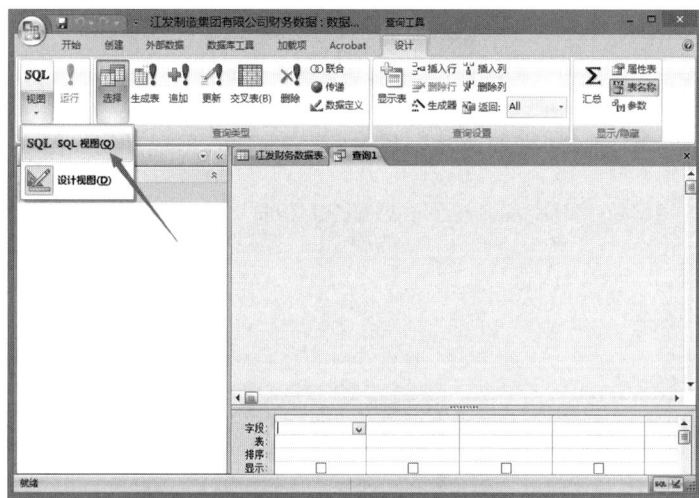

图 8-38　SQL 视图切换菜单

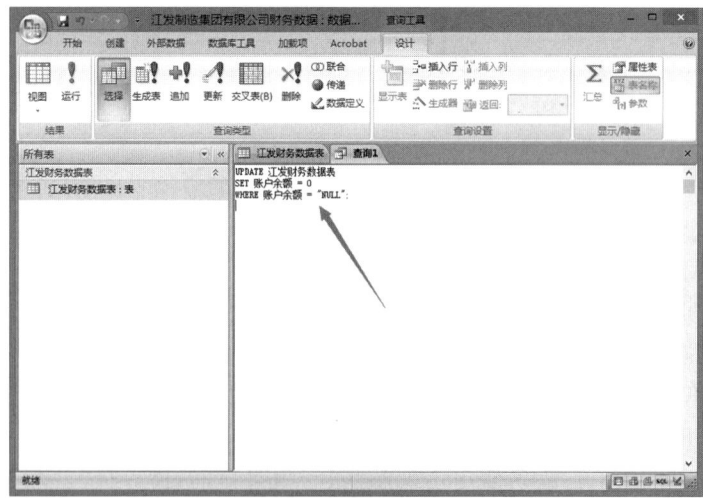

图 8-39　输入 SQL 语句之后的 SQL 视图

图 8-40　NULL 值处理结果界面

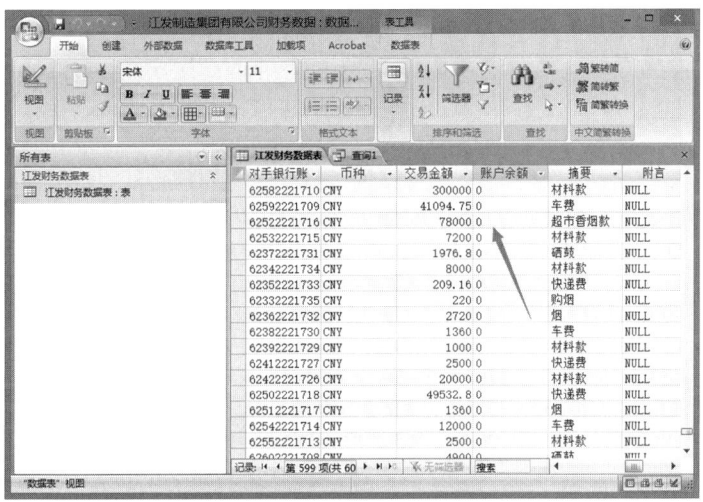

图 8-41　NULL 值处理结果界面

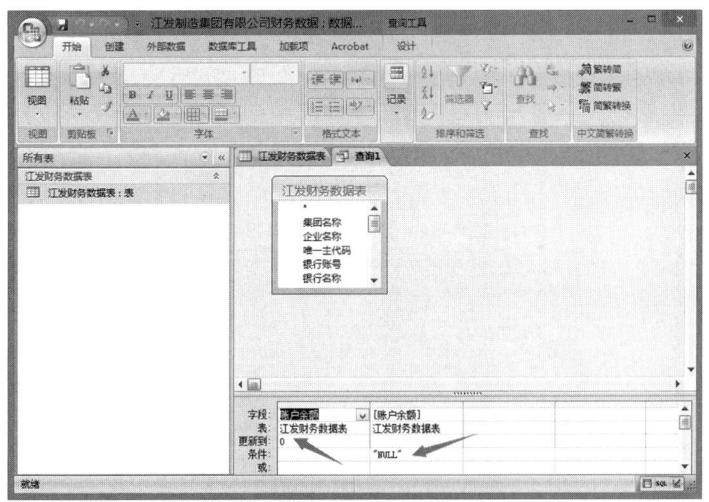

图 8-42　在设计视图中设置处理条件

(三) 数据分析

在完成数据预处理之后,需要在 Microsoft Access 数据库中对采集来的江发集团财务数据表电子数据进行分析。比如,查找该数据中关于"餐费、高尔夫、购物、酒、烟、会议、补贴、保险、中介、咨询"方面的交易情况。假设要检查江发集团财务数据表电子数据中关于"餐费"方面的数据,相应的 SQL 语句如下:

```
SELECT    *
FROM    江发财务数据表
WHERE    摘要 like"*餐费*";
```

通过在 Microsoft Access 数据库中运行以上 SQL 语句,可以很容易地查找出江发集团财务数据表电子数据中关于"餐费"方面的数据。其操作过程如下:

(1) 采用前文介绍的方法,切换到 Access 的"SQL 视图",在"SQL 视图"中输入相应的 SQL 语句,如图 8-43 所示。

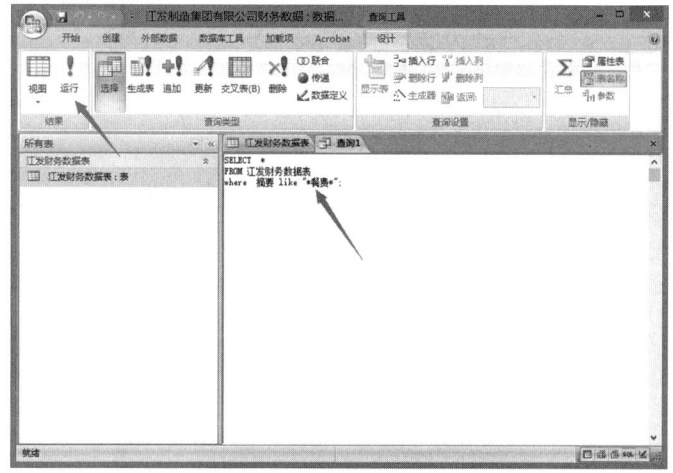

图 8-43　输入 SQL 语句之后的 SQL 视图

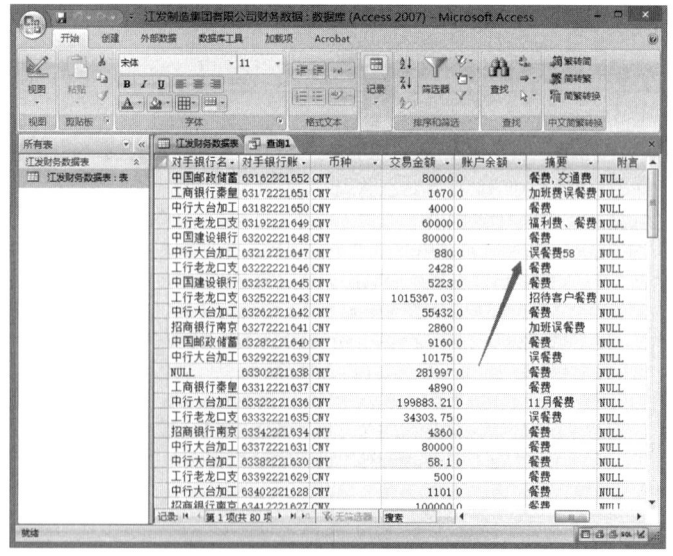

图 8-44　"餐费"方面的数据查询结果界面

（2）在图 8-43 中，单击"运行"按钮，便可得到审计人员所要查找的关于"餐费"方面的数据，其查询结果如图 8-44 所示。

如果审计人员对 SQL 语句的使用不熟练的话，也可以通过"设计"选项卡选择、输入相关参数，完成"餐费"方面的数据查询，如图 8-45 所示。

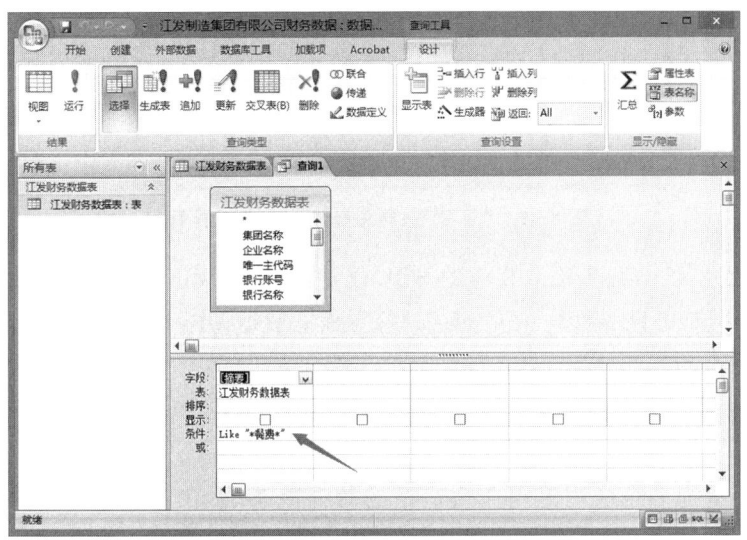

图 8-45　在设计视图中输入查询条件

另外，审计人员可以通过 SQL 查询计算出财务数据中关于"餐费"方面数据的交易总金额，相应的 SQL 语句如下：

```
SELECT   sum(交易金额)   as 交易总金额
FROM   江发财务数据表
WHERE   摘要   like"*餐费*";
```

在图 8-46 中，输入以上 SQL 语句，单击"运行"按钮，便可计算出关于"餐费"方面数据的交易总金额，其结果如图 8-47 所示。

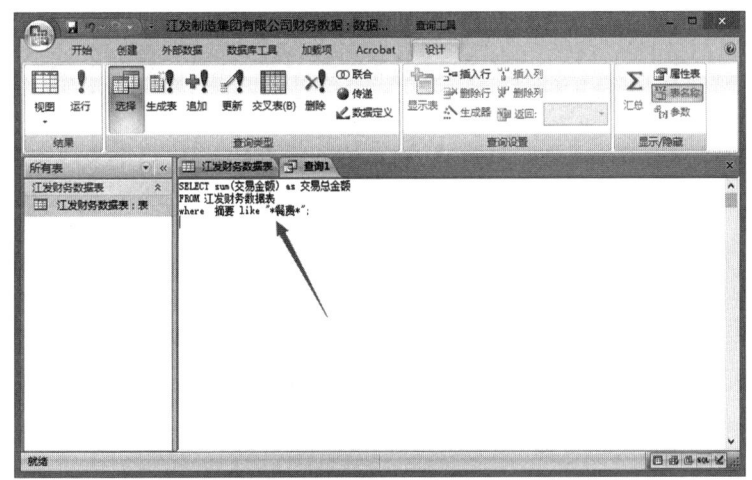

图 8-46　输入交易总金额查询 SQL 语句之后的 SQL 视图

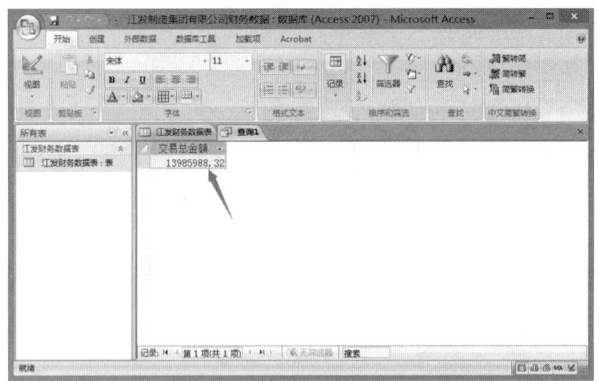

图 8-47 "餐费"交易总金额计算结果界面

同理,在图 8-43 界面中输入相应的 SQL 语句,即可查找出财务数据中关于"高尔夫、购物、酒、烟、会议、补贴、保险、中介、咨询"等方面的数据,并可以分别计算出相应的交易总金额。

四、基于 SQL Server 的电子数据审计

SQL Server 是目前应用范围非常广泛的数据库系统,在开展电子数据审计的过程中,审计人员有时会用 SQL Server 来分析被审计单位的电子数据。本节以 SQL Server 2008 为例,介绍如何采用 SQL Server 对江发制造集团有限公司提供的财务数据"cwsjb (采集来的原始数据).txt"进行分析,其方法及操作过程如下:

(一)数据采集

把江发制造集团有限公司提供的文本文件格式财务数据——江发制造集团有限公司财务数据"cwsjb(采集来的原始数据).txt"(见本章图 8-1 或本书附录 B 中图 B-10)采集到 SQL Server 中的操作过程如下:

(1)打开 SQL Server 2008 Management Studio,新建一个名为"江发集团财务数据"的数据库,然后,选中该数据库,右击鼠标,选择"任务(T)"→"导入数据(I)…",如图 8-48 所示,进入 SQL Server 数据库的导入和导出向导界面,如图 8-49 所示。

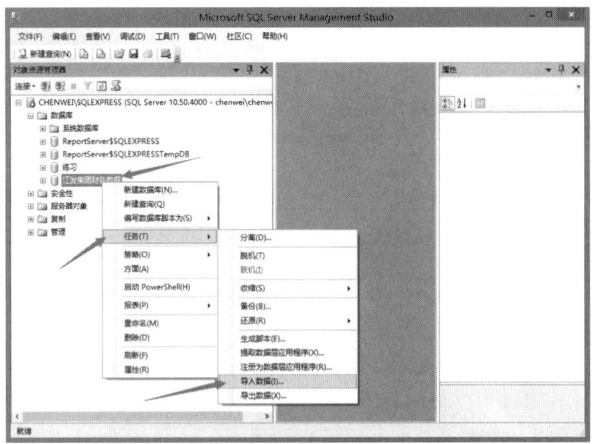

图 8-48 SQL Server 数据采集功能

(2) 在图 8-49 中，单击"下一步"按钮，进入导入和导出向导。

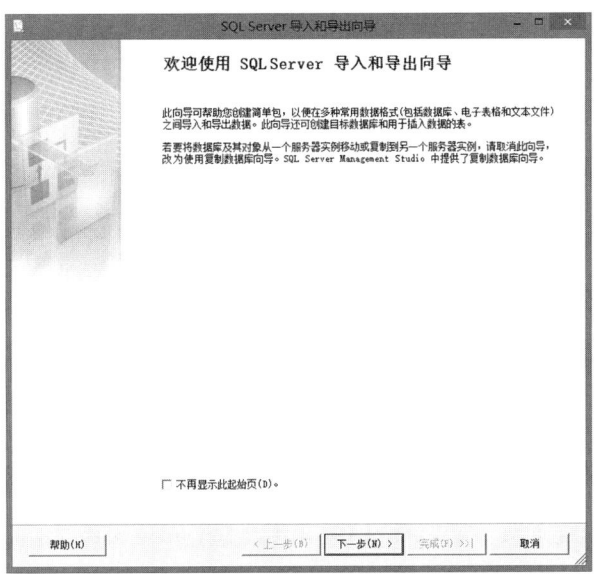

图 8-49　SQL Server 数据库的导入和导出向导说明界面

(3) 在图 8-50 中，根据向导的提示，在"选择数据源"界面中选择"平面文件源"。根据后续提示，即可完成文本文件格式数据的采集。

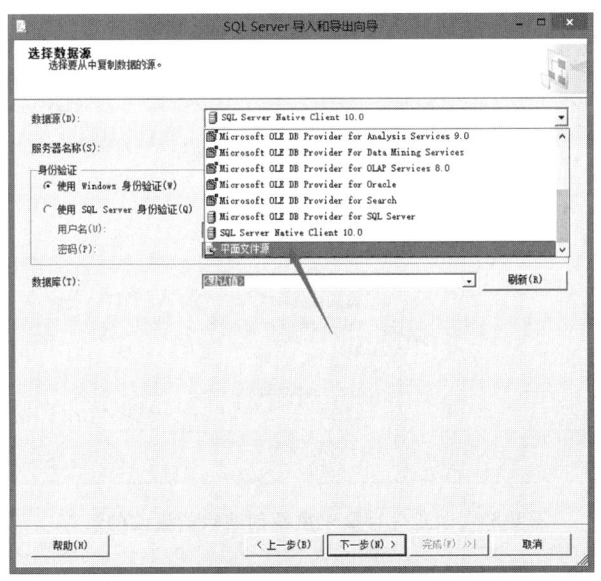

图 8-50　选择所采集数据源的类型

(4) 在图 8-51 中，可以对所要采集的文本数据进行设置。比如，去掉文本数据中字符数据两边的引号"""，可以选择"格式(M)"→"文本限定符(Q)"选项卡设置。

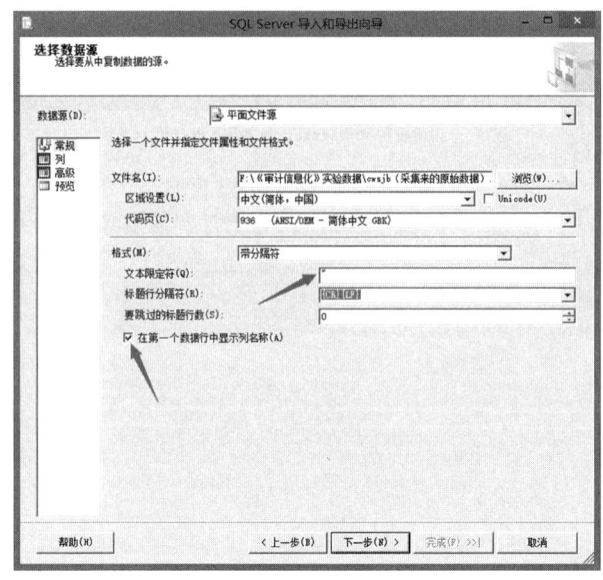

图 8-51　去掉文本数据中字符数据两边的引号的设置

需要指出的是，对于导入后的文本文件数据，可以根据需要在 SQL Server 2008 数据库中进行修改，比如更改字段类型等，对更改后的结果进行保存，当系统不允许保存更改结果时，解决方法如下：

在 SQL Server 2008 数据库的 Management Studio 中，选择"工具"→"选项"，在选项界面中选择"设计器"→"表设计器和数据库设计器"选项，取消勾选"阻止保存要求重新创建表的更改(S)"复选框即可，如图 8-52 所示。

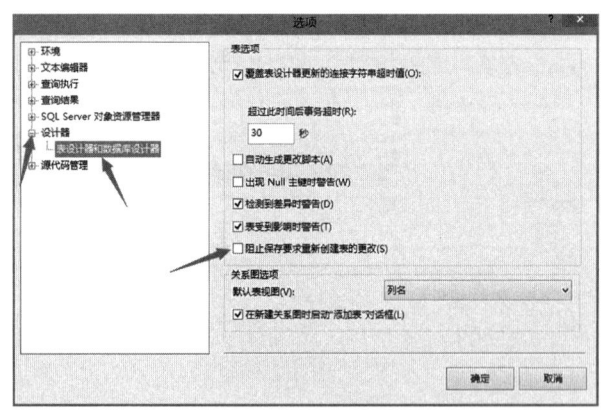

图 8-52　阻止保存要求重新创建表的更改的设置

（二）数据预处理

审计组人员把江发制造集团有限公司财务数据"cwsjb(采集来的原始数据).txt"采集到 SQL Server 中之后，根据需要，可以对这些数据进行预处理，以名称转换和特殊字段值处理为例，审计数据预处理的方法及过程如下：

1. **名称转换**

假设被审计数据已被采集到 SQL Server 中，采用 SQL Server 完成数据表名称转换的操作如图 8-53 和图 8-54 所示。采用 SQL Server 完成字段名称转换的操作分别如图 8-55 至 8-57 所示。

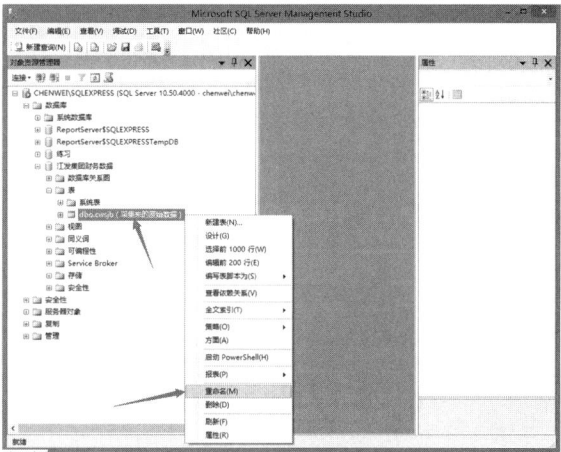

图 8-53　数据表名称转换操作

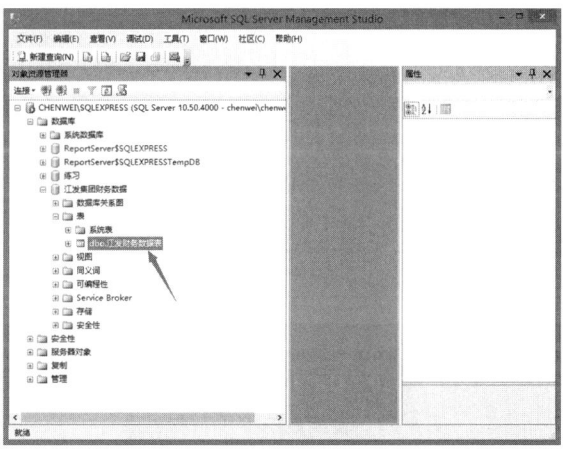

图 8-54　转换后的数据表名称界面

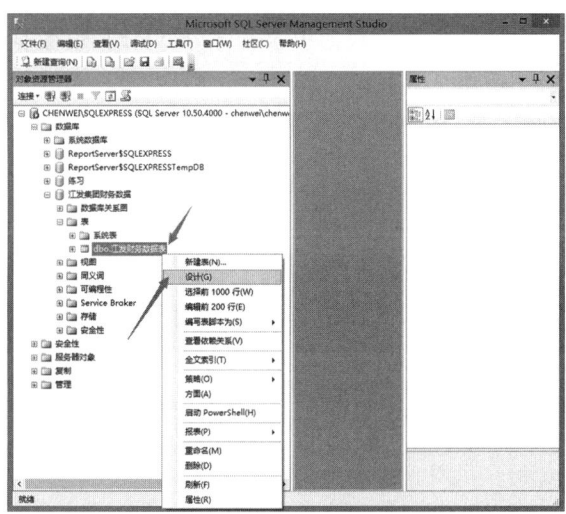

图 8-55　进入字段设计界面

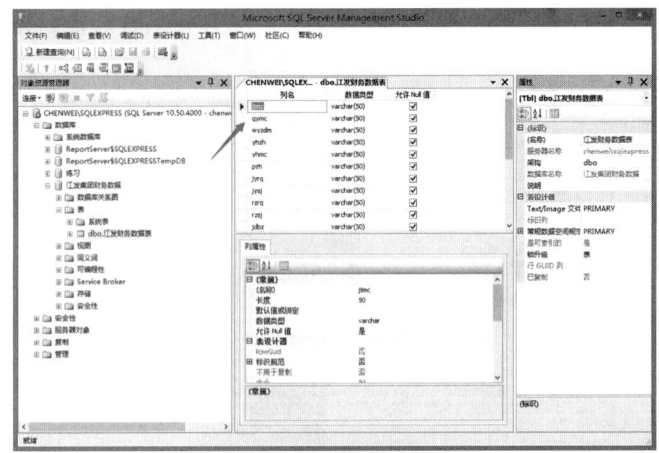

图 8-56　字段名称转换操作

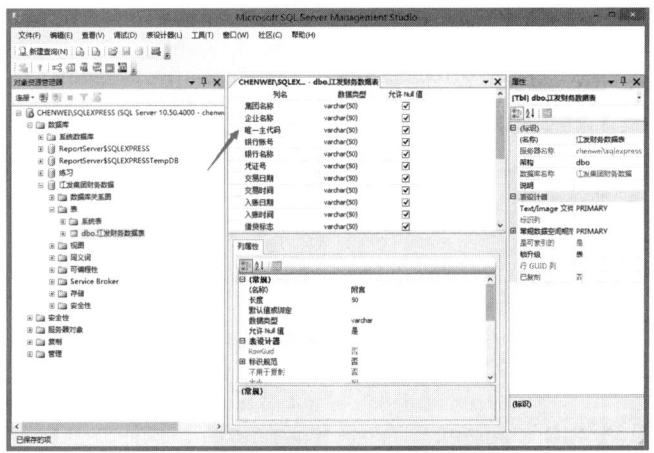

图 8-57　转换后的字段名称界面

2. 特殊字段值处理

由于被审计单位提供的文本文件数据中含有部分 NULL 值数据,为了便于后面的分析,可以把一些字段中的 NULL 值数据变成零值(0)。以本案例为例,通过对江发集团财务数据表电子数据的分析,对"账户余额"字段进行预处理的 SQL 语句如下:

```
UPDATE    江发财务数据表
SET    账户余额＝0
WHERE    账户余额＝"NULL";
```

通过运行以上 SQL 语句,可以很容易地把"江发财务数据表"中"账户余额"字段中的 NULL 变成"0"。

假设江发集团财务数据表电子数据已在 SQL Server 中完成名称转换预处理,如图 8-58 所示,把"江发财务数据表"中"账户余额"字段中的 NULL 值数据变成"0"的操作过程如下:

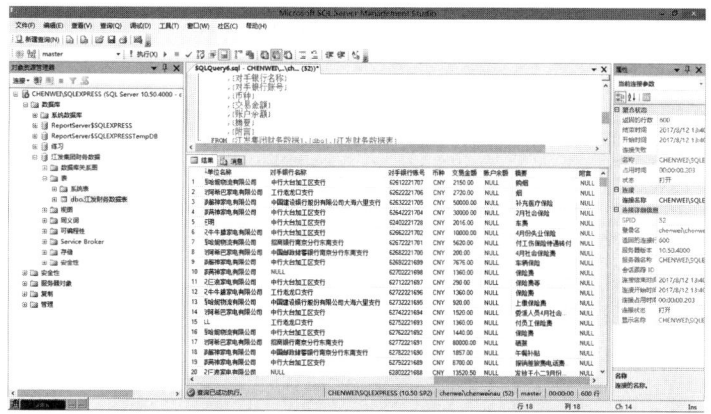

图 8-58　含有江发财务数据的 SQL Server 数据库

（1）在 SQL Server 数据库管理工具中，单击"新建查询（N）"，在"查询窗口"中输入相应的 SQL 语句，如图 8-59 所示。

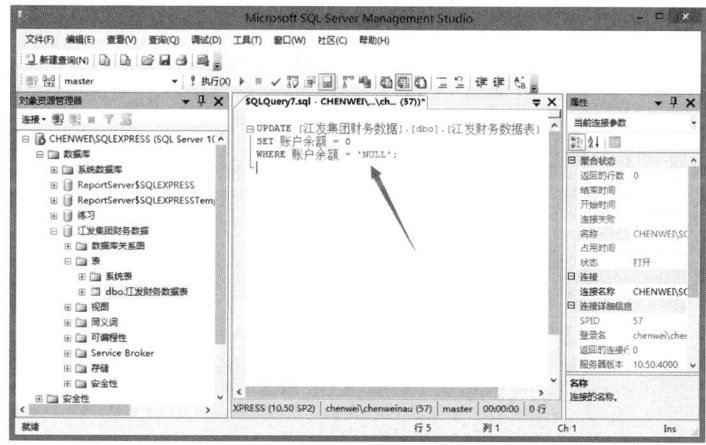

图 8-59　特殊字段值处理操作

（2）在图 8-59 中，单击"执行（X）"按钮，则"账户余额"字段中 NULL 值数据处理的结果如图 8-60 和图 8-61 所示。

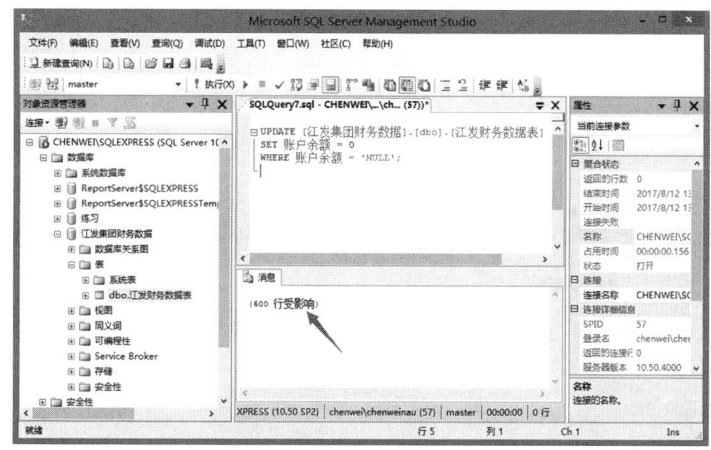

图 8-60　NULL 值处理结果界面

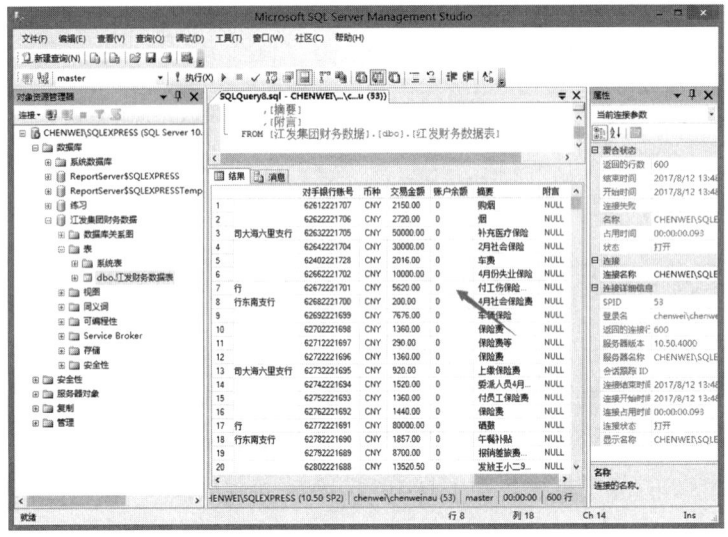

图 8-61　NULL 值处理结果界面

（三）数据分析

在完成数据预处理之后，需要在 SQL Server 数据库中对采集来的江发财务数据表电子数据进行分析。比如，查找该数据中关于"餐费、高尔夫、购物、酒、烟、会议、补贴、保险、中介、咨询"方面的数据。假设要检查江发集团的财务数据表电子数据中关于"餐费"方面的数据，相应的 SQL 语句如下：

```
SELECT   *
FROM   江发财务数据表
WHERE   摘要   like   '%餐费%';
```

通过在 SQL Server 数据库中运行以上 SQL 语句，可以很容易地查找出财务数据中关于"餐费"方面的数据。其操作过程如下：

（1）在 SQL Server 数据库管理工具中，单击"新建查询（N）"，在"查询窗口"中输入相应的 SQL 语句，如图 8-62 所示。

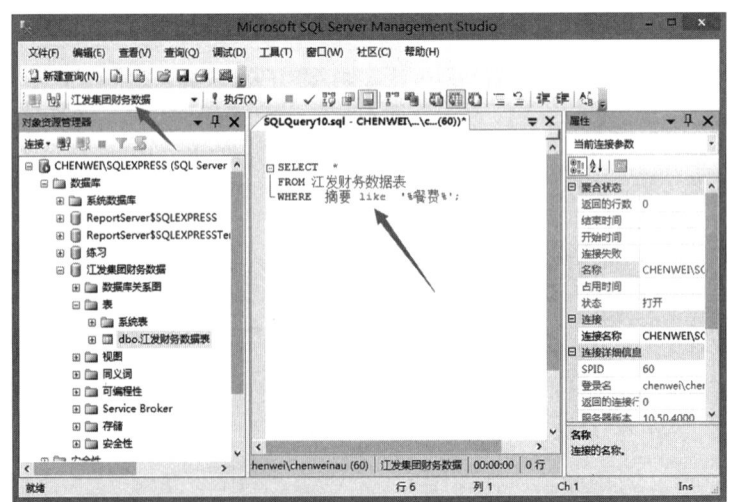

图 8-62　输入 SQL 语句之后的 SQL Server 查询视图

（2）在图 8-62 中，单击"执行(X)"按钮，便可得到审计人员所要查找的"餐费"数据，其查询结果如图 8-63 所示。

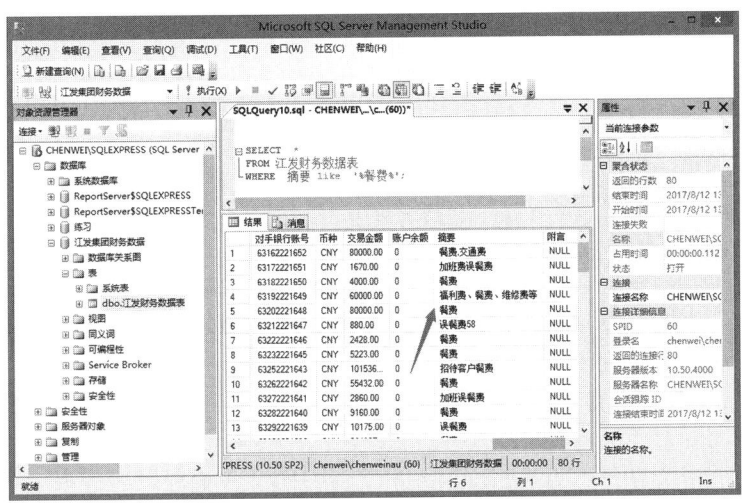

图 8-63　"餐费"方面的数据查询结果界面

另外，审计人员可以通过 SQL 查询计算出财务数据中关于"餐费"方面数据的交易总金额，相应的 SQL 语句如下：

```
SELECT sum(交易金额) as 交易总金额
FROM    江发财务数据表
WHERE   摘要 like '%餐费%';
```

在图 8-64 中，输入以上 SQL 语句，单击"执行(X)"按钮便可计算出关于"餐费"方面数据的交易总金额，其结果如图 8-65 所示。

注：在运行该 SQL 语句之前，需要把"交易金额"字段的类型修改成数值型。

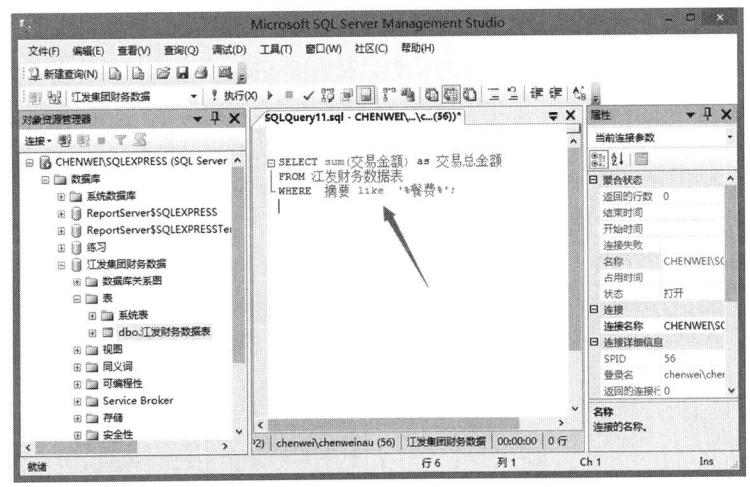

图 8-64　输入交易总金额查询 SQL 语句之后的 SQL Server 查询视图

第 3 节　审计实施阶段　211

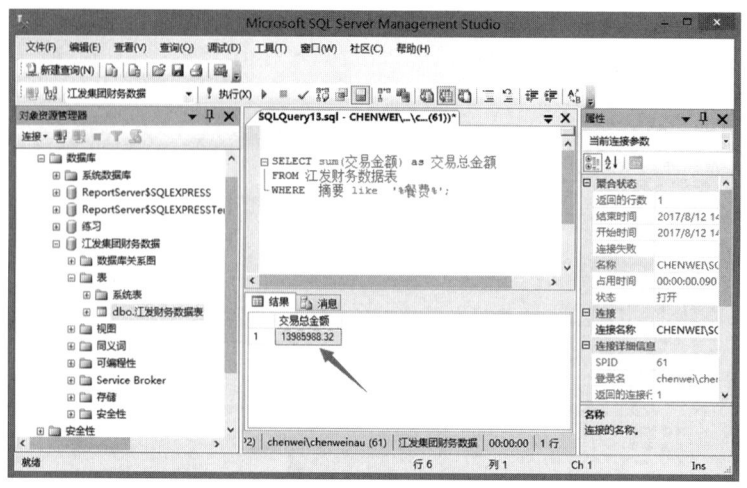

图 8-65 "餐费"方面交易总金额查询结果界面

同理,在图 8-62 界面中输入相应的 SQL 语句,即可查找出财务数据中关于"高尔夫、购物、酒、烟、会议、补贴、保险、中介、咨询"等方面的数据,并可以分别计算出相应的交易总金额。

五、基于审计软件 IDEA 的电子数据审计

前文介绍了 IDEA 软件。如果审计组审计人员采用 IDEA 对江发制造集团有限公司提供的财务数据"cwsjb(采集来的原始数据).txt"进行分析,其方法及过程如下:

(一)数据采集

把江发制造集团有限公司提供的文本文件格式财务数据——江发制造集团有限公司财务数据"cwsjb(采集来的原始数据).txt"(见本章图 8-1 或本书附录 B 中图 B-10)采集到 IDEA 中的操作过程如下:

(1)打开 IDEA,首先设置本次项目审计的工作文件夹,如图 8-66 至图 8-68 所示。

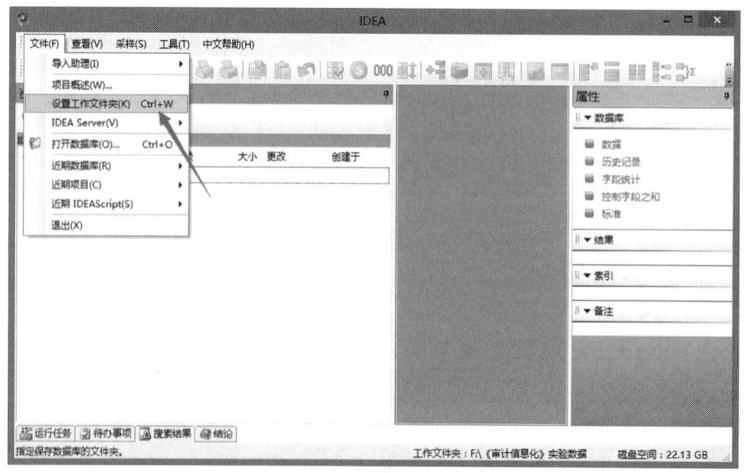

图 8-66 设置工作文件夹菜单

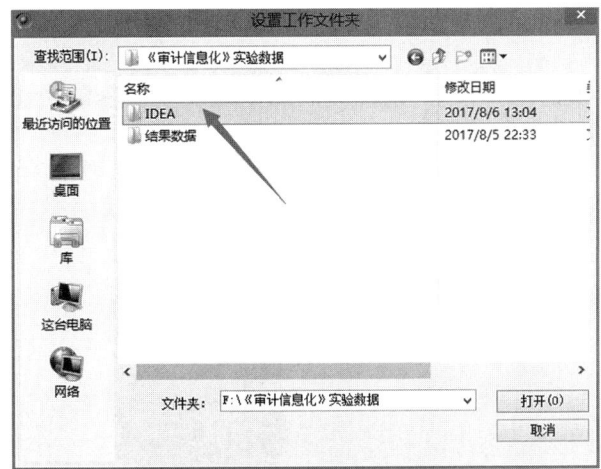

图 8-67　选择工作文件夹

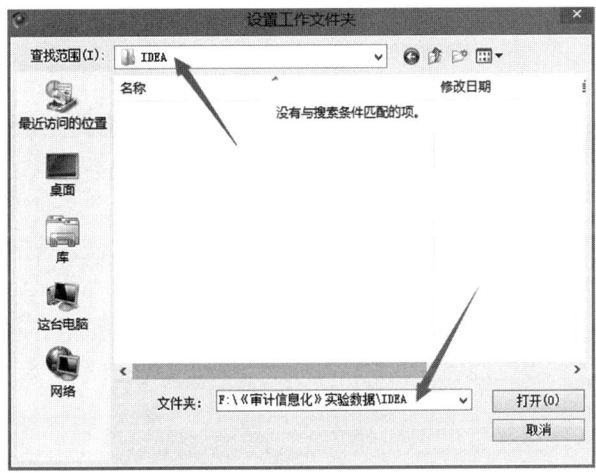

图 8-68　设置工作文件夹

（2）设置本次项目审计的项目属性。其中，项目名称为"江发集团企业经济责任审计"，周期为"20170501-20170730"，如图 8-69 所示。

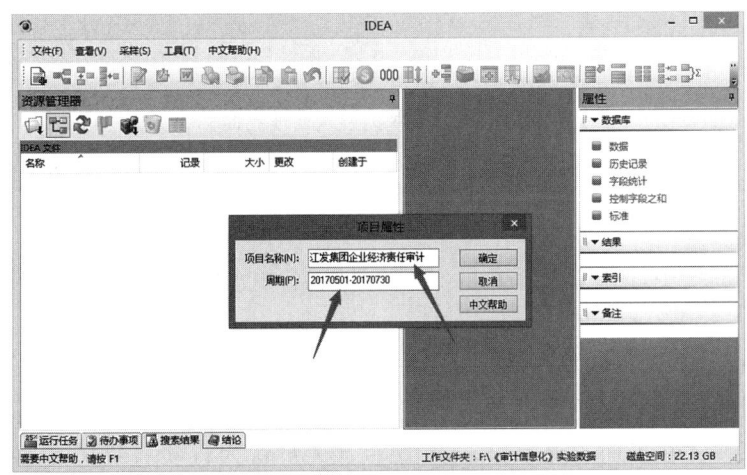

图 8-69　设置项目属性

第 3 节　审计实施阶段　213

（3）单击 IDEA 的导入助理菜单，打开 IDEA 的导入助理，如图 8-70 和图 8-71 所示。

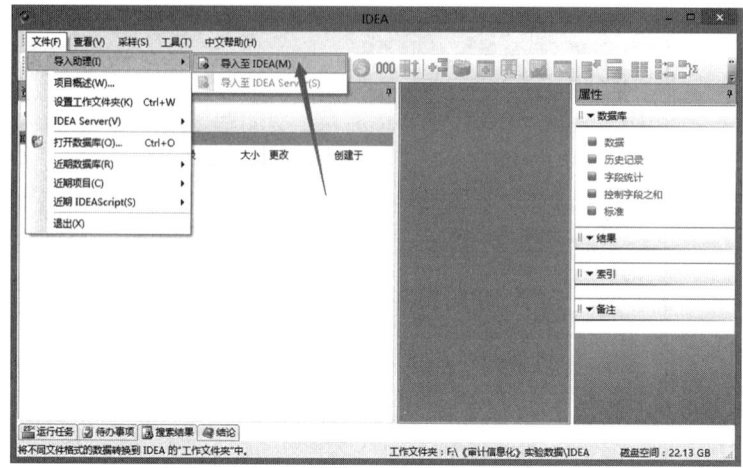

图 8-70　IDEA 的导入助理菜单

图 8-71　IDEA 的导入助理界面

（4）在图 8-71 中，选择格式为文本，然后单击"选择文件"按钮，打开文件选择界面，如图 8-72 所示。

（5）在图 8-72 中，选择需要采集的文本文件数据，单击"打开(O)"按钮，出现界面如图 8-73 所示。

（6）在图 8-73 中，单击"下一步(N)"按钮，出现界面如图 8-74 所示。

（7）在图 8-74 中，IDEA 数据导入助理自动判断所采集的文本文件数据的类型是"分隔"还是"定长"，并在界面中显示出来，如果审计人员认为自动判断有误，可手工进行调整。单击"下一步(N)"按钮，出现界面如图 8-75 所示。

图 8-72 文件选择界面

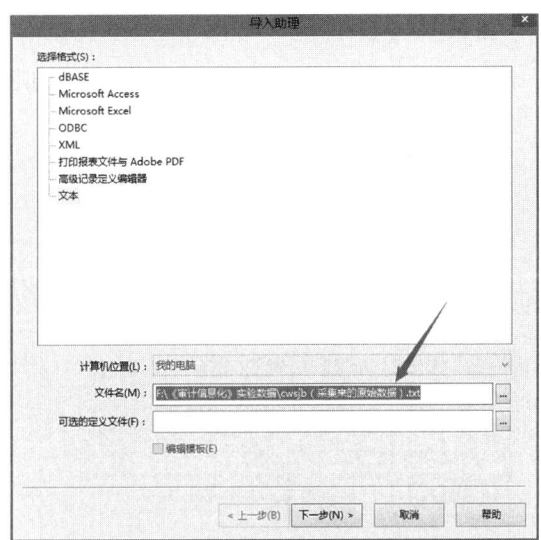

图 8-73 设置好采集数据的导入助理界面

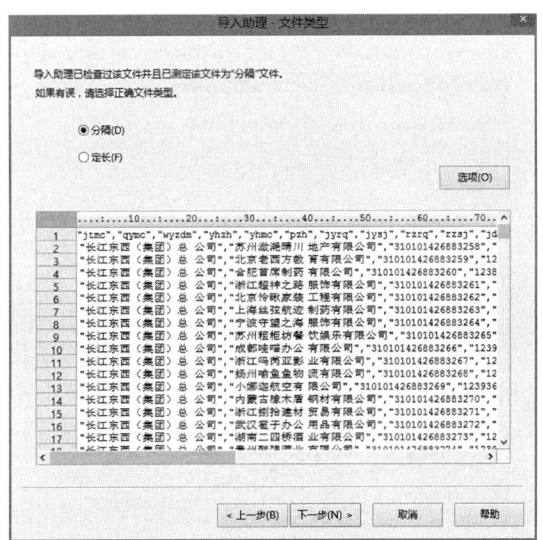

图 8-74 采集数据的文件类型确认界面

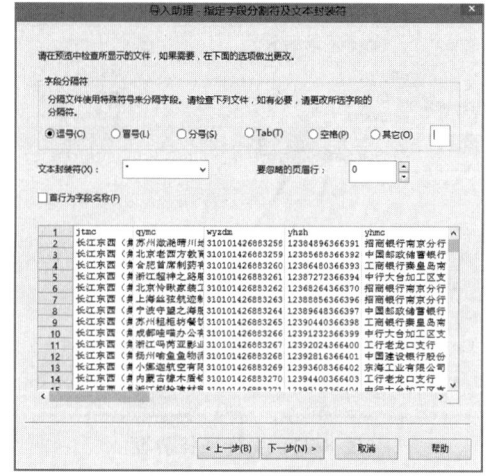

图 8-75　字段分割符及文本封装符设置界面

（8）审计人员可以根据提示对采集的数据进行调整和设置，如图 8-76～图 8-80 所示。

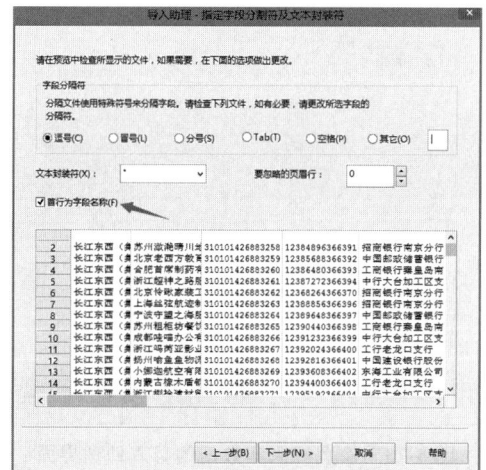

图 8-76　设置后的字段分割符及文本封装符界面

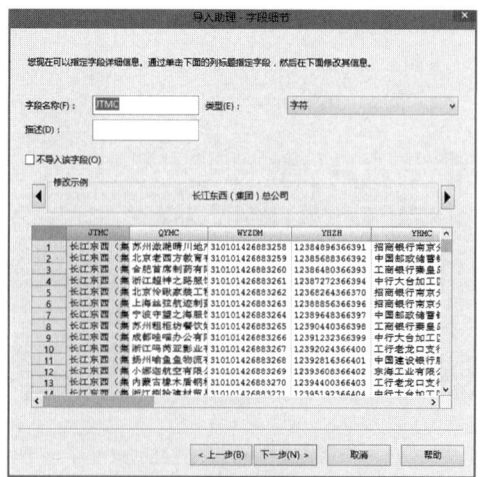

图 8-77　字段细节设置界面

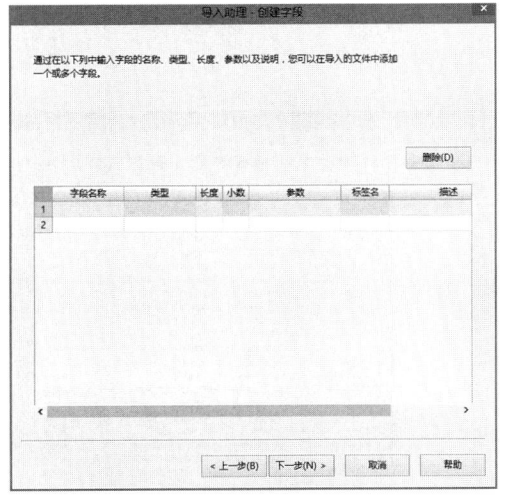

图 8-78 创建字段设置界面

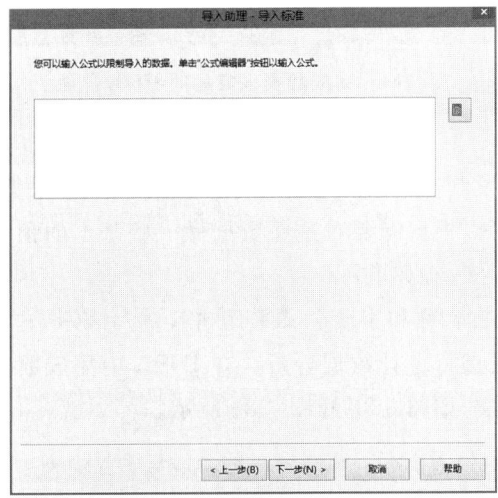

图 8-79 导入标准设置界面

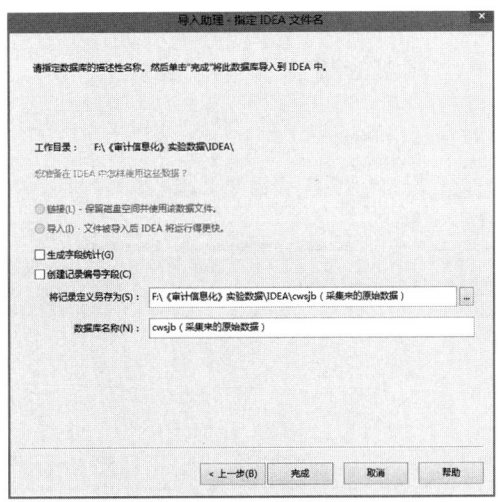

图 8-80 IDEA 文件名设置界面

（9）在图 8-80 中，单击"完成"按钮，便可完成江发集团财务文本文件数据的采集，如图 8-81 所示。

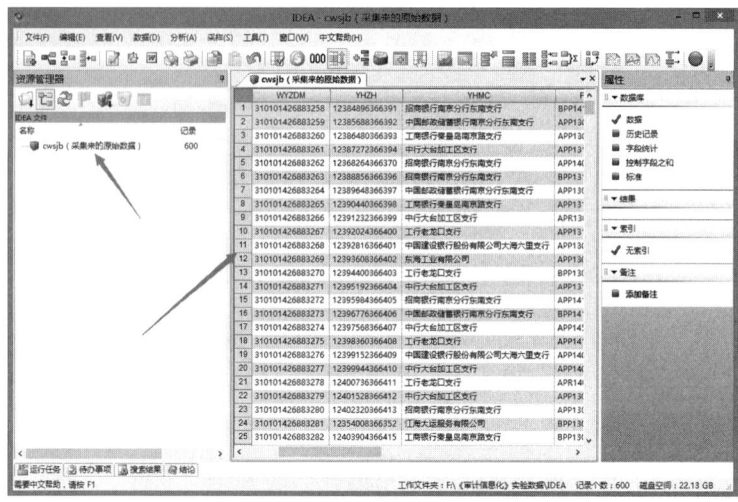

图 8-81　完成数据采集后的 IDEA 界面

（二）数据预处理

审计组人员在把江发制造集团有限公司财务数据"cwsjb（采集来的原始数据）.txt"采集到 IDEA 的过程中，可以根据需要对这些数据做一些基本的预处理，以名称转换为例，审计数据预处理的方法及过程如下：

由于采集来的数据表名称和字段名称采用拼音缩写表示，这时需要将其转换成汉字表示，从而便于审计人员进行审计数据分析。在 IDEA 中完成数据表名称转换的操作可以在数据采集过程中完成，如图 8-82 和图 8-83 所示。

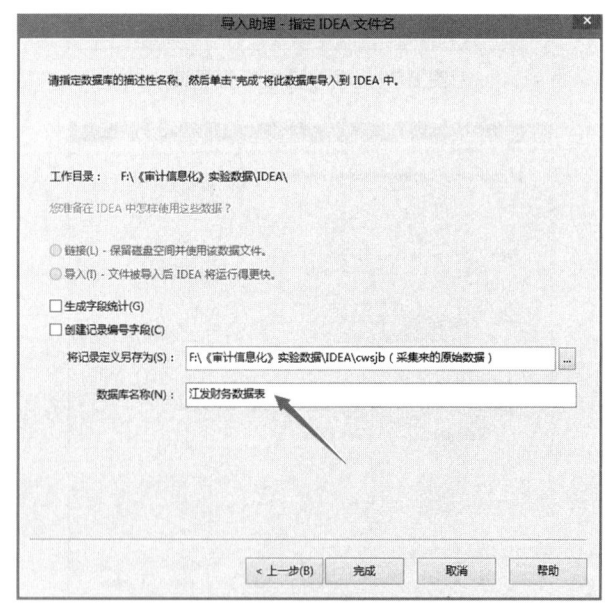

图 8-82　IDEA 文件名设置界面

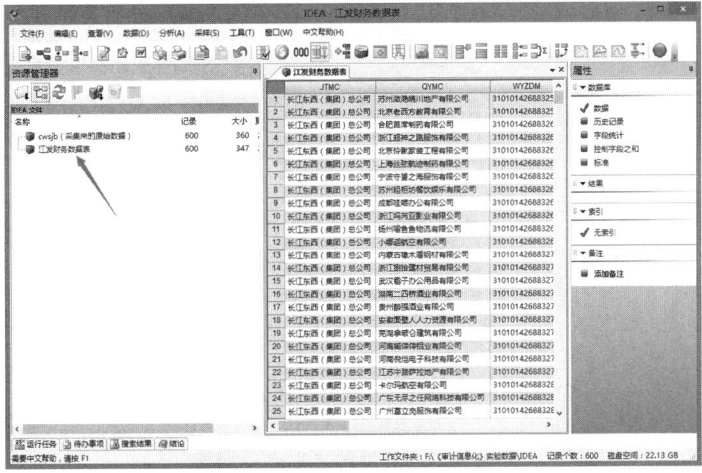

图 8-83 转换后的数据表名称界面

在 IDEA 中完成字段名称转换的操作如图 8-84 至图 8-86 所示。

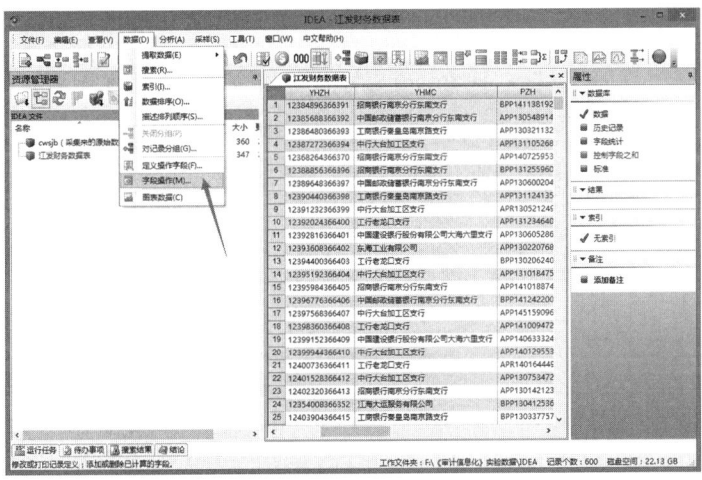

图 8-84 字段操作菜单

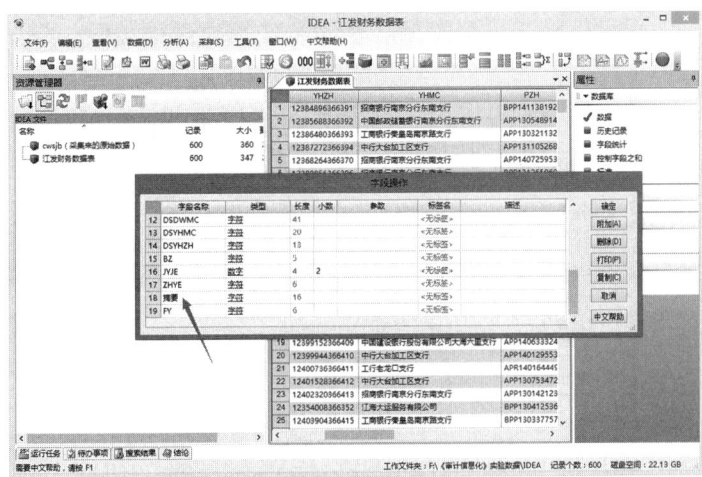

图 8-85 字段名称转换操作方法示例

第 3 节 审计实施阶段 219

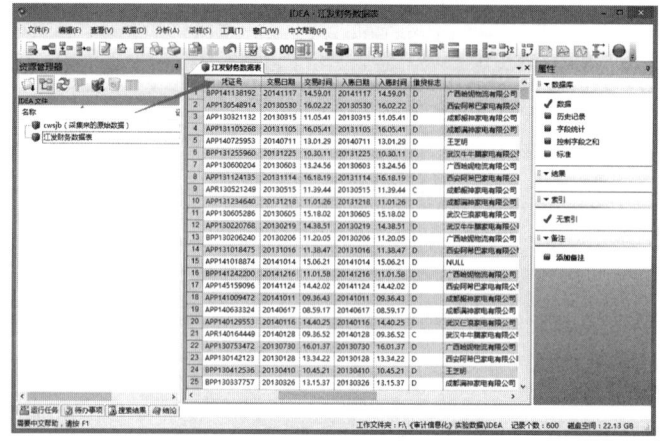

图 8-86 转换后的字段名称界面

(三) 数据分析

在完成数据预处理之后,需要在 IDEA 中对采集来的电子数据进行分析。比如,要查找财务数据中关于"餐费、高尔夫、购物、酒、烟、会议、补贴、保险、中介、咨询"方面的数据,操作过程如下:

(1) 单击菜单"数据(D)"→"搜索(R)…",如图 8-87 所示,出现界面如图 8-88 所示。

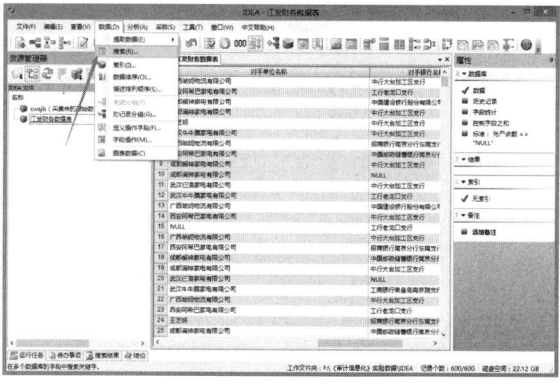

图 8-87 选择搜索菜单

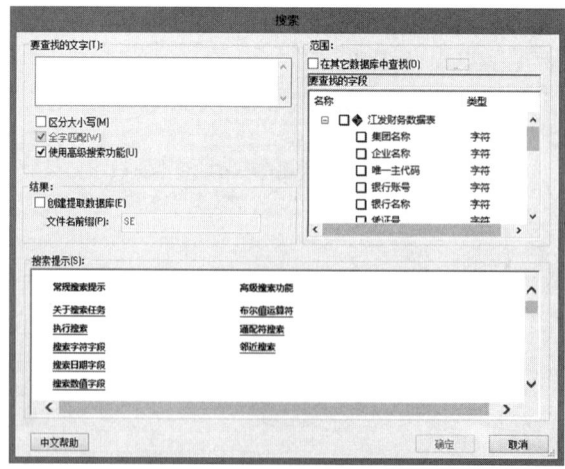

图 8-88 搜索功能设置界面

（2）在图 8-88 中，完成相应的设置，其中要查找的文字设置为"餐费"，要创建提取数据库的名称设置为"包含餐费的数据"，设置后的结果如图 8-89 所示。

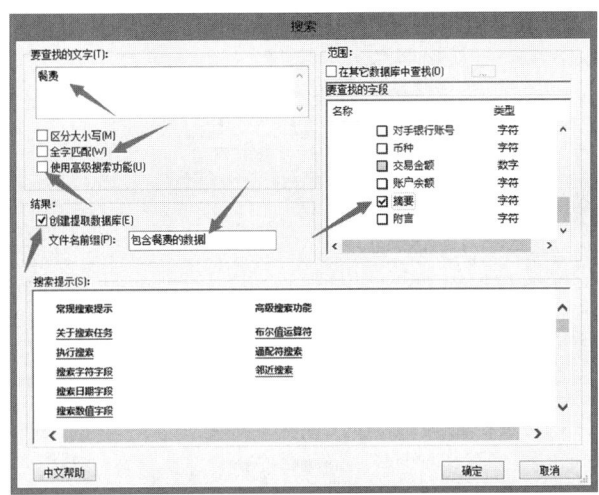

图 8-89　设置后的搜索功能界面

（3）在图 8-89 中，单击"确定"按钮，结果如图 8-90 所示。

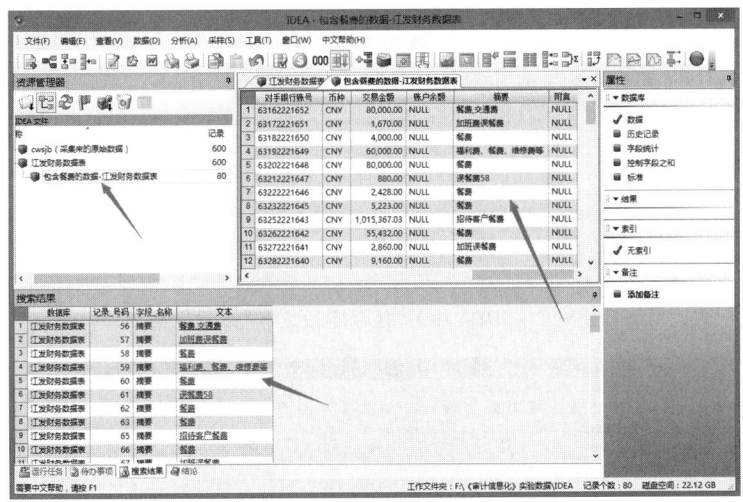

图 8-90　IDEA 中"餐费"相关数据的查询结果

（4）在图 8-91 中，单击"控制字段之和"按钮，进入"控制字段之和"设置界面，如图 8-92 所示。

（5）在图 8-92 中，选中"交易金额"字段，并单击"确定"按钮，便可计算出关于"餐费"方面数据的交易总金额，其结果如图 8-93 所示。

同理，采用 IDEA 的"搜索"功能可查找出财务数据中关于"高尔夫、购物、酒、烟、会议、补贴、保险、中介、咨询"等方面的数据，并可以分别计算出相应的交易总金额。

第 3 节　审计实施阶段　221

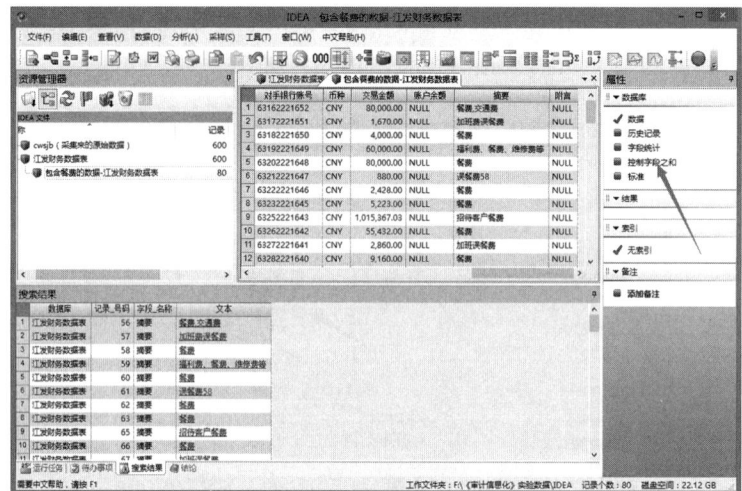

图 8-91 IDEA 中的"控制字段之和"按钮

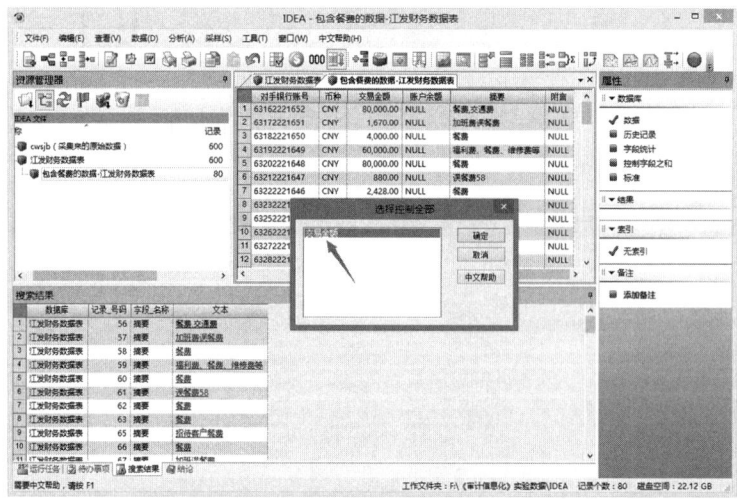

图 8-92 IDEA 中的"控制字段之和"设置界面

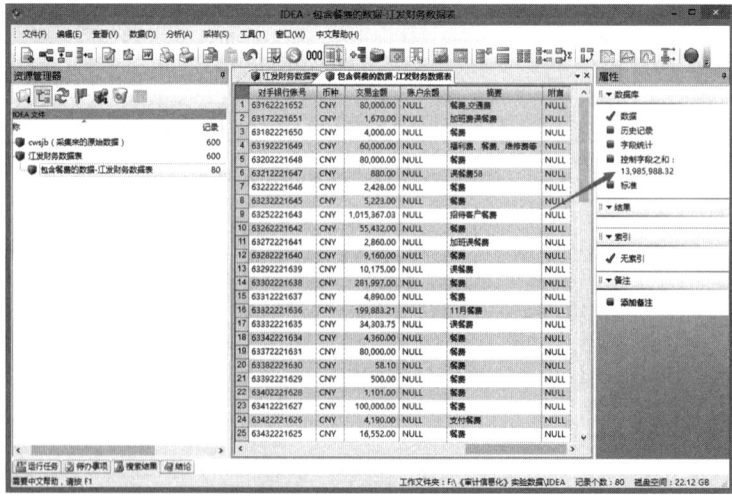

图 8-93 "餐费"方面交易总金额查询结果界面

六、基于电子数据审计模拟实验室软件的电子数据审计

审计组审计人员也可以采用前文介绍的电子数据审计模拟实验室软件对江发制造集团有限公司提供的财务数据"cwsjb(采集来的原始数据).txt"进行分析。本节在"8.4.4"中生成的 Access 格式"江发制造集团有限公司财务数据"的基础上,简单介绍如何采用电子数据审计模拟实验室软件对该财务数据进行分析,其方法及过程如下:

（一）数据采集

把 Access 格式"江发制造集团有限公司财务数据"（把该 Access 数据转换成 2003 版最佳）采集到电子数据审计模拟实验室软件中的操作过程为:

(1) 单击菜单"数据采集"→"Access 数据库",如图 8-94 所示。

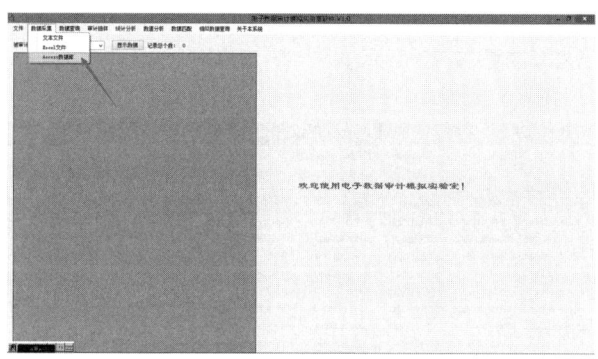

图 8-94　Access 数据库文件采集功能

(2) 在"打开"界面,选择需要采集的 Access 文件,如图 8-95 所示。

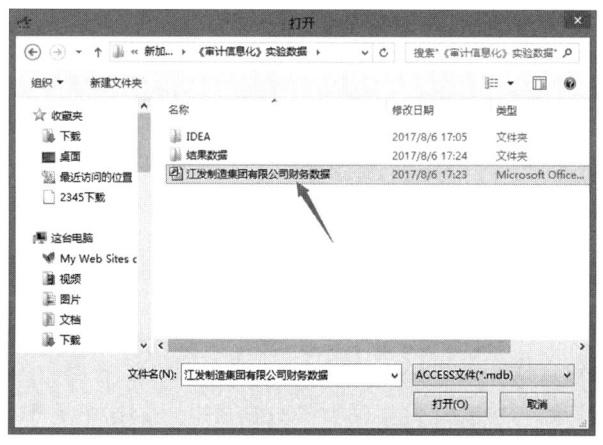

图 8-95　Access 数据库文件采集选择界面

(3) 在图 8-95 中,单击"打开(O)"按钮,完成 Access 数据库文件数据采集,如图 8-96 所示。

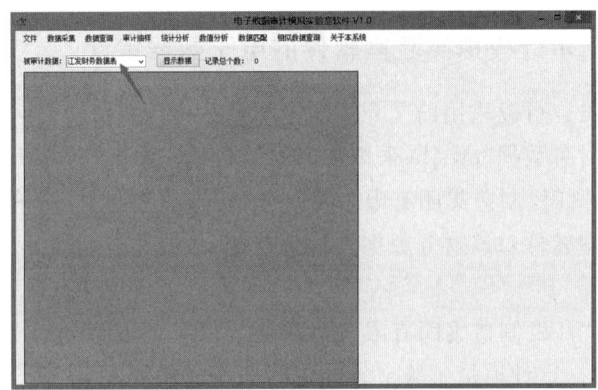

图 8-96　采集完 Access 数据库文件后的软件界面

(4) 在图 8-96 中,选择需要显示的数据表,单击"显示数据"按钮,查看所采集的 Access 数据库文件数据,如图 8-97 所示。

图 8-97　Access 数据显示界面

(二) 数据分析

在完成数据采集之后,需要在电子数据审计模拟实验室软件中对采集来的江发集团财务数据表电子数据进行分析。比如,要查找该数据中关于"餐费、高尔夫、购物、酒、烟、会议、补贴、保险、中介、咨询"方面的数据,方法如下:

1. 采用 SQL 语句查找

假设要采用 SQL 语句检查江发集团财务数据表电子数据中关于"餐费"方面的数据,相应的 SQL 语句如下:

```
SELECT   *
FROM    江发财务数据表
WHERE   摘要 like  "%餐费%";
```

通过在电子数据审计模拟实验室软件中运行以上 SQL 语句,可以很容易地查找出江发集团财务数据表电子数据中关于"餐费"方面的数据。其操作过程如下:

(1) 单击菜单"数据查询"→"SQL 查询模拟器",如图 8-98 所示。

图 8-98　电子数据审计模拟实验室软件的 SQL 查询模拟器功能菜单

(2) 在 SQL 查询模拟输入界面中输入以上 SQL 语句,或借助 SQL 查询模拟器语句功能区中的 SQL 语句关键词生成以上 SQL 语句,如图 8-99 所示。

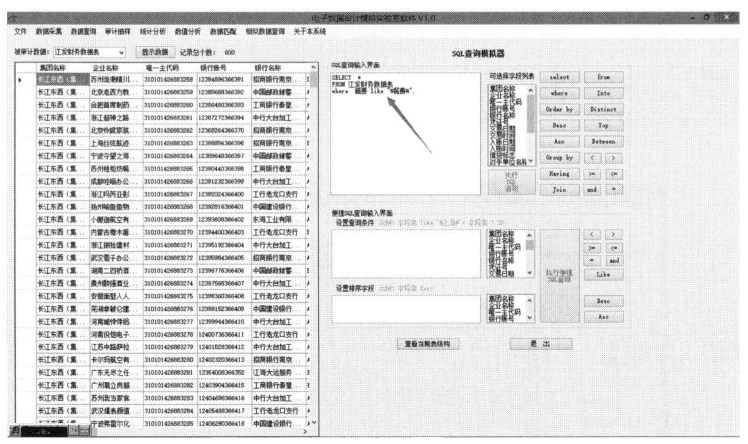

图 8-99　输入 SQL 语句之后的软件界面

(3) 在图 8-99 中,单击"执行 SQL 语句"按钮,运行以上 SQL 语句,可以很容易地查找出江发集团财务数据表电子数据中关于"餐费"方面的数据,其查询结果如图 8-100 所示。

(4) 单击菜单"文件"→"分析结果导出"→"Excel 格式",如图 8-101 所示。

(5) 在"导出 Excel 文件到"界面中选择文件保存路径,并命名导出的 Excel 文件为"餐费数据",如图 8-102 所示。

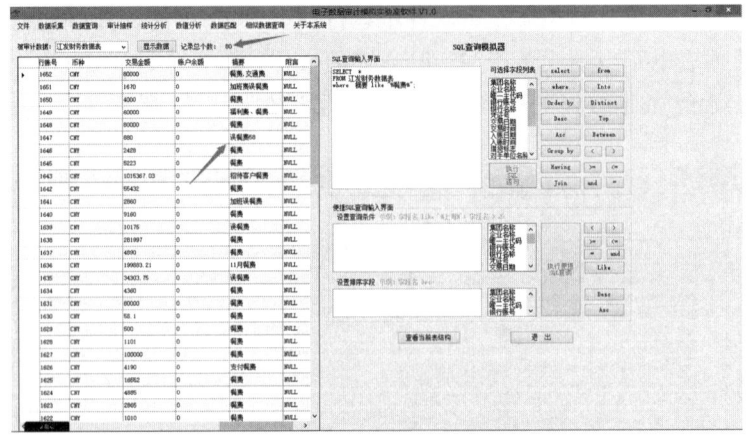

图 8-100 "餐费"方面的数据查询结果界面

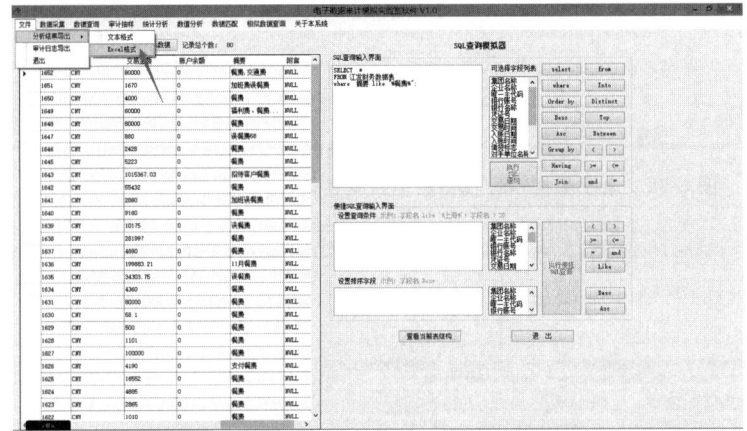

图 8-101 电子数据审计模拟实验室软件的 Excel 格式分析结果导出菜单

图 8-102 "餐费"方面的数据查询结果导出界面

（6）打开导出的"餐费数据"分析结果 Excel 文件，其界面如图 8-103 所示。另外，可以在该 Excel 文件中计算出交易总金额，或者可以在电子数据审计模拟实验室软件中通

226　第 8 章　审计作业信息化综合案例：企业审计

过 SQL 查询计算出财务数据中关于"餐费"方面数据的交易总金额。

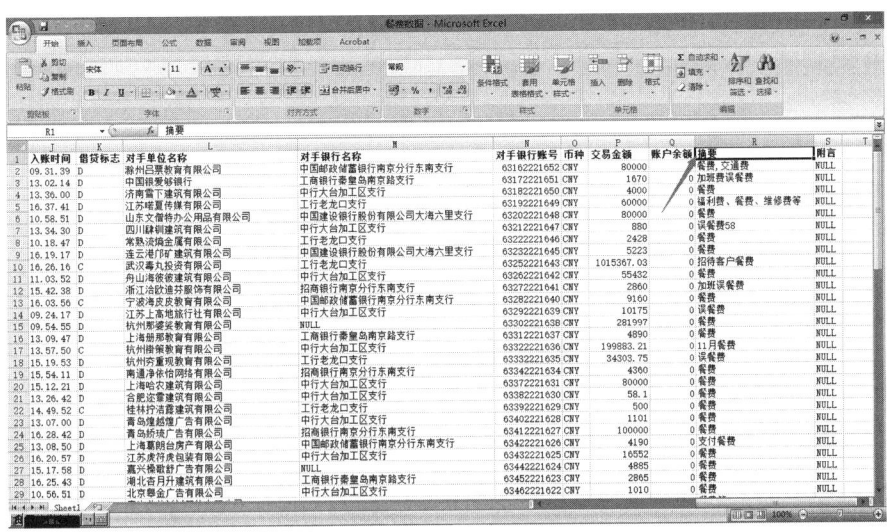

图 8-103　导出的 Excel 格式"餐费"数据查询结果示例

（7）同理，在电子数据审计模拟实验室软件中单击"显示数据"命令按钮，刷新被分析数据。在 SQL 查询模拟器中输入相应的 SQL 语句，或借助 SQL 查询模拟器语句功能区中的 SQL 语句关键词生成相关数据分析 SQL 语句，即可查找出财务数据中关于"高尔夫、购物、酒、烟、会议、补贴、保险、中介、咨询"等方面的数据，并分别计算出相应的交易总金额。

2. 采用快速条件查询功能查询

（1）在电子数据审计模拟实验室软件中单击菜单"数据查询"→"快速条件查询"，进入"快速条件查询"功能主界面，如图 8-104 和图 8-105 所示。

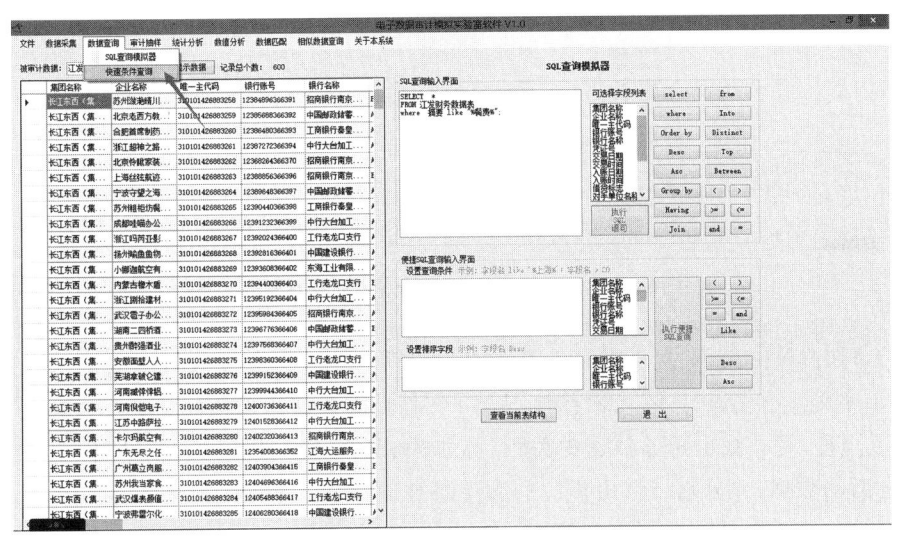

图 8-104　电子数据审计模拟实验室软件的快速条件查询功能菜单

第 3 节　审计实施阶段　227

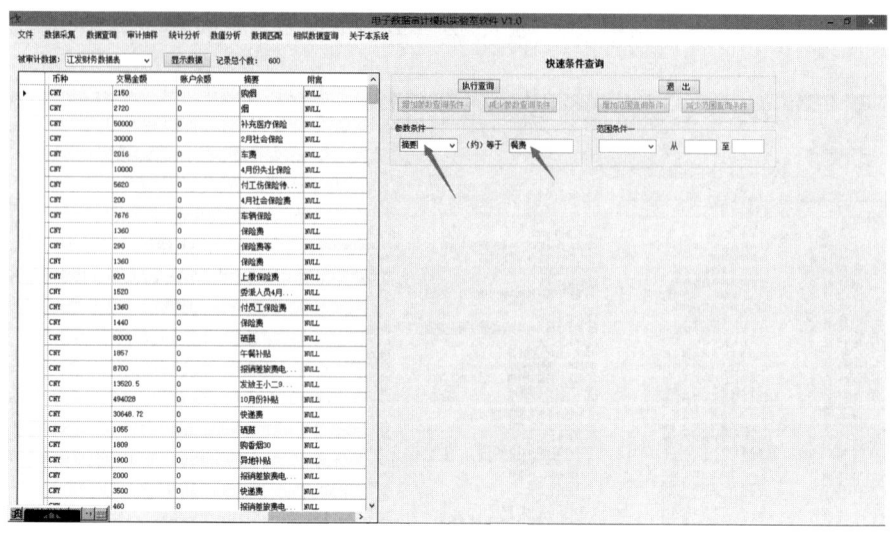

图 8-105 "摘要"字段中含有"餐费"的分析示例界面

(2) 在图 8-105 中,借助界面上参数条件中的下拉框选择查询字段,并输入查询条件,即选择查询字段为"摘要",输入查询条件为"餐费",单击"执行查询"按钮,运行以上查询条件,可以很容易地查找出财务数据"摘要"字段中含有"餐费"的数据。其查询结果如图 8-106 所示。

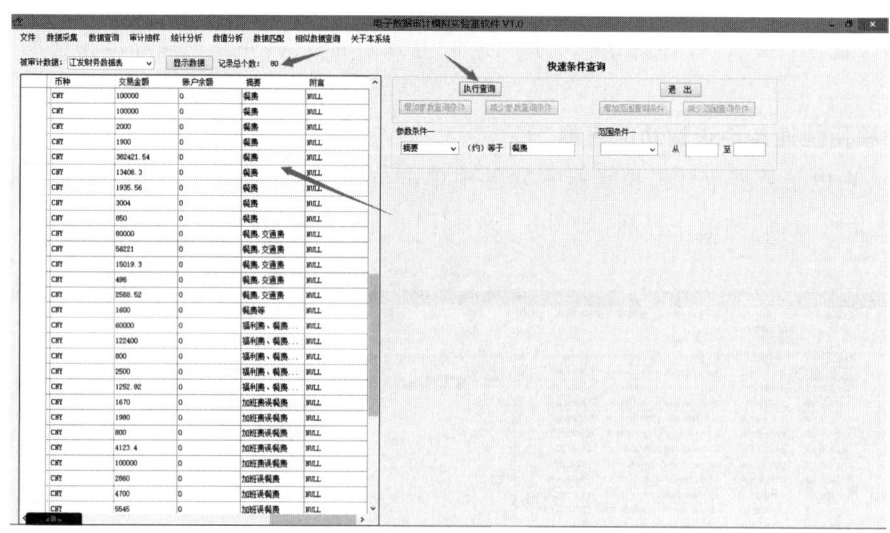

图 8-106 "摘要"字段中含有"餐费"的分析结果界面

(3) 同时,单击菜单"文件"→"分析结果导出"→"Excel 格式",则可以把以上分析导出到 Excel 文件中去。另外,可以在该 Excel 文件计算出交易总金额。

(4) 同理,可查找出财务数据中关于"高尔夫、购物、酒、烟、会议、补贴、保险、中介、咨询"等方面的数据,并分别计算出相应的交易总金额。

七、编写审计取证单与审计工作底稿

前文分别以 Microsoft Excel、Microsoft Access、SQL Server、IDEA、电子数据审计模拟实验室软件等工具为例,介绍了如何分析"江发制造集团有限公司财务数据"。同理,审计人员可以根据审计的需要对其他数据进行分析,从而发现相应的问题。根据查找出的问题,审计人员便可以编写审计取证单与审计工作底稿。以"公司领导人 2013 年 1 月至 2016 年 12 月期间廉洁从业情况"为例,相关审计取证单与审计工作底稿编写如下:

审 计 取 证 单

第 1 页(共 1 页)

项目名称		江发制造集团有限公司领导人经济责任审计		
被审计(调查)单位或个人		江发制造集团有限公司		
审计(调查)事项		公司领导人 2013 年 1 月至 2016 年 12 月期间廉洁从业情况		
审计(调查)事项摘要		2013 年至 2016 年,江发制造集团有限公司未按要求严格落实江汉省廉洁从业规定,存在违规购买高档礼品、违规支付高尔夫球消费、招待费超标、会议费超标、违规发放补贴、违规购买保险等问题,涉及总金额 9 543.49 万元。其中,"餐费"涉及金额 13 985 988.32 元;"高尔夫"涉及金额 19 919 602.61 元;"购物"涉及金额 27 065 304.12 元;"酒"涉及金额 14 672 081.09 元;"烟"涉及金额 11 089 895.81 元;"会议"涉及金额 600 269.95 元;"补贴"涉及金额 733 649.50 元;"保险"涉及金额 166 746 元;"中介"涉及金额 6 731 955.27 元;"咨询"涉及金额 469 417.42 元。 上述做法不符合江汉省《领导干部廉洁从业暂行管理办法》(2010 年纪委第 1 号令)第八条"……领导干部严禁购买高档礼品、严禁支付高尔夫球消费、严格控制招待费和会议费支出、严禁发放补贴、严禁购买和工作无关的保险"的规定。		
审计人员		王朗普 钱林肯	编制日期	2017 年 7 月 9 日
证据提供单位意见		情况属实,数据准确 (盖章)		
	证据提供单位负责人(签名)	王发财	日期	2017 年 7 月 16 日

附件:10 页

注:如仅签名并加盖公章无说明,视同无异议。

审计工作底稿

索引号:20170801　　　　　　　　　　　　　　　　　　　　　　　　　第1页(共1页)

项目名称	江发制造集团有限公司领导人经济责任审计		
审计(调查)事项	公司领导人2013年1月至2016年12月期间廉洁从业情况		
审计人员	王朗普(手写)　钱林肯(手写)	编制日期	2017年7月6日

审计过程:

通过对采集来的"江发制造集团有限公司财务数据"的摘要进行模糊匹配查询,分析摘要中含有"餐费、高尔夫、购物、酒、烟、会议、补贴、保险、中介、咨询"等数据的交易,分析江发制造集团有限公司有无违反江汉省领导干部廉洁从业情况精神。通过数据分析,发现含有"餐费"的记录共80条,涉及金额13 985 988.32元;含有"高尔夫"的记录共42条,涉及金额19 919 602.61元;含有"购物"的记录共36条,涉及金额27 065 304.12元;含有"酒"的记录共78条,涉及金额14 672 081.09元;含有"烟"的记录共49条,涉及金额11 089 895.81元;含有"会议"的记录共31条,涉及金额600 269.95元;含有"补贴"的记录共18条,涉及金额733 649.50元;含有"保险"的记录共14条,涉及金额166 746元;含有"中介"的记录共26条,涉及金额6 731 955.27元;含有"咨询"的记录共29条,涉及金额469 417.42元。

审计认定的事实摘要及审计结论:

2013年至2016年,江发制造集团有限公司未按要求严格落实江汉省廉洁从业规定,存在违规购买高档礼品、违规支付高尔夫球消费、招待费超标、会议费超标、违规发放补贴、违规购买保险等问题,涉及总金额9 543.49万元。

上述做法不符合江汉省《领导干部廉洁从业暂行管理办法》(2010年纪委第1号令)第八条"……领导干部严禁购买高档礼品、严禁支付高尔夫球消费、严格控制招待费和会议费支出、严禁发放补贴、严禁购买和工作无关的保险"的规定。

审核意见:

　　取证充分,定性准确,予以认可

审核人员	李巴马(手写)	审核日期	2017年7月8日

附件:1页

第4节 审计报告阶段

一、编写审计报告征求意见书(审计事实确认书)

在完成审计取证的基础上,基于以上获得的审计证据,审计人员可以编写审计报告征求意见书,并与被审计单位进行沟通。针对本案例,审计报告征求意见书的主要内容如下:

江 展 市 审 计 局
审 计 报 告 征 求 意 见 书

审江展局征〔2017〕08 号

江发制造集团有限公司:

　　我局派出审计组于 2017 年 5 月 1 日至 2017 年 7 月 30 日对你单位公司领导人经济责任进行了审计。根据《中华人民共和国审计法》第四十条的规定,现将审计组的审计报告送你单位征求意见。请自接到审计报告之日起 10 个工作日内将书面意见送交审计组。如在此期限内未提出书面意见,视同无异议。

　　附件:审计报告(征求意见稿)

(江展市审计局<i>印章</i>)
2017 年 8 月 18 日

江展市审计局
审计报告

(征求意见稿)

被审计单位:江发制造集团有限公司
审计项目:江发制造集团有限公司领导人经济责任审计

根据《中华人民共和国审计法》第二十条、第二十五条的规定，我局派出审计组，自2017年5月1日至2017年7月30日，对江发制造集团有限公司（以下简称江发集团）董事长余金正同志进行了任期经济责任审计，主要包括：财务管理和会计核算情况、企业重大决策和内部管理情况、落实江汉省廉洁从业规定情况，重点关注落实江汉省廉洁从业规定情况等问题。对重要事项进行了必要的延伸和追溯。江发集团及有关单位对其提供的财务会计资料以及其他相关资料的真实性和完整性负责。江展市审计局的责任是依法独立实施审计并出具审计报告。

一、被审计单位基本情况

江发制造集团有限公司是江汉省重点国有企业，公司成立于1980年，具有30多年从事火车发动机研发与生产的历史，是江汉省火车零部件发动机行业龙头企业。除了江汉省外，江发制造集团有限公司在美国、英国、南非、日本等国设有200多家子公司。资产总额155.38亿元，负债总额92.45亿元，所有者权益22.12亿元，资产负债率76.68%；当年实现营业总收入108.16亿元，利润总额－2.22亿元，净利润－5.02亿元，净资产收益率－5.42%；国有资本保值增值率63.98%。江展会计师事务所（特殊普通合伙）对江发制造集团有限公司2016年度合并财务报表出具了标准无保留意见的审计报告。

二、审计评价意见

审计局审计结果表明，江发制造集团有限公司明确企业战略，提出加快发展火车发动机制造业务，发展成为主业突出、管理先进的现代制造业集团等目标；开展国际化经营，实施兼并重组，拓展业务领域和完善产业链，清理处置非主业企业，逐步发展成为制造、研发及相关贸易一体化的综合性制造集团。此次重点审计财务会计管理、贯彻落实江汉省重大政策措施、企业重大决策和内部管理、落实江汉省廉洁从业规定等方面情况，发现还存在一些问题。

三、审计发现的主要问题和处理（处罚）意见

（一）财务管理和会计核算方面

1.2013年至2016年，江发制造集团有限公司超工资总额发放住房补贴和奖金812.63万元，其中2015年为65.76万元。

2.江发制造集团有限公司财务管理不规范，存在财务管理机构和人员配置不完整等问题。

（二）企业重大决策和内部管理方面

1.2013年至2014年，江发制造集团有限公司未经集体决策，中止"智能制造"信息化项目，造成0.12亿元的资金浪费。

2.2007年至2014年，江发制造集团有限公司102个项目存在应招标未招标、以邀请招标替代公开招标以及违规转包等问题，涉及金额10.86亿元。

3.2005年至2015年，江发制造集团有限公司未经集体决策，支付项目咨询费2.22亿元，其中2015年为0.26亿元。

4.信息化建设水平偏低，还存在信息系统未有效集成、总体规划部分内容落实缓慢等问题。

（三）落实江汉省廉洁从业规定方面

2013年至2016年，江发制造集团有限公司未按要求严格落实江汉省廉洁从业规定，存在违规购买高档礼品、违规支付高尔夫球消费、招待费超标、会议费超标、违规发放补贴、违规购买保险等问题，涉及总金额9 543.49万元。

对此次审计发现的问题，江展市审计局已依法出具了审计报告。江发制造集团有限公司具体整改情况由其自行公告。

审计中发现的违纪违法问题线索，已依纪依法移送有关部门进一步调查处理。

四、审计建议

根据上述情况，提出如下建议：

1. 进一步规范财务管理，合理配置财务管理机构和人员。
2. 进一步加快公司信息化建设。

审计组长：张林顿（签名）

2017年8月18日

二、编写审计报告

在以上沟通的基础上,最终形成审计报告。

江 展 市 审 计 局
审 计 报 告

审江展局报〔2017〕16号

被审计单位:江发制造集团有限公司
审计项目:江发制造集团有限公司领导人经济责任审计

根据《中华人民共和国审计法》第二十条、第二十五条的规定，我局派出审计组，自 2017 年 5 月 1 日至 2017 年 7 月 30 日，对江发制造集团有限公司（以下简称江发集团）董事长余金正同志进行了任期经济责任审计，主要包括：财务管理和会计核算情况、企业重大决策和内部管理情况、落实江汉省廉洁从业规定情况，重点关注落实江汉省廉洁从业规定情况等问题。对重要事项进行了必要的延伸和追溯。江发集团及有关单位对其提供的财务会计资料以及其他相关资料的真实性和完整性负责。江展市审计局的责任是依法独立实施审计并出具审计报告。

一、被审计单位基本情况

江发制造集团有限公司是江汉省重点国有企业，公司成立于 1980 年，具有 30 多年从事火车发动机研发与生产的历史，是江汉省火车零部件发动机行业龙头企业。除了江汉省外，江发制造集团有限公司在美国、英国、南非、日本等国设有 200 多家子公司。资产总额 155.38 亿元，负债总额 92.45 亿元，所有者权益 22.12 亿元，资产负债率 76.68%；当年实现营业总收入 108.16 亿元，利润总额 －2.22 亿元，净利润 －5.02 亿元，净资产收益率 －5.42%；国有资本保值增值率 63.98%。江展会计师事务所（特殊普通合伙）对江发制造集团有限公司 2016 年度合并财务报表出具了标准无保留意见的审计报告。

二、审计评价意见

审计局审计结果表明，江发制造集团有限公司明确企业战略，提出加快发展火车发动机制造业务，发展成为主业突出、管理先进的现代制造业集团等目标；开展国际化经营，实施兼并重组，拓展业务领域和完善产业链，清理处置非主业企业，逐步发展成为制造、研发及相关贸易一体化的综合性制造集团。此次重点审计财务会计管理、贯彻落实江汉省重大政策措施、企业重大决策和内部管理、落实江汉省廉洁从业规定等方面情况，发现还存在一些问题。

三、审计发现的主要问题和处理（处罚）意见

（一）财务管理和会计核算方面

1. 2013 年至 2016 年，江发制造集团有限公司超工资总额发放住房补贴和奖金 812.63 万元，其中 2015 年为 65.76 万元。

2. 江发制造集团有限公司财务管理不规范，存在财务管理机构和人员配置不完整等问题。

（二）企业重大决策和内部管理方面

1. 2013 年至 2014 年，江发制造集团有限公司未经集体决策，中止"智能制造"信息化项目，造成 0.12 亿元的资金浪费。

2. 2007 年至 2014 年，江发制造集团有限公司 102 个项目存在应招标未招标、以邀请招标替代公开招标以及违规转包等问题，涉及金额 10.86 亿元。

3. 2005 年至 2015 年，江发制造集团有限公司未经集体决策，支付项目咨询费 2.22 亿元，其中 2015 年为 0.26 亿元。

4. 信息化建设水平偏低，还存在信息系统未有效集成、总体规划部分内容落实缓慢等问题。

(三) 落实江汉省廉洁从业规定方面

2013年至2016年,江发制造集团有限公司未按要求严格落实江汉省廉洁从业规定,存在违规购买高档礼品、违规支付高尔夫球消费、招待费超标、会议费超标、违规发放补贴、违规购买保险等问题,涉及总金额9 543.49万元。

对此次审计发现的问题,江展市审计局已依法出具了审计报告。江发制造集团有限公司具体整改情况由其自行公告。

审计中发现的违纪违法问题线索,已依纪依法移送有关部门进一步调查处理。

四、**审计建议**

根据上述情况,提出如下建议:

1. 进一步规范财务管理,合理配置财务管理机构和人员。
2. 进一步加快公司信息化建设。

本报告江展市审计局将依法向社会公告。

对本报告指出的问题,请江发制造集团有限公司自收到本报告之日起60日内整改完毕。请江发制造集团有限公司在整改期限截止后依法向社会公告整改结果,并将整改结果书面报告江展市审计局。江展市审计局将对整改结果进行检查,并将检查情况向社会公告。

(江展市审计局*印章*)

2017年8月28日

本章小结

本章结合具体案例,介绍了如何开展审计作业信息化。

江发制造集团有限公司(原长江东西(集团)总公司)是江汉省重点国有企业,根据江展市审计局 2017 年的审计计划安排,现对江发制造集团有限公司开展企业领导人经济责任审计。

在审前准备阶段,江展市审计局根据江发制造集团有限公司审计的需要,成立审计项目组。在开始审计之前,先向江发制造集团有限公司下发审计通知书;审计人员到达江发制造集团有限公司后,开展审前调查,从而对江发制造集团有限公司的情况有了较全面的了解;审计组根据江发制造集团有限公司审计的目标,以及审前调查的情况,制订了本项目的审计实施方案。

在审计实施阶段,审计人员可以采用不同的软件工具对被审计单位的数据进行采集和分析,从而发现审计线索,获得审计证据。本章分别以 Microsoft Excel、Microsoft Access、SQL Server、IDEA、电子数据审计模拟实验室软件等工具为例,介绍了如何开展审计数据采集、审计数据预处理,以及审计数据分析;在审计数据分析的基础上,根据查找出的问题,审计人员便可以编写审计取证单与审计工作底稿。

在完成审计取证的基础上,基于以上获得的审计证据,审计人员可以编写审计报告征求意见书,并与被审计单位进行沟通。在以上沟通的基础上,最终形成审计报告。

通过本章的学习,可以系统地掌握如何采用不同的软件工具开展审计作业信息化,以及如何编写相关审计文书。

复习思考题

1. 在开展电子数据审计时,采用 Excel 与采用审计软件有什么优缺点?
2. 如何利用其他电子表格软件如 WPS 开展电子数据审计?
3. 当被审计单位提供的电子数据量比较大时,如何采用 Excel 进行分析?
4. 在进行审计数据分析时,采用审计软件(如 IDEA 或电子数据审计模拟实验室软件)和采用数据库工具(如 Access、SQL Server)编写 SQL 语句,各有什么优缺点?
5. 如何编写审计通知书、审计实施方案、审计需求单、审计工作底稿、审计取证单、审计报告等审计文书?

练习题

判断题

1. 审计数据分析是审计实施阶段的工作。（ ）
2. 审计数据预处理是审计实施阶段的工作。（ ）
3. 在审计报告阶段，需要通过"下发审计需求单"实现审计数据的采集。（ ）
4. 在审计报告阶段，为了便于审计人员对采集来的数据进行分析，需要相关数据表的数据字典。（ ）
5. 在本章的案例中，可以采用 Excel 的筛选功能进行数据分析。（ ）
6. 在本章的案例中，可以采用 SQL 语句对"账户余额"字段进行数据预处理。（ ）
7. 在本章的案例中，SQL Server 的数据输入助理可以自动判断所采集的文本文件数据的类型是"分隔"还是"定长"。（ ）
8. 在本章的案例中，在 SQL Server 中单击菜单"数据→搜索"，可以进行数据分析。（ ）
9. 在本章的案例中，可以在审计软件 IDEA 中借助 SQL 查询模拟器语句功能区中的 SQL 语句关键词生成 SQL 语句，进行数据分析。（ ）
10. 通过学习本章的案例，可以发现：目前审计工作中采用了审计软件之后，审计取证单对编写审计报告没有太大作用了。（ ）

阅读材料 8.1　审计署 2018 年第 41 号公告：中国中信集团有限公司 2016 年度资产负债损益审计结果

中国中信集团有限公司 2016 年度资产负债损益审计结果

（2018 年 6 月 20 日公告）

根据《中华人民共和国审计法》的规定，2017 年 7 月至 9 月，审计署对中国中信集团有限公司（以下简称中信集团）2016 年度资产负债损益情况进行了审计，重点审计了中信集团本级及所属中信银行股份有限公司、中信信托有限责任公司（以下简称中信银行、中信信托）等 36 家二级单位，对有关事项进行了延伸和追溯。

一、基本情况

中信集团成立于1979年,是经国务院批准设立的金融服务与实业投资的综合性企业集团。据其2016年度合并财务报表反映,中信集团2016年底资产总额65 204.44亿元,负债总额58 555.87亿元,所有者权益6 648.57亿元;当年营业收入3 511.14亿元,净利润538.5亿元。普华永道中天会计师事务所(特殊普通合伙)对此合并财务报表出具了标准无保留意见的审计报告。

审计署审计结果表明,中信集团注重落实金融支持实体经济,参与"走出去"和"一带一路"建设,加大对战略性新兴产业投入;完善公司治理,加强风险管控,实施全面预算管理,加大对重大项目及重要风险领域等的内审监督力度。审计也发现,中信集团在业务经营、公司治理和内部管理、风险管控、落实中央八项规定精神及廉洁从业规定等方面还存在一些问题。

二、审计发现的主要问题

(一)业务经营方面

1. 2015年1月至审计时,所属中信信托、中信银行和中信金融租赁有限公司违规向地方政府融资平台或实际承担融资平台功能企业提供融资205.1亿元。

2. 2013年至审计时,所属中信银行、中信信托未严格执行监管规定,向"四证"不全或低密度房地产项目提供融资211.01亿元,另有部分融资被用于缴纳土地出让金。

3. 2014年10月至2015年8月,所属中信银行、中信信托向高污染、高耗能企业提供新增融资105亿元。

4. 至审计时,所属中信泰富特钢集团有限公司下属5家企业有3台设备未按规定淘汰,有14个项目未经环评即开工实施或投入生产等。

5. 2011年至2015年,所属中信银行5家分支机构通过安排借款企业循环质押存单融资或提供质价不符的财务顾问服务等方式,向12家企业多收取利息和财务顾问费等1 741.79万元。

6. 2016年,所属中信银行、中信信托在小微企业、理财业务、集合信托等方面,有3项指标未达到监管要求。

7. 2013年至审计时,所属中信银行的2家分行向贸易背景不真实的企业融资21.38亿元,另有2家分行10.38亿元贷款被挪用;3家分支机构违规使用一般客户理财资金为企业股权收购项目提供融资66.25亿元。

8. 2015年3月至6月,所属中信银行2家分行通过"存贷挂钩"等方式虚增存款规模12.2亿元。

9. 2014年3月至2016年3月,所属中信和业投资有限公司等5家企业存在违反合同约定多支付项目单位奖金、超标准新建办公楼和国有资产处置不规范等问题,涉及金额19.49亿元。

(二)公司治理和内部管理方面

1. 2010年至审计时,中信集团和所属12家企业存在违规决策或决策不审慎、超授权审批和先决策后报批等问题。

2. 2011年至2015年,所属中信银行因董事会调整而未有效落实公司发展战略规划要求,11项可量化指标未完成;所属中信证券股份有限公司股东大会议事规则中未明确对董事会的授权原则和内容。

3. 至审计时,中信集团未按要求压缩股权和管理层级,所属中信旅游集团有限公司等7家企业仍存在交叉持股问题。

4. 2011年至2015年,中信集团发展规划部分重要财务指标未完成,同时存在产业布局广、行业多、低效资产比例偏高等问题,影响金融控股集团综合经营优势发挥。

5. 2011年至审计时,中信集团及所属20家企业在工资总额外发放津补贴等1.39亿元,会计核算不规范等涉及金额10.71亿元。

6. 2011年至审计时,所属中信银行等12家企业在采购管理中存在违反招标规定等问题,涉及金额44.24亿元。

7. 至审计时,所属中信旅游集团有限公司及其下属25家企业,在使用"中信"商标等方面存在不规范问题。

8. 至审计时,中信集团及所属3家企业存在信息管理平台建设工作推进缓慢,信息科技人员占比不符合监管要求,以及IT治理未按制度要求执行等问题。

9. 至2017年底,所属中信重工机械股份有限公司和中信机电制造公司3个重点项目推动落实缓慢;中信国安集团有限公司落实混合所有制改革要求不到位。

(三)风险管控方面

1. 2016年,所属中信银行个别分支机构和另外2家所属企业资产风险分类不够准确。

2. 2012年至2014年,所属中信重型机械有限责任公司等4家企业抵质押和实物资产管理不到位,5.61亿元资产面临损失风险;中信银行一家分行有18.1亿贷款因对借款人资金流缺乏有效制约,面临质权悬空风险。

3. 2015年以来,中信信托未严格落实清理资金池、不得新增非标资产投资的监管要求,继续以"非标转标"方式新增低流动性资产,至审计时余额75.65亿元。

4. 2015年5月至10月,所属中信银行2家分支机构购买其他银行违规销售的理财产品53.5亿元。

5. 至审计时,中信集团中澳铁矿石项目已形成重大亏损且未来盈利预期仍不明确,面临较大风险。

(四)落实中央八项规定精神及廉洁从业规定方面

1. 2009年至审计时,中信集团及所属2家企业存在管理人员兼职取酬或违规发放高管人员等薪酬奖金问题,涉及金额2 609.94万元。

2. 中央八项规定出台后,所属10家企业仍然存在高标准公务消费和超标准配备公务用车、乘坐交通工具等问题。

三、审计处理及整改情况

对以上审计发现的问题,审计署依法出具了审计报告、下达了审计决定书。中信集团正在组织整改,至 2018 年 4 月,已制定和修订制度 146 项,处理责任人 219 人次,具体整改情况由其自行公告。

资料来源:http://www.audit.gov.cn/n5/n25/c123557/content.html。

阅读材料 8.2　审计署 2018 年第 11 号公告:中国远洋海运集团有限公司 2016 年度财务收支等情况审计结果

中国远洋海运集团有限公司 2016 年度财务收支等情况审计结果

(2018 年 6 月 20 日公告)

根据《中华人民共和国审计法》的规定,2017 年 5 月至 6 月,审计署对中国远洋海运集团有限公司(以下简称中国远洋海运)财务收支等情况进行了审计,重点审计了原中国远洋运输(集团)总公司、原中国海运(集团)总公司(以下分别简称中远集团、中国海运)的集团总部及所属 13 家二级单位,对有关事项进行了延伸和追溯。

一、基本情况

中国远洋海运由中远集团和中国海运于 2016 年 2 月合并设立,主要从事航运、物流、造船、码头和租箱等。据其 2016 年度合并财务报表反映,中国远洋海运 2016 年底拥有全资和控股子公司 1 532 家;资产总额 6 587.57 亿元,负债总额 4 204.67 亿元,所有者权益 2 382.9 亿元,资产负债率 63.83%;当年营业总收入 1 975.94 亿元,利润总额 160.72 亿元,净利润 39.88 亿元,净资产收益率 1.62%;国有资本保值增值率 89.8%。天职国际会计师事务所(特殊普通合伙)对此合并财务报表出具了标准无保留意见的审计报告。

审计署审计结果表明,中国远洋海运优化产业结构,积极推动企业合并后各业务板块重组;不断拓展海外市场,参与"一带一路"建设,拓展亚非拉等新兴市场航线,实现了北极航道双向航行;完善法人治理结构,制定、修订内部制度,规范集团和核心企业董事会建设,建立了决策授权体系和工作评价机制。审计也发现,中国远洋海运以及中远集团、中国海运在财务管理和会计核算、经营管理、落实中央八项规定精神及廉洁从业规定等方面还存在一些问题。

二、审计发现的主要问题

(一)财务管理和会计核算方面

1. 2016 年底,中国远洋海运所属企业违规将 3 艘租入船舶按租金成本全额确认为预计负债,造成少计利润 2.86 亿元。

2. 2016 年,中国远洋海运合并财务报表时对所属企业内部交易抵销不充分,造成少计利润 192.66 万元。

3. 2016 年,中国远洋海运未将拥有实际控制权的两家企业纳入合并范围,涉及资产 1 349.78 万元,造成少计利润 185.52 万元。

4. 2016 年,中国远洋海运所属 4 家企业违规核算业务招待费等支出 62.76 万元。

(二) 经营管理方面

1. 2014 年至 2015 年,中远集团违规批准中远散货运输(集团)有限公司等两家所属企业出资 17.27 亿元收购、续建写字楼;中国海运所属中海集团财务有限公司(以下简称中海财务)以存放同业名义出资 3 亿元变相持有房地产信托项目。

2. 至 2015 年 12 月,中远集团未按要求完成非主业宾馆酒店分离重组,持有 10 家非主业宾馆酒店股权 13.89 亿元。至 2016 年 12 月,中国海运所持有的一家非主业宾馆股权未按要求完成分离重组,涉及资产 4 530.17 万元。

3. 2015 年,中国海运未严格执行内部决策程序批准一家所属企业将 13.08 亿元债务转增资本公积。

4. 2013 年,中国海运所属一家企业违规使用资金 11.35 亿元投资股票。

5. 2015 年,中国海运违反规定以投资资产管理计划名义对外借款 9 亿元,2016 年收回本息 9.58 亿元。

6. 2014 年,中远集团未严格执行内部决策程序批准所属企业订造 4 艘船舶,涉及金额 7.1 亿元。

7. 2015 年,中远集团在获得批准前同意一家所属企业购买股票 6.42 亿元。

8. 2013 年至 2014 年,中国海运及所属一家企业未严格执行内部决策程序处置股票,涉及金额 5.62 亿元。

9. 至审计时,中远集团所属一家企业 3 年以上未清理的集装箱超期使用费 3.35 亿元仍未按规定处理。

10. 2015 年,中国海运所属中海集团投资有限公司未经总经理办公会审议出资 2.84 亿元承接了一家公司 1 409.47 万股股票。至审计时,出售股票损失 6 281.79 万元,浮亏 2 444 万元。

11. 2015 年,中国海运所属中海集团租赁有限公司违规在年度投资计划外投资基金 1.45 亿元,2016 年 5 月赎回取得收益 456.65 万元。

12. 2014 年 5 月和 2015 年 2 月,中远集团未经董事会批准处置 4 艘计划外废旧船舶,涉及账面净值 8 685.69 万元。

13. 2015 年和 2016 年,中远集团所属湛江中远物流有限公司未报经上级公司批准与外部企业签订委托服务协议,涉及金额 3 584.87 万元。

14. 2013 年至 2014 年,中国海运所属中海油轮运输有限公司未经评估处置 3 条废钢船,处置价格 3 396.25 万元。

15. 2015 年至 2016 年,中国海运所属中海集装箱运输股份有限公司(以下简称中海集运)下属口岸公司违规与集团禁止业务往来的 8 家企业开展货运代理等业务,涉及金额

3 288.17万元。

16. 2014年,中国海运所属中海华东物流有限公司在供应商已经出现违约的情况下继续垫付运费2 505.95万元,至审计时已全额计提坏账准备,面临损失风险。

17. 2015年,中远集团未严格执行内部决策程序批准所属企业将对下属参股公司的1 960万元借款转为股权。至2015年底,上述股权投资全额计提减值准备。

18. 2014年至2016年,中国海运所属中海集运下属口岸公司未严格执行集团内部运价管理规定,承运业务运价低于集团内部结算价1 923.04万元。

19. 2013年至2014年,中远集团所属中远集装箱运输有限公司未经集团审批,将4艘船舶委托系统外船舶修理厂修理,发生费用1 503.19万元。

20. 中国海运所属中海财务投资建设的财务结算系统在集团合并重组后暂停开发,至审计时一直闲置,涉及投资491.3万元。

21. 2015年,中远集团所属大连中远船务工程有限公司违规将工程发包给无资质的公司,涉及结算价格209.78万元。

22. 2013年至2015年,中远集团所属一家企业未经集团批准对外捐赠款物59.22万元。

23. 2015年,中国海运所属一家公司未经评估以1美元的价格转让账面净资产为负的股权。

24. 2016年底,中国远洋海运所属中海集团物流有限公司对尚未有明确证据证明可能损失的业务计提预计负债。

25. 至2017年4月,中国远洋海运未按要求完成低效无效资产清理处置工作。

26. 至2015年12月,中远集团、中国海运未按要求完成压缩管理层级工作。

27. 至2016年底,中远集团未按要求完成个人代持股份公司清理等工作。

(三)落实中央八项规定精神及廉洁从业规定方面

1. 2013年至合并重组前,中远集团、中国海运所属4家企业业务招待费支出无使用明细、超标准接待集团内部人员等,涉及金额361.18万元。

2. 2013年至2015年,中国海运总部在高档酒店等召开会议12次,涉及金额310.35万元。

3. 2013年至合并重组前,中远集团、中国海运所属8家企业购买高档礼品等488.75万元;中国海运所属中海工业(江苏)有限公司(以下简称中海江苏工业)2张高尔夫球卡至审计时仍未按要求登记上报。

4. 2013年,中国海运所属中海江苏工业以船用食品等名义虚列支出套取现金120万元。

5. 2013年至合并重组前,中远集团、中国海运及所属企业33名高管违规领取补贴、薪酬38.06万元;中远集团所属4家企业12名高管享受车改补贴的同时仍使用公司统一调度用车,9人公款打高尔夫球9次涉及1.83万元。

此外,审计署2010年、2014年对中远集团审计指出,所属一家公司2007年收购项目中有1 114亩属违法用地,所属海南中远博鳌有限公司原定用于高尔夫球场和别墅等项目建设的土地由于整体规划调整等未开发,至此次审计时仍未整改到位。

三、审计处理及整改情况

对以上审计发现的问题,审计署依法出具了审计报告、下达了审计决定书。中国远洋海运通过调整会计账目和财务报表、建立健全相关制度等方式进行整改,具体整改情况由其自行公告。

资料来源:http://www.audit.gov.cn/n5/n25/c123525/content.html。

第 9 章
信息系统审计

> **学习目标**
> 1. 了解为什么要开展信息系统审计
> 2. 熟悉信息系统审计的国内外应用情况
> 3. 熟悉信息系统审计的主要内容
> 4. 掌握信息系统审计的基本步骤

信息化环境下,信息系统及其数据成为一个单位的重要资产,因此,为保证信息系统的安全性、可靠性、有效性等,就应该对信息系统的设计、开发、运行、维护、业务连续性管理等进行审计。另一方面,电子数据审计成为目前信息化环境下审计工作的一项重要内容,如果一个被审计单位的信息系统控制存在一定的问题,那么系统中的电子数据必将存在一定的问题。对有问题的电子数据进行审计,其实就是假账真审,因此,为保证审计结果的准确性,防范审计风险,开展信息系统审计具有重要意义。

第 1 节 信息系统审计概述

一、信息系统审计的概念

信息系统审计(information system audit,ISA)一般理解为对计算机系统的审计,早在计算机进入实用阶段时,美国就开始提出系统审计(system audit)。1969 年,电子数据处理审计师协会(EDPAA,EDP Auditor Association)在美国洛杉矶成立。1994 年,EDPAA 更名为信息系统审计与控制协会(ISACA,Information Systems Audit and Control Association),总部设在美国芝加哥。

如前文所述,信息系统审计的国际权威组织——国际信息系统审计与控制协会把信息系统审计定义如下:

信息系统审计是收集和评估证据,以确定信息系统与相关资源能否适当地保护资产、维护数据完整、提供相关和可靠的信息、有效完成组织目标、高效率地利用资源并且存在有效的内部控制,以确保满足业务、运作和控制目标,在发生非期望事件的情况下,能够及时地阻止、检测或更正的过程。

二、开展信息系统审计的重要性

为了更好地了解开展信息系统审计的重要性，我们一起来看两个案例。

案例一 9·11事件

我们都很熟悉"9·11事件"，指的是2001年9月11日恐怖分子劫持飞机撞击美国纽约世贸中心和华盛顿五角大楼的历史事件。在这次事件中，纽约世界贸易中心的两幢110层摩天大楼（双子塔）在遭到攻击后相继倒塌，除此之外，世贸中心附近5幢建筑物也受震而坍塌损毁；五角大楼遭到局部破坏，部分结构坍塌。

在"9·11事件"发生之后，许多公司的商务资料瞬间被毁。据美国的一项研究报告显示，在灾害之后，如果无法在14天内恢复业务数据，有75%的公司业务会完全停顿，43%的公司再也无法重新开业，20%的企业在两年之内宣告破产。美国明尼苏达大学的研究也表明，遭遇灾难而又没有灾难恢复计划的企业，60%以上将在两到三年后退出市场。

在"9·11事件"发生之后，同样罹难的美国三大投资银行之一的摩根士丹利却在第二天就正常运转，其之所以可以迅速恢复运转，得益于公司的数据远程灾难备份系统。在世贸大厦坍塌前，该公司就通过高速通信线路实时地从世贸中心的服务器和主机源源不断地向位于新泽西州的备份服务器传输数据。灾难一旦发生，主要服务器被损毁，备份服务器里有最新最完整的备份数据。依靠这些灾难备份手段，摩根士丹利得以继续生存。

案例启示：对于审计人员，如何关注与防范这类风险呢？这就需要开展业务连续性管理审计。

案例二 美国银行数据大规模泄露

美国第七大商业银行——第一资本（Capital One）当地时间2019年7月29日宣布，大约一亿美国人和600万加拿大人的个人信息遭一名"黑客"窃取。目前，犯罪嫌疑人已经被逮捕。

据外媒报道，第一资本这次出现大规模用户信息遭黑客入侵盗取，一个原因是：它是美国各大银行、金融机构中"最坚定使用云服务者"，它为了节省成本，把大量数据储存在第三方公司提供的云端。云存储服务是互联网领域的趋势，其安全性一直备受各界关注。

案例启示：对于审计人员，如何关注与防范这类风险呢？这就需要开展云计算系统审计、信息系统安全审计、信息系统运行管理审计等。

从以上两个案例可以看出信息系统审计的重要性。

第 2 节　信息系统审计的国内外发展情况

一、国内信息系统审计的发展情况

我国一直重视信息系统审计工作，在这方面做的主要工作如下：

1999 年 2 月，中国注册会计师协会发布了《中国注册会计师独立审计准则》，其中包括《独立审计具体准则第 20 号——计算机信息系统环境下的审计》。

2008 年 9 月，中国内部审计协会发布了《内部审计具体准则第 28 号——信息系统审计》。

2013 年 8 月，中国内部审计协会发布了新修订的《中国内部审计准则》，其中包括第 2203 号内部审计具体准则——信息系统审计。

2012 年 2 月，审计署发布了《信息系统审计指南——计算机审计实务公告第 34 号》。

相关行业也高度重视信息系统审计的应用，例如：

中国银行业监督管理委员会于 2009 年 3 月发布了《商业银行信息科技风险管理指引》，同时废止了 2006 年 11 月发布的《银行业金融机构信息系统风险管理指引》。

中国保险监督管理委员会于 2008 年 3 月发布了《保险业信息系统灾难恢复管理指引》。

中国证券监督管理委员会于 2014 年 12 月发布了金融行业推荐性标准《证券期货业信息系统审计规范》，于 2016 年 11 月发布了金融行业推荐性系列标准《证券期货业信息系统审计指南——第 1 部分：证券交易所》《证券期货业信息系统审计指南——第 2 部分：期货交易所》《证券期货业信息系统审计指南——第 3 部分：证券登记结算机构》《证券期货业信息系统审计指南——第 4 部分：其他核心机构》《证券期货业信息系统审计指南——第 5 部分：证券公司》《证券期货业信息系统审计指南——第 6 部分：基金管理公司》《证券期货业信息系统审计指南——第 7 部分：期货公司》。

为了信息系统安全保护的需要，2008 年 9 月 1 日，公安部和全国信息安全标准化技术委员会发布了《信息安全技术　信息系统安全等级保护基本要求（GB/T 22239-2008）》。

随着大数据、云计算、移动互联等技术的发展与应用，为了适用于新型网络系统的安全保护要求，2019 年 5 月 10 日，国家标准化管理委员会发布了新修订的《信息安全技术　网络安全等级保护基本要求》，在标准名称、保护对象、章节结构、控制措施等部分进行了修改和更新，其中，《信息安全技术　信息系统安全等级保护基本要求》改名为《信息安全技术　网络安全等级保护基本要求》，同时将基础信息网络（广电网、电信网等）、信息系统（采用传统技术的系统）、网络和信息系统作为等级保护对象（大数据平台、云计算平台、移动互联、物联网和工业控制系统等），对除传统信息系统之外的新型网络系统安全防护能力提升的有效补充，该等级保护基本要求也被很多人称为"等保 2.0"。《信息安全技术　网络安全等级保护基本要求》在原有通用安全要求的基础上新增了安全扩展要求。安全扩展要求主要针对云计算、移动互联、物联网和工业控制系统提出了特殊安全要求,进一步完善了信息安全保护工作的标准。

二、国外信息系统审计的发展情况

为了满足信息系统审计的需要,国际上制定了一系列的与信息系统审计相关的准则,除了 SOX 法案、COSO 内部控制框架,目前国际上主要信息系统审计准则与规范简要介绍如下:

(一) COBIT

COBIT(Control Objectives for Information and related Technology,信息及相关技术控制目标)是由信息系统审计与控制协会(ISACA)在 1996 年所公布的控制框架,分别在 1998 年、2000 年、2005 年、2012 年进行了修订,目前的版本是 COBIT 5.0。

(二) GTAG

国际内部审计师协会(Institute of Internal Auditors,IIA)对信息系统审计的相关内容进行了研究,发布了 GTAG(Global Technology Audit Guide,全球技术审计指南),主要包括:

GTAG 1:信息技术风险和控制(Information Technology Risk and Controls,2012 年第二版)

GTAG 2:信息变更和补丁管理控制(Change and Patch Management Controls:Critical for Organizational Success,2005 年第一版,2012 年第二版)

GTAG 3:持续审计(Continuous Auditing:Implications for Assurance, Monitoring, and Risk Assessment,2005 年第一版,2015 年第二版)

GTAG 4:IT 审计管理(Management of IT Auditing,2006 年)

GTAG 5:隐私风险审计(Auditing Privacy Risks,2012 年第二版)

GTAG 6:IT 漏洞管理和审计(Managing and Auditing IT Vulnerabilities,2006 年)

GTAG 7:信息技术外包(Information Technology Outsourcing,2012 年第二版)

GTAG 8:应用控制审计(Auditing Application Controls,2007 年)

GTAG 9:身份和访问管理(Identity and Access Management,2007 年)

GTAG 10:业务持续性管理(Business Continuity Management,2008 年)

GTAG 11:制定 IT 审计计划(Developing the IT Audit Plan,2008 年)

GTAG 12:审计 IT 项目(Auditing IT Projects,2009 年)

GTAG 13:自动化环境下的舞弊防范和检查(Fraud Prevention and Detection in an Automated World,2009 年)

GTAG 14:审计用户开发的应用系统(Auditing User-developed Applications,2010 年)

GTAG 15:信息安全治理(Information Security Governance,2010 年)

GTAG 16:数据分析技术(Data Analysis Technologies,2011 年)

GTAG 17:IT 治理审计(Auditing IT Governance,2012 年)

GTAG 18:了解与审计大数据(Understanding and Auditing Big Data,2017 年)

第3节 信息系统审计的主要内容

对于信息系统审计的主要内容,狭义上讲,一般根据信息系统内部控制的内容,从一般控制审计、应用控制审计和IT治理审计等方面开展信息系统审计。随着目前审计信息化的发展,信息系统项目建设审计和信息系统绩效审计也成为审计实务中信息系统审计的重要内容。

综上所述,信息系统审计的主要内容如图9-1所示。

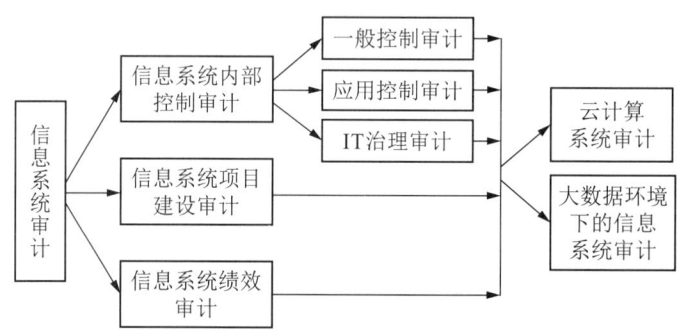

图9-1　IT信息系统审计的主要内容

从图9-1中我们可以看到,信息系统审计一般包括信息系统内部控制审计、信息系统项目建设审计和信息系统绩效审计。其中,信息系统内部控制审计又包括一般控制审计、应用控制审计和IT治理审计等内容。

随着云计算、大数据技术的发展与广泛应用,云计算系统审计和大数据环境下的信息系统审计也成为信息系统审计的重要内容。

信息系统审计的主要内容简单分析如下:

(一) 一般控制审计

一般控制审计是对信息系统整体环境控制的审计。简单地讲,信息系统一般控制是除了信息系统应用程序控制以外的其他控制,它应用于一个单位信息系统全部或较大范围的内部控制。其基本目标包括:防止系统被非法侵入、保护信息系统、确保数据安全、保证在意外情况下的持续运行等。

信息系统一般控制审计的主要内容一般包括信息系统开发、测试和维护审计、信息系统运行管理审计、信息系统安全审计、业务连续性管理审计、IT外包审计等。

(二) 应用控制审计

信息系统应用控制是为了适应各种数据处理的特殊控制要求,保证数据处理完整、准确地完成而建立的内部控制。应用控制审计是对应用系统控制的审计,其目的就是确保被审计单位的应用系统控制符合相关要求。

(三) IT治理审计

IT(信息技术)治理用于描述一个单位是否采取有效的机制,使得IT的应用能够完成组织赋予它的使命,同时平衡信息技术与过程的风险,确保实现组织的战略目标。为了保证 IT 治理的有效性,审计人员需要对其进行审计。

（四）信息系统项目建设审计

在实际的审计实务中,除了对信息系统的一般控制、应用控制和 IT 治理进行审计之外,对于信息系统的整个建设过程进行审计也是信息系统审计的一项重要内容。

信息系统项目建设审计是为了规范信息系统项目建设的管理,提高信息系统项目建设资金使用效益,防范相关风险,审计部门依据相关法律法规、规章制度,运用相关审计方法,对信息系统项目建设预算的整体公允性、招投标过程的公平公正性、待签合同的合法性、竣工结算的真实性、项目建设的经济性等进行审查验证。

（五）信息系统绩效审计

在实际的审计实务中,除了对信息系统的一般控制、应用控制和 IT 治理进行审计之外,对于信息系统建成运行之后的绩效进行审计也是信息系统审计的一项重要内容。

信息系统绩效审计是指对已建成并投入应用的信息系统项目的整体绩效(如经济性、效率性、安全性等方面)进行评估,为信息系统项目作用的进一步发挥、下一步的发展方向、是否有继续投入的价值等提供决策参考,以促进信息系统项目的规范化建设、提升项目的应用成效。

第 4 节　信息系统审计的基本步骤

对于不同的项目类型(信息系统内部控制审计、信息系统项目建设审计、信息系统绩效审计)、不同的审计主体(政府审计、内部审计、社会审计),信息系统审计的步骤略有不同。一般来说,开展信息系统审计的基本步骤如下：

（一）审前准备阶段

在审前准备阶段,主要工作如下：

(1) 成立审计小组。

(2) 下发审计通知书。

(3) 审前调查,了解被审计单位和被审计信息系统的基本情况。

(4) 编制信息系统审计实施方案。

（二）审计实施阶段

在审计实施阶段,主要工作如下：

(1) 根据审计实施方案,进一步调查被审计单位基本情况,识别其信息系统一般控制和应用控制。

(2) 采用访谈、文档查看、现场观察、数据分析等方法实施信息系统审计。

以采用相关数据分析技术开展信息系统审计为例,在开展信息系统用户及权限管理审计时,为了确认被审计单位的员工是否存在一人拥有多个账号的情况,采用自主研发的"易智通软件"(电子数据审计模拟实验室软件)对采集来的全单位操作用户信息数据进行分析,结果如图 9-2 所示。

图 9-2　操作用户信息数据重号分析结果示例

由图 9-2 的分析结果可以发现:被审计单位有 664 名员工有多个用户账号。多名员工有多个用户账号的情况对被审计单位信息系统的运行管理造成潜在的严重风险隐患。

也可以采用相关大数据审计技术开展信息系统审计,比如:在开展信息系统用户及权限管理审计时,一般来说,部门人员变动频率比较高的部门在账号和权限管理方面容易出现问题,需要审计人员重点关注。为了进一步分析哪些部门人员变动频率比较高,我们可以采用大数据可视化分析工具对采集来的离职、内部调动人员数据进行综合分析,如图 9-3 所示。

图 9-3　离职、内部调动人员部门分布情况可视化分析示例

由图 9-3 的分析结果可以发现:该被审计单位在营业部、信息技术中心、分公司工作等部门工作的员工离职和内部调动情况频率较高,建议该被审计单位今后应注重对这些部门账号和权限的管理。

(3) 编写审计取证单和审计工作底稿。

（三）审计报告阶段

在审计报告阶段，主要工作如下：

(1) 起草审计报告征求意见书（审计事实确认书），征求被审计单位意见。

(2) 在此基础上，撰写审计报告与审计建议。

（四）审计结果执行阶段

在审计结果执行阶段，主要工作如下：

(1) 执行审计结果。

(2) 审计项目材料的归档和管理。

本章小结

1. 信息系统审计越来越重要，国内外一直重视信息系统审计工作。

2. 信息系统审计一般包括信息系统内部控制审计、信息系统项目建设审计和信息系统绩效审计。其中，信息系统内部控制审计又包括一般控制审计、应用控制审计和IT治理审计等内容。随着云计算、大数据技术的发展与广泛应用，云计算系统审计和大数据环境下的信息系统审计也成为信息系统审计的重要内容。

3. 一般来说，开展信息系统审计的基本步骤包括审前准备、审计实施、审计报告、审计结果执行等四个阶段。

复习思考题

1. 审计信息化与信息系统审计之间有什么关系？
2. 为什么信息系统审计越来越重要？
3. 如何开展信息系统审计？
4. 大数据环境对信息系统审计有何影响？
5. 大数据环境下如何开展信息系统审计？

练习题

一、单选题

1. 信息系统一般控制审计的主要内容一般不包括（　　）。

A. 电子数据审计　　　　　　　　　B. 信息系统开发、测试和维护审计

C. 信息系统运行管理审计　　　　　D. 信息系统安全审计

2. ISACA 的意思是( )。
A. 信息系统审计与辅助审计　　　　B. 信息系统审计与控制协会
C. 信息系统控制审计　　　　　　　D. 电子数据处理审计师协会

二、多选题

1. 信息系统一般控制审计的主要内容一般包括( )。
A. 信息系统开发、测试和维护审计　　B. 信息系统运行管理审计
C. 信息系统安全审计　　　　　　　D. 业务连续性管理审计
E. IT 外包审计

2. 我国一直重视信息系统审计工作,在这方面所做的主要工作包括( )。
A. 2008 年 9 月,中国内部审计协会发布了《内部审计具体准则第 28 号——信息系统审计》。
B. 2012 年 2 月,审计署发布了《信息系统审计指南——计算机审计实务公告第 34 号》。
C. 1999 年 2 月,中国注册会计师协会发布了《中国注册会计师独立审计准则》,其中包括《独立审计具体准则第 20 号——计算机信息系统环境下的审计》。
D. 2021 年 2 月,审计署发布了《计算机信息系统环境下的审计》。

三、判断题

1. 应用控制审计是对应用系统控制的审计,其目的就是确保被审计单位的一般控制符合相关要求。( )
2. 狭义上讲,一般从一般控制审计、应用控制审计和 IT 治理审计等方面开展信息系统审计。( )
3. 一般控制审计是对信息系统整体环境控制的审计。( )
4. "9·11 事件"启示我们开展业务连续性管理审计很重要。( )
5. COBIT 是指信息及相关技术控制目标,是由信息系统审计与控制协会在 1996 年所公布的控制框架。( )

阅读材料 9.1　内部审计具体准则——信息系统审计

《中国内部审计准则》(2013 修订)
关于发布《中国内部审计准则》的公告(2013 修订)
(中国内部审计协会公告 2013 年第 1 号)

为了适应内部审计的最新发展,更好地发挥内部审计准则在规范内部审计行为、提升内部审计质量方面的作用,中国内部审计协会对 2003 年以来发布的内部审计准则进行了全面、系统的修订。经中国内部审计协会第六届常务理事会审议通过,现予发布,自 2014

年1月1日起施行。现行的《内部审计基本准则》《内部审计人员职业道德规范》以及1~29号具体准则同时废止。

附件：1.中国内部审计准则

中国内部审计协会
2013年8月20日

附件1

中国内部审计准则
目录

第1101号—内部审计基本准则

第1201号—内部审计人员职业道德规范

第2101号内部审计具体准则—审计计划

第2102号内部审计具体准则—审计通知书

第2103号内部审计具体准则—审计证据

第2104号内部审计具体准则—审计工作底稿

第2105号内部审计具体准则—结果沟通

第2106号内部审计具体准则—审计报告

第2107号内部审计具体准则—后续审计

第2108号内部审计具体准则—审计抽样

第2109号内部审计具体准则—分析程序

第2201号内部审计具体准则—内部控制审计

第2202号内部审计具体准则—绩效审计

第2203号内部审计具体准则—信息系统审计

第2204号内部审计具体准则—对舞弊行为进行检查和报告

第2301号内部审计具体准则—内部审计机构的管理

第2302号内部审计具体准则—与董事会或者最高管理层的关系

第2303号内部审计具体准则—内部审计与外部审计的协调

第2304号内部审计具体准则—利用外部专家服务

第2305号内部审计具体准则—人际关系

第2306号内部审计具体准则—内部审计质量控制

第2307号内部审计具体准则—评价外部审计工作质量

第 2203 号内部审计具体准则——信息系统审计

第一章 总则

第一条 为了规范信息系统审计工作,提高审计质量和效率,根据《内部审计基本准则》,制定本准则。

第二条 本准则所称信息系统审计,是指内部审计机构和内部审计人员对组织的信息系统及其相关的信息技术内部控制和流程所进行的审查与评价活动。

第三条 本准则适用于各类组织的内部审计机构、内部审计人员及其从事的信息系统审计活动。其他组织或者人员接受委托、聘用,承办或者参与内部审计业务,也应当遵守本准则。

第二章 一般原则

第四条 信息系统审计的目的是通过实施信息系统审计工作,对组织是否实现信息技术管理目标进行审查和评价,并基于评价意见提出管理建议,协助组织信息技术管理人员有效地履行职责。

组织的信息技术管理目标主要包括:

(一)保证组织的信息技术战略充分反映组织的战略目标;

(二)提高组织所依赖的信息系统的可靠性、稳定性、安全性及数据处理的完整性和准确性;

(三)提高信息系统运行的效果与效率,合理保证信息系统的运行符合法律法规以及相关监管要求。

第五条 组织中信息技术管理人员的责任是进行信息系统的开发、运行和维护,以及与信息技术相关的内部控制的设计、执行和监控;信息系统审计人员的责任是实施信息系统审计工作并出具审计报告。

第六条 从事信息系统审计的内部审计人员应当具备必要的信息技术及信息系统审计专业知识、技能和经验。必要时,实施信息系统审计可以利用外部专家服务。

第七条 信息系统审计可以作为独立的审计项目组织实施,也可以作为综合性内部审计项目的组成部分实施。

当信息系统审计作为综合性内部审计项目的一部分时,信息系统审计人员应当及时与其他相关内部审计人员沟通信息系统审计中的发现,并考虑依据审计结果调整其他相关审计的范围、时间及性质。

第八条 内部审计人员应当采用以风险为基础的审计方法进行信息系统审计,风险评估应当贯穿于信息系统审计的全过程。

第三章 信息系统审计计划

第九条 内部审计人员在实施信息系统审计前,需要确定审计目标并初步评估审计风险,估算完成信息系统审计或者专项审计所需的资源,确定重点审计领域及审计活动的优先次序,明确审计组成员的职责,编制信息系统审计方案。

第十条 编制信息系统审计方案时,除遵循相关内部审计具体准则的规定,还应当考虑下列因素:

(一)高度依赖信息技术、信息系统的关键业务流程及相关的组织战略目标;

（二）信息技术管理的组织架构；

（三）信息系统框架和信息系统的长期发展规划及近期发展计划；

（四）信息系统及其支持的业务流程的变更情况；

（五）信息系统的复杂程度；

（六）以前年度信息系统内、外部审计所发现的问题及后续审计情况；

（七）其他影响信息系统审计的因素。

第十一条　当信息系统审计作为综合性内部审计项目的一部分时，内部审计人员在审计计划阶段还应当考虑项目审计目标及要求。

第四章　信息技术风险评估

第十二条　内部审计人员进行信息系统审计时，应当识别组织所面临的与信息技术相关的内、外部风险，并采用适当的风险评估技术与方法，分析和评价其发生的可能性及影响程度，为确定审计目标、范围和方法提供依据。

第十三条　信息技术风险是指组织在信息处理和信息技术运用过程中产生的、可能影响组织目标实现的各种不确定因素。信息技术风险，包括组织层面的信息技术风险、一般性控制层面的信息技术风险及业务流程层面的信息技术风险等。

第十四条　内部审计人员在识别和评估组织层面、一般性控制层面的信息技术风险时，需要关注下列内容：

（一）业务关注度，即组织的信息技术战略与组织整体发展战略规划的契合度以及信息技术（包括硬件及软件环境）对业务和用户需求的支持度；

（二）信息资产的重要性；

（三）对信息技术的依赖程度；

（四）对信息技术部门人员的依赖程度；

（五）对外部信息技术服务的依赖程度；

（六）信息系统及其运行环境的安全性、可靠性；

（七）信息技术变更；

（八）法律规范环境；

（九）其他。

第十五条　业务流程层面的信息技术风险受行业背景、业务流程的复杂程度、上述组织层面及一般性控制层面的控制有效性等因素的影响而存在差异。一般而言，内部审计人员应当了解业务流程，并关注下列信息技术风险：

（一）数据输入；

（二）数据处理；

（三）数据输出。

第十六条　内部审计人员应当充分考虑风险评估的结果，以合理确定信息系统审计的内容及范围，并对组织的信息技术内部控制设计合理性和运行有效性进行测试。

第五章　信息系统审计的内容

第十七条　信息系统审计主要是对组织层面信息技术控制、信息技术一般性控制及业务流程层面相关应用控制的审查和评价。

第十八条 信息技术内部控制的各个层面均包括人工控制、自动控制和人工、自动相结合的控制形式，内部审计人员应当根据不同的控制形式采取恰当的审计程序。

第十九条 组织层面信息技术控制，是指董事会或者最高管理层对信息技术治理职能及内部控制的重要性的态度、认识和措施。内部审计人员应当考虑下列控制要素中与信息技术相关的内容：

（一）控制环境。内部审计人员应当关注组织的信息技术战略规划对业务战略规划的契合度、信息技术治理制度体系的建设、信息技术部门的组织结构和关系、信息技术治理相关职权与责任的分配、信息技术人力资源管理、对用户的信息技术教育和培训等方面。

（二）风险评估。内部审计人员应当关注组织的风险评估的总体架构中信息技术风险管理的框架、流程和执行情况，信息资产的分类以及信息资产所有者的职责等方面。

（三）信息与沟通。内部审计人员应当关注组织的信息系统架构及其对财务、业务流程的支持度、董事会或者最高管理层的信息沟通模式、信息技术政策/信息安全制度的传达与沟通等方面。

（四）内部监督。内部审计人员应当关注组织的监控管理报告系统、监控反馈、跟踪处理程序以及组织对信息技术内部控制的自我评估机制等方面。

第二十条 信息技术一般性控制是指与网络、操作系统、数据库、应用系统及其相关人员有关的信息技术政策和措施，以确保信息系统持续稳定的运行，支持应用控制的有效性。对信息技术一般性控制的审计应当考虑下列控制活动：

（一）信息安全管理。内部审计人员应当关注组织的信息安全管理政策，物理访问及针对网络、操作系统、数据库、应用系统的身份认证和逻辑访问管理机制，系统设置的职责分离控制等。

（二）系统变更管理。内部审计人员应当关注组织的应用系统及相关系统基础架构的变更、参数设置变更的授权与审批，变更测试，变更移植到生产环境的流程控制等。

（三）系统开发和采购管理。内部审计人员应当关注组织的应用系统及相关系统基础架构的开发和采购的授权审批，系统开发的方法论，开发环境、测试环境、生产环境严格分离情况，系统的测试、审核、移植到生产环境等环节。

（四）系统运行管理。内部审计人员应当关注组织的信息技术资产管理、系统容量管理、系统物理环境控制、系统和数据备份及恢复管理、问题管理和系统的日常运行管理等。

第二十一条 业务流程层面应用控制是指在业务流程层面为了合理保证应用系统准确、完整、及时完成业务数据的生成、记录、处理、报告等功能而设计、执行的信息技术控制。对业务流程层面应用控制的审计应当考虑下列与数据输入、数据处理以及数据输出环节相关的控制活动：

（一）授权与批准；

（二）系统配置控制；

（三）异常情况报告和差错报告；

（四）接口/转换控制；

（五）一致性核对；

（六）职责分离；

（七）系统访问权限；
（八）系统计算；
（九）其他。

第二十二条　信息系统审计除上述常规的审计内容外，内部审计人员还可以根据组织当前面临的特殊风险或者需求，设计专项审计以满足审计战略，具体包括（但不限于）下列领域：

（一）信息系统开发实施项目的专项审计；
（二）信息系统安全专项审计；
（三）信息技术投资专项审计；
（四）业务连续性计划的专项审计；
（五）外包条件下的专项审计；
（六）法律、法规、行业规范要求的内部控制合规性专项审计；
（七）其他专项审计。

第六章　信息系统审计的方法

第二十三条　内部审计人员在进行信息系统审计时，可以单独或者综合运用下列审计方法获取相关、可靠和充分的审计证据，以评估信息系统内部控制的设计合理性和运行有效性：

（一）询问相关控制人员；
（二）观察特定控制的运用；
（三）审阅文件和报告及计算机文档或者日志；
（四）根据信息系统的特性进行穿行测试，追踪交易在信息系统中的处理过程；
（五）验证系统控制和计算逻辑；
（六）登录信息系统进行系统查询；
（七）利用计算机辅助审计工具和技术；
（八）利用其他专业机构的审计结果或者组织对信息技术内部控制的自我评估结果；
（九）其他。

第二十四条　信息系统审计人员可以根据实际需要利用计算机辅助审计工具和技术进行数据的验证、关键系统控制/计算的逻辑验证、审计样本选取等；内部审计人员在充分考虑安全的前提下，可以利用可靠的信息安全侦测工具进行渗透性测试等。

第二十五条　内部审计人员在对信息系统内部控制进行评估时，应当获得相关、可靠和充分的审计证据以支持审计结论完成审计目标，并应当充分考虑系统自动控制的控制效果的一致性及可靠性的特点，在选取审计样本时可以根据情况适当减少样本量。在系统未发生变更的情况下，可以考虑适当降低审计频率。

第二十六条　内部审计人员在审计过程中应当在风险评估的基础上，依据信息系统内部控制评估的结果重新评估审计风险，并根据剩余风险设计进一步的审计程序。

第七章　附则

第二十七条　本准则由中国内部审计协会发布并负责解释。
第二十八条　本准则自2014年1月1日起施行。

阅读材料 9.2　基于社会网络分析的金融科技系统用户管理风险审计方法

一、常用审计方法的不足

用户及权限管理是信息系统运行管理中的一项重要内容,它要求"应保证只有经授权的用户才能访问,防止非授权访问"。因此,在开展信息系统运行管理审计时,审计人员需要检查业务系统是否能保证只有经授权的用户才能访问,能否防止非授权访问。对于金融科技系统审计来说,审计人员可以通过分析金融科技系统中是否存在操作用户有多个账号的情况,以及这些多个账号是否都可以正常使用等达到防范相关金融科技风险的目的。

传统环境下,被审计单位信息化程度低,应用系统较少,操作用户较少,因此,对于用户及权限管理审计只需要做简单的访谈或现场察看被审计单位的应用系统即可。但随着金融科技的广泛应用,目前被审计单位信息化程度高,应用系统较多,一些单位应用系统多达几百个,甚至上千个,另外,操作用户也较多。因此,金融科技系统的用户及权限管理是一个重要挑战。目前常用的审计方法存在以下不足:

重号分析是数值分析中的一种常用方法,是用于查找被审计数据某个字段(或某些字段)中是否存在重复的数据。通过重号分析方法,审计人员可以查找被审计单位应用系统中是否存在用户拥有多个账号的情况。以审计软件 IDEA 举例,重号分析方法应用的示例如图 9-4 所示。

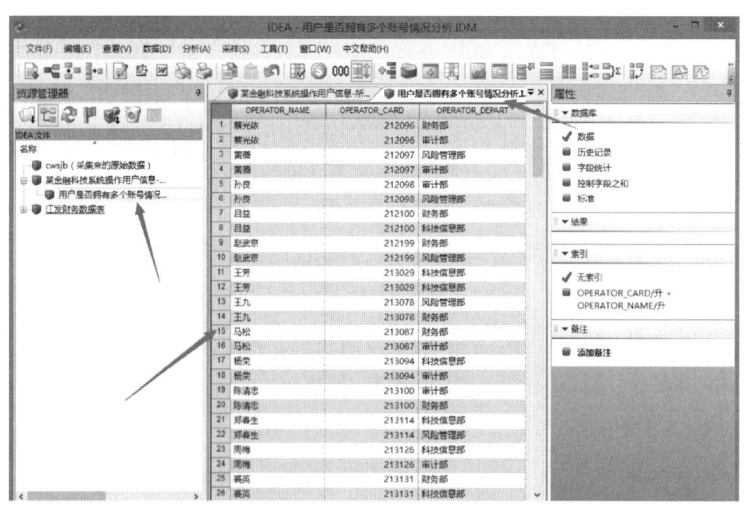

图 9-4　基于 IDEA 的操作用户信息数据重号分析结果示例

对于重号分析方法,也可以采用 SQL 语句实现。以 Microsoft Access 数据库软件为例,采用 SQL 语句进行重号分析的示例如图 9-5 所示。

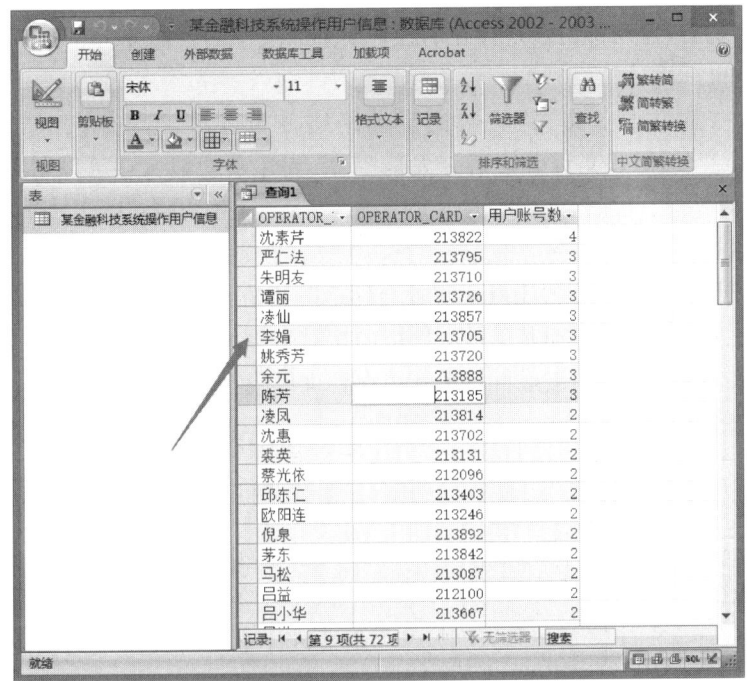

图 9-5　基于数据库工具的操作用户信息数据重号分析结果示例

从图 9-4 和图 9-5 中不难看出:常用的重号分析方法虽然也能查找被审计单位的信息系统中操作用户是否存在一人拥有多个账号的情况,但不能很清楚、形象地展示出拥有多个账号的操作用户分别分布在哪些部门,操作用户和所在部门的关系,以及对于每一个操作用户,其拥有的多个账号是否都可以正常使用等详细信息。

二、社会网络分析方法概述

网络指的是各种关联,社会网络就是社会关系所构成的一种结构关系,一个社会网络是由一些特定范围的行动者以及行动者之间的关系组成,它可以反映行动者之间的社会关系。社会网络分析(social network analysis)是对社会网络的关系结构及其属性加以分析的一套规范和方法,它基于信息学、数学、社会学、管理学、心理学等多学科的融合理论和方法,为理解人类各种社会关系的形成、行为特点分析以及信息传播的规律提供的一种可计算的分析方法。社会网络分析采用的方式和方法从概念上有别于传统的统计分析和数据处理方法,它是研究一组行动者的关系的研究方法,关注的焦点是关系和关系的模式。

目前,社会网络分析在市场营销、广告、企业招聘、跟踪预测流感的爆发、预测票房等方面得到应用,一些流行的大数据可视化分析工具,如 R 语言、Python、Gephi、Pajek 等也具有强大的社会网络分析功能。因此,大数据环境下,可以采用 R 语言、Python、Pajek、Gephi 等工具实现社会网络分析方法,完成审计数据分析,发现相关审计线索。

相关社会网络分析工具包括:

(一) Pajek

Pajek 在斯洛文尼亚语中是蜘蛛的意思。Pajek 在 Windows 环境下运行,是一种大型复杂网络分析工具,可用于目前所存在的各种复杂非线性网络的分析和可视化操作。

(二) Gephi

Gephi 是一款开源免费、跨平台的复杂网络分析软件,它基于 Java 虚拟机(java virtual machine, JVM),允许开发者开发新程序,创建新功能。它可以用于社会网络分析、探索性数据分析、可视化分析等方面。

(三) 开源工具

除了采用 Pajek、Gephi 等工具实现社会网络分析方法之外,审计人员也可以采用开源工具 R 语言、Python 等实现基于社会网络的审计数据分析。本文以 R 语言为例,研究并实现基于社会网络分析的金融科技系统用户管理风险审计方法。

三、基于社会网络分析的金融科技系统用户管理风险审计方法原理

基于社会网络分析的金融科技系统用户管理风险审计方法原理可简单描述为:采集被审计金融科技系统的全单位操作用户信息等数据,采用社会网络分析工具对全单位操作用户信息等相关结构化数据进行建模和整体分析,通过对社会网络分析的可视化结果图形和图像进行分析和观察,从总体上发现操作用户与所在部门之间的相互关系,从而发现是否存在用户属于不同部门的审计线索。在此基础上,进行延伸分析,比如,通过对全单位操作用户信息数据进行分析,了解同时属于不同部门的用户的账号状态,确认其两个或多个账号是否都可以正常使用。通过对以上发现的这些异常数据做进一步的延伸审计和审计事实确认,最终获得审计证据。

综上分析,基于社会网络分析技术的金融科技系统用户管理风险审计方法原理如图 9-6 所示。

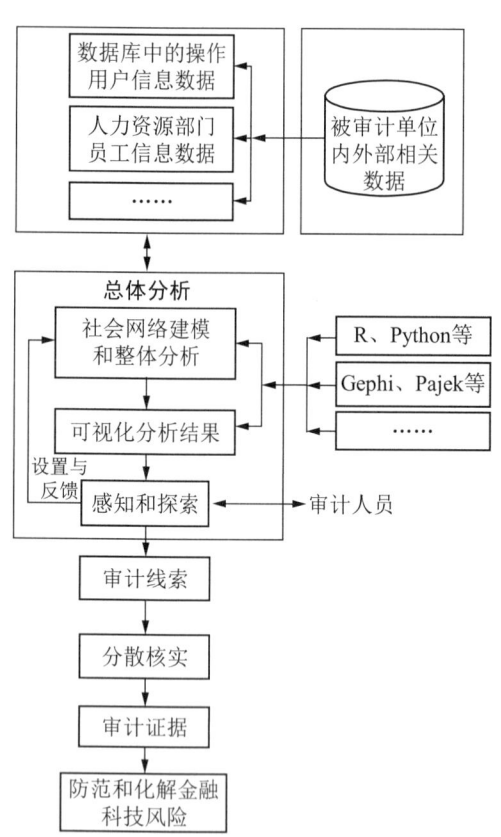

图 9-6 基于社会网络分析技术的金融科技系统用户管理风险审计方法原理

四、基于社会网络分析的金融科技系统用户管理风险审计方法应用案例及分析

(一) 案例背景简介

为了审计金融科技系统用户管理风险,需要从被审计单位信息管理部门采集相关操

作用户信息等数据。通过审计这些数据,可以掌握目前该被审计单位所有应用系统中的操作用户情况,比如用户状态、用户相关信息等。以某金融科技系统用户管理风险审计为例,假设现已获得该金融科技系统中的用户信息数据,其表结构如图9-7所示。

数据库中的表名:Fintech_User.operators	中文表名:金融科技系统用户信息表
数据库中的字段名	字段名内涵
operator_no	用户编号
op_branch_no	操作分支机构
operator_kind	用户类型
operator_name	用户姓名
id_kind	证件类别
id_no	证件号码
operator_card	操作卡号
operator_depart	用户所属部门
registe_date	登记日期
cancel_date	注销日期
oper_status	用户状态
……	……

图 9-7　某金融科技系统用户信息数据示例

(二) 基于社会网络的金融科技系统用户管理风险整体分析

为了从整体上掌握金融科技系统中是否存在操作用户在多个部门有用户账号的情况,基于前文的分析,我们采用社会网络分析方法对全单位操作用户信息数据进行分析,

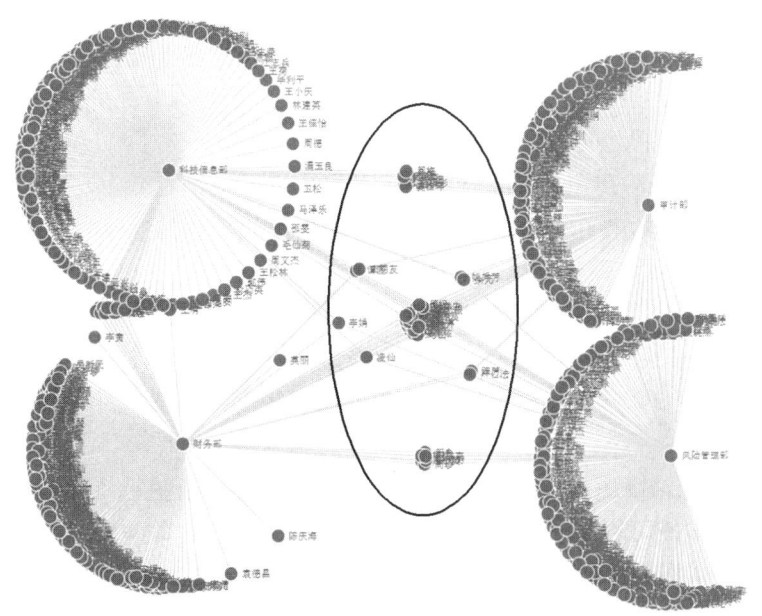

图 9-8　基于社会网络的金融科技系统用户管理风险审计方法分析结果示例

整体动态分析结果示例如图 9-8 所示。

由图 9-8 可以清晰地发现:被审计单位的金融科技系统中存在多名操作用户在多个部门拥有用户账号的情况,这对被审计单位金融科技系统的运行管理造成潜在的风险隐患。

在图 9-8 所示的分析结果的基础上,审计人员可以进一步对拥有多个账号的用户做进一步的动态查看。以用户"朱明友"为例,可以发现用户"朱明友"在科技信息部、财务部以及审计部三个部门同时拥有用户账号,如图 9-9 所示。

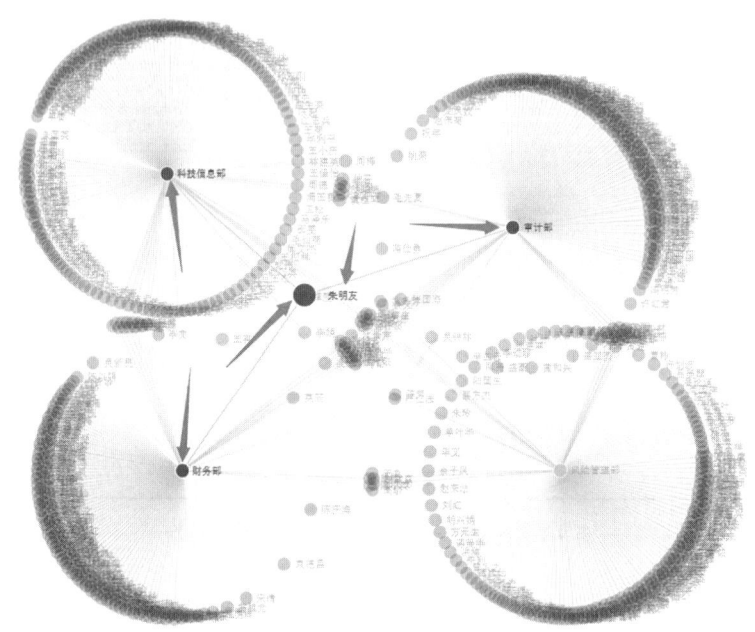

图 9-9　拥有多个账号的用户与所在部门的网络关系进一步察看结果示例

综上所述,传统的静态社会网络分析方法主要集中于对某一横截面数据的静态分析,并生成的静态图形结果,不能在分析结果的基础上进一步动态查看网络结点之间的关系,不能清楚地对被审计数据进行动态分析,而本节应用的社会网络分析方法有效地满足了"操作用户和所在部门"之间关系分析的需要。

(三) 具有多个账号用户的具体状态情况可视化分析

为了进一步分析这些在多个部门拥有账号的用户的具体信息,如拥有的多个账号是否都可以正常使用,我们采用散点图可视化分析方法对操作用户信息数据作进一步的分析,了解有多个账号的用户账号的状态情况,分析结果示例如图 9-10 所示。在图 9-10 中,X 坐标为拥有多个账号的操作用户,Y 坐标为操作用户所在部门,散点的颜色表示用户账号的状态(0 表示用户账号可以正常使用,1 表示用户账号已冻结(暂停使用),2 表示用户账号已注销)。

由图 9-10 可以清晰地发现,被审计单位金融科技系统中存在多名操作用户在多个部门有多个均能正常使用的用户账号的情况(散点为圆形),这对被审计单位金融科技系统的运行管理造成潜在的风险隐患。以用户"朱明友"为例,其在科技信息部、财务部以及审计部三个部门同时拥有用户账号,且三个用户账号的状态均为能正常使用(散点为圆形)。

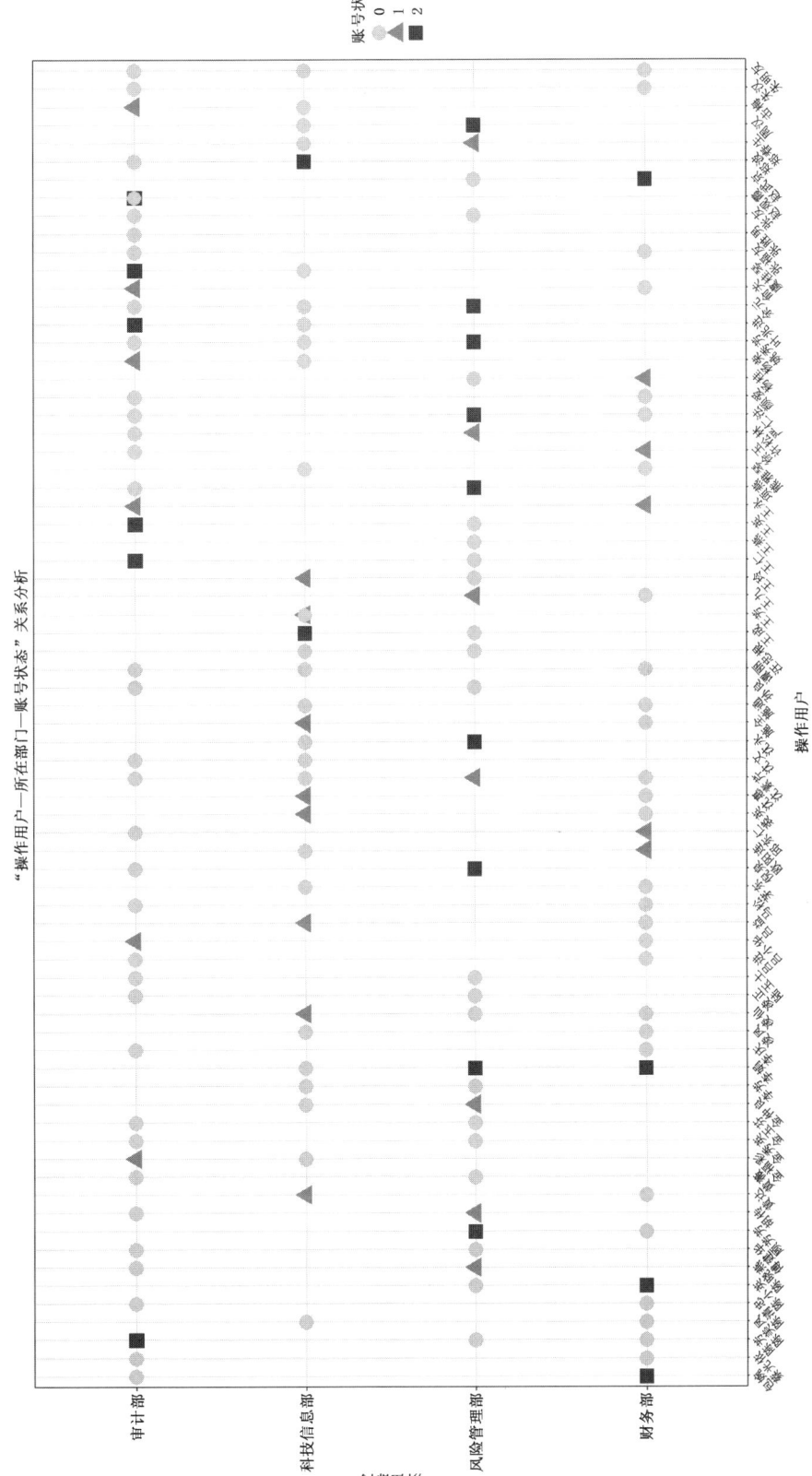

图 9-10 "操作用户—所在部门—账号状态"关系分析示例

阅读材料 9.2 基于社会网络分析的金融科技系统用户管理风险审计方法

第 10 章
大数据审计

> **学习目标**
> 1. 了解为什么要开展大数据审计
> 2. 熟悉大数据审计的国内外应用情况
> 3. 熟悉大数据审计工具与技术

随着信息技术的快速发展以及互联网应用的快速普及,全球数据快速增长。同时,大量新数据源的出现导致非结构化、半结构化数据爆发式增长。"大数据(big data)"时代已经到来。作为信息化发展的新阶段,大数据对经济发展、国家治理、人民生活都将产生重大影响。中共中央政治局 2017 年 12 月 8 日下午就实施国家大数据战略进行第二次集体学习。中共中央总书记习近平指出"善于获取数据、分析数据、运用数据;用好大数据,增强利用数据推进各项工作的本领"。

第 1 节　大数据基本知识

一、大数据概念的来源

在 2008 年 9 月 4 日 *Nature*(自然)上的"big data special"大数据专题论文中,首次提出大数据(big data)的概念,认为大数据来源有三个:

(1) 天体物理和粒子物理。这些领域的研究产生大量数据,根本来不及处理,连分类都来不及,更谈不上再利用。

(2) 生物科学。如基因、蛋白研究产生大量数据。

(3) 社会社交网。社交网产生巨量的数据,而且非结构化,尚没有较好的数据库存储。

二、大数据的特点

概括来说,大数据主要具有以下 5 个特点:

(1) 大量(volume)。数据量大,非结构化数据的超大规模和爆发式增长。

(2) 多样性(variety)。大数据的形式多样,有很多不同形式,如文本、图像、视频、机器数据等。

(3) 快速(velocity)。一方面数据量增长速度快,另一方面大数据要求实时分析,处理速度要求快。

(4) 真实性(veracity)。数据必须是准确的,可靠的,一致的,具有可追溯性。

(5) 可视化(visualization)。国际内部审计师协会在2017年发布的《理解与审计大数据》指南中,把可视化(visualization)也作为大数据的一个重要特点。

第2节 大数据审计的内涵

一、大数据审计与审计信息化的关系

大数据时代的到来给审计信息化带来了机遇和挑战。大数据时代的到来使审计工作不得不面对被审计单位的大数据环境。

目前,被审计单位信息化程度越来越高,信息系统越来越复杂,需要采集的数据量越来越大,数据类型较多,不仅仅是数据库中的结构化电子数据,还包括一些与被审计单位相关的会议记录、办公文件、业务介绍、部门年度工作总结、风险分析报告、相关审计报告、政策文件、内部控制手册、信息系统使用手册等非结构化数据。因此,审计工作与大数据之间已经密不可分。

随着大数据时代的到来,大数据审计成为审计信息化的一个重要研究方向。大数据审计与审计信息化的关系如图10-1所示。

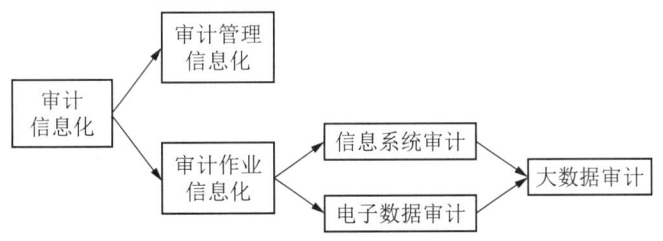

图10-1 大数据审计与审计信息化的关系

二、大数据审计的主要内容

大数据审计是随着大数据时代的到来以及大数据技术的发展而产生的一种新的计算机审计(审计作业信息化)方式,其内容包括大数据环境下的电子数据审计和大数据环境下的计算机信息系统审计两方面的内容。大数据环境下的电子数据审计又可以分成利用大数据技术审计电子数据和审计大数据环境下的电子数据。大数据环境下的计算机信息系统审计又可以分成利用大数据技术审计信息系统和审计大数据环境下的信息系统,如图10-2所示。

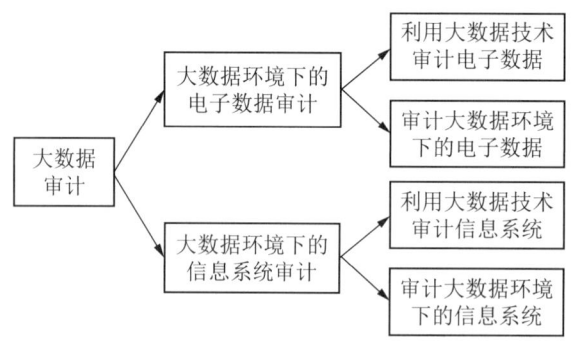

图 10-2 大数据审计的主要内容

第 3 节 国内外大数据审计的应用情况

一、国内大数据审计应用情况

我国高度关注大数据在审计中的应用。审计署在 2013 年 12 月 27 日的全国审计工作会议上指出：积极跟踪国内外大数据分析技术的新进展、新动态，探索在审计实践中运用大数据技术的途径，为推动大数据背景下的审计信息化建设做好准备。

2015 年 12 月 8 日，中共中央办公厅、国务院办公厅印发了《关于实行审计全覆盖的实施意见》等文件，其明确指出，构建大数据审计工作模式，提高审计能力、质量和效率，扩大审计监督的广度和深度。适应大数据审计需要，构建国家审计数据系统和数字化审计平台，积极运用大数据技术，加大业务数据与财务数据、单位数据与行业数据以及跨行业、跨领域数据的综合比对和关联分析力度，提高运用信息化技术查核问题、评价判断、宏观分析的能力。

2017 年 3 月中共中央办公厅、国务院办公厅印发的《关于深化国有企业和国有资本审计监督的若干意见》提出"创新审计理念，完善审计监督体制机制，改进审计方式方法"。

在中国审计署的倡导下，世界审计组织大数据工作组于 2016 年 12 月成立，并于 2017 年 4 月 18 日在南京召开第一次会议。审计署胡泽君审计长指出"要积极推进大数据审计"。

审计署在 2018 年 1 月召开的全国审计工作会议上指出"积极推进大数据审计"。中共中央总书记、国家主席、中央军委主席、中央审计委员会主任习近平 2018 年 5 月 23 日下午主持召开中央审计委员会第一次会议，并指出"要坚持科技强审，加强审计信息化建设"。

对于社会审计，中国注册会计师协会 2017 年提出了研究大数据、人工智能等先进信息技术在注册会计师行业的落地应用，促进会计师事务所信息化。

对于内部审计，2019 年 4 月 25 日，审计署办公厅印发了《2019 年度内部审计工作指导意见》，意见提出"积极创新内部审计方式方法，加强审计信息化建设，强化大数据审计思维，增强大数据审计能力，综合运用现场审计和非现场审计方式，提升内部审计监督效能"。

二、国外大数据审计应用情况

如前文所述，国外也高度关注大数据在审计中的应用。大数据审计得到了美国注册会计师协会（American Institute of Certified Public Accountants，AICPA）的重视，美国注册会计师协会于 2014 年 8 月发布了一份名为 *Reimagining auditing in a wired world*（在数字世界里重构审计）的白皮书，分析了大数据环境对审计工作的影响，并指出：可以利用相关大数据作为实际被审计数据的辅助数据，通过数据分析技术，识别和发现被审计数据中的关联，从而发现审计线索。

国际内部审计师协会 2017 年发布了《理解与审计大数据》指南。

英国国家审计署（National Audit Office of UK，NAOUK）借助开源工具 R 语言等软件与工具，应用统计、机器学习、文本挖掘和可视化等技术开展大数据审计；印度审计署（Comptroller and Auditor General of India，CAG）于 2016 年 9 月设立了数据管理和分析中心，广泛使用来自印度审计署内部、被审计单位和第三方的各类数据，采用统计、可视化等技术开展大数据审计；巴西联邦审计署（Tribunal de Contas da Uniao，TCU）审计信息管理办公室自 2006 年以来一直注重审计数据的采集与应用工作，目前，已采集了巴西 56 个最重要的政府部门相关数据库，汇总了 7TB 的审计数据，供审计部门根据需要使用这些数据开展审计。审计人员可以使用 SQL、审计软件、R 语言等软件与工具开展数据分析。

第 4 节　大数据审计工具与技术

一、大数据审计工具

（一）大数据审计工具概述

为了充分从大数据中挖掘有用的信息，不同种类的大数据技术被研究出来。同时，一些用于分析大数据的工具也被开发出来。另外，一些大数据开源工具也可以很好地帮助审计人员开展大数据审计工作。本节对一些有效的大数据审计工具进行简单分析。

（二）R 语言简介

R 语言在统计领域广泛使用。新西兰奥克兰大学的 Ross Ihaka 和 Robert Gentleman 开发了 R 语言，由于 Ross Ihaka 和 Robert Gentleman 两人名字的首字母都是 R，因此称为 R 语言。

R 语言作为一种统计分析软件，集统计分析与图形显示于一体，是一个免费的自由软件，它提供了广泛的统计分析和绘图技术：包括线性和非线性模型、统计检验、时间序列、分类、聚类等方法。它有 Unix、Linux、MacOS 和 Windows 版本，都是可以免费下载和使用的。

R 语言的主要优点体现在以下几个方面：

1. **使用方便**

R 语言是一款开源的大数据可视化分析软件，目前广泛应用于数据分析与统计等领域，是目前最受欢迎的数据分析和可视化软件之一，其安装方便，所占计算机内存小，相比较其他编程语言来说，其操作难度要低很多。

2. **数据采集功能强大**

R 语言能读取各种不同类型的被审计数据，比如 Microsoft Excel、SPSS、SAS 等，以及从网页上抓取的数据,完全满足审计人员开展大数据审计工作的需要。

3. 数据分析功能强大

R 语言包含众多不同功能的函数、程序包,可满足审计人员的需要;作为免费开源软件,用户还可以不断更新丰富 R 语言的使用功能;R 语言作为大数据分析软件,能够实现大量数据分析。

4. 数据可视化功能强大

R 语言强大的数据可视化功能可以满足审计人员在可视化分析方面的各种需求。

(三) Python 简介

Python 是由荷兰人 Guido van Rossum 所开发的,它是一种面向对象、解释型、动态数据类型的高级程序设计语言。Guido van Rossum 曾参加设计了一种教学语言 ABC,这种语言非常优美和强大,是专门为非专业程序员设计的。但是,ABC 语言并没有成功,Guido van Rossum 认为是其非开放造成的。1989 年圣诞节期间,在阿姆斯特丹,Guido van Rossum 为了打发圣诞节的无趣,决心开发一个新的脚本解释程序,作为 ABC 语言的一种继承。由于 Guido van Rossum 非常喜欢一个叫 Monty Python 的喜剧团体,因此,他选中 Python(大蟒蛇的意思)作为该编程语言的名字。

Python 第一个公开发行版发行于 1991 年。由于 Python 语法简捷、清晰、功能强大、简单易学,并且具有丰富和强大的类库,是一种不受局限、跨平台的开源编程语言。因此,自 Python 语言诞生至今,得到了广泛应用和支持。

(四) Tableau

目前商业化数据可视化工具软件很多,常见的如 Tableau、SAS、SAP Business Object 水晶易表、IBM Cognos 等。其中,Tableau 是一款较为简单的数据可视化工具软件,它实现了数据运算与美观的图表的完美结合,用户只需要将大量数据拖放到数字"画布"上,便能创建好所需要的各种图表,如气泡图、柱状图、条形图、热力图、折线图、饼图、散点图等。

Tableau 分为 Desktop 版和 Server 版。Desktop 又分为个人版和专业版,个人版只能连接到本地数据源,专业版还可以连接到服务器上的数据库;Server 版主要是用来处理仪表盘,上传仪表盘数据,进行共享,各个用户通过访问同一个 Server 就可以查看到其他同事处理的数据信息。

二、大数据审计技术

目前,针对审计行业,关于大数据技术的相关理论和方法研究一般从以下三个方面展开:

(一) 大数据智能分析技术

大数据智能分析技术是以各种高性能处理算法、智能搜索与挖掘算法等为主要研究内容,这是目前大数据分析领域的研究主流,它是从计算机的视角出发,强调计算机的计算能力和人工智能,例如各类面向大数据的机器学习和数据挖掘方法等。

可用于大数据智能分析的技术很多,例如:关联规则分析、分类、聚类、遗传算法、神经网络、预测模型、模式识别、时间序列分析、回归分析、系统仿真、机器学习、空间分析、社会网络分析、自然语言分析等。目前关于大数据智能分析技术的研究在审计领域的应用仍不成熟,多是停留在理论研究层面。

以社会网络分析为例,审计人员可以采用开源工具 R 语言实现基于社会网络的审计数据分析,其分析结果示例如图 10-3 所示。

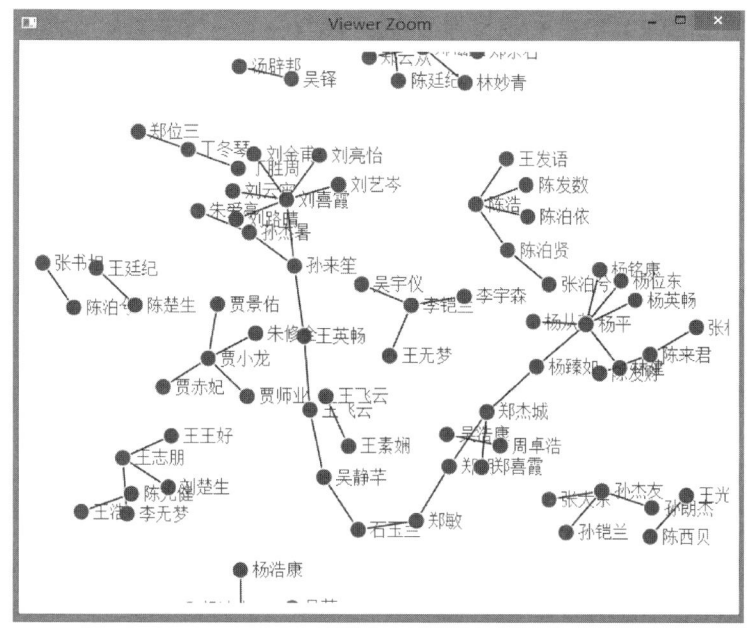

图 10-3　基于 R 语言的户籍数据社会网络分析结果示例

(二) 大数据可视化分析技术

人类非常擅长通过视觉获取有用信息,一图胜千言。现代数据分析也日益依赖通过呈现图形来揭示含义和表达结果。大数据可视化分析技术是从人作为分析主体和需求主体的视角出发,强调基于人机交互的、符合人的认知规律的分析方法,目的是将人所具备的、机器并不擅长的认知能力融入到数据分析过程中。大数据可视化分析技术是目前大数据审计应用比较成熟和主流的内容。

一般来说,大数据可视化分析技术包括文本可视化技术、多维数据可视化技术、网络可视化技术、时空可视化技术等。以文本可视化技术为例,文本数据是大数据时代非结构化数据的典型代表。文本可视化的意义在于能够将文本中蕴含的语义特征(例如词频、重要程度、动态演化规律、逻辑结构等)直观地展示出来。标签云(tag cloud)就是一种典型的文本可视化技术。通过标签云,可以将关键词根据词频或其他规则进行排序,按照一定规律进行布局排列,用大小、颜色等图形属性对关键词进行可视化,比如,用字体大小代表该关键词的重要性。

以针对某扶贫审计项目的审计结果公告数据标签云分析为例,采用 R 语言进行分析的结果示例如图 10-4 所示。

常见的其他大数据可视化分析技术还有:柱状图(bar chart)、折线图(line chart)、饼图(pie chart)、散点图(scatter chart)、气泡图(bubble chart)、雷达图(radar chart)、地区分布图(choropleth map)、树地图(tree map)、热力型地图(heat map)等。

以针对某一股票交易数据的气泡图分析为例,采用 R 语言实现的分析结果示例如图 10-5 所示。

在开展大数据审计时,可以根据不同的问题和审计目的,采用不同的大数据可视化分析技术。

图 10-4　某扶贫审计公告数据的标签云分析结果示例

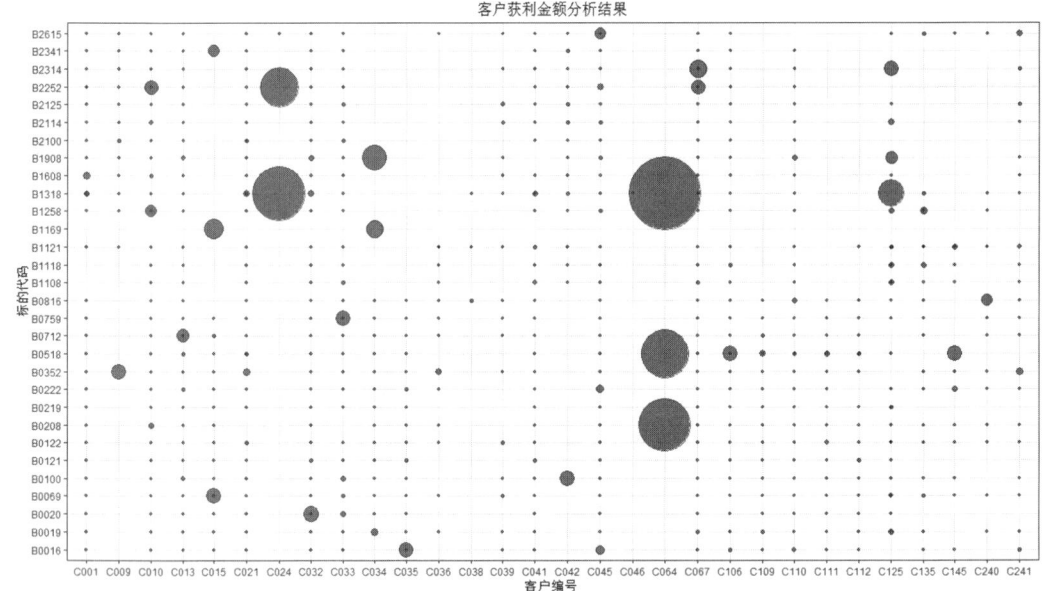

图 10-5　基于 R 语言的气泡图分析方法示例

(三) 大数据多数据源综合分析技术

大数据多数据源综合分析技术是通过对采集来的各行、各业、各类大数据,采用数据查询等常用方法或其他大数据技术方法进行相关数据的综合比对和关联分析,从而可以发现更多隐藏的审计线索。大数据多数据源综合分析技术也是目前审计领域应用大数据比较成熟和主流的内容。

以某扶贫审计项目为例,大数据多数据源综合分析技术应用如下:

基于大数据多数据源综合分析技术的扶贫审计的基本原理就是根据被审计扶贫单位提供的建档立卡低收入人员名单,与相关财政、税务、工商、金融等数据进行综合分析,从而发现相关审计线索,在此基础上,通过进一步的延伸取证,最终获得审计证据。其原理如图10-6所示。

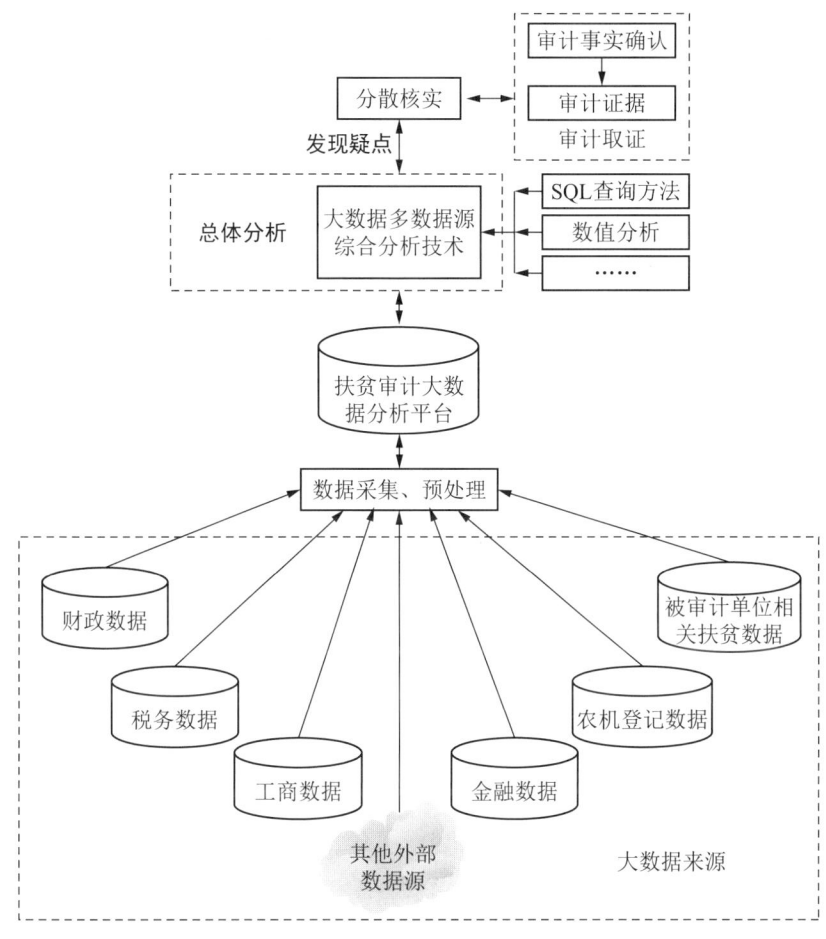

图10-6 基于大数据多数据源综合分析技术的扶贫审计原理

比如:

(1) 低收入人员名单信息与工商数据综合分析。

可以根据所采集到的低收入人员名单信息与相关工商投资人、高管数据进行比对,分析低收入名单中是否有某公司的投资人和高管,以及低收入人员名单中是否有人注册成立公司。

(2) 低收入人员名单信息与农机登记数据综合分析。

可以根据所采集到的低收入人员名单信息与相关农机登记数据进行比对,分析低收入人员名单中的人员是否拥有农用机械设备。

本章小结

1. "大数据(big data)"时代已经到来。概括来说,大数据主要具有大量(volume)、多样性(variety)、快速(velocity)、真实性(veracity)、可视化(visualization)等 5 个特点。

2. 随着大数据时代的到来,大数据审计成为审计信息化的一个重要研究方向,国内外目前都非常重视大数据审计的研究与应用。

3. 大数据审计是随着大数据时代的到来以及大数据技术的发展而产生的一种新的计算机审计(审计作业信息化)方式,其内容包括大数据环境下的电子数据审计和大数据环境下的计算机信息系统审计两方面的内容。

4. 大数据审计技术可分为大数据智能分析技术、大数据可视化分析技术以及大数据多数据源综合分析技术等。

复习思考题

1. 审计信息化与大数据审计之间有什么关系?
2. 为什么大数据审计越来越重要?
3. 如何开展大数据审计?
4. 相对于目前常用的审计方式,大数据审计有哪些优势?
5. 谈谈目前国内外大数据审计的应用情况。

练习题

一、多选题

1. 在 2008 年 9 月 4 日 *Nature*(自然)上的"Big data special"大数据专题论文中,认为大数据来源有(　　　　)。

　　A. 天体物理和粒子物理　　　　　　B. 生物科学
　　C. 社会社交网　　　　　　　　　　D. 审计数据

2. 一般来说,大数据的特点包括(　　　　)。

　　A. 大量(volume)　　　　　　　　　B. 多样性(variety)
　　C. 快速(velocity)　　　　　　　　　D. 真实性(veracity)
　　E. 可视化(visualization)

3. R 语言的优点包括(　　　　)。

　　A. 使用方便　　　　　　　　　　　B. 数据采集功能强大
　　C. 数据分析功能强大　　　　　　　D. 数据可视化功能强大

二、判断题

1. 中共中央办公厅、国务院办公厅印发了《关于实行审计全覆盖的实施意见》等文件,其中,《关于实行审计全覆盖的实施意见》"七、创新审计技术方法"中指出构建大数据审计

工作模式。（　　）

2. 在美国审计署的倡导下,世界审计组织大数据工作组于 2016 年 12 月成立。
（　　）

3. 大数据审计是随着大数据时代的到来以及大数据技术的发展而产生的一种新的计算机审计(审计作业信息化)方式,其内容包括大数据环境下的电子数据审计和大数据环境下的计算机信息系统审计两方面的内容。（　　）

4. 国际内部审计师协会 2007 年发布了《理解与审计大数据》指南。（　　）

5. R 语言在统计领域广泛使用。（　　）

6. Python 的创始人为美国人。（　　）

7. 大数据多数据源综合分析技术是通过对采集来的各行、各业、各类大数据,采用数据查询等常用方法或其他大数据技术方法进行相关数据的综合比对和关联分析,从而可以发现更多隐藏的审计线索。（　　）

阅读材料 10.1　基于大数据可视化分析技术的审计线索特征挖掘方法

一、基于大数据可视化分析技术的审计线索特征挖掘原理

数据可视化技术是大数据环境下开展电子数据审计的重要方法。大数据环境下,数据可视化技术可以更简洁地表达被审计大数据的信息,有助于审计人员探索、分析和解释复杂的海量数据,借助数据可视化技术,审计人员能够"洞察"被审计数据信息中内在因素的模式和关联,快速从大数据中发现审计线索及其特征。

基于大数据可视化分析技术的审计线索特征挖掘方法原理为:在审计大数据集成和预处理的基础上,借助某种大数据可视化分析软件对被审计数据进行可视化建模分析。审计人员结合自己的审计背景知识,发挥人类视觉系统的敏感性,通过对可视化的结果图形和图像进行分析、观

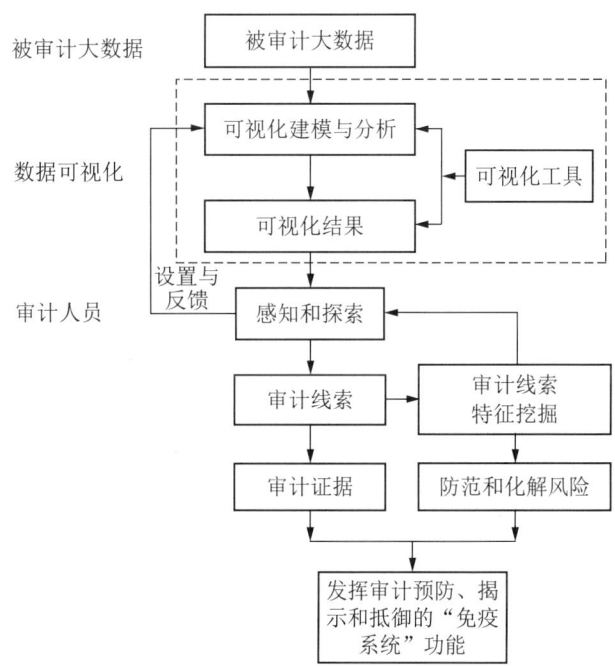

图 10-7　基于大数据可视化分析技术的审计线索特征挖掘原理

察,从总体上系统地理解和分析被审计数据的内涵和特征,从而发现审计线索,获得审计证据。同时,根据需要交互地改变可视化软件的设置,改变输出的可视化图形和图像,从不同的方面获得对被审计数据的理解,从而全面发现审计线索的特征,分析产生相关问题的规律和原因。概括地说,通过基于大数据可视化分析技术的审计线索特征挖掘,使得审计的目的不仅仅是查找证据,而是通过对审计线索的分析,发现相关问题产生的规律,及时提出防范和化解风险的对策建议,完善相关管理体制、修订相关法律等,及时揭示和反映对全局、对未来有根本性影响及存在重大风险隐患的问题,从而达到发挥审计预防、揭示和抵御的"免疫系统"功能。基于数据可视化技术的审计线索特征挖掘方法原理如图10-7所示。

二、基于大数据可视化分析技术的审计线索特征挖掘方法应用案例

(一) 应用案例背景

建国初期,我国一直实行计划管理模式,公立医院对患者收取低价的医疗服务费和药品成本费(基本接近其成本价格),但这种经营模式造成医院经营亏损。随着社会的发展,医疗服务需求进一步增大,为缓解政府财政对公立医院补助不足的压力,我国于1954年正式启动药品加成政策,但在改革开放以后,这一政策的弊端逐渐凸显出来,导致了很多不良现象的出现。2016年7月1日,国家发展改革委、国家卫生计生委、人力资源社会保障部、财政部四部委对外发布《推进医疗服务价格改革的意见》,要求各地围绕公立医院综合改革,统筹考虑取消药品加成及当地政府补偿政策,同步调整医疗服务价格。2016年11月8日,中共中央办公厅、国务院办公厅转发的《国务院深化医药卫生体制改革领导小组关于进一步推广深化医药卫生体制改革经验的若干意见》指出:所有公立医院取消药品加成,统筹考虑当地政府确定的补偿政策,精准测算调价水平,同步调整医疗服务价格。国家卫生计生委表示2017年我国城市公立医院将全部取消药品加成。

本案例以政府推行取消药品加成政策为背景,探究某公立医院2013—2016年期间(在此期间,该公立医院已作为国家药品零加成试点医院,此阶段西药已实行零加成)是否仍然存在药品加成的违规现象。基于R语言,以该医院中西药价格审计为例,分析大数据可视化分析技术在药品价格加成审计中的应用。通过对可视化分析结果以及图形所蕴藏的潜在信息的挖掘,深度分析加成药品的特征,为审计人员提供决策。

(二) 整体情况宏观分析

基于以上分析,为了从整体上了解该公立医院2013—2016年期间是否仍然存在药品加成的违规现象,根据对被审计问题的分析,借助R语言进行建模,以加价率的大小定义气泡形状的大小,然后将药品加成情况以气泡大小的形式在图中随机分布,生成的气泡图如图10-8所示,其中气泡面积越大,则代表该药物加成情况越严重。根据图10-8中气泡的大小,审计人员可以对某医院2013—2016年度药品加成整体情况进行宏观分析,快速、清晰观察出药品加成情况。

(三) 规律深度分析

通过以上对药品加成整体情况的宏观分析,发现被审计单位存在药品加成问题。这些被审计单位存在的药品加成问题有没有什么规律可循呢?比如:什么价格的药品容易加成呢?哪些类型的药品容易加成呢?被审计单位各年度的药品加成情况怎么样呢?等

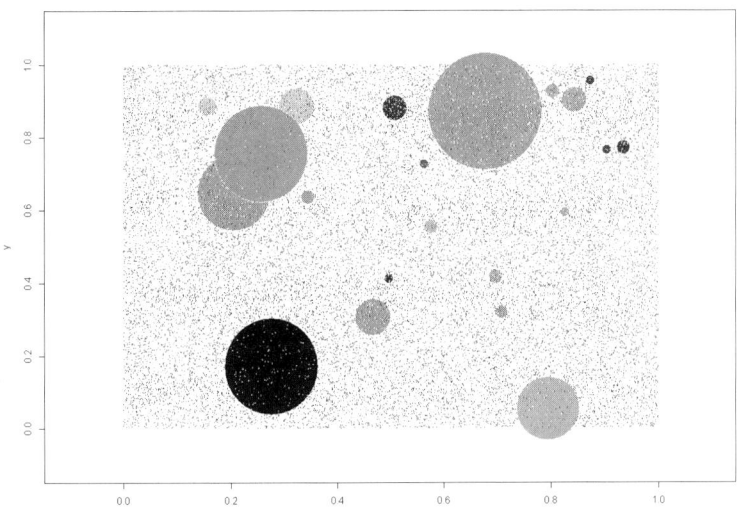

图 10-8　某医院 2013—2016 年度药品加成整体情况宏观分析

等,对于这些问题,需要作进一步的分析。

1. 加成药品价格分布情况分析

通过将药品价格("购入价"与"零售价")作为横坐标,将药品加成率作为纵坐标作散点图分析,其结果如图 10-9 所示。其中,以散点颜色的深浅区分其所属年份,同时,以散点的大小表示药品加价率的大小,散点形状越大,则代表该种药品加成越严重。在图 10-9 中不难发现:

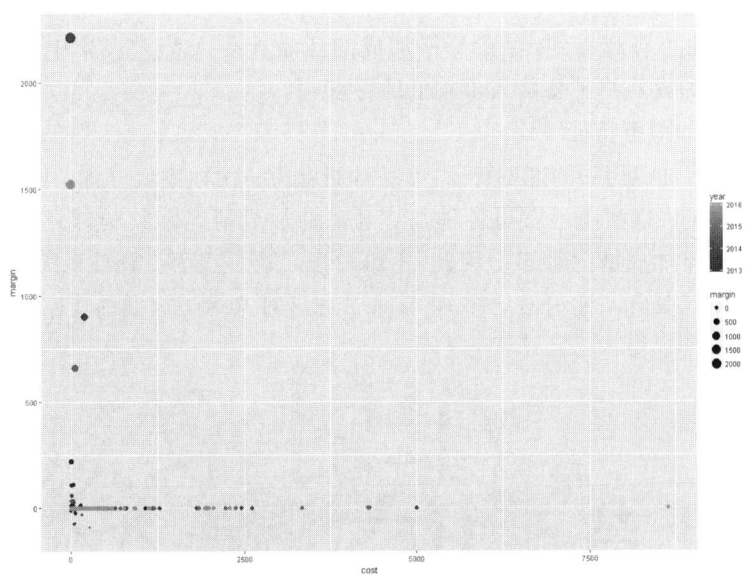

图 10-9　某医院 2013—2016 年度药品加成情况

(1) 大多散点分散于横坐标上,表明大部分药品不存在加成现象。
(2) 通过颜色深浅的比对,发现每年均会有药品加成现象。
(3) 价格加成的药品多集中在购入价较低的区域(靠近纵坐标),且价格低的药品,其加价率较大。

（4）存在一些药品加成率小于零的现象（散点出现在横坐标以下）。

为了进一步分析是否存在"价格加成的药品多集中在购入价较低的区域"以及"价格加成的药品多出现在什么样的价格区域"，对图10-9所反映的信息做进一步分析，得到如图10-10所示的结果。

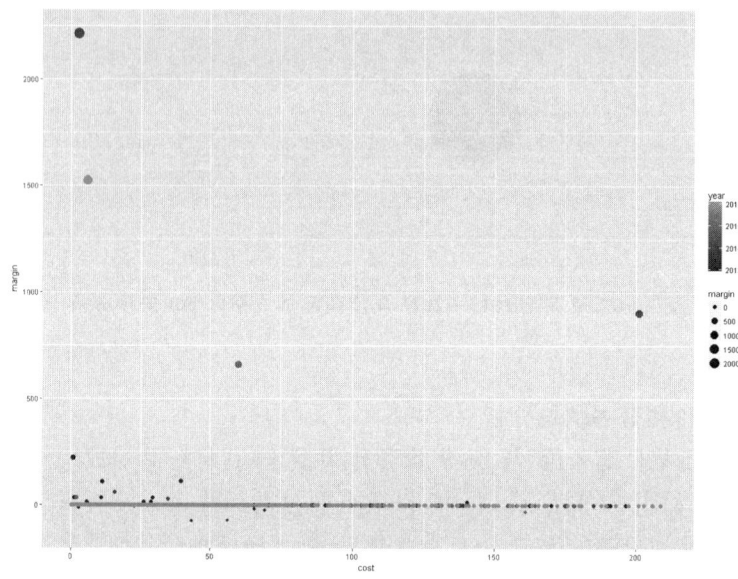

图 10-10　某医院 2013—2016 年度加成药品的购入价范围分析

从图10-10中可直观看到，存在价格加成的药品其购入价大多集中在100元以下。因此，不难发现：加成药物具备购入价较低的特点。

2. 加成药品的剂型特征

为了探究所有加成药品的剂型特征，可以对加成药品作标签云分析，其结果如图10-11所示。由图10-11可以清晰地看出各种剂型药品的加成情况。其中，剂型为胶囊和注射液的药品存在价格加成情况最多。因此，不难发现：该公立医院 2013—2016 年存在价格加成的药品剂型以胶囊和注射液居多，审计人员应该对这两类剂型的药品加强关注。

图 10-11　某公立医院 2013—2016 年度加成药品剂型情况标签云分析

3. 药品加成的变化趋势分析

为了分析该医院近年执行国家取消药品加成政策的情况,对药品加成的变化趋势进行分析,得到结果如图 10-12 所示。在图 10-12 中,我们可以看到:2013 年加成药品的数量较多,但这些加成药品的加价率却较小,而随着时间的推移,2014~2016 年期间,加成药品种类较少,但其各自的加价率较往年却明显偏高。不难发现:从表面上看,作为取消药品加成的试点医院,该医院药品价格管理正不断规范化,药品加价的违规现象正不断减少,给审计人员的感觉是该公立医院正在逐渐遵循国家取消药品加成的政策,但实际上该医院正通过增加药品加价率的方式变相地进行药品加成。

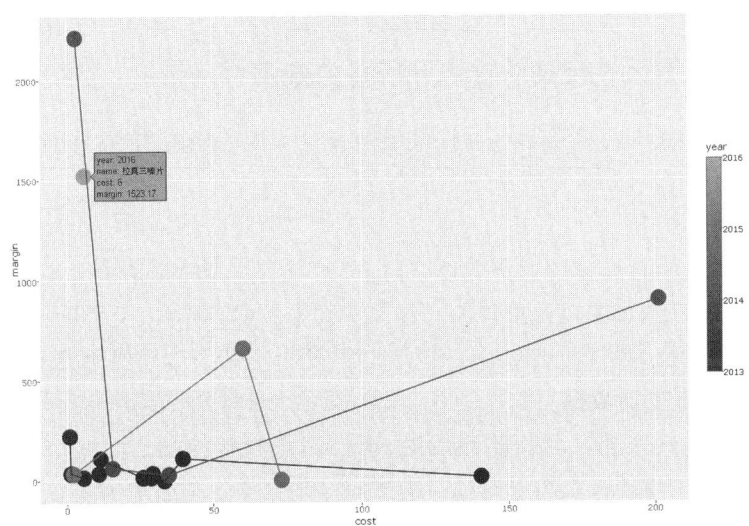

图 10-12　某公立医院 2013—2016 年度药品加成的变化趋势分析

(四)案例总结

对于本例,通过以上方法,不仅清晰、直观地发现了存在药品加成的情况,而且还进一步分析了哪些价格范围的药品容易加成,哪些剂型的药品容易加成,药品加成的变化趋势等,从而为从根源上解决药品加成问题提供了依据。

同理,本方法可应用于其他医院药品加成问题审计之中,从而更好地验证本案例研究结论的准确性。

阅读材料 10.2　基于大数据可视化分析技术的大气污染防治审计方法

一、背景分析

污染防治是党的十九大提出的三大攻坚战之一,坚决打好污染防治攻坚战是党和国家的重大决策部署。因此,如何做好污染防治审计成为目前审计领域研究与应用的重点。

研究如何应用大数据技术开展污染防治审计具有重要的社会价值和应用价值。大气污染防治、水污染防治、土壤污染防治等都是污染防治攻坚战的重要内容。2018年6月16日印发的《中共中央国务院关于全面加强生态环境保护 坚决打好污染防治攻坚战的意见》提出"坚决打赢蓝天保卫战,着力打好碧水保卫战,扎实推进净土保卫战"。2013年9月10日,国务院印发《大气污染防治行动计划》。为保护和改善环境,防治大气污染,保障公众健康,推进生态文明建设,促进经济社会可持续发展,2015年8月29日修订的《中华人民共和国大气污染防治法》公布,该法自2016年1月1日起施行。本节以大气污染防治为例,结合目前大数据技术以及大数据审计的研究与应用现状,研究基于大数据可视化分析技术的大气污染防治审计方法。

二、大数据环境下大气污染防治审计所需的数据

大数据环境为大气污染防治审计提供了全方位分析的相关数据,比如,审计人员可以对以下数据进行分析:

(一)文本数据

这类数据如被审计单位的业务介绍、部门年度工作总结、批准的相关项目、大气污染防治工作情况的报告、相关审计报告。通过这些文本数据,审计人员可以了解目前被审计单位的相关业务情况、大气污染防治工作情况等,便于审计人员开展相关审计工作。

(二)空气质量监测数据

这类数据如空气质量日均值监测数据、国控站点和省控站点 PM2.5 小时监测数据等。通过这类数据,审计人员可以掌握目前被审计地区空气质量等相关信息。

(三)站点经纬度信息

这类数据如国控和省控站点的经纬度信息,审计人员可以使用这些数据来查看国控站点和省控站点的分布情况,确定国控和省控站点的位置,从而为相邻站点监测数据分析比较等打下基础。

(四)相关企业用电数据

这类数据用于分析相关企业的生产情况,审计人员可以使用这些数据来分析相关企业与大气污染物排放之间的关系。

(五)相关财务数据

这类数据如大气污染防治资金使用情况等,审计人员可以使用这些数据来分析被审计单位是否合理使用了大气污染防治资金。

(六)其他外部相关数据

除了通过以上方法获得被审计单位的相关数据之外,审计人员还可以通过一些大数据采集工具(如网络爬虫等)抓取相关环保部门网站上的相关公开空气质量监测数据,便于审计人员辅助判断空气质量监测数据的真实性等情况以及开展其他大数据分析。

三、基于大数据可视化分析技术的大气污染防治审计方法原理

基于大数据可视化分析技术的大气污染防治审计方法原理可概述为:根据对被审计单位的调查,在访谈和现场观察等基础上,通过采集被审计单位的内外部相关大数据如相

关财务数据、站点经纬度数据、相关企业用电数据、空气质量监测数据等结构化数据,被审计单位的批准的相关项目数据、大气污染防治工作情况的报告、部门年度工作总结等相关数据等非结构化数据。然后,对采集来的相关数据进行审计大数据预处理,在此基础上,基于"总体分析、发现疑点、分散核实、系统研究"的审计思路,采用大数据工具对空气质量监测数据、相关财务数据、相关企业用电数据、被审计单位批准的相关项目数据等相关结构化和非结构化数据进行建模和整体分析,审计人员通过对可视化的分析结果进行观察,快速从被审计大数据信息中发现异常情况(如大气污染防治相关数据变化情况,被审计地区大气污染防治相关信息系统建设使用情况等),获得审计线索。在此基础上,通过对这些异常数据做进一步的延伸审计和审计事实确认,最终获得审计证据。综上分析,基于大数据可视化分析技术的大气污染防治审计方法原理如图 10-13 所示。

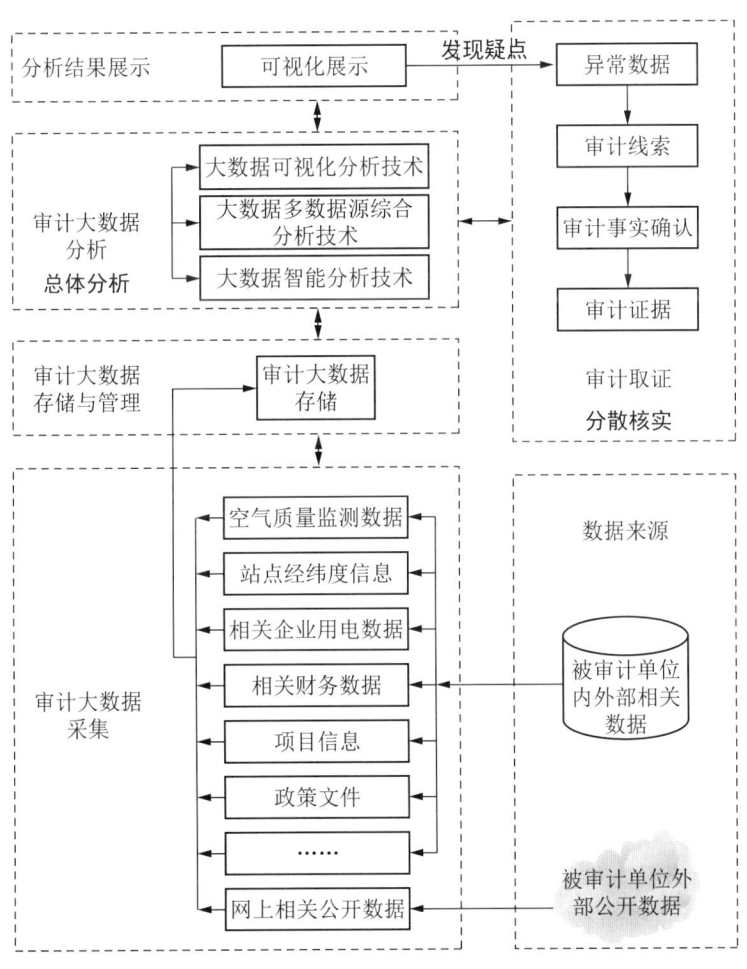

图 10-13 基于大数据可视化分析技术的大气污染防治审计方法原理

四、基于大数据可视化分析技术的大气污染防治审计方法应用案例

(一)案例背景

大气污染防治、水污染防治、土壤污染防治等都是污染防治攻坚战的重要内容。本案

例以加强大气污染防治，改善大气环境质量为背景，以A地2013—2018年期间大气污染防治情况审计为例，研究大数据可视化分析技术在该类型审计中的应用，从而为今后审计人员在该类型审计中应用大数据审计技术提供技术方法与经验数据。假设现已获得A地2015—2017年空气质量日均值监测数据和A地国控站点和省控站点2017年PM2.5小时监测数据等相关大数据。以A地2015—2017年空气质量日均值监测数据为例，其数据情况示例如图10-14所示。

数据编辑器

文件 编辑 帮助

	日期	AQI	空气质量级别	首要污染物	SO2	PM10	NO2	PM2.5	O3	CO	O3_8h
1	2015/1/1	91	良	二氧化硫(SO2)	132	58	25	38	44	3.5	35
2	2015/1/2	110	轻度污染	细颗粒物(PM2.5)	202	111	39	83	32	4.4	29
3	2015/1/3	172	中度污染	细颗粒物(PM2.5)	218	171	45	130	36	6	27
4	2015/1/4	147	轻度污染	细颗粒物(PM2.5)	183	146	49	112	28	5.3	23
5	2015/1/5	94	良	细颗粒物(PM2.5)	84	84	28	70	39	3.7	34
6	2015/1/6	100	良	二氧化硫(SO2)	149	68	24	55	37	3	30
7	2015/1/7	101	轻度污染	二氧化硫(SO2)	156	95	27	65	50	3.6	37
8	2015/1/8	142	轻度污染	细颗粒物(PM2.5)	213	148	37	108	45	4.5	33
9	2015/1/9	156	中度污染	细颗粒物(PM2.5)	202	169	43	119	42	4.7	34
10	2015/1/10	166	中度污染	细颗粒物(PM2.5)	194	158	42	126	56	4.5	42
11	2015/1/11	150	轻度污染	细颗粒物(PM2.5)	188	141	40	115	49	4	37
12	2015/1/12	144	轻度污染	细颗粒物(PM2.5)	169	140	39	110	52	3.7	38
13	2015/1/13	119	轻度污染	细颗粒物(PM2.5)	148	120	38	90	68	3.4	51
14	2015/1/14	189	中度污染	细颗粒物(PM2.5)	253	206	49	142	39	4.6	30
15	2015/1/15	276	重度污染	细颗粒物(PM2.5)	341	278	68	226	43	5.4	28
16	2015/1/16	221	重度污染	细颗粒物(PM2.5)	285	206	52	171	62	3.4	51
17	2015/1/17	150	轻度污染	细颗粒物(PM2.5)	332	153	65	115	42	2.8	34
18	2015/1/18	110	轻度污染	二氧化硫(SO2)	213	115	46	74	62	2.2	55
19	2015/1/19	200	中度污染	细颗粒物(PM2.5)	474	193	68	150	64	3.6	48
20	2015/1/20	218	重度污染	细颗粒物(PM2.5)	362	198	54	168	58	3.7	52
21	2015/1/21	96	良	二氧化硫(SO2)	142	52	28	30	61	1.9	55
22	2015/1/22	148	轻度污染	细颗粒物(PM2.5)	367	138	60	113	57	3.2	43
23	2015/1/23	209	重度污染	细颗粒物(PM2.5)	432	191	68	159	60	3.8	46
24	2015/1/24	209	重度污染	细颗粒物(PM2.5)	414	202	79	159	35	3.5	28
25	2015/1/25	230	重度污染	细颗粒物(PM2.5)	417	236	66	180	31	3.5	28

图10-14　A地2015—2017年空气质量日均值监测数据示例

目前，大数据分析工具主要包括商业化软件工具和开源的、可编程的工具，本节作者以简单、流行、开源的大数据可视化分析软件R语言为例，实现大数据可视化分析。

(二) 基于地区分布图分析的相关空气质量数据总体分析

热力型地图(Heat map)是一种可将变量值用不同的颜色或高亮形式描绘出来的数据可视化技术，它可以非常直观的呈现一些不易理解或表达的数据，如频率、密度、温度等。

为了从整体上掌握被审计地区空气质量情况，审计人员有时需要获得一些相关环保部门网站上的相关公开空气质量监测数据。在实际的审计工作中，当需要查询大量的空气质量监测数据时，需要花费审计人员很多的时间和精力，如何批量查询相关数据成为困扰审计人员的一件重要事情。网络爬虫的出现为解决审计人员的这一问题提供了一种可行的方法，审计人员可以通过网络爬虫工具采集该地区相关空气质量监测数据。在此基础上，借助R语言工具，采用热力型地图进行分析，从而非常直观的从整体上掌握被审计地区空气质量情况。

(三) 空气质量变化情况分析

时间序列图是以时间轴为横轴，变量为纵轴，可以用于观察变量随时间变化情况的图，也叫推移图。在大气污染防治审计过程中，审计人员可采用时间序列图有效地分析空气质量变化情况。比如,通过时间序列图分析,可以比较不同时期区域内环境空气质量变化情况,检测该地空气质量有没有变差;可以判断该地大气污染防治有关约束性指标的完成情况,如二氧化硫(SO_2)等排放物控制指标、细颗粒物(PM2.5)或可吸入颗粒物(PM10)年均浓度下降考核指标完成情况等;通过分析六项污染物的浓度变化情况,可以检测该地有没有篡改、伪造监测数据,严格履行监测职责。以该地2017年空气质量监测数据分析为例,为了整体把握该地2017年的空气质量变化情况,可以采用时间序列图分析2017年六项污染物数值变化情况,其分析结果如图10-15所示。为了更清晰地观察看每一项污染物数值变化情况,各项污染物的年度时间序列图如图10-16所示。其中,六项污染物分别为:二氧化硫(SO_2)、二氧化氮(NO_2)、一氧化碳(CO)、臭氧(O_3)、可吸入颗粒物(PM10)和细颗粒物(PM2.5)。

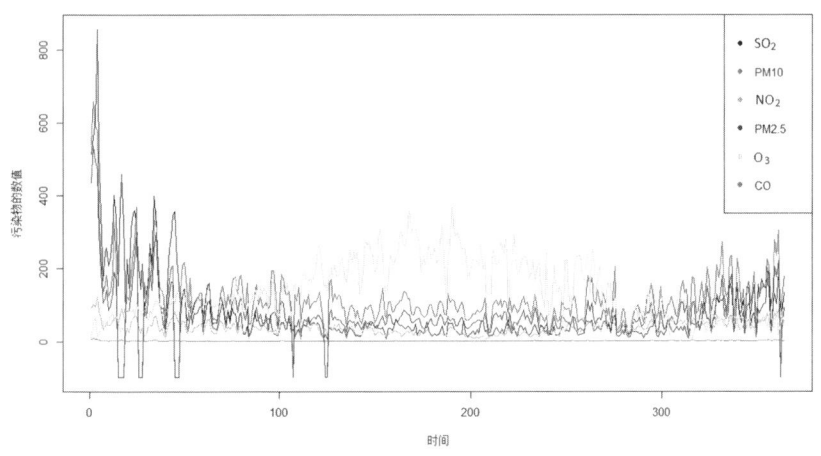

图 10-15 六项污染物时间序列对比图

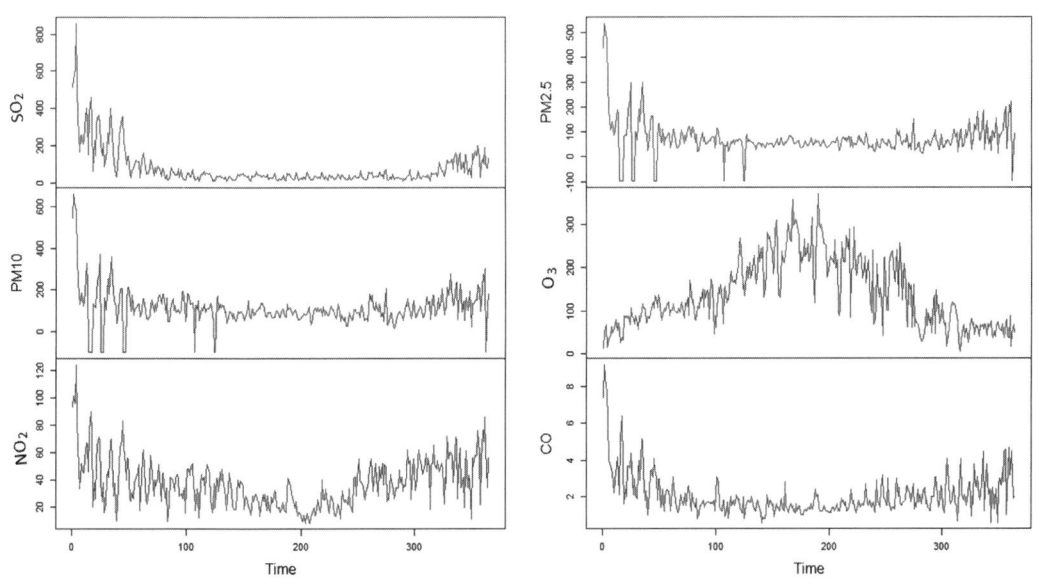

图 10-16 六项污染物分布各自的时间序列图分析示例

在图 10-15 中,可以查看到 2017 年六项污染物在每个时间点的数值大小和变化情况。由图 10-15 和图 10-16 不难发现:除了污染物臭氧(O_3)在夏季出现数值大幅上升的情况,其余五项污染物的数值均在一月份和二月份出现大幅上升情况。其中,在一月份,二氧化硫(SO_2)的数值甚至飙到了 800 以上,颗粒物的数值也出现了 600 以上的情况,空气情况比较恶劣。另外,通过分析结果发现:细颗粒物(PM2.5)或可吸入颗粒物(PM10)监测部分数据出现负值,大气污染物排放自动监测设备传输数据异常,需要引起审计人员的注意,应当及时进行调查,从而可能发现影响自动监测数据真实性和准确性问题的线索。

(四)空气质量监测数据异常情况分析

在开展大气污染防治审计时,为了确保环境监测数据准确真实,防止篡改或者伪造监测数据等现象的发生,审计人员需要对照相关法规,详细调查大气污染监测设施和系统建设情况,空气质量国控监测点位,检查空气质量自动监测点的数据是否能够真实反映辖区空气质量。为了防止部分地区通过将空气监测站设在公园,或采用棉纱堵塞采样头、向监测设备洒水等方式对空气自动监测站实施干扰,导致监测数据严重失真等问题的发生,审计人员可以通过对不同部门的或不同地区的相邻站点监测数据进行比较分析,从而发现异常监测数据线索,判断监测数据的准确真实性。比如,审计人员首先可以采用地区分布图对站点经纬度信息进行分析,查看该地区国控站点和省控站点的分布情况。在此基础上,采用散点图对比分析国控和省控相邻站点的监测数据,以某地国控和省控相邻站点监测数据分析为例,其分析结果如图 10-17 所示。

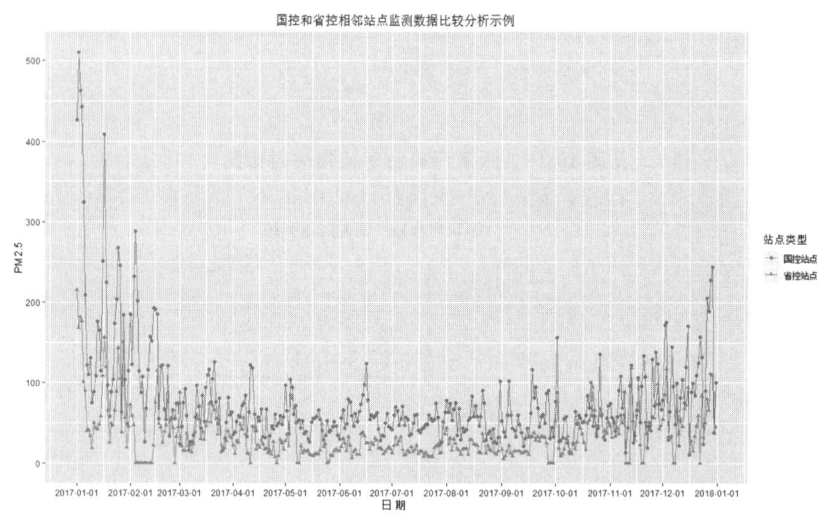

图 10-17 国控和省控相邻站点监测数据的比较分析示例

从图 10-17 中不难发现:该地区国控和省控相邻站点监测数据存在不一致,需要引起审计人员的重点关注。另外,通过对该地区国控站点监测数据进行分析,发现监测数据中的异常现象(如该区的 PM2.5 监测数据是否明显低于同时间段内其他区域的数值),从而判断站点采样系统是否受到人为干扰。

(五)新增大气污染物排放项目分析

为了防治大气污染,基于时间序列图等分析,对一些因大气环境质量持续恶化、二氧化硫(SO_2)、细颗粒物(PM2.5)或可吸入颗粒物(PM10)等浓度长时间"爆表"的地方,需要暂停新增大气污染物排放项目的环评审批,严禁核准产能严重过剩行业新增产能项目。因此,审计人员通过对该地批准的相关项目内容数据进行分析,可以整体分析该地是否存在新增大气污染物排放项目,例如,分析该地批准的相关项目是否投向电解铝、钢铁、水泥、平板玻璃等一些高污染、高能耗等落后产能淘汰项目,如果存在这类项目,则需要审计人员对其做进一步的关注。基于以上分析,以某地大气污染防治审计项目为例,采用标签云分析方法对该地批准的相关项目内容进行分析,其分析结果如图 10-18 所示。图 10-18 的分析结果表明:该地批准的相关项目内容中存在"钢铁""水泥"等高污染、高能耗行业的相关关键词,从而表明该地批准的相关项目中可能存在项目内容属于高污染、高能耗的行业,需要审计人员作进一步的延伸分析。

图 10-18 某地落后产能淘汰项目分析示例

(六) 大气污染防治资金使用情况标签云分析

为了掌握大气污染防治资金的整体使用情况,确认大气污染防治资金的使用是否合

图 10-19 某地大气污染防治资金使用情况内容分析示例

理、合规和合法,需要对某一时期内大气污染防治资金使用内容进行总体分析。针对这一需要,采用标签云分析方法对从被审计单位采集来的相关大气污染防治资金支出数据进行分析,根据分析结果可以初步发现大气污染防治资金是否存在违规使用的线索。例如,采用标签云对从某地采集来的大气污染防治资金进行综合分析,其分析结果如图10-19所示。

从图10-19中不难发现:该被审计单位一部分大气污染防治资金用在了餐费、购物、烟酒等方面。根据分析出的这些线索,审计人员可以对这些大气污染防治资金数据作进一步的分析,查找所有含有"餐费、购物、烟酒"等方面的支出,从而确认该被审计单位在污染防治资金使用方面是否合理、合规和合法。

附录 A
审计作业信息化模拟实验

A.1 审计作业信息化基本技能练习：基于 Excel

实验一 基于 Excel 的审计数据采集

1. 实验目的

掌握如何利用 Excel 来采集不同类型的数据文件，加深理解审计数据采集的意义。

2. 实验要求

(1) 把给定的文本文件格式数据采集到 Excel 中。

(2) 把给定的 Access 数据库格式数据采集到 Excel 中。

(3) 把给定的 XML 格式数据采集到 Excel 中。

(4) 把给定的其他数据源格式数据采集到 Excel 中(比如，如何通过 ODBC 接口把给定的 Foxpro 格式数据采集到 Excel 中)。

3. 实验内容

(1) 新建一个名为"审计数据采集练习 1"的 Excel 文件，把给定的文本文件格式数据"某零售企业商品数据"(文件名为"商品.txt"，表结构见本书附录 B 中图 B-7)采集到该 Excel 文件中。

(2) 新建一个名为"审计数据采集练习 2"的 Excel 文件，把给定的 Access 格式数据"某税收征收电子数据"(文件名为"税收征收.mdb"，数据表名为"征收表"，表结构见本书附录 B 中图 B-1)采集到该 Excel 文件中。

(3) 新建一个名为"审计数据采集练习 3"的 Excel 文件，把给定的 XML 格式的数据(文件名为"征收表 XML 数据.xml"，表结构见本书附录 B 中图 B-4)采集到该 Excel 文件中。

(4) 新建一个名为"审计数据采集练习 4"的 Excel 文件，把给定的 Foxpro 格式数据"某社保局失业保险数据"(文件名为"失业金实际发放表.dbf"，数据类型为 Foxpro 自由表，数据表结构见本书附录 B 中图 B-5)通过 ODBC 接口采集到该 Excel 文件中。

实验二　Excel 的基本审计数据分析应用

1. 实验目的
掌握如何利用通用软件 Excel 完成对本文件格式数据的审计。

2. 实验要求
掌握如何利用 Excel 采集文本文件格式的数据、如何在 Excel 中进行数据预处理、以及如何在 Excel 中进行简单的审计数据分析。

3. 实验内容
以给定的文本文件格式数据某零售企业商品数据(文件名为"商品.txt",表结构以本书附录 B 中图 B-7)为例,完成以下实验:

(1) 新建一个名为"商品"的 Excel 数据文件。

(2) 将给定的某零售企业商品数据导入到以上所建的"商品"Excel 数据文件中。其中,不导入订购量和再订购量,且要求单价精确到分,库存量为整数。

(3) 筛选出类别为"饮料"的商品。

(4) 在该 Excel 数据文件中新建一个名为"饮料"的工作表,并将筛选出的类别为"饮料"的商品存放到所建的名为"饮料"的工作表中。

(5) 在该"饮料"工作表中新增一名为"库存金额"的列,计算出每个商品的库存金额(精确到分)(注:库存金额=单价×库存量),并对"饮料"工作表中的数据按库存金额降序排列。

实验三　基于 Excel 圈释功能的审计数据分析应用

1. 实验目的
掌握如何利用通用软件 Excel 的圈释功能完成审计数据分析。

2. 实验要求
掌握如何利用 Excel 采集 Access 数据库格式的数据、以及如何在 Excel 中利用圈释功能进行审计数据分析。

3. 实验内容
以给定的某税收征收电子数据(文件名为"税收征收.mdb",数据表名为"征收表",以本书附录 B 中图 B-1)为例,完成以下实验:

(1) 新建一个名为"纳税分析"的 Excel 文件。

(2) 将给定的某税收征收电子数据导入到以上所建的"纳税分析"Excel 数据文件中。

(3) 利用 Excel 的圈释功能检查税收征收数据中有无"负纳税"数据和"超期滞纳"(假定所有纳税人税款滞纳天数超过 10 天均属超期滞纳)数据。

(4) 清除无效数据标识圈。

实验四　基于 Excel 筛选功能的审计数据分析应用

1. 实验目的
掌握如何利用通用软件 Excel 的筛选功能完成审计数据分析。

2. 实验要求
掌握如何利用 Excel 采集 Access 数据库格式的数据,以及如何在 Excel 中利用筛选功能进行审计数据分析。

3. 实验内容

以给定的某税收征收电子数据(文件名为"税收征收.mdb",数据表名为"征收表",以本书附录 B 中图 B-1)为例,完成以下实验:

(1) 新建一个名为"纳税分析"的 Excel 文件。

(2) 将给定的某税收征收电子数据导入到以上所建的"纳税分析"Excel 数据文件中。

(3) 利用 Excel 的筛选功能检查税收征收数据中有无"负纳税"数据和"超期滞纳"(假定所有纳税人税款滞纳天数超过 10 天均属超期滞纳)数据。

(4) 在"纳税分析"Excel 数据文件中新建两个工作表,名称分别为"负纳税"和"超期滞纳"。将以上分析结果保存到所建的"纳税分析"Excel 文件中,其中,"负纳税"数据保存在"纳税分析"Excel 文件的"负纳税"工作表中,"超期滞纳"数据保存在"纳税分析"Excel 文件的"超期滞纳"工作表中。

实验五　基于 Excel 高级筛选功能的审计数据分析应用

1. 实验目的

掌握如何利用通用软件 Excel 的高级筛选功能完成审计数据分析。

2. 实验要求

掌握如何利用 Excel 采集 Access 数据库格式的数据,以及如何在 Excel 中利用高级筛选功能进行审计数据分析。

3. 实验内容

以给定的某税收征收电子数据(文件名为"税收征收.mdb",数据表名为"征收表",以本书附录 B 中图 B-1)为例,完成以下实验:

(1) 新建一个名为"纳税分析"的 Excel 文件。

(2) 将给定的某税收征收电子数据导入到以上所建的"纳税分析"Excel 数据文件中。

(3) 利用 Excel 的高级筛选功能检查税收征收数据中有无"负纳税"数据和"超期滞纳"(假定所有纳税人税款滞纳天数超过 10 天均属超期滞纳)数据。

(4) 在"纳税分析"Excel 数据文件中新建两个工作表,名称分别为"负纳税"和"超期滞纳"。将以上分析结果保存到所建的"纳税分析"Excel 文件中,其中,"负纳税"数据保存在"纳税分析"Excel 文件的"负纳税"工作表中,"超期滞纳"数据保存在"纳税分析"Excel 文件的"超期滞纳"工作表中。

A.2　审计作业信息化基本技能练习:基于 Access 数据库工具

实验一　基于 Access 的审计数据采集

1. 实验目的

掌握如何利用 Access 来采集不同类型的数据文件,加深理解审计数据采集的意义。

2. 实验要求

(1) 把给定的文本文件格式数据采集到 Access 数据库中。

(2) 把给定的 Excel 格式数据采集到 Access 数据库中。

(3) 把给定的 Access 数据库格式数据采集到 Access 数据库中。

(4) 把给定的 dBASE 格式的数据采集到 Access 数据库中。

(5) 把给定的 XML 格式的数据采集到 Access 数据库中。

(6) 把给定的数据通过 ODBC 采集到 Access 数据库中。

3. 实验内容

(1) 新建一个名为"审计数据采集练习 1"的 Access 数据库文件,把给定的文本文件格式数据"某零售企业商品数据"(文件名为"商品.txt",表结构见本书附录 B 中图 B-7)采集到该 Access 数据库中。

(2) 新建一个名为"审计数据采集练习 2"的 Access 数据库文件,把给定的 Excel 格式数据"某征收表数据"(文件名为"征收表数据.xls",表结构见本书附录 B 中图 B-3)采集到该 Access 数据库中。

(3) 新建一个名为"审计数据采集练习 3"的 Access 数据库文件,把给定的 Access 数据库格式数据"某征收表数据"(文件名为"税收征收.mdb",数据表名为"征收表",表结构见本书附录 B 中图 B-1)采集到该 Access 数据库中。

(4) 新建一个名为"审计数据采集练习 4"的 Access 数据库文件,把给定的 Foxpro 格式数据某社保局失业保险数据(文件名为"失业金实际发放表.dbf",数据类型为 Foxpro 自由表,数据表结构见本书附录 B 中图 B-5)通过 ODBC 接口采集到该 Access 数据库中。

(5) 新建一个名为"审计数据采集练习 5"的 Access 数据库文件,把给定的 XML 格式的数据(文件名为"征收表 XML 数据.xml",表结构见本书附录 B 中图 B-4)采集到该 Access 数据库中。

实验二 基于 Access 的审计数据预处理

1. 实验目的

掌握如何利用 Access 来完成审计数据预处理,加深理解审计数据预处理的意义。

2. 实验要求

以某税收征收电子数据为例,练习如何在 Access 中完成数据表名称转换、字段名称转换、空值处理、数据标准化等审计数据预处理。

3. 实验内容

现有某税收征收电子数据文件名为"税收征收(数据预处理练习数据).mdb",数据表名为"征收表",表结构见本书附录 B 中图 B-8 和图 B-9),要求在 Access 中对其进行预处理,完成以下实验:

(1) 根据表 A-1 和表 A-2 中的对应关系,完成数据表名称转换和字段名称转换。

(2) 在完成数据表名称转换和字段名称转换的基础上,完成"实纳税额"字段的空值处理,即把"征收表"中"实纳税额"字段中的空值变成"0"。

（3）在完成数据表名称转换和字段名称转换的基础上，把征收表中"级次"字段中的数据标准化，即把征收表中"级次"字段中的数据值市级变成"4"，省级变成"3"。

表 A-1 征收类型表对应关系

原始表名：szlx	修改后的表名：征收类型
原始字段名	**修改后的字段名**
szdm	税种代码
szmc	税种名称

表 A-2 征收表对应关系

原始表名：zsb	修改后的表名：征收表
原始字段名	**修改后的字段名**
swdjh	税务登记号
nsrmc	纳税人名称
jjxz	经济性质
ssqq	所属期起
ssqz	所属期止
zslx	征收类型
kmm	科目码
zmm	子目码
jc	级次
ssjs	税收基数
sl	税率
yingnse	应纳税额
yinse	已纳税额
jmse	减免税额
znts	滞纳天数
snse	实纳税额
jmlx	减免类型
kprq	开票日期
sbrq	申报日期
rkbz	入库标志
rkrq	入库日期
phzt	票号状态
hydm	行业代码
zclx	注册类型

实验三 基于 Access 的审计数据分析:以某税收征收数据为例

1. 实验目的

掌握如何利用通用软件 Access 应用数据查询这种基本的审计数据分析方法,加深理解审计数据分析的意义。

2. 实验要求

以某税收征收电子数据为例,练习如何在 Access 中利用数据查询方法完成审计数据分析,以及如何完成 Excel 与 Access 之间的数据转换。

3. 实验内容

以给定的某税收征收电子数据(文件名为"税收征收.mdb",数据表名为"征收表",以本书附录 B 中图 B-1)为例,完成以下实验:

(1) 编写 SQL 语句检查税收征收数据中有无"负纳税"数据和"超期滞纳"数据,其中,假定所有纳税人税款滞纳天数超过 10 天均属超期滞纳。

(2) 新建一个名为"纳税分析"的 Excel 文件。

(3) 在"纳税分析"Excel 数据文件中新建两个工作表,名称分别为"负纳税"和"超期滞纳"。将实验内容(1)中的分析结果保存到所建的"纳税分析"Excel 文件中,其中,"负纳税"数据保存在"纳税分析"Excel 文件的"负纳税"工作表中;"超期滞纳"数据保存在"纳税分析"Excel 文件的"超期滞纳"工作表中。

实验四 基于 Access 的审计数据分析:以某零售企业商品数据为例

1. 实验目的

掌握如何利用通用软件 Access 应用数据查询这种基本的审计数据分析方法,加深理解审计数据分析的意义。

2. 实验要求

以某零售企业商品文本文件数据为例,练习如何在 Access 中利用数据查询方法完成审计数据分析,以及如何完成 Excel 与 Access 之间的数据转换。

3. 实验内容

以给定的文本文件格式数据"某零售企业商品数据"(文件名为"商品.txt",表结构以本书附录 B 中图 B-7)为例,现在 Access 数据库中对其进行分析,要求如下:

(1) 将该商品数据采集到名为"审计数据采集练习"的 Access 数据库中去。要求不导入订购量和再订购量,且单价精确到分,库存量为整数。

(2) 在该 Access 数据库中查找类别为"饮料"的商品,并要求在查询结果中新增一列"库存金额"并计算出每个商品的库存金额(精确到分)(注:库存金额=库存量×单价),且对结果按库存金额的降序排列。

(3) 新建一个名为"商品数据分析"的 Excel 文件;在"商品数据分析"Excel 数据文件中新建一个名为"饮料"的工作表;将实验内容(2)中的分析结果保存到所建的"商品数据分析"Excel 文件的"饮料"工作表中。

实验五 基于 Access 的审计数据分析:以某失业保险数据为例

1. 实验目的

掌握如何利用通用软件 Access 实现重号分析这种审计数据分析方法,加深理解审计数据分析的意义。

2. 实验要求

以某失业保险数据为例,练习如何在 Access 中利用数据查询方法来完成重号分析,以及如何完成 Excel 与 Access 之间的数据转换。

3. 实验内容

以给定的某失业保险数据(文件名为"失业金实际发放表.dbf",表结构见本书附录 B 中图 B-5),利用 Access 完成重号分析,要求如下:

(1) 新建一个名为"失业金实际发放"的 Access 数据库,将"失业金实际发放表.dbf"数据采集到该 Access 数据库中。

(2) 在"失业金实际发放"Access 数据库中编写 SQL 语句,查找同月重复发放失业金的人员,查找结果包括身份证号、姓名、发放月份、同月发放次数、发放金额合计,按同月发放次数降序排列。

(3) 新建一个名为"同月重复发放失业金人员.xls"的 Excel 文件,将以上分析结果导入到该 Excel 数据文件中。

A.3 审计作业信息化基本技能练习:基于 SQL Server 数据库工具

实验一 基于 SQL Server 的审计数据采集

1. 实验目的

掌握如何利用 SQL Server 来采集不同类型的数据文件,加深理解审计数据采集的意义。

2. 实验要求

(1) 练习如何把 Access 格式的数据采集到 SQL Server 数据库中。
(2) 练习如何把文本文件格式的数据采集到 SQL Server 数据库中。
(3) 练习如何把 Excel 格式的数据采集到 SQL Server 数据库中。
(4) 练习如何采用 ODBC 把 Access 数据库中的数据采集到 SQL Server 数据库中。
(5) 练习如何把 dBase 格式的数据采集到 SQL Server 数据库中。
(6) 练习如何把 SQL Server 备份数据格式的数据采集到 SQL Server 数据库中。
(7) 练习如何把 XML 格式的数据采集到 SQL Server 数据库中。

3. 实验内容

(1) 打开 SQL Server 2008 Management Studio,新建一个名为"数据审计练习 1"的

数据库,把给定的 Access 格式数据某税收征收电子数据(文件名为"税收征收.mdb",数据表名为"征收表",表结构见本书附录 B 中图 B-1)采集到该数据库中。

(2) 打开 SQL Server 2008 Management Studio,新建一个名为"数据审计练习 2"的数据库,把给定的文本文件格式数据某零售企业商品数据(文件名为"商品.txt",表结构见本书附录 B 中图 B-7。)采集到该数据库中。

(3) 打开 SQL Server 2008 Management Studio,新建一个名为"数据审计练习 3"的数据库,把给定的 Excel 格式数据某税收征收电子数据(文件名为"征收表数据.xls",表结构见本书附录 B 中图 B-3)采集到该数据库中。

(4) 打开 SQL Server 2008 Management Studio,新建一个名为"数据审计练习 4"的数据库,把给定的 Access 格式数据某社保局失业保险数据(文件名为"失业金实际发放数据.mdb",数据表名为"失业金实际发放表",表结构见本书附录 B 中图 B-6)通过 ODBC 采集到该数据库中。

(5) 打开 SQL Server 2008 Management Studio,新建一个名为"数据审计练习 5"的数据库,把给定的 dBase 格式的数据(文件名为:"失业金实际发放表.dbf",表结构见本书附录 B 中图 B-5)采集到该数据库中。

(6) 打开 SQL Server 2008 Management Studio,新建一个名为"数据审计练习 6"的数据库,把给定的 SQL Server 备份数据格式的数据(文件名为"数据审计练习备份数据")采集到该数据库中(或者先把前面实验中的"数据审计练习 5"的 SQL Server 数据库备份出来,备份的文件名为"数据审计练习备份数据",然后删除 SQL Server 数据库中的"数据审计练习 5",再假定该数据为给定的 SQL Server 备份数据格式的数据,把该数据采集到"数据审计练习 6"SQL Server 数据库中)。

(7) 打开 SQL Server 2008 Management Studio,新建一个名为"数据审计练习 7"的数据库,把给定的 XML 格式的数据(文件名为"征收表 XML 数据.xml",表结构见本书附录 B 中图 B-4)采集到该数据库中。

实验二　基于 SQL Server 的审计数据预处理

1. 实验目的

掌握如何利用 SQL Server 2008 来完成审计数据预处理,加深理解审计数据预处理的意义。

2. 实验要求

以某税收征收电子数据为例,练习如何在 SQL Server 2008 中完成数据表名称转换、字段名称转换、空值处理、数据标准化等审计数据预处理。

3. 实验内容

现有某税收征收电子数据(文件名为"税收征收(数据预处理练习数据).mdb",数据表名为"征收表",表结构见本书附录 B 中图 B-8 和图 B-9),要求在 SQL Server 中对其进行预处理,完成以下实验:

(1) 新建一个名为"数据审计练习"的 SQL Server 数据库,将该数据导入到该 SQL Server 数据库中。

（2）根据表 A-1 和表 A-2 中的对应关系，完成数据表名称转换和字段名称转换。

（3）在完成数据表名称转换和字段名称转换的基础上，完成"实纳税额"字段的空值处理，即把征收表中"实纳税额"字段中的空值变成"0"。

（4）在完成数据表名称转换和字段名称转换的基础上，把征收表中"级次"字段中的数据标准化，即把征收表中"级次"字段中的数据值市级变成"4"，省级变成"3"。

实验三　基于 SQL Server 的审计数据分析：以某税收征收数据为例

1. 实验目的

掌握如何在 SQL Server 中应用数据查询这种基本的审计数据分析方法，加深理解审计数据分析的意义。

2. 实验要求

以某税收征收电子数据为例，掌握如何在 SQL Server 中采用数据查询方法完成审计数据分析，以及如何完成 Excel 与 SQL Server 之间的数据转换。

3. 实验内容

以给定的某税收征收电子数据（文件名为"税收征收.mdb"，数据表名为"征收表"，表结构以本书附录 B 中图 B-1）为例，完成以下实验：

（1）将该数据导入到名为"数据审计练习"的 SQL Server 数据库中。

（2）在 SQL Server 中编写 SQL 语句检查税收征收数据中有无"负纳税"数据和"超期滞纳"数据。其中，假定所有纳税人税款滞纳天数超过 10 天均属超期滞纳。

（3）新建一个名为"纳税分析"的 Excel 文件；在"纳税分析"Excel 数据文件中新建两个工作表，名称分别为"负纳税"和"超期滞纳"；将实验内容（2）中的分析结果保存到所建的"纳税分析"Excel 文件中，其中，"负纳税"数据保存在"纳税分析"Excel 文件的"负纳税"工作表中，"超期滞纳"数据保存在"纳税分析"Excel 文件的"超期滞纳"工作表中。

实验四　基于 SQL Server 的审计数据分析：以某零售企业商品数据为例

1. 实验目的

掌握如何在 SQL Server 中应用数据查询这种基本的审计数据分析方法，加深理解审计数据分析的意义。

2. 实验要求

以某零售企业商品文本文件数据为例，练习如何在 SQL Server 中利用数据查询方法完成审计数据分析，以及如何完成 Excel 与 SQL Server 之间的数据转换。

3. 实验内容

以给定的文本文件格式数据"某零售企业商品数据"（文件名为"商品.txt"，表结构见本书附录 B 中图 B-7）为例，现把其采集到 SQL Server 数据库中去，并对其进行分析。

（1）将该数据导入到名为"数据审计练习"的 SQL Server 数据库中。要求不导入订购量和再订购量，且其中单价精确到分，库存量为整数。

（2）在 SQL Server 数据库中查找类别为"饮料"的商品，并要求在查询结果中新增一列"库存金额"并计算出每个商品的库存金额（精确到分）（注：库存金额＝库存量×单价），且对结果按库存金额的降序排列。

（3）新建一个名为"商品数据分析"的 Excel 文件；在"商品数据分析"Excel 数据文件中新建一个名为"饮料"的工作表；将实验内容（2）中的分析结果保存到所建的"商品数据分析"Excel 文件的"饮料"工作表中。

实验五　基于 SQL Server 的审计数据分析：以某失业保险数据为例

1．实验目的
掌握如何利用 SQL Server 数据库实现重号分析的审计数据分析方法，加深理解审计数据分析的意义。

2．实验要求
以某社保局失业保险数据为例，练习如何在 SQL Server 中利用数据查询方法完成审计数据分析（重号分析），以及如何完成 Excel 与 SQL Server 之间的数据转换。

3．实验内容
以给定的某社保局失业保险数据（文件名为"失业金实际发放数据.mdb"，数据表名为"失业金实际发放表"，表结构见本书附录 B 中图 B-6），利用 SQL Server 完成重号分析，要求如下：

（1）将该数据导入到名为"数据审计练习"的 SQL Server 数据库中。

（2）利用 SQL Server 数据库工具编写 SQL 语句，查找同月重复发放失业金的人员，查找结果包括身份证号、姓名、发放月份、同月发放次数、发放金额合计，并按同月发放次数降序排列。

（3）新建一个名为"重复发放失业金分析结果"的 Excel 文件；在"重复发放失业金分析结果"Excel 数据文件中新建一个名为"重复发放失业金的人员名单"的工作表；将实验内容（2）中的分析结果保存到所建的"重复发放失业金分析结果"Excel 文件的"重复发放失业金的人员名单"工作表中。

A.4　审计作业信息化基本技能练习：基于审计软件

实验一　基于 IDEA 的审计数据采集

1．实验目的
掌握如何利用 IDEA 8 采集不同类型的数据文件，加深理解审计数据采集的意义。

2．实验要求
（1）把给定的文本文件格式数据采集到 IDEA 中。

（2）把给定的 Excel 格式数据采集到 IDEA 中。

（3）把给定的 Access 格式数据采集到 IDEA 中。

（4）把给定的 Foxpro 格式数据采集到 IDEA 中。

（5）如何通过 ODBC 接口，把给定的数据采集到 IDEA 中。

3. 实验内容

(1) 把给定的文本文件格式数据某零售企业商品数据(文件名为"商品.txt",表结构见本书附录 B 中图 B-7)采集到 IDEA 中。

(2) 把给定的 Excel 格式数据某税收征收数据(文件名为"征收表.xls",表结构见本书附录 B 中图 B-3)采集到 IDEA 中。

(3) 以给定的 Access 格式数据某税收征收电子数据(文件名为"税收征收.mdb",数据表名为"征收表",表结构见本书附录 B 中图 B-1)为例,把该 Access 数据库"征收表"中的数据采集到 IDEA 中。要求练习以下两种方法:

① 选择"文件"→"导入助理"→"导入至 IDEA"→"Microsoft Access"选项完成数据采集。

② 选择"文件"→"导入助理"→"导入至 IDEA"→"ODBC"选项完成数据采集。

(4) 以给定的 Foxpro 格式数据某社保局失业保险数据(文件名为"失业金实际发放表.dbf",数据类型为 Foxpro 自由表,数据表结构见本书附录 B 中图 B-5)为例,将该数据采集到 IDEA 中。要求练习以下两种方法:

① 选择"文件"→"导入助理"→"导入至 IDEA"→"dBASE"选项完成数据采集。

② 选择"文件"→"导入助理"→"导入至 IDEA"→"ODBC"选项完成数据采集。

实验二 基于 IDEA 的审计数据分析

1. 实验目的

在"实验一 基于 IDEA 审计数据采集"的基础上,掌握 IDEA 8 中数据查询这种审计数据分析方法的应用,加深理解审计数据分析的意义。

2. 实验要求

(1) 利用 IDEA 的标准功能完成简单的数据查询。

(2) 根据给定的数据,在 IDEA 中练习"提取数据"功能的应用。

3. 实验内容

(1) 利用 IDEA 的标准功能完成简单的数据查询。以给定的某税收征收电子数据(文件名为"税收征收.mdb",数据表名为"征收表",表结构见本书附录 B 中图 B-1)为例,假定所有纳税人税款滞纳天数超过 10 天均属超期滞纳,利用 IDEA 的标准功能查找"征收表"中有无"负纳税"数据和"超期滞纳"数据。

(2) 提取数据功能的应用。以给定的某税收征收电子数据(文件名为"税收征收.mdb",数据表名为"征收表",表结构见本书附录 B 中图 B-1)为例,假定所有纳税人税款滞纳天数超过 10 天均属超期滞纳,要求完成以下实验:

① 在 IDEA 中利用提取数据功能查找征收表中有无"负纳税"数据和"超期滞纳"数据,其中,要求查询结果中显示所有字段。

② 在 IDEA 中利用提取数据功能查找征收表中有无"负纳税"数据和"超期滞纳"数据,其中,要求查询结果中仅显示"税务登记号""纳税人名称""实纳税额"三个字段。

③ 在 IDEA 中利用提取数据功能查找征收表中有无"负纳税"数据,要求以数据表中的"级次"字段为关键值,对查询结果进行分类,分别显示查询结果。(提示:选择"数据"→

"提取数据"→"关键值提取",然后定义关键量为"级次"字段)。

(3) 比较 IDEA 的"标准"功能和"提取数据"功能在数据查询应用上的异同点。

实验三　基于电子数据审计模拟实验室软件的审计数据分析(选做)

1. 实验目的

利用电子数据审计模拟实验室软件 V1.0 的数据查询功能,练习电子数据审计模拟实验室软件中的 SQL 查询模拟和快速条件查询等功能,掌握数据查询这种审计数据分析方法的应用,加深理解审计数据分析的意义。

2. 实验要求

以某税收征收电子数据和某社保局失业保险数据为例,掌握如何在电子数据审计模拟实验室软件 V1.0 中采用数据查询方法完成审计数据分析,以及如何将分析结果导出为 Excel 格式的数据。

3. 实验内容

1) 采用 SQL 查询模拟功能模拟练习审计数据查询。

(1) 以给定的某税收征收电子数据(文件名为"税收征收.mdb",数据表名为"征收表",表结构见本书附录 B 中图 B-1)为例,假定所有纳税人税款滞纳天数超过 10 天均属超期滞纳,按以下要求完成实验:

① 将该数据采集到电子数据审计模拟实验室软件中。

② 借助电子数据审计模拟实验室软件的 SQL 查询模拟器功能,编写 SQL 语句检查税收征收数据中有无"负纳税"数据,并将分析结果保存到名为"负纳税"的 Excel 文件中。

③ 借助电子数据审计模拟实验室软件的 SQL 查询模拟器功能,编写 SQL 语句检查税收征收数据中有无"超期滞纳"数据,并将分析结果保存到名为"超期滞纳"的 Excel 文件中。

(2) 以给定的某社保局失业保险数据(文件名为"失业金实际发放数据.mdb",数据表名为"失业金实际发放表",表结构见本书附录 B 中图 B-6)为例,按以下要求完成实验:

① 将该数据采集到电子数据审计模拟实验室软件中。

② 借助电子数据审计模拟实验室软件的 SQL 查询模拟器功能,编写 SQL 语句查找同月重复发放失业金的人员,查找结果包括:身份证号、姓名、发放月份、同月发放次数、发放金额合计,并按同月发放次数降序排列。

③ 将分析结果保存到名为"重复发放失业金分析结果"的 Excel 文件中。

2) 采用快速条件查询模拟功能模拟练习审计数据查询

以给定的某税收征收电子数据(文件名为"税收征收.mdb",数据表名为"征收表",表结构见本书附录 B 中图 B-1)为例,假定所有纳税人税款滞纳天数超过 10 天均属超期滞纳,按以下要求完成实验:

(1) 将该数据采集到电子数据审计模拟实验室软件中。

(2) 借助电子数据审计模拟实验室软件的快速条件查询功能,检查税收征收数据"纳税人名称"字段中含有"广州"的数据。

(3) 借助电子数据审计模拟实验室软件的快速条件查询功能,检查税收征收数据"纳税人名称"字段中含有"广州",且"实纳税额"在 100 到 1 000 之间的数据。

(4) 借助电子数据审计模拟实验室软件的快速条件查询功能,检查税收征收数据"纳税人名称"字段中含有"广州"、"经济性质"字段中含有"11",且"实纳税额"字段在 100 到 1 000 之间的数据。

3) 在完成以上操作之后,采用"审计日志导出"功能导出并查看审计日志(选做)。

4) 比较电子数据审计模拟实验室软件中的 SQL 查询模拟和快速条件查询两者在功能上的异同点。

A.5 综合实训:某企业审计案例

实验一 审前准备

1. 实验目的

结合本书第 8 章的内容,掌握如何进行审前准备,如何编写审计通知书、审计实施方案等文件,加深理解审计作业信息化的基本步骤。

2. 实验要求

(1) 练习如何编写审计通知书。

(2) 练习如何编写审计实施方案。

3. 实验内容

(1) 根据参与实验的人数,成立若干个审计小组,每组 5—6 人,每组人员设置组长、副组长、主审各 1 名。

(2) 结合本书第 8 章的案例内容,每一小组分别编写审计通知书、审计实施方案。

(3) 各小组分别向班级汇报本组的人员分工情况以及审计通知书、审计实施方案。

(4) 指导教师组织对各小组的材料进行打分评比。

实验二 审计实施

1. 实验目的

掌握如何编写审计需求单、如何进行数据采集与分析、如何编写审计工作底稿、审计取证单等审计文书,加深理解审计作业信息化的基本步骤。

2. 实验要求

(1) 练习如何编写审计需求单。

(2) 练习如何基于 Excel、Access、SQL Server、IDEA 等工具,进行数据采集与分析。

(3) 练习如何编写审计工作底稿、审计取证单等审计文书。

3. 实验内容

(1) 根据第一次分组,各小组分别练习如何编写审计需求单,向被审计单位提出数据需要,开展数据采集。

(2) 指导教师审查各小组编写的审计需求单,然后将江发制造集团有限公司文本文件格式财务数据——江发制造集团有限公司财务数据"cwsjb(采集来的原始数据).txt"(见图 8-1 或本书附录 B 中图 B-10)发给各小组。

(3) 各小组分别选用 Excel、Access、SQL Server、IDEA 等工具,把江发制造集团有限公司财务数据"cwsjb(采集来的原始数据).txt"采集到所用的分析工具中去,并对其进行分析,获得审计证据。

(4) 各小组分别练习如何编写审计工作底稿、审计取证单等文件。

(5) 各小组分别向班级汇报本组的审计工作底稿、审计取证单。

(6) 指导教师组织对各小组的材料进行打分评比。

实验三　审计报告

1. 实验目的

掌握如何编写审计报告征求意见稿(审计事实确认书)、如何编写审计报告等文件,加深理解审计作业信息化的基本步骤。

2. 实验要求

(1) 练习如何编写审计报告征求意见稿(审计事实确认书)。

(2) 练习如何编写审计报告。

3. 实验内容

(1) 在前一实验的基础上,各小组分别练习如何编写审计报告征求意见稿(审计事实确认书)。

(2) 在审计报告征求意见稿(审计事实确认书)的基础上,各小组分别练习如何编写审计报告。

(3) 各小组分别向班级汇报本组的审计报告征求意见稿(审计事实确认书)、审计报告。

(4) 指导教师组织对各小组的材料进行打分评比。

附录 B
实验所用数据

B.1 某税收征收数据

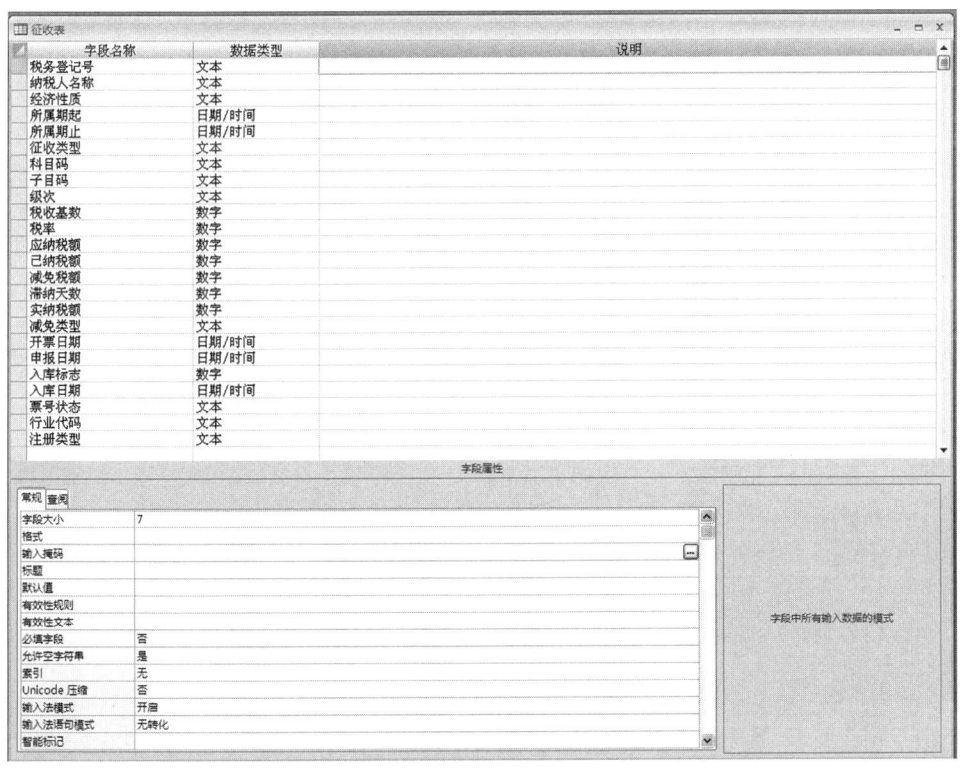

图 B-1 Access 数据库中"征收表"表结构

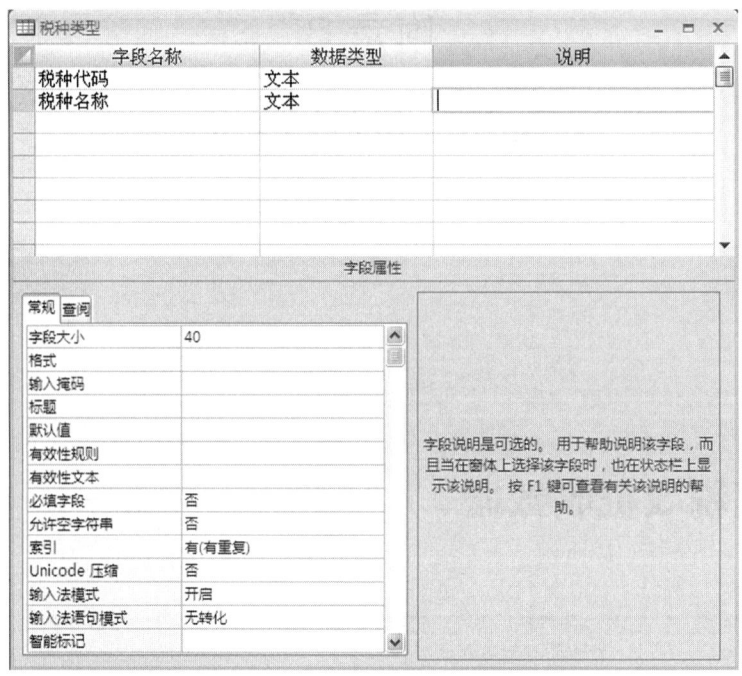

图 B-2　Access 数据库中"税种类型"表结构

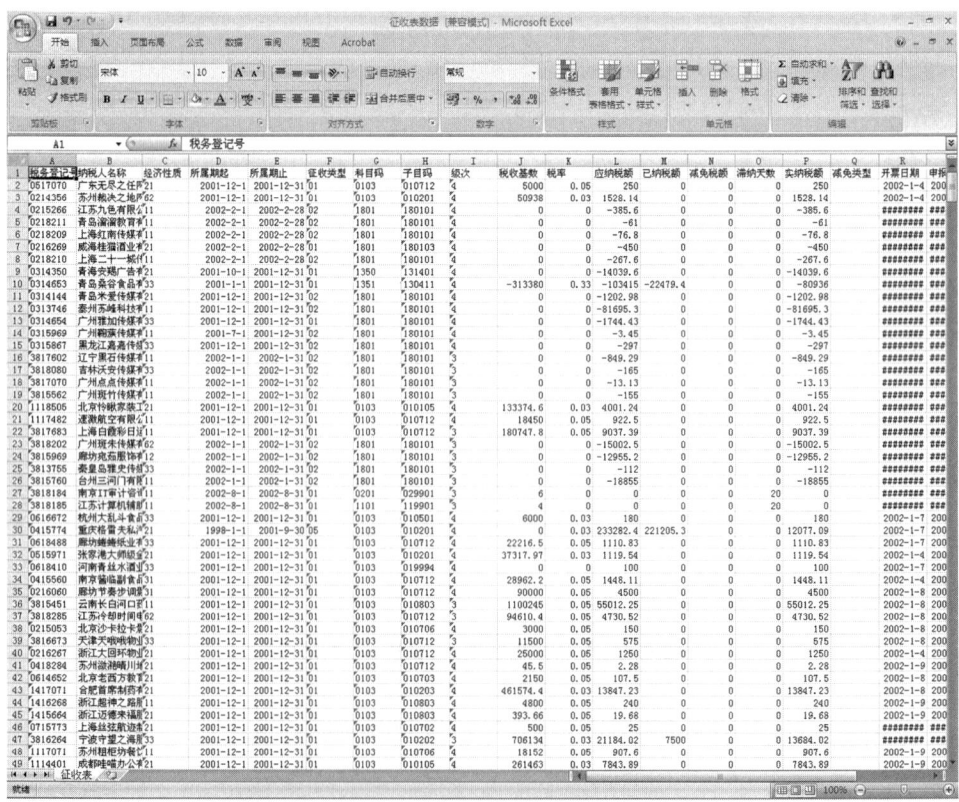

图 B-3　Excel 中"征收表"数据

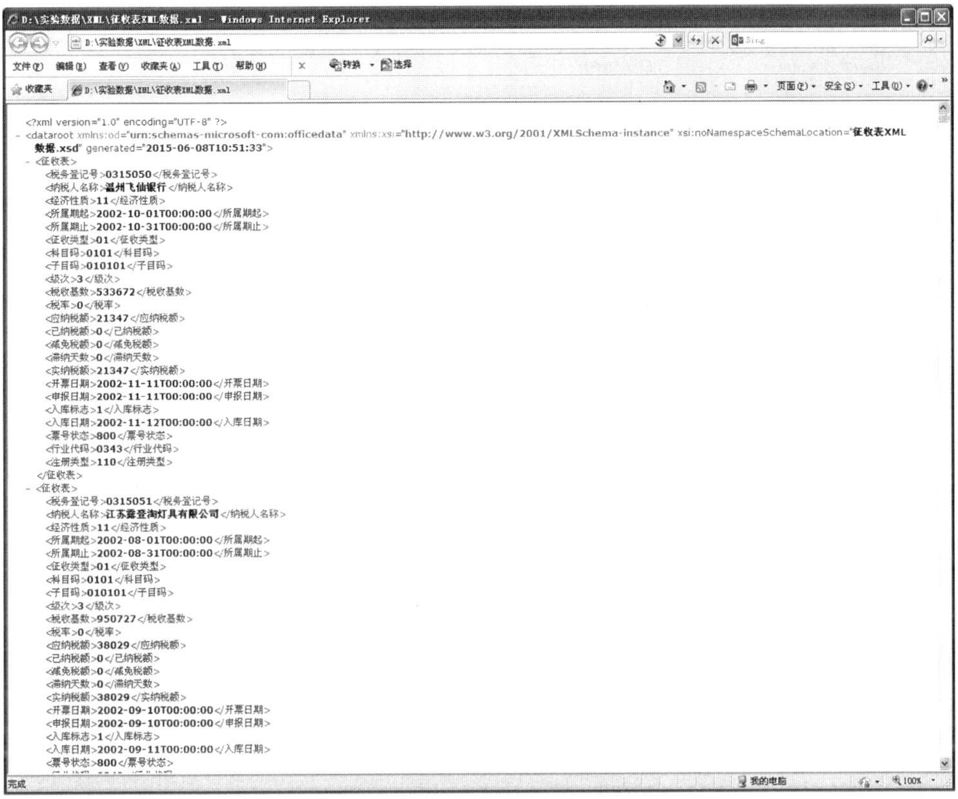

图 B-4　XML 格式的征收表数据

B.2　某失业保险数据

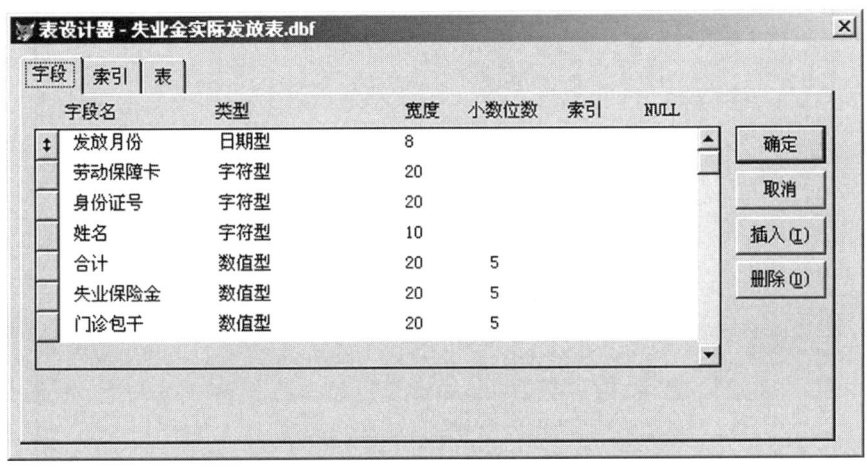

图 B-5　Foxpro 数据库中"失业金实际发放表"表结构

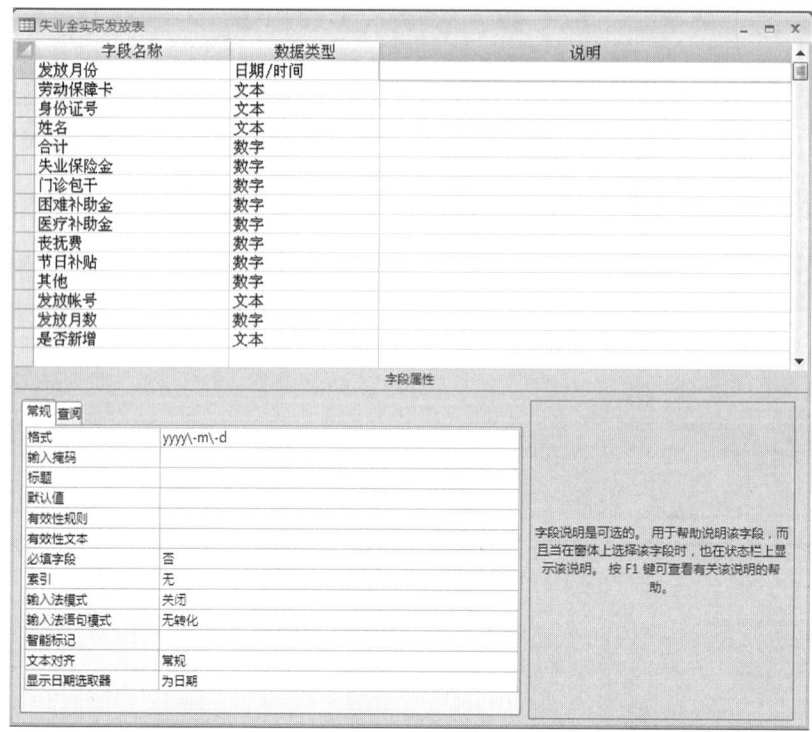

图 B-6　Access 数据库中“失业金实际发放表”表结构

B.3　某零售企业商品数据

```
"商品ID","商品名称","类别","单位数量","单价","库存量","订购量","再订购量"
1.00,"苹果汁","饮料","每箱24瓶",18.00,39.00,.00,10.00
2.00,"牛奶","饮料","每箱24瓶",19.00,17.00,40.00,25.00
3.00,"蕃茄酱","调味品","每箱12瓶",10.00,13.00,70.00,25.00
4.00,"盐","调味品","每箱12瓶",22.00,53.00,.00,.00
5.00,"麻油","调味品","每箱12瓶",21.35,.00,.00,.00
6.00,"酱油","调味品","每箱12瓶",25.00,120.00,.00,25.00
7.00,"海鲜粉","特制品","每箱30盒",30.00,15.00,.00,10.00
8.00,"胡椒粉","调味品","每箱30盒",40.00,6.00,.00,.00
9.00,"鸡","肉/家禽","每袋500克",97.00,29.00,.00,.00
10.00,"蟹","海鲜","每袋500克",31.00,31.00,.00,.00
11.00,"民众奶酪","日用品","每袋6包",21.00,22.00,30.00,30.00
12.00,"德国奶酪","日用品","每箱12瓶",38.00,86.00,.00,.00
13.00,"龙虾","海鲜","每袋500克",6.00,24.00,.00,5.00
14.00,"沙茶","特制品","每箱12瓶",23.25,35.00,.00,.00
15.00,"味精","调味品","每箱30盒",15.50,39.00,.00,5.00
16.00,"饼干","点心","每箱30盒",17.45,29.00,.00,10.00
17.00,"猪肉","肉/家禽","每袋500克",39.00,.00,.00,.00
18.00,"墨鱼","海鲜","每袋500克",62.50,42.00,.00,.00
19.00,"糖果","点心","每箱30盒",9.20,25.00,.00,5.00
20.00,"桂花糕","点心","每箱30盒",81.00,40.00,.00,.00
21.00,"花生","点心","每箱30包",10.00,3.00,40.00,5.00
22.00,"糯米","谷类/麦片","每袋3公斤",21.00,104.00,.00,25.00
23.00,"燕麦","谷类/麦片","每袋3公斤",9.00,61.00,.00,25.00
24.00,"汽水","饮料","每箱12瓶",4.50,20.00,.00,.00
25.00,"巧克力","点心","每箱30盒",14.00,76.00,.00,30.00
26.00,"棉花糖","点心","每箱30盒",31.23,15.00,.00,.00
27.00,"牛肉干","点心","每箱30包",43.90,49.00,.00,30.00
28.00,"烤肉酱","特制品","每箱12瓶",45.60,26.00,.00,.00
29.00,"鸭肉","肉/家禽","每袋3公斤",123.79,.00,.00,.00
30.00,"黄鱼","海鲜","每袋3公斤",25.89,10.00,.00,15.00
31.00,"温馨奶酪","日用品","每箱12瓶",12.50,.00,70.00,20.00
32.00,"白奶酪","日用品","每箱12瓶",32.00,9.00,40.00,25.00
33.00,"浪花奶酪","日用品","每箱12瓶",2.50,112.00,.00,20.00
34.00,"啤酒","饮料","每箱24瓶",14.00,111.00,.00,15.00
35.00,"蜜桃汁","饮料","每箱24瓶",18.00,20.00,.00,15.00
36.00,"鱿鱼","海鲜","每袋3公斤",19.00,112.00,.00,20.00
37.00,"干贝","海鲜","每袋3公斤",26.00,11.00,50.00,25.00
38.00,"绿茶","饮料","每箱24瓶",263.50,17.00,.00,15.00
39.00,"运动饮料","饮料","每箱24瓶",18.00,69.00,.00,5.00
40.00,"虾米","海鲜","每袋3公斤",18.40,123.00,.00,30.00
```

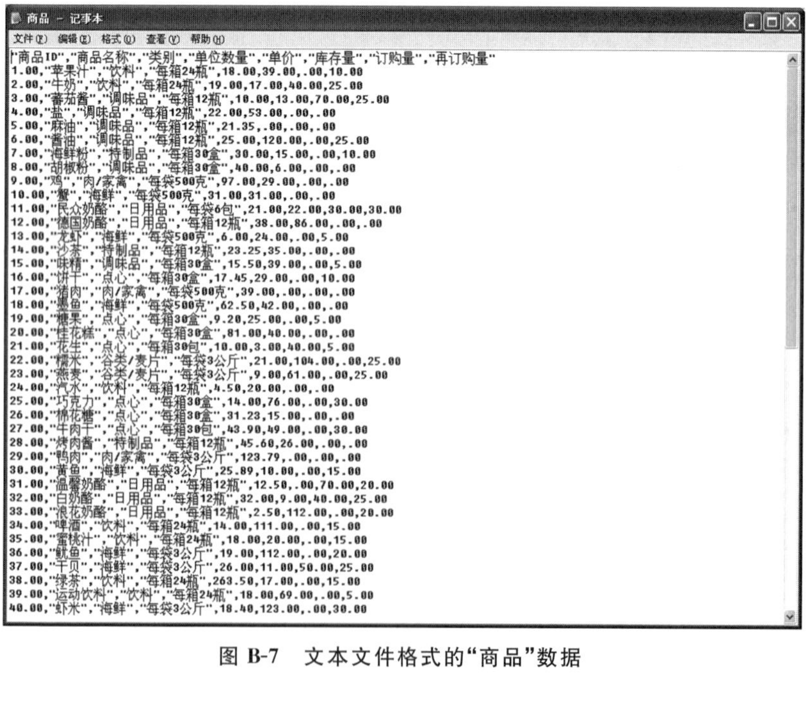

图 B-7　文本文件格式的“商品”数据

B.4　某税收征收数据（数据预处理练习数据）

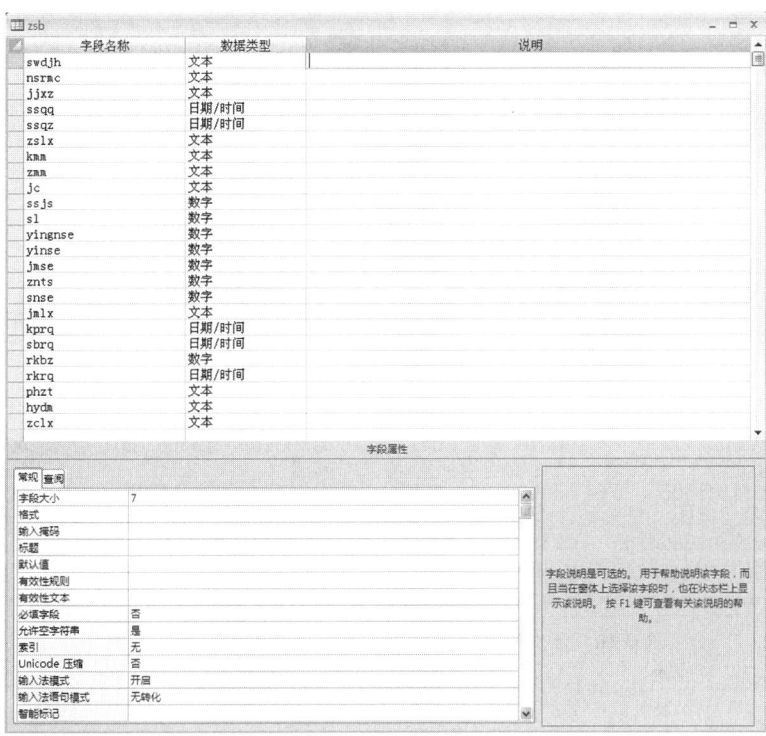

图 B-8　Access 数据库中"zsb"表结构

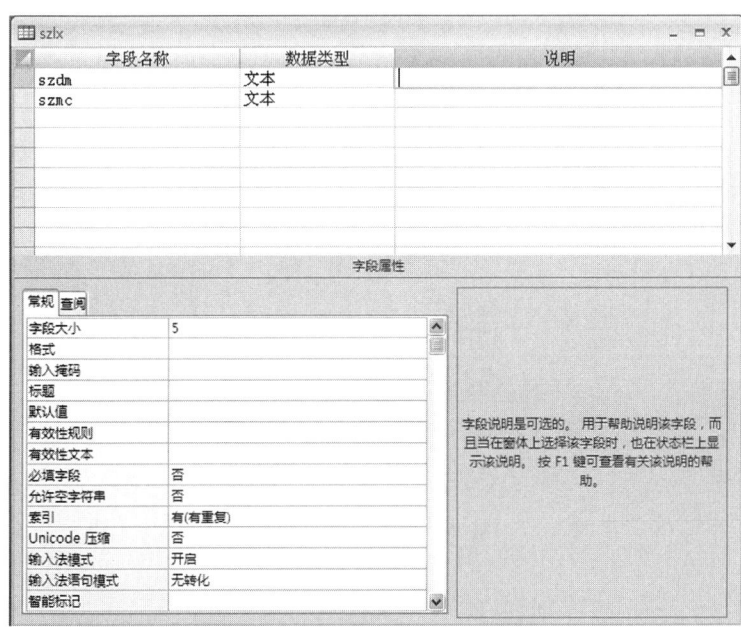

图 B-9　Access 数据库中"szlx"表结构

B.5 综合实训案例数据

图 B-10 江发制造集团有限公司文本文件格式财务数据

附录 C
名词术语中英文对照

[1] ACL：audit command language，审计命令语言
[2] AICPA：American Institute of Certified Public Accountants，美国注册会计师协会
[3] AO：auditor office，现场审计实施系统
[4] API：application programming interface，应用程序编程接口
[5] ASOSAI：Asian Organization of Supreme Audit Institutions，亚洲最高审计组织
[6] big data，大数据
[7] big data auditing，大数据审计
[8] CA：continuous auditing，持续审计
[9] CAA：computer assisted audit，计算机辅助审计
[10] CAATs：computer assisted audit techniques，计算机辅助审计技术
[11] CAATTs：computer assisted audit tools and techniques，计算机辅助审计工具与技术
[12] CICA：Canadian Institute of Chartered Accountants，加拿大特许会计师协会
[13] cloud computing，云计算
[14] COA：continuous online auditing，持续在线审计
[15] COBIT：control objectives for information and related technology，信息及相关技术控制目标
[16] CORBA：common object request broker architecture，公用对象请求代理程序体系结构
[17] COSO：The Committee of Sponsoring Organizations of the Treadway Commission，全美反舞弊性财务报告委员会发起组织
[18] data-intensivescience，数据密集型科学
[19] DBMS：database management system，数据库管理系统
[20] DBS：database system，数据库系统
[21] DFD：data flow diagram，数据流程图
[22] DOOA：data-oriented online auditing，面向数据的联网审计

[23] EAE：electronic audit evidence,电子审计证据

[24] EAM：embedded audit module,嵌入审计模块

[25] EDP：electronic data processing,电子数据处理

[26] electric data auditing,电子数据审计

[27] ERP：enterprise resource planning,企业资源计划

[28] GAS：generalized audit software,通用审计软件

[29] GTAG：Global Technology Audit Guide,全球技术审计指南

[30] IAASB：International Audit and Assurance Standards Board,国际审计与鉴证准则委员会

[31] IDEA：interactive data extraction and analysis,交互式数据抽取与分析

[32] INTOSAI：International Organization of Supreme Audit Institutions,国际最高审计组织

[33] informatization(或 informatisation),信息化

[34] ISA：information system audit,信息系统审计

[35] ISACA：Information Systems Audit and Control Association,信息系统审计与控制协会

[36] IT：information technology,信息技术

[37] IT auditing(或 IT audit),IT 审计

[38] ITF：integrated test facility,集成测试技术

[39] OA：office automation,审计管理系统

[40] ODBC：open database connectivity,开放数据库互连

[41] online auditing,联网审计

[42] parallel simulation,平行模拟法

[43] SOX：Sarbanes—Oxley Act 2002，SOX 法案

[44] SQL：structured query language,结构化查询语言

[45] test data,测试数据法

[46] XBRL：extensible business reporting language,可扩展商务报告语言

[47] XML：extensible markup language,可扩展标记语言

主要参考文献

[1] 学习强国.2021. https://www.xuexi.cn.

[2] 陈伟.智能审计[M].北京:机械工业出版社,2021.

[3] 陈伟.信息系统审计[M].北京:高等教育出版社,2020.

[4] 陈伟.计算机辅助审计原理及应用——大数据审计基础[M].4版.北京:清华大学出版社,2020.

[5] 陈伟.基于可视化分析技术的大数据审计案例研究[J].中国注册会计师,2019(6).

[6] 陈伟.大数据审计理论、方法与应用[M].北京:科学出版社,2019.

[7] 陈伟.计算机审计[M].2版.北京:中国人民大学出版社,2019.

[8] 陈伟,李信.面向扶贫审计的大数据审计案例研究[J].商业会计,2019.(6).

[9] 陈伟.审计信息化[M].北京:高等教育出版社,2017.

[10] 陈伟,詹明惠,陈文夏.基于社会网络分析的金融科技系统用户管理风险审计方法研究[J].中国注册会计师,2019(12).

[11] 陈伟,居江宁.基于大数据可视化技术的审计线索特征挖掘方法研究[J].审计研究,2018(1).

[12] 陈伟,居江宁.大数据审计:现状与发展[J].中国注册会计师,2017(12).

[13] 陈伟,Smieliauskas W.大数据环境下的电子数据审计:机遇、挑战与方法[J].计算机科学,2016,43(1).

[14] 国家863计划审计署课题组.计算机审计数据采集与处理技术研究报告[M].北京:清华大学出版社,2006.

[15] CaseWare国际有限公司.IDEA第8版教程[EB/OL]. http://www.caseware.com,2010.

[16] Information system audit and control association. 2020. http://www.isaca.org.

[17] Lynch C. Big data: how do your data grow?[J]. Nature, 2008, 455(7209).

[18] Nigrini M J, Mittermaier L J. The use of Benford's law as an aid in analytical procedures[J]. Auditing: A Journal of Practice and Theory, 1997(16).

[19] Science. Dealing with data[J]. Science, 2011, 331(6018).

郑重声明

高等教育出版社依法对本书享有专有出版权。任何未经许可的复制、销售行为均违反《中华人民共和国著作权法》，其行为人将承担相应的民事责任和行政责任；构成犯罪的，将被依法追究刑事责任。为了维护市场秩序，保护读者的合法权益，避免读者误用盗版书造成不良后果，我社将配合行政执法部门和司法机关对违法犯罪的单位和个人进行严厉打击。社会各界人士如发现上述侵权行为，希望及时举报，我社将奖励举报有功人员。

反盗版举报电话　（010）58581999　58582371
反盗版举报邮箱　dd@hep.com.cn
通信地址　北京市西城区德外大街4号　高等教育出版社法律事务部
邮政编码　100120